초보자를 위한

리액트 200제

정보문화사
Information Publishing Group

초보자를 위한

리액트 200제

초판 1쇄 발행 | 2021년 2월 5일
초판 4쇄 발행 | 2024년 2월 5일

지 은 이 | 이정열
발 행 인 | 이상만
발 행 처 | 정보문화사

편 집 진 행 | 노미라
교정 · 교열 | 안종군

주 소 | 서울시 종로구 동숭길 113
전 화 | (02)3673-0037(편집부) / (02)3673-0114(代)
팩 스 | (02)3673-0260
등 록 | 1990년 2월 14일 제1-1013호
홈 페 이 지 | www.infopub.co.kr

I S B N | 978-89-5674-901-3

머리말

웹 프로그래밍의 장점은 인터넷만 연결돼 있다면 자신이 개발한 웹 사이트를 다른 사람과 공유할 수 있고 웹 페이지를 만드는 과정에서 시각적인 결과물이 계속 생성되기 때문에 비교적 재미있게 개발할 수 있다는 것입니다. 따라서 프로그래밍을 처음 접한다면 웹 개발부터 시작하는 것이 좋습니다.

리액트는 웹 페이지에서 눈에 보이는 영역인 프런트엔드에 특화된 언어입니다. 리액트의 장점은 코드 이식성과 재활용성이 높고 화면 출력 속도가 빠르다는 것입니다. 화면을 구성하는 코드를 컴포넌트 단위로 나누고 필요한 부분에 이식해 사용할 수 있습니다. 그리고 자바스크립트(Javascript) 기반의 언어이기 때문에 리액트를 잘하면 자바스크립트 실력도 자연스럽게 향상됩니다.

리액트만 사용해도 많은 기능을 구현할 수 있지만 웹 사이트를 완성도 있게 만들기 위해서는 백엔드 서버가 필요합니다. 특히 프론트엔드 언어인 리액트는 데이터베이스를 연동할 수 없기 때문에 실무 파트에서는 node.js라는 백엔드 언어를 사용해 구현합니다. 그리고 웹 프로그래밍의 완성인 서버 배포에 대한 가이드가 추가됐습니다. 개발한 웹 프로젝트를 클라우드 서버에 배포하면 웹 사이트를 다른 사람과 공유할 수 있습니다. 또한 AWS의 프리티어 서비스를 이용하면 1년간 무료로 클라우드 서버를 사용할 수 있습니다.

개발하다 보면 생산적인 코딩을 하는 시간보다 예상치 못한 오류를 해결하는 데 더 많은 시간을 소모하게 됩니다. 이 책에서는 기능별로 완성된 코드를 예제로 제공함으로써 오류나 구현 방법을 찾는 데 소모되는 시간을 최소화하려고 노력했습니다. 리액트 개념 단위별 예제부터 백엔드와 데이터 연동 그리고 클라우드 서버 배포에 이르기까지 그대로 따라 하면 완성할 수 있도록 구성했습니다.

이 책의 목표는 프론트엔드, 백엔드, 데이터베이스를 연결해 하나의 프레임워크로 만들고, 이를 바탕으로 원하는 웹 프로젝트를 구현할 수 있는 능력을 갖게 하는 것입니다. 예제를 통해 게시판 페이지의 데이터를 조회, 삽입, 수정, 삭제하는 패턴을 이해했다면 이 패턴을 활용해 댓글을 조회, 저장, 수정, 삭제하는 기능을 스스로 구현할 수 있습니다. 또 웹 사이트에서 기본적으로 사용하는 회원 가입, 로그인, 이메일 인증, 스케줄러 등을 예제로 구현할 수 있습니다. 각 기능에 활용되는 기술과 프로세스를 이해하면 이후 이와 비슷한 기능을 구현할 때 기존에 완성된 코드를 참고해 쉽게 개발할 수 있습니다. 처음에는 복잡하고 어렵게 느껴질 수 있지만, 패턴이 익숙해지면 무엇이든 만들 수 있다는 자신감을 갖게 될 것입니다. 코드의 연결 고리를 찾아가며 공부하길 추천합니다. '시작이 반이다'라는 말은 '좋은 시작은 이미 반을 끝낸 것과 같다'는 아리스토텔레스의 명언입니다. 하지만 시작은 시작일 뿐입니다. 이 책을 끝까지 정독해 여러분이 상상하는 아이디어를 웹으로 완성해보길 바랍니다.

책을 집필할 기회를 주신 정보문화사, 코딩에 흥미를 갖도록 지도해주신 조숙경 교수님께 감사의 말씀을 드립니다. 마지막으로 항상 아낌없이 지원해주시는 아버지, 어머니, 누나에게 감사와 사랑의 마음을 전합니다.

저자 이정열

이 책의 구성

예제 제목

해당 예제의 번호와 제목을 가장 핵심적인 내용으로 나타냅니다.

학습 내용

해당 예제에서 배울 학습 내용을 설명합니다.

힌트 내용

예제에 대한 힌트나 시간을 절약할 수 있는 방법과 숨겨진 기능을 설명합니다.

NOTE

예제를 학습하면서 현재 내용과 관련된 추가 정보나 주의할 점, 초보자가 종종 놓칠 수 있는 내용을 알려줍니다.

소스

예제 파일은 정보문화사 홈페이지(infopub.co.kr) 자료실에서 다운로드할 수 있습니다.

click 이벤트 사용하기(onClick)

- **학습 내용:** onClick 이벤트의 사용 방법을 이해한다.
- **힌트 내용:** onClick으로 함수 호출 시 필요한 정보를 파라미터로 전달할 수 있다.

html과 달리 react에서 이벤트는 camelCase를 사용한다. onClick 이벤트는 특정 element가 클릭됐을 때 정의된 함수를 호출하는 방식으로 사용한다. html에서는 onclick으로 모두 소 문자로 나타낸다.

> NOTE
>
> camelCase란, 낙타의 등처럼 문자열 중간에 대문자가 위로 올라오는 네이밍 문법이다. 여러 개의 단어가 합쳐질 때 단어가 시작되는 첫 글자만 대문자로 표기하는 방식이다. 이때 맨 앞 글자가 소문자이면 'lowerCamelCase,' 대문자이면 'UpperCamelCase'라고 부른다.

App.js 파일을 다음과 같이 수정한다.

App.js

```
import React from 'react';
import ReactonClick from './R066_onClick'

function App() {
  return (
    <div>
      <h1>Start React 200!</h1>
      <ReactonClick/>
    </div>
  );
}

export default App;
```

이 책은 여러분이 리액트를 배우는 데 집중할 수 있도록 다음과 같은 몇 가지 특징으로 구성돼 있습니다.

R075_ReactHoc 컴포넌트의 line 12에서 withHocComponent 컴포넌트를 익스포트하면서 전달한 파라미터를 받는다. ◆ 2

파라미터로 전달받은 InComponent 변수는 R075_ReactHoc 컴포넌트 자체다. R075_ReactHoc 컴포넌트를 return하면서 props 값을 전달한다. props에는 App.jsp에서 전달한 name 변수가 있다. 컴포넌트가 return되면 R075_ReactHoc 컴포넌트의 render 함수가 실행되고 props.name 값이 화면에 출력된다. ◆ 9

render 함수가 실행된 후 파라미터로 전달받은 컴포넌트명 InComponentName 변수를 로그로 출력한다. ◆ 4~6

하이오더 컴포넌트를 구현하면, 여러 컴포넌트에 동일하게 적용되야 하는 공통 기능을 코드 중복 없이 사용할 수 있다. withHocComponent.js 코드에서 예를 들면, line 8의 console.log 함수를 모든 컴포넌트에서 출력해야 하는데, hoc를 구현하지 않았다면 각각의 컴포넌트에서 동일한 코드를 작성해야 한다.

실행 결과

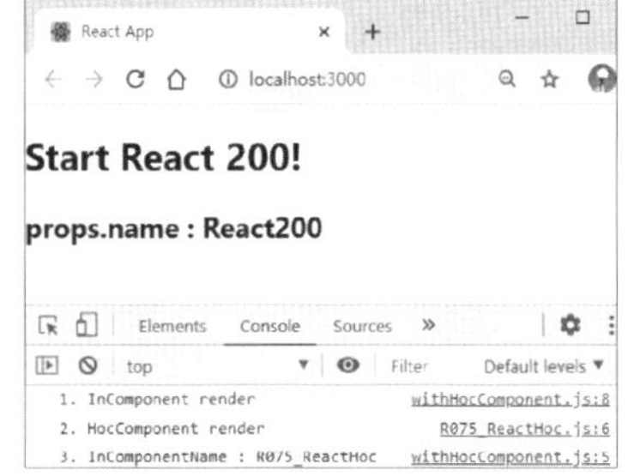

줄 번호

예제(소스)를 줄 번호에 맞게 차례대로 차근차근 설명해줍니다.

실행 결과

설명한 예제의 입력, 컴파일, 링크 과정을 거쳐 예제의 실행 결과를 보여줍니다. 이 결과와 다르게 나온다면 다시 한번 확인해보는 것이 좋습니다.

차례

PART 1 입문 React.js 시작하기

PART 2 초급 React.js 기초 다지기

PART 5  개발부터 배포까지 실무 응용

개발 환경 준비하기

개발 환경을 준비하기 전에 설치 도구에 대한 정리가 필요하다. 자바스크립트 패키지 관리 도구에는 npm과 yarn이 있다. npm은 'node package manager'의 약자로, node.js와 react.js에서 사용하는 대부분의 패키지를 설치할 수 있다. npm은 node.js와 함께 설치된다. yarn은 페이스북에서 만든 패키지 관리 도구로, npm에 비해 캐싱, 보안, 신뢰성 등이 개선됐다.

1. node.js 다운로드

nodejs 공식 웹 사이트(https://nodejs.org/en/download/releases)에 접속해 14.4.0 버전을 다운로드한다. 최신 버전을 사용해도 괜찮지만 이후에 나올 예제에서 14.4.0 버전을 사용했을 때 문제가 없었기 때문에 14.4.0 버전의 사용을 권장한다. [Downloads]를 클릭하면 다운로드할 파일을 선택할 수 있다. 64비트 윈도우 운영체제인 경우에는 node-v14.4.0-x64.msi를 다운로드한다.

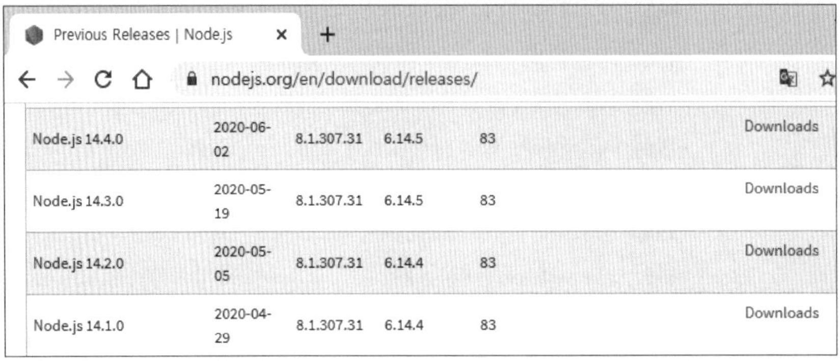

Previous Releases | Node.js

nodejs.org/en/download/releases/

Node.js 14.4.0	2020-06-02	8.1.307.31	6.14.5	83	Downloads
Node.js 14.3.0	2020-05-19	8.1.307.31	6.14.5	83	Downloads
Node.js 14.2.0	2020-05-05	8.1.307.31	6.14.4	83	Downloads
Node.js 14.1.0	2020-04-29	8.1.307.31	6.14.4	83	Downloads

2. node.js 설치

다운로드한 파일을 실행해 설치를 시작한다.

설치 도중 다음 화면에서는 [Automatically install the necessary tools. Note that this will also install Boxstarter and Chocolatey. The script will pop–up in a new window after the installation completes]에 체크 표시를 하지 않고 [Next]를 클릭한다. [Finish]를 눌러 설치를 완료한다.

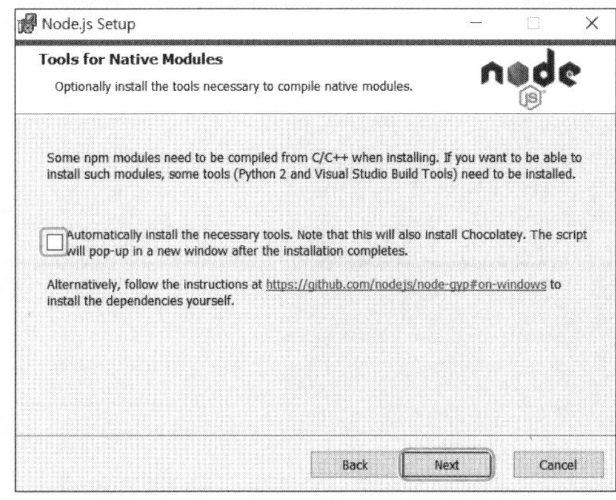

3. node.js 및 npm 설치 확인

[⊞]+[R]을 누른 후 'cmd'를 입력해 명령 프롬프트를 실행한다. `node -v`, `npm -v` 명령어로 설치된 node.js와 npm의 버전을 확인한다.

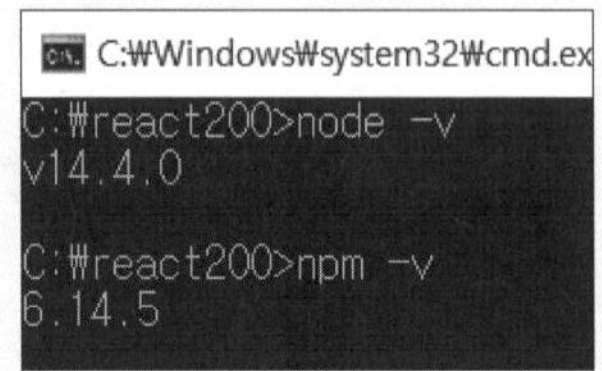
C:\react200>node -v
v14.4.0

C:\react200>npm -v
6.14.5

4. react 프로젝트의 워크스페이스로 사용할 폴더 생성

cmd 창에서 `cd` 명령어를 이용해 생성한 폴더 경로로 이동한다.

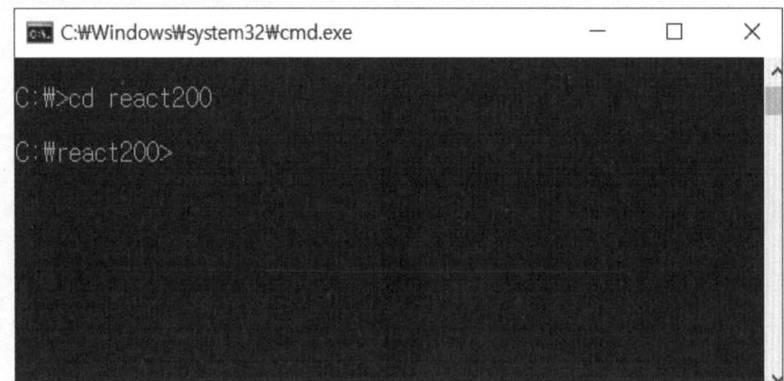
C:\>cd react200

C:\react200>

5. yarn 설치

`npm install` 명령어로 yarn을 설치한다. `yarn -v` 명령어로 설치된 yarn의 버전을 확인한다.

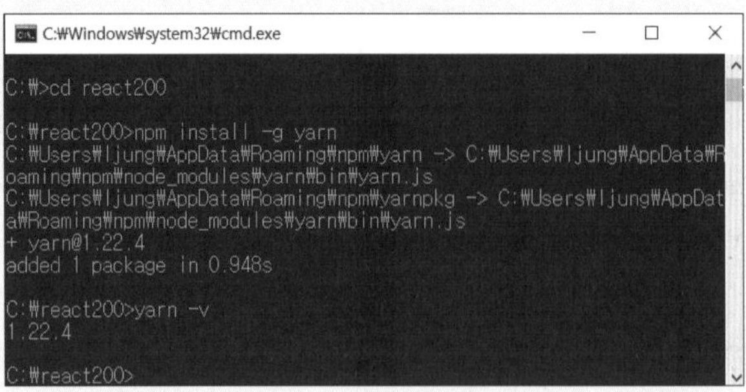
C:\>cd react200

C:\react200>npm install -g yarn
C:\Users\ljung\AppData\Roaming\npm\yarn -> C:\Users\ljung\AppData\Roaming\npm\node_modules\yarn\bin\yarn.js
C:\Users\ljung\AppData\Roaming\npm\yarnpkg -> C:\Users\ljung\AppData\Roaming\npm\node_modules\yarn\bin\yarn.js
+ yarn@1.22.4
added 1 package in 0.948s

C:\react200>yarn -v
1.22.4

C:\react200>

6. create-react-app 설치

npm install -g create-react-app 명령어로 create-react-app를 설치한다. create-react-app client 명령어로 'client'라는 프로젝트를 생성한다. 프로젝트를 생성한 후 client 경로를 보면 package.json, node_modules 등의 파일과 폴더가 생성된 것을 확인할 수 있다.

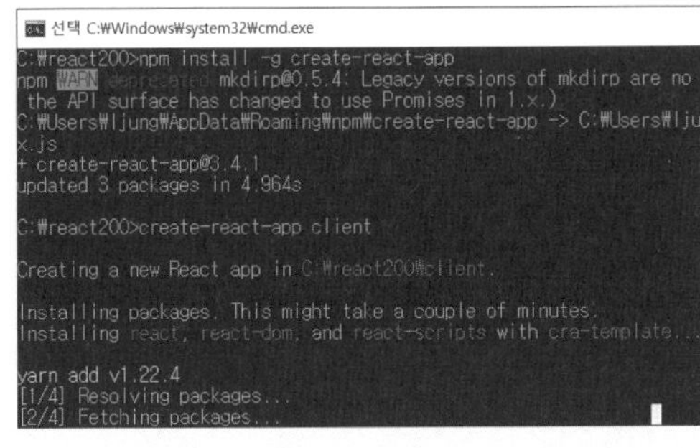

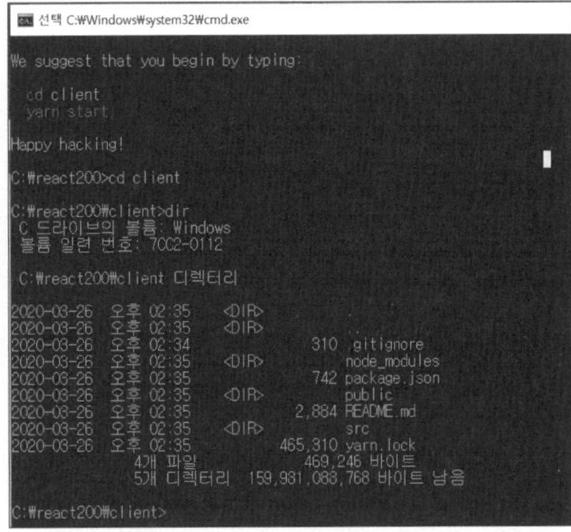

7. react 서버 실행

client 경로에서 yarn start 명령어로 react 서버를 실행한다. 크롬 웹 브라우저에서 http://localhost:3000 url을 열면 다음과 같은 화면을 확인할 수 있다.

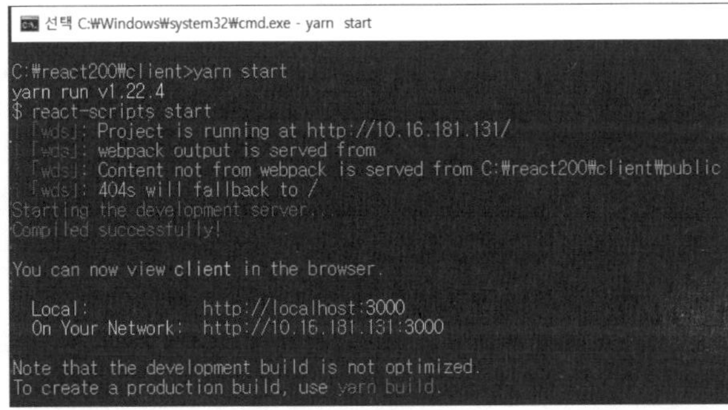

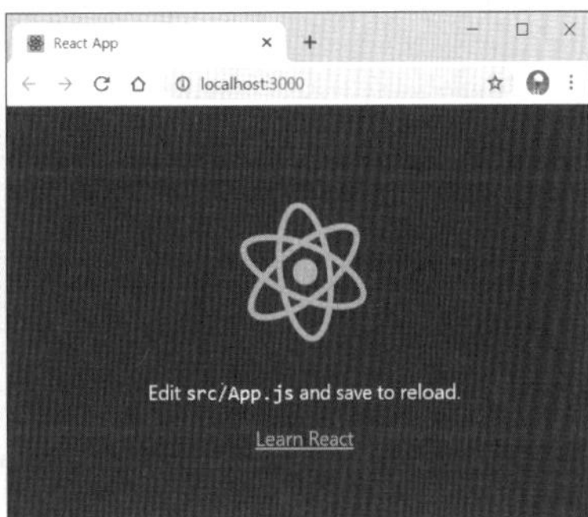

8. react 서버 실행

src 폴더의 index.js 파일을 열어 `<React.StrictMode>`, `</React.StrictMode>` 태그를 삭제한다. Strict 모드는 애플리케이션 내의 잠재적 문제를 알아내기 위한 도구로, 나중에 배울 생명주기 함수를 여러 번 실행하는 원인이 되므로 사용하지 않는다.

```
import React from 'react';
import ReactDOM from 'react-dom';
import './index.css';
import App from './App';
import * as serviceWorker from './serviceWorker';

ReactDOM.render(
    <App />,
  document.getElementById('root')
);

// If you want your app to work offline and load faster, you can change
// unregister() to register() below. Note this comes with some pitfalls.
// Learn more about service workers: https://bit.ly/CRA-PWA
serviceWorker.unregister();
```

9. 예제 파일 실행 방법

react 프로젝트인 경우, react 경로에서 `[npm install]` 명령어를 실행한다. 같은 경로에서 `[npm start]` 명령어로 react 서버를 구동한다. react, node 프로젝트인 경우, react와 node 경로에서 각각 `[npm install]` 명령어를 실행한 후 `[yarn dev]` 명령어로 react, node 서버를 동시에 구동한다. react, node 폴더 경로에는 각각 package.json 파일이 있는데, 프로젝트에서 사용하는 npm 패키지 리스트가 작성돼 있다. `[npm install]` 또는 [yarn install]을 실행하면 package.json 파일에 있는 패키지 리스트가 설치된다.

메모하세요

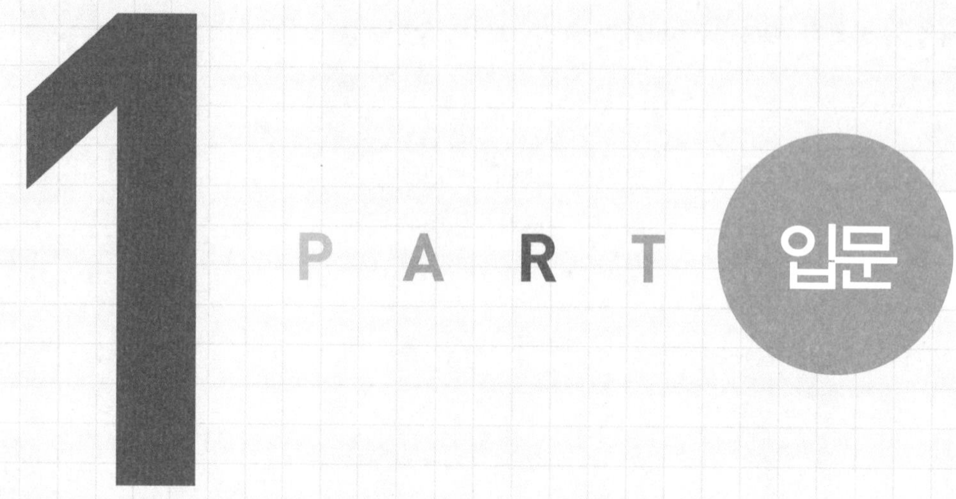

React.js 시작하기

1부에서는 리액트에서 사용하는 함수와 문법을 공부하고 예제를 통해 웹 브라우저에 화면을 띄워본다. 리액트에서 페이지를 구성하는 컴포넌트 개념을 이해하고 html과 css 소스를 적용해본다. 컴포넌트의 생성부터 소멸까지의 과정을 '생명주기'라고 한다. 생명주기에 실행되는 생명주기 함수의 실행 순서를 예제를 통해 확인해본다. 리액트에서 자주 사용하는 ES6 문법과 배열 함수, jquery에 대해 학습한다.

.jsx에 html 적용하기

- **학습 내용:** react에서 html 코드를 적용하는 방법을 이해한다.
- **힌트 내용:** jsx 소스에서 return() 안에 html 코드를 입력한다.

create-react-app 템플릿으로 프로젝트를 생성하면, App.js의 html 코드를 이용해 홈 화면을 그려준다. 여기서 홈 화면이란, localhost:3000(도메인) 또는 127.0.0.1:3000(IP)과 같이 페이지 상세 url이 뒤에 붙지 않은 웹 사이트의 대표 페이지를 말한다. create-react-app 템플릿의 홈 화면인 App.js 파일을 다음과 같이 수정한다.

_App.js

```
1 import React from 'react';
2
3 function App() {
4   return (
5     <div>
6       <h1>Start React 200!</h1>
7       <p>HTML 적용하기</p>
8     </div>
9   );
10 }
11
12 export default App;
```

5~8 ◆ 스타일이 적용되지 않은 기본 HTML 코드만 삽입된 상태다. 웹 브라우저에서 페이지를 열면 다음과 같은 화면을 확인할 수 있다.

실행 결과

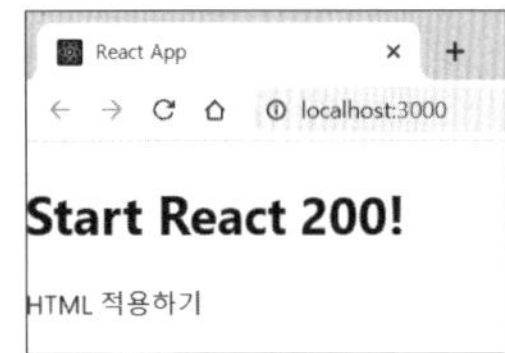

.jsx에 css 적용하기

입문 002

• **학습 내용:** react에서 css 파일로 html 코드에 스타일을 적용하는 방법을 이해한다.
• **힌트 내용:** css 파일을 별도로 만든 후 jsx 파일에서 임포트(import)해 사용한다.

css란, html과 같은 문서에 스타일을 적용할 때 사용하는 언어다. css를 적용하는 방법은 크게 css 코드를 html 코드 내부에 삽입하는 방법, html 코드가 있는 파일에 함께 정리하는 방법, css 코드만 따로 파일로 작성하는 방법으로 나눌 수 있다. 이번 예제에서는 세 번째 방법을 적용한다.

App.css 파일을 다음과 같이 수정한다.

App.css

```
1 div {
2   background-color: rgb(162, 127, 243);
3   color: rgb(255, 255, 255);
4   padding: 40px;
5   font-family: 고딕;
6   text-align: center;
7 }
8
9 h1 {
10   color: white;
11   background-color: #2EFE2E;
12   padding: 10px;
13   font-family: 궁서;
14 }
```

<div> 태그의 속성 중 background-color는 배경색, color는 글자색, padding은 태그 안쪽 여백, font-family는 글자 폰트, text-align은 글자 정렬 값으로 지정했다. 1~7

<h1> 태그의 속성 중 color는 글자색, background-color는 배경색, padding은 태그 안쪽 여백, font-family는 글자 폰트 값으로 지정했다. 9~14

App.js 파일을 다음과 같이 수정한다.

App.js

```
1 import React from 'react';
2 import './App.css';
3
4 function App() {
5   return (
6     <div>
7       <h1>Start React 200!</h1>
8       <p>CSS 적용하기</p>
9     </div>
10   );
11 }
12
13 export default App;
```

2 App.js와 같은 폴더 경로에 위치한 App.css를 임포트한다. App.css가 App.js보다 한 단계 상위 폴더에 위치한다면, `import './../App.css'`와 같이 사용해 상위 경로에 접근해야 한다.

6~9 App.css에서 작성돼 있는 `<div>`와 `<h1>` 태그에 스타일이 적용된다.

실행 결과

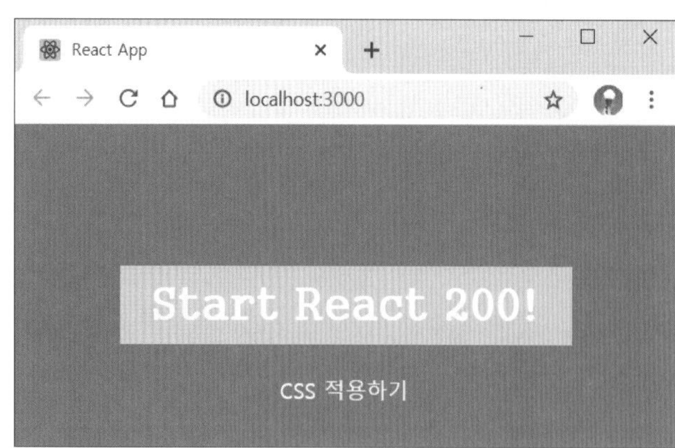

Component 사용하기

입문 003

- **학습 내용:** react에서 component를 사용해 다른 파일에 있는 html 코드를 이식해 사용하는 방법을 이해한다.
- **힌트 내용:** 다른 파일에서 작성한 html 코드를 component 단위로 임포트해 사용한다.

component란, 특정 코드 뭉치를 다른 부분에 이식하거나 재사용하기 위해 사용하는 코드 블록 단위를 말한다. component를 파일 단위로 작성한 후 필요한 위치에서 임포트해 사용할 수 있다.

src 폴더에 R003_ImportComponent.js 파일을 생성한 후 다음과 같이 입력한다.

R003_ImportComponent.js

```
1 import React, { Component } from 'react';
2
3 class R003_ImportComponent extends Component {
4   render () {
5     return (
6       <h2>[THIS IS IMPORTED COMPONENT ]</h2>
7     )
8   }
9 }
10
11 export default R003_ImportComponent;
```

첫 번째 줄에서 임포트한 component를 상속받아 R003_ImportComponent 클래스에서 사용한다. 3

return된 html 코드를 render() 함수를 사용해 화면에 표시한다. 4~6

App.js 파일을 다음과 같이 수정한다.

App.js

```
1 import React from 'react';
2 import './App.css';
3 import ImportComponent from './R003_ImportComponent'
4
5 function App() {
6   return (
7     <div>
8       <h1>Start React 200!</h1>
9       <p>CSS 적용하기</p>
10      <ImportCoomponent></ImportComponent>
11    </div>
12  );
13 }
14 export default App;
```

3 ◆ App.js 파일과 같은 경로에 위치한 R003_ImportComponent.js 파일을 임포트해 사용할 수 있도록 한다.

10 ◆ R003_ImportComponent.js에서 작성한 component를 사용한다. 이때 `render()` 함수에서 읽어 들였던 `'<h2>[THIS IS IMPORTED COMPONENT ]</h2>'` 코드가 이식된다.

실행 결과

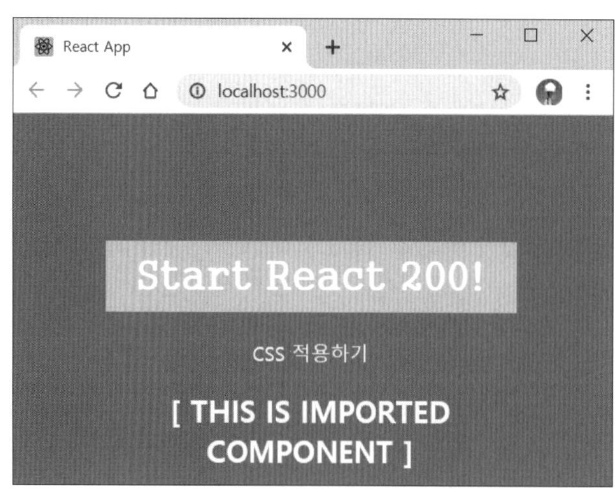

생명주기 함수 render( ) 사용하기

입문 004

- **학습 내용:** 컴포넌트의 생명주기 함수 중 render()에 대해 이해한다.
- **힌트 내용:** render() 함수가 실행될 때 로그를 출력하고 콘솔에서 로그를 확인한다.

react에서 생명주기란, component의 생성, 변경, 소멸 과정을 뜻한다. 4~7번 예제에서 학습하는 render(), constructor(), getDerivedStateFormProps(), componentDidMount() 함수들은 component의 '생성' 과정에 속한다.

src 폴더에 R004_LifecycleEx.js 파일을 생성한 후 다음과 같이 입력한다.

R004_LifecycleEx.js

```
import React, { Component } from 'react';

class R004_LifecycleEx extends Component {
  render() {
    console.log('3. render Call');
    return (
      <h2>[THIS IS RENDER FUCNTION ]</h2>
    )
  }
}

export default R004_LifecycleEx;
```

render()는 return되는 html 형식의 코드를 화면에 그려주는 함수다. 화면 내용이 변경돼야 할 4~9
시점에 자동으로 호출된다.

App.js 파일을 다음과 같이 수정한다.

App.js

```
1 import React from 'react';
2 import './App.css';
3 import LifecycleEx from './R004_LifecycleEx'
4
5 function App() {
6   return (
7     <div>
8       <h1>Start React 200!</h1>
9       <p>CSS 적용하기</p>
10      <LifecycleEx></LifecycleEx>
11    </div>
12  );
13 }
14
15 export default App;
```

3 ◆ App.js 파일과 같은 경로에 위치한 R004_LifecycleEx.js 파일을 임포트해 사용할 수 있도록 한다.

10 ◆ R004_LifecycleEx.js에서 작성한 component를 이식한다.

크롬 웹 브라우저에서 F12를 눌러 개발자 도구 창을 띄운 후 [Console] 탭을 클릭하면 render() 함수에서 출력된 로그를 확인할 수 있다.

실행 결과

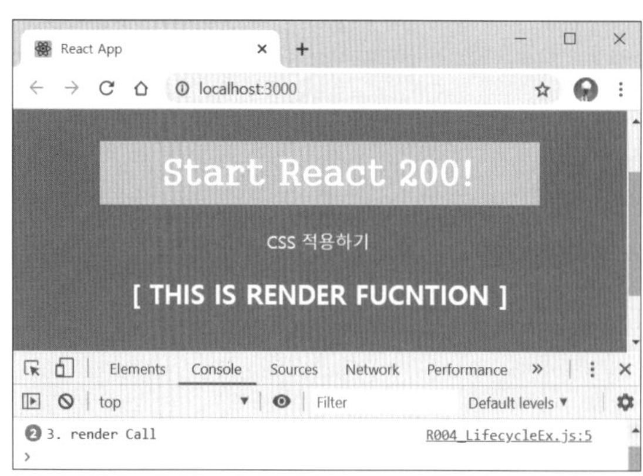

생명주기 함수 constructor(props) 사용하기

입문 **005**

- **학습 내용:** 컴포넌트의 생명주기 함수 중 `constructor()`에 대해 이해한다.
- **힌트 내용:** 생명주기 함수들이 실행될 때 로그를 출력하고 실행 순서를 확인한다.

src 폴더에 R005_LifecycleEx.js 파일을 생성한 후 다음과 같이 입력한다.

R005_LifecycleEx.js

```
1 import React, { Component } from 'react';
2
3 class R005_LifecycleEx extends Component {
4   constructor(props) {
5     super(props);
6     this.state = {};
7     console.log('1. constructor Call');
8   }
9
10   render() {
11     console.log('3. render Call');
12     return (
13       <h2>[THIS IS CONSTRUCTOR FUCNTION ]</h2>
14     )
15   }
16 }
17
18 export default R005_LifecycleEx;
```

`constructor(props)` 함수는 생명주기 함수 중 가장 먼저 실행되며, 처음 한 번만 호출된다. ◆ 4~6
component 내부에서 사용되는 변수(`state`)를 선언하고 부모 객체에서 전달받은 변수(props)를 초기화할 때 사용한다. `super()` 함수는 가장 위에 호출해야 한다.

App.js 파일을 다음과 같이 수정한다.

App.js

```
1 import React from 'react';
2 import './App.css';
3 import LifecycleEx from './R005_LifecycleEx'
4
5 function App() {
6   return (
7     <div>
8       <h1>Start React 200!</h1>
9       <p>CSS 적용하기</p>
10      <LifecycleEx></LifecycleEx>
11    </div>
12  );
13 }
14
15 export default App;
```

3 ◆ App.js 파일과 같은 경로에 위치한 R005LifecycleEx.js 파일을 임포트해 사용할 수 있도록 한다.

10 ◆ R005LifecycleEx.js에서 작성한 component를 이식한다.

크롬 웹 브라우저에서 F12를 눌러 개발자 도구 창을 띄운 후 [Console] 탭을 클릭하면 출력된 로그를 확인할 수 있다.

실행 결과

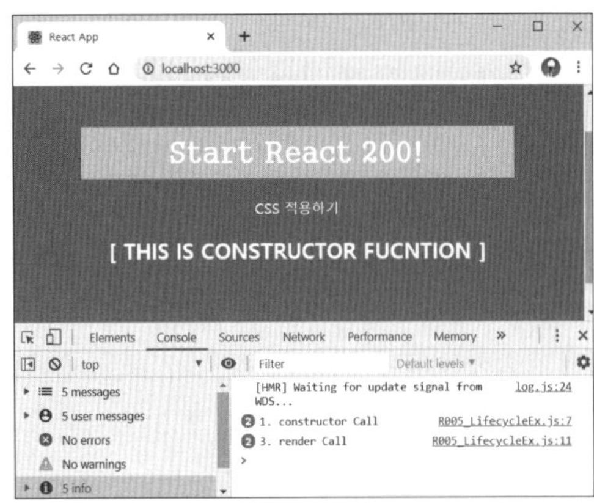

생명주기 함수 static getDerivedStateFormProps(props, state) 사용하기

입문 006

- **학습 내용:** 컴포넌트의 생명주기 함수 중 `getDerivedStateFormProps()`에 대해 이해한다.
- **힌트 내용:** 생명주기 함수들이 실행될 때 로그를 출력하고 실행 순서를 확인한다.

App.js 파일을 다음과 같이 수정한다.

App.js

```
1  import React from 'react';
2  import './App.css';
3  import LifecycleEx from './R006_LifecycleEx'
4
5  function App() {
6    return (
7      <div>
8        <h1>Start React 200!</h1>
9        <p>CSS 적용하기</p>
10       <LifecycleEx
11         prop_value = 'FromApp.js'
12       />
13     </div>
14   );
15 }
16
17 export default App;
```

App.js 파일과 같은 경로에 위치한 R006_LifecycleEx.js 파일을 임포트해 사용할 수 있도록 한다. 3

App.js에서 임포트한 component인 R006_LifecycleEx로 `prop_value`라는 변수를 전달한다. 10~12

src 폴더에 R006_LifecycleEx.js 파일을 생성한 후 다음과 같이 입력한다.

R006_LifecycleEx.js

```
1 import React, { Component } from 'react';
2
3 class R006_LifecycleEx extends Component {
4   static getDerivedStateFromProps(props, state) {
5     console.log('2. getDerivedStateFromProps Call :'+props.prop_value);
6     return {};
7   }
8   constructor(props) {
9     super(props);
10    this.state = {};
11    console.log('1. constructor Call');
12  }
13
14  render() {
15    console.log('3. render Call');
16    return (
17      <h2>[THIS IS CONSTRUCTOR FUCNTION ]</h2>
18    )
19  }
20 }
21
22 export default R006_LifecycleEx;
```

4~6 ◆ getDerivedStateFromProps(props, state) 함수는 constructor() 함수 다음으로 실행된다. 컴포넌트가 새로운 props를 받게 됐을 때 state를 변경해준다. App.js에서 전달한 prop_value라는 변수를 props.prop_value로 접근해 값을 가져올 수 있다.

크롬 웹 브라우저에서 F12를 눌러 개발자 도구 창을 띄운 후 [Console] 탭을 클릭하면 출력된 로그를 확인할 수 있다.

실행 결과

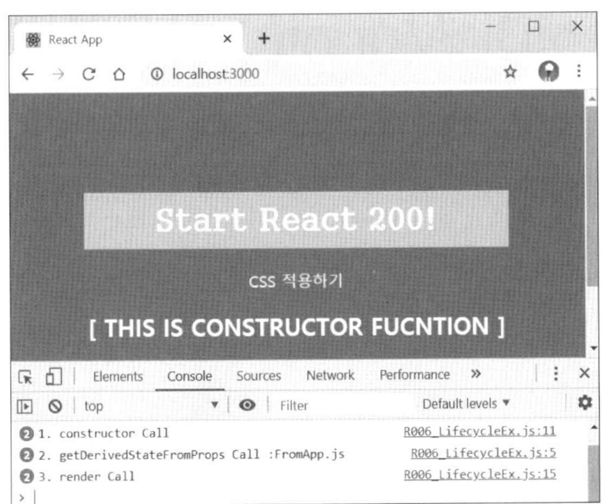
React App
localhost:3000
Start React 200!
CSS 적용하기
[THIS IS CONSTRUCTOR FUCNTION]
Elements
Console
Sources
Network
Performance
top
Filter
Default levels
1. constructor Call
R006_LifecycleEx.js:11
2. getDerivedStateFromProps Call :FromApp.js
R006_LifecycleEx.js:5
3. render Call
R006_LifecycleEx.js:15

생명주기 함수 componentDidMount( ) 사용하기

- **학습 내용:** 컴포넌트의 생명주기 함수 중 componentDidMount()에 대해 이해한다.
- **힌트 내용:** 생명주기 함수들이 실행될 때 로그를 출력하고 실행 순서를 확인한다.

App.js 파일에서 LifecycleEx를 임포트하는 부분을 다음과 같이 수정한다.

App.js

```
..
import LifecycleEx from './R007_LifecycleEx'
..
```

2 App.js 파일과 같은 경로에 위치한 R007_LifecycleEx.js 파일을 임포트해 사용할 수 있도록 한다.

src 폴더에 R007_LifecycleEx.js 파일을 생성한 후 다음과 같이 입력한다.

R007_LifecycleEx.js

```
import React, { Component } from 'react';

class R007_LifecycleEx extends Component {
  static getDerivedStateFromProps(props, state) {
    console.log('2. getDerivedStateFromProps Call :'+props.prop_value);
    return {tmp_state:props.prop_value};
  }

  constructor(props) {
    super(props);
    this.state = {};
    console.log('1. constructor Call');
  }

  componentDidMount() {
```

```
16      console.log('4. componentDidMount Call');
17      console.log('5. tmp_state : '+this.state.tmp_state);
18    }
19
20    render() {
21      console.log('3. render Call');
22      return (
23        <h2>[THIS IS COMPONENTDIDMOUNT FUCNTION ]</h2>
24      )
25    }
26  }
27
28  export default R007_LifecycleEx;
```

componentDidMount() 함수는 작성한 함수들 중 가장 마지막으로 실행된다. render() 함수가 return되는 html 형식의 코드를 화면에 그려준 후 실행된다. 화면이 모두 그려진 후에 실행돼야 하는 이벤트 처리, 초기화 등 가장 많이 활용되는 함수다. ◆ 15~18

크롬 웹 브라우저에서 F12를 눌러 개발자 도구 창을 띄운 후 [Console] 탭을 클릭하면 출력된 로그를 확인할 수 있다.

실행 결과

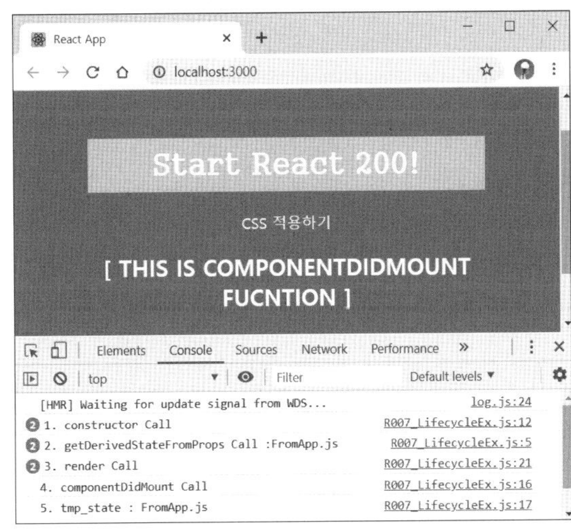

생명주기 함수 shouldComponentUpdate( ) 사용하기

- **학습 내용:** 컴포넌트의 생명주기 함수 중 `shouldComponentUpdate()`에 대해 이해한다.
- **힌트 내용:** 생명주기 함수들이 실행될 때 로그를 출력하고 실행 순서를 확인한다.

react에서 생명주기란, component의 생성, 변경, 소멸의 과정을 뜻한다. `shouldComponentUpdate()` 함수는 component의 '변경' 과정에 속한다. 여기서 '변경'이란, props나 state의 변경을 말한다.

App.js 파일에서 LifecycleEx를 임포트하는 부분을 다음과 같이 수정한다.

App.js

```
..
import LifecycleEx from './R008_LifecycleEx'
..
```

App.js 파일과 같은 경로에 위치한 R008_LifecycleEx.js 파일을 임포트해 사용할 수 있도록 한다.

src 폴더에 R008_LifecycleEx.js 파일을 생성한 후 다음과 같이 입력한다.

R008_LifecycleEx.js

```
import React, { Component } from 'react';

class R008_LifecycleEx extends Component {
  static getDerivedStateFromProps(props, state) {
    console.log('2. getDerivedStateFromProps Call :'+props.prop_value);
    return {tmp_state:props.prop_value};
  }

  constructor(props) {
    super(props);
    this.state = {};
```

```
12     console.log('1. constructor Call');
13   }
14 
15   componentDidMount() {
16     console.log('4. componentDidMount Call');
17     console.log('5. tmp_state : '+this.state.tmp_state);
18     this.setState({tmp_state2 : true});
19   }
20 
21   shouldComponentUpdate(props, state) {
22     console.log('6. shouldComponentUpdate Call / tmp_state2 = '
23     + state.tmp_state2);
24     return state.tmp_state2
25   }
26 
27   render() {
28     console.log('3. render Call');
29     return (
30       <h2>[THIS IS shouldComponentUpdate FUCNTION ]</h2>
31     )
32   }
33 }
34 
35 export default R008_LifecycleEx;
```

componentDidMount() 함수는 '생성' 단계의 생명주기 함수 중 가장 마지막으로 실행된다. 15

tmp_state2라는 state 변수에 true라는 boolean 유형의 데이터를 세팅했다. setState() 함수는 변수의 선언과 초기화를 동시에 실행한다. 18

line 18에서 state의 변경이 발생했기 때문에 '변경' 단계의 생명주기 함수 shouldComponentUpdate()가 실행된다. shouldComponentUpdate()는 boolean 유형의 데이터를 반환하는데, return 값이 true일 경우에 render() 함수를 한 번 더 호출한다. 21~25

shouldComponentUpdate() 함수의 반환 값에 따라 render() 함수를 재실행할 수 있다는 점을 이용하면, props나 state 변수가 변경될 때 화면을 다시 그리며 제어할 수 있다.

크롬 웹 브라우저에서 F12를 눌러 개발자 도구 창을 띄운 후 [Console] 탭을 클릭하면 출력된 로그를 확인할 수 있다.

실행 결과

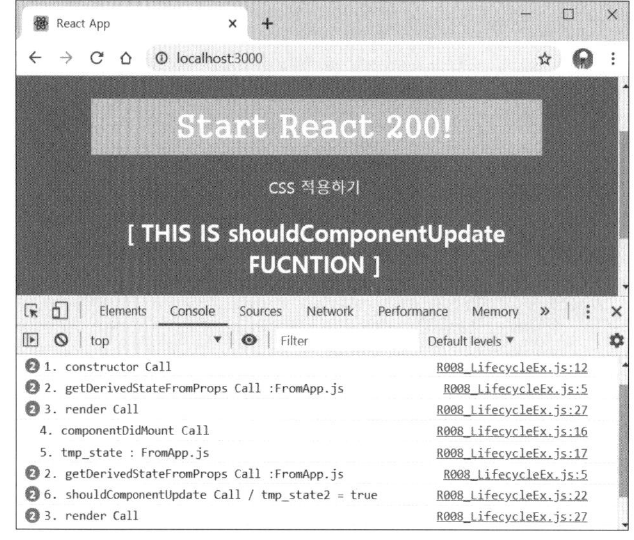

템플릿 문자열 사용하기

입문 009

- **학습 내용:** ES6 문자열의 사용 방법에 대해 이해한다.
- **힌트 내용:** 기존 자바스크립트 문자열과 비교하고 추가된 함수를 확인한다.

ES(ECMA 스크립트)는 표준화된 스크립트 언어이고 ES 뒤에 붙은 숫자는 버전을 의미한다. 2011년부터 사용된 ES5가 웹 표준처럼 사용되고 있다. 2015년 발행된 ES6는 많은 유용한 기능이 추가됐고 자바스크립트는 이 기술 규격을 따른다. react도 자바스크립트 기반의 언어이기 때문에 ES6의 모든 기능을 사용할 수 있다.

App.js 파일을 다음과 같이 수정한다.

App.js

```
import React from 'react';
import './App.css';
import Es6 from './R009_Es6'

function App() {
  return (
    <div>
      <h1>Start React 200!</h1>
      <p>CSS 적용하기</p>
      <Es6/>
    </div>
  );
}

export default App;
```

App.js 파일과 같은 경로에 위치한 R009_Es6.js 파일을 임포트해 사용할 수 있도록 한다.

src 폴더에 R009_Es6.js 파일을 생성한 후 다음과 같이 입력한다.

R009_Es6.js

```
1 import React, { Component } from 'react';
2
3 class R009_Es6 extends Component {
4
5   constructor(props) {
6     super(props);
7     this.state = {};
8   }
9
10   componentDidMount() {
11     var jsString1 = '자바스크립트'
12     var jsString2 = '입니다\n다음 줄입니다.'
13     console.log(jsString1+' 문자열'+jsString2+'~');
14
15     var Es6String1 = 'ES6'
16     var Es6String2 = '입니다'
17     console.log(`${Es6String1} 문자열${Es6String2}!!
18 ____다음 줄입니다`);
19
20     var LongString = "ES6에 추가된 String 함수들입니다.";
21     console.log('startsWith : '+LongString.startsWith("ES6에 추가"));
22     console.log('endsWith : '+LongString.endsWith("함수들입니다."));
23     console.log('includes : '+LongString.includes("추가된 String"));
24   }
25
26   render() {
27     return (
28       <h2>[THIS IS ES6 STRING ]</h2>
29     )
30   }
31 }
32
33 export default R009_Es6;
```

12 ◆ 기존 자바스크립트에서 줄바꿈을 하려면 개행 문자(\n)를 사용해야 한다.

문자열과 변수를 합치기 위해서는 문자열을 작은 따옴표(또는 큰따옴표)로 감싸고 +로 연결해야 한다. 13

따옴표가 아닌 백틱(`)으로 전체 문자열과 변수를 묶어 사용한다. 변수는 ${ 변수명} 형태로 넣고 코드상에서 줄바꿈을 하면 개행 문자 없이도 사용할 수 있다. 17~18

`startsWith()`, `endsWith()`, `includes()`는 ES6에 추가된 `String` 함수들이다. `startsWith()`는 변수 앞에서부터, `endsWith()`는 뒤에서부터 일치하는 문자열이 있는지 찾는다. `includes()`는 위치에 상관없이 변수에 특정 문자열이 포함돼 있는지 판단한다. 함수 조건에 부합하면 true, 부합하지 않으면 false를 반환한다. 21~23

크롬 웹 브라우저에서 F12를 눌러 개발자 도구 창을 띄운 후 [Console] 탭을 클릭하면 출력된 로그를 확인할 수 있다.

실행 결과

var, let, const 사용하기

- **학습 내용:** ES6의 변수 선언 방식인 let과 const에 대해 이해한다.
- **힌트 내용:** 기존 var 변수와 비교해 변수의 재선언, 재할당이 가능한지 확인한다.

ES5에서 사용하던 var는 유연한 방식으로 변수를 재선언, 재할당할 수 있다. 이런 특징으로 인해 변수의 사용 범위가 불확실해지거나 의도하지 않은 변숫값 변경이 발생할 수 있다. 이러한 var의 단점을 보완하기 위에 ES6에서 let와 const가 추가됐다.

App.js 파일을 다음과 같이 수정한다.

App.js

```
1 import React from 'react';
2 import './App.css';
3 import Variable from './R010_Variable'
4
5 function App() {
6   return (
7     <div>
8       <h1>Start React 200!</h1>
9       <p>CSS 적용하기</p>
10      <Variable/>
11    </div>
12  );
13 }
14
15 export default App;
```

3 ◆ App.js 파일과 같은 경로에 위치한 R010_Variable.js 파일을 임포트해 사용할 수 있도록 한다.

src 폴더에 R010_Variable.js 파일을 생성한 후 다음과 같이 입력한다.

R010_Variable.js

```
import React, { Component } from 'react';

class R010_Variable extends Component {

  constructor(props) {
    super(props);
    this.state = {};
  }

  componentDidMount() {
    var varName = 'react';
    console.log('varName1 : '+varName);
    var varName = '200'; // 'varName' is already defined  no-redeclare
    console.log('varName2 : '+varName);

    let letName = 'react'
    console.log('letName1 : '+letName);
    // let letName = '200'
    // Parsing error: Identifier 'letName' has already been declared
    letName = 'react200';
    console.log('letName2 : '+letName);

    const constName = 'react';
    console.log('constName : ' + constName);
    // const constName = '200'
    // Parsing error: Identifier 'constName' has already been declared
    // constName = 'react200'
    // Uncaught TypeError: Assignment to constant variable.
  }

  render() {
    return (
      <h2>[THIS IS Variable ]</h2>
    )
  }
}

export default R010_Variable;
```

13 이미 선언한 var 변수 varName을 다시 선언했을 때 'varName' is already defined no-redeclare라는 경고 메시지가 콘솔 로그에 출력된다. 하지만 var 변수는 재선언, 재할당을 허용하기 때문에 경고 메시지가 출력돼도 페이지가 정상적으로 표시된다.

18~19 이미 선언한 let 변수 letName을 다시 선언했을 때 Parsing error: Identifier 'letName' has already been declared라는 에러 메시지가 콘솔 로그에 출력된다. let 변수는 재선언을 허용하지 않기 때문에 에러 페이지가 표시된다.

20 let 변수는 재할당을 허용한다. 이미 선언한 let 변수 letName에 새로운 값을 할당했을 때 페이지가 정상적으로 표시된다.

25~26 이미 선언한 const 변수의 constName을 다시 선언했을 때 Parsing error: Identifier 'constName' has already been declared라는 에러 메시지가 콘솔 로그에 출력된다. const 변수는 재선언을 허용하지 않기 때문에 에러 페이지가 표시된다.

27~28 이미 선언한 const 변수 constName에 새로운 값을 할당했을 때 Uncaught TypeError: Assignment to constant variable라는 에러 메시지가 콘솔 로그에 출력된다. const 변수는 재할당을 허용하지 않기 때문에 에러 페이지가 표시된다.

크롬 웹 브라우저에서 F12를 눌러 개발자 도구 창을 띄운 후 [Console] 탭을 클릭하면 출력된 로그를 확인할 수 있다.

실행 결과

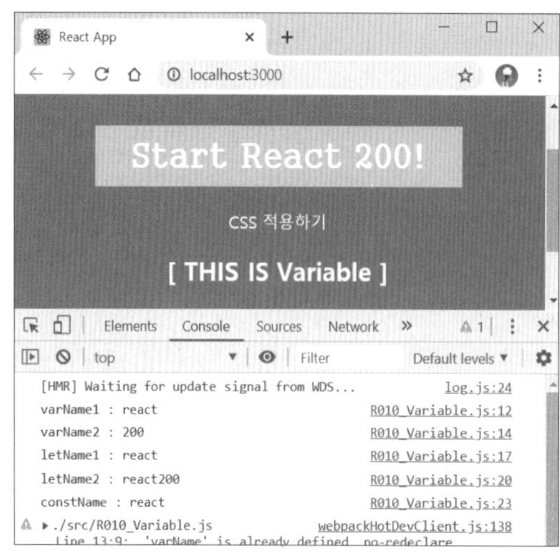

전개 연산자 사용하기

입문 011

- **학습 내용:** 전개 연산자를 통해 배열과 객체의 데이터를 합치거나 추출하는 방법을 이해한다.
- **힌트 내용:** 기존 ES5 문법과 비교해 ES6 전개 연산자의 장점과 사용법을 확인한다.

전개 연산자는 배열이나 객체 변수를 좀 더 직관적이고 편리하게 합치거나 추출할 수 있게 도와주는 문법이다. 변수 앞에 ...(마침표 3개)를 입력해 사용한다.

App.js 파일을 다음과 같이 수정한다.

App.js

```
import React from 'react';
import './App.css';
import SpreadOperator from './R011_SpreadOperator'

function App() {
  return (
    <div>
      <h1>Start React 200!</h1>
      <p>CSS 적용하기</p>
      <SpreadOperator/>
    </div>
  );
}

export default App;
```

App.js 파일과 같은 경로에 위치한 R011_SpreadOperator.js 파일을 임포트해 사용할 수 있도록 한다.

src 폴더에 R011_SpreadOperator.js 파일을 생성한 후 다음과 같이 입력한다.

R011_SpreadOperator.js

```
import React, { Component } from 'react';

class R011_SpreadOperator extends Component {

  constructor(props) {
    super(props);
    this.state = {};
  }

  componentDidMount() {
    //javascript Array
    var varArray1 = ['num1', 'num2'];
    var varArray2 = ['num3', 'num4'];
    var sumVarArr = [varArray1[0], varArray1[1], varArray2[0], varArray2[1]];
    // var sumVarArr = [].concat(varArray1, varArray2);
    console.log('1. sumVarArr : '+sumVarArr);
    //ES6 Array
    let sumLetArr = [...varArray1, ...varArray2];
    console.log('2. sumLetArr : '+sumLetArr);
    const [sum1, sum2, ...remain] = sumLetArr;
    console.log('3. sum1 : '+sum1+', sum2 : '+sum2+ ', remain : '+remain);

    var varObj1 = { key1 : 'val1', key2 : 'val2' };
    var varObj2 = { key2 : 'new2', key3 : 'val3' };
    //javascript Object
    var sumVarObj = Object.assign({}, varObj1, varObj2);
    console.log('4. sumVarObj : '+JSON.stringify(sumVarObj));
    //ES6 Object
    var sumLetObj = {...varObj1, ...varObj2};
    console.log('5. sumLetObj : '+JSON.stringify(sumLetObj));
    var {key1, key3, ...others} = sumLetObj;
    console.log('6. key1 : '+key1+', key3 : '+key3+', others :
    '+JSON.stringify(others));
  }

  render() {
```

```
37     return (
38       <h2>[THIS IS SpreadOperator ]</h2>
39     )
40   }
41 }
42
43 export default R011_SpreadOperator;
```

기존 ES5에서 배열 2개를 합치기 위해서는 배열 각각에 인덱스로 접근해 값을 가져오거나 `concat` 함수를 이용한다. varArray1, varArray2 배열에 각각 인덱스(0, 1)로 접근해 인자 값 (num1, num2, num3, num4)을 가져와 새로운 배열 sumVarArr에 하나씩 넣는다. ◆ 14~15

ES6에서는 전개 연산자 ...(마침표 3개)을 배열명 앞에 붙여 여러 개의 배열을 합칠 수 있다. ◆ 18

sumLetArr 배열의 값을 추출해 개별 변수에 넣는다. 순서대로 변수 sum1에 sumLetArr[0] 값, sum2에 sumLetArr[1] 값을 대입한다. 나머지 배열 값은 마지막에 전개 연산자 처리된 ...remain 변수에 넣는다. ◆ 20

기존 ES5에서 객체 2개를 합치기 위해서는 `Object.assign()` 함수를 이용해야 한다. 첫 번째 인자 {}는 함수의 return 값이고 뒤의 인자에 객체들을 ,(콤마)로 연결해 나열하면 여러 개의 객체를 합칠 수 있다. ◆ 26

ES6에서는 ...(마침표 3개)을 객체명 앞에 붙여 여러 개의 객체를 합칠 수 있다. ◆ 29

sumLetObj 객체의 키와 값을 추출해 키와 동일한 명칭의 개별 변수에 넣는다. 나머지는 마지막에 전개 연산자 처리된 ...others 변수에 넣는다. ◆ 31

크롬 웹 브라우저에서 F12를 눌러 개발자 도구 창을 띄운 후 [Console] 탭을 클릭하면 출력된 로그를 확인할 수 있다.

실행 결과

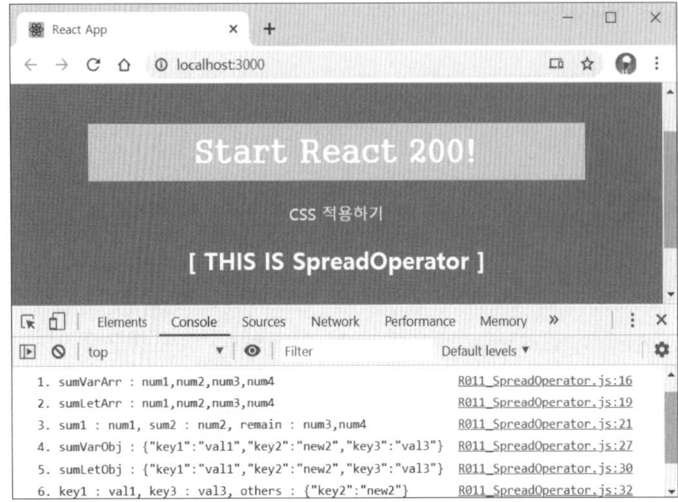
React App
localhost:3000
Start React 200!
CSS 적용하기
[THIS IS SpreadOperator]
Elements
Console
Sources
Network
Performance
Memory
top
Filter
Default levels
1. sumVarArr : num1,num2,num3,num4
2. sumLetArr : num1,num2,num3,num4
3. sum1 : num1, sum2 : num2, remain : num3,num4
4. sumVarObj : {"key1":"val1","key2":"new2","key3":"val3"}
5. sumLetObj : {"key1":"val1","key2":"new2","key3":"val3"}
6. key1 : val1, key3 : val3, others : {"key2":"new2"}
R011_SpreadOperator.js:16
R011_SpreadOperator.js:19
R011_SpreadOperator.js:21
R011_SpreadOperator.js:27
R011_SpreadOperator.js:30
R011_SpreadOperator.js:32

class 사용하기

입문

012

• **학습 내용:** 코드를 객체 단위로 재사용하는 class에 대해 이해한다.
• **힌트 내용:** 기존 ES5의 prototype과 비교해 ES6 class의 장점과 사용법을 확인한다.

기존 ES5 자바스크립트에서는 객체를 구현하기 위해 prototype을 사용한다. 객체는 상속을 통해 코드를 재사용할 수 있게 해준다. ES6에서 등장한 class는 prototype과 같은 개념인데, 쉽게 읽고 표현하기 위해 고안된 문법이다.

App.js 파일을 다음과 같이 수정한다.

App.js

```
1  import React from 'react';
2  import './App.css';
3  import ClassPrototype from './R012_Class&Prototype'
4
5  function App() {
6    return (
7      <div>
8        <h1>Start React 200!</h1>
9        <p>CSS 적용하기</p>
10       <ClassPrototype/>
11     </div>
12   );
13 }
14
15 export default App;
```

App.js 파일과 같은 경로에 위치한 R012_Class&Prototype.js 파일을 임포트해 사용할 수 있도록 한다. ◆ 3

src 폴더에 R012_Class&Prototype.js 파일을 생성한 후 다음과 같이 입력한다.

R012_Class&Prototype.js

```
import React, { Component } from 'react';

class ClassPrototype extends Component {

  constructor(props) {
    super(props);
    this.state = {};
  }

  componentDidMount() {
    //ES5 prototype
    var ExamCountFunc = (function () {
      function ExamCount(num) {
        this.number = num;
      }
      ExamCount.prototype.showNum = function () {
        console.log('1. react_' + this.number);
      };
      return ExamCount;
    }());

    var cnt = new ExamCountFunc('200');
    cnt.showNum();

    //ES6 class
    class ExamCountClass {
      constructor(num2) {
        this.number2 = num2;
      }
      showNum() {
        console.log(`2. react_${this.number2}`);
      }
    }

    var cnt2 = new ExamCountClass('2hundred');
    cnt2.showNum();
```

```
37   }
38
39   render() {
40     return (
41       <h2>[THIS IS Class ]</h2>
42     )
43   }
44 }
45
46 export default ClassPrototype;
```

 NOTE

자바스크립트에서는 함수를 객체로 사용할 수 있다.

ExamCountFunc() 함수(객체)를 실행한 후 return되는 결괏값(객체)을 cnt라는 변수에 저장한다. 22

생성자 함수를 실행하는데, 파라미터로 전달받은 num 변수의 값(200)을 객체 변수 number에 저장한다. 13~15

객체 안에 선언된 showNum() 함수를 실행한다. 23

생성자 함수명.prototype.함수명 형태로 선언해주면, 객체 외부에서 함수(cnt.showNum();)를 실행해 객체 내부에 선언된 함수로 사용할 수 있다. 함수가 실행되면, 생성자 함수에서 '200'으로 할당된 객체 변수 number를 사용한다. 16

ExamCountClass 객체를 생성한 후 객체를 cnt2라는 변수에 저장한다. 35

ES6에서는 객체를 class로 선언한다. 26

constructor()라는 생성자 함수가 실행되고 파라미터로 전달받은 num2라는 변숫값(2hundred)을 객체 변수 number2에 저장한다. 27~29

객체 안에 선언된 showNum() 함수를 실행한다. 36

객체에 접근할 때 실행할 함수(showNum)는 class의 {} 괄호(scope) 안에 간단하게 선언할 수 있다. 함수가 실행되면, 생성자 함수에서 '2hundred'로 할당된 객체 변수 number2를 사용한다. 30~32

크롬 웹 브라우저에서 F12를 눌러 개발자 도구 창을 띄운 후 [Console] 탭을 클릭하면 출력된 로그를 확인할 수 있다.

실행 결과

화살표 함수 사용하기

입문
013

- **학습 내용:** ES6에 추가된 화살표 함수의 사용 방법을 이해한다.
- **힌트 내용:** 기존 ES5의 기본 함수 대비 ES6 화살표 함수의 장점과 사용법을 확인한다.

ES6에서 등장한 화살표 함수는 'function' 대신 '=>' 문자열을 사용하며 'return' 문자열을 생략할 수도 있다. 따라서 기존 ES5 함수보다 간략하게 선언할 수 있다. 또 화살표 함수에서는 콜백 함수에서 this를 bind해야 하는 문제도 발생하지 않는다.

App.js 파일을 다음과 같이 수정한다.

App.js

```
1 import React from 'react';
2 import './App.css';
3 import ArrowFunc from './R013_ArrowFunction'
4
5 function App() {
6   return (
7     <div>
8       <h1>Start React 200!</h1>
9       <p>CSS 적용하기</p>
10      <ArrowFunc/>
11    </div>
12  );
13 }
14
15 export default App;
```

App.js 파일과 같은 경로에 위치한 R012_Class&Prototype.js 파일을 임포트해 사용할 수 있도록 한다. ◆ 3

src 폴더에 R013_ArrowFunction.js 파일을 생성한 후 다음과 같이 입력한다.

R013_ArrowFunction.js

```
import React, { Component } from 'react';

class R013_ArrowFunction extends Component {

  constructor(props) {
    super(props);
    this.state = {
      arrowFuc: 'React200',
      num: 3
    };
  }

  componentDidMount() {
    Function1(1);
    this.Function2(1,1);
    this.Function3();
    this.Function4();
    this.Function5(0,2,3);

    function Function1(num1) {
      return console.log(num1+'. Es5 Function');
    }
  }

  Function2 = (num1, num2) => {
    let num3 = num1 + num2;
    console.log(num3+'. Arrow Function : '+this.state.arrowFuc);
  }

  Function3() {
    var this_bind = this;
    setTimeout(function() {
      console.log(this_bind.state.num+'. Es5 Callback Function noBind : ');
      console.log(this.state.arrowFuc);
    },100);
  }
```

```
37
38   Function4() {
39     setTimeout(function() {
40       console.log('4. Es5 Callback Function Bind : '+this.state.arrowFuc);
41     }.bind(this),100);
42   }
43
44   Function5 = (num1, num2, num3) => {
45     const num4 =  num1 + num2 + num3;
46     setTimeout(() => {
47       console.log(num4+'. Arrow Callback Function : '+this.state.arrowFuc);
48     }, 100);
49   }
50
51   render() {
52     return (
53       <h2>[THIS IS ArrowFunction ]</h2>
54     )
55   }
56 }
57
58 export default R013_ArrowFunction;
```

Function 1~5까지의 함수를 순서대로 호출한다. 14~18

함수를 호출할 때 전달받은 num1이라는 변수를 함수 내부에서 사용할 수 있다. 20~22

함수를 'function' 문자열 대신 '=>'로 선언했다. 함수 내에서 사용하는 this는 R013_ArrowFunction 컴포넌트인데, this로 컴포넌트의 state 변수에 접근해 사용할 수 있다. 25~28

콜백 함수 내부에서는 컴포넌트에 this로 접근할 수 없기 때문에 접근할 수 있는 변수에 this를 백업한다. 백업된 변수인 this_bind를 이용해 컴포넌트의 state 변수에 접근할 수 있다. 31~33

콜백 함수 내부에서 this는 window 객체이기 때문에 this로 state 변수에 접근하면 undefined 에러가 발생한다. 34

콜백 함수에 함수 밖의 this를 bind해주면, this를 컴포넌트로 사용할 수 있다. 40~41

47 화살표 함수에서는 this를 bind해주지 않아도 this를 컴포넌트로 사용해 `state` 변수에 접근할 수 있다.

크롬 웹 브라우저에서 F12를 눌러 개발자 도구 창을 띄운 후 [Console] 탭을 클릭하면 출력된 로그를 확인할 수 있다.

실행 결과

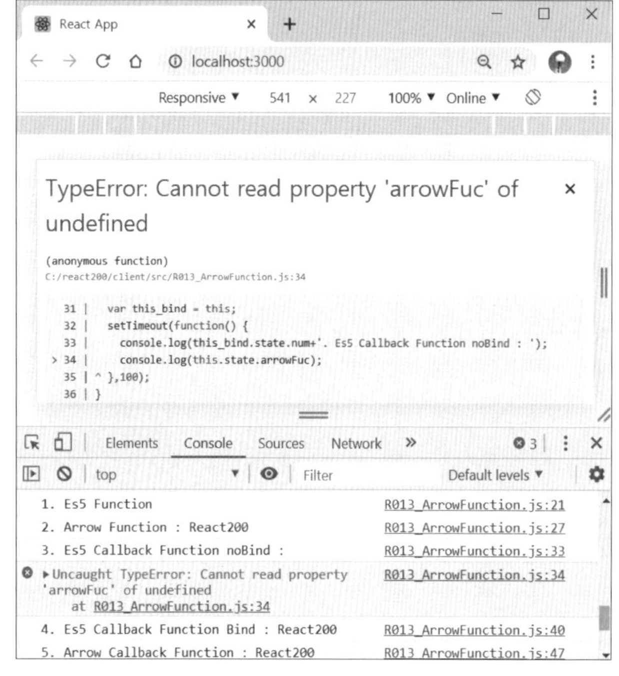

forEach( ) 함수 사용하기

입문 014

- **학습 내용:** 배열 함수인 forEach()의 사용 방법을 이해한다.
- **힌트 내용:** For문 대비 forEach() 함수의 장점과 사용법을 확인한다.

배열 함수 `forEach()`는 for문에서 사용하던 순번과 배열의 크기 변수를 사용하지 않는다. 배열의 처음부터 마지막 순번까지 모두 작업하는 경우 `forEach()`문을 사용하는 것이 간편하다. 하지만 특정 순번에서만 배열 값을 사용하거나 변경해야 하는 상황이라면 for문을 사용해야 한다.

App.js 파일을 다음과 같이 수정한다.

App.js

```
1 import React from 'react';
2 import './App.css';
3 import ForEach from './R014_ForEach'
4
5 function App() {
6   return (
7     <div>
8       <h1>Start React 200!</h1>
9       <p>CSS 적용하기</p>
10      <ForEach/>
11    </div>
12  );
13 }
14
15 export default App;
```

App.js 파일과 같은 경로에 위치한 R014_ForEach.js 파일을 임포트해 사용할 수 있도록 한다. ◆ 3

src 폴더에 R014_ForEach.js 파일을 생성한 후 다음과 같이 입력한다.

R014_ForEach.js

```
1 import React, { Component } from 'react';
2
3 class R014_ForEach extends Component {
4
5   componentDidMount() {
6     var For_Arr = [3, 2, 8, 8 ];
7     var For_newArr = [];
8
9     for (var i = 0; i < For_Arr.length; i++) {
10      For_newArr.push(For_Arr[i]);
11    }
12    console.log("1. For_newArr : ["+For_newArr+"]");
13
14    var ForEach_Arr = [3, 3, 9, 8 ];
15    var ForEach_newArr = [];
16    ForEach_Arr.forEach((result) => {
17      ForEach_newArr.push(result);
18    })
19    console.log("2. ForEach_newArr : ["+ForEach_newArr+"]");
20  }
21
22  render() {
23    return (
24      <h2>[THIS IS ForEach ]</h2>
25    )
26  }
27 }
28
29 export default R014_ForEach;
```

9~11 ◆ for문에서는 순번 변수(i)와 배열의 크기(For_Arr.length)가 필요하다. 순번을 0부터 1씩 증가시킨다. 배열의 크기보다 1이 작은 값이 될 때까지 새로운 함수(For_newArr)에 기존 함수 값을 넣는다(push).

forEach 함수에서는 순번과 배열의 크기 정보를 사용하지 않는다. 0부터 배열의 크기만큼 반복하며 순서대로 배열 값을 반환한다. 반복문이 실행될 때마다 콜백 함수로 결괏값(result)을 받아 새로운 함수(ForEach_newArr)에 넣는다. 16~18

크롬 웹 브라우저에서 F12를 눌러 개발자 도구 창을 띄운 후 [Console] 탭을 클릭하면 출력된 로그를 확인할 수 있다.

실행 결과

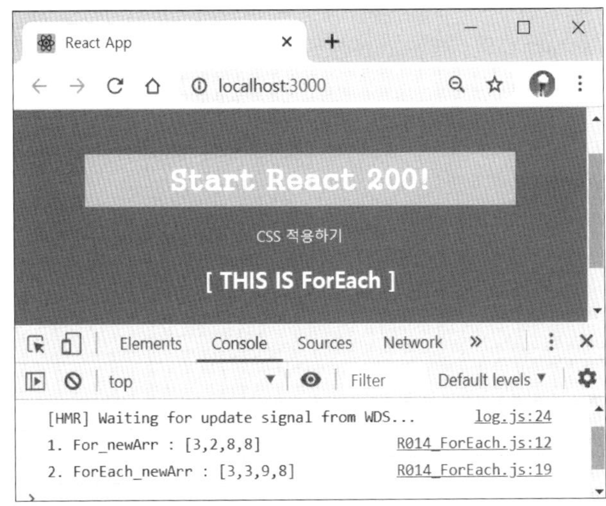

map( ) 함수 사용하기

- **학습 내용:** 배열 함수인 `map()` 함수의 사용 방법을 이해한다.
- **힌트 내용:** `map()` 함수의 특징과 사용법을 확인한다.

배열 함수 `map()`은 `forEach()`와 마찬가지로 for문에서 사용하던 순번과 배열의 크기 변수를 사용하지 않는다. 차이점은 `map()`은 `forEach()`와 달리 return을 사용해 반환 값을 받을 수 있다는 것이다.

App.js 파일을 다음과 같이 수정한다.

App.js

```
1  import React from 'react';
2  import './App.css';
3  import Map from './R015_Map'
4  
5  function App() {
6    return (
7      <div>
8        <h1>Start React 200!</h1>
9        <p>CSS 적용하기</p>
10       <Map/>
11     </div>
12   );
13 }
14 
15 export default App;
```

3 ◆ App.js 파일과 같은 경로에 위치한 R015_Map.js 파일을 임포트해 사용할 수 있도록 한다.

src 폴더에 R015_Map.js 파일을 생성한 후 다음과 같이 입력한다.

R015_Map.js

```
1 import React, { Component } from 'react';
2
3 class R015_Map extends Component {
4
5   componentDidMount() {
6     var Map_Arr = [3, 2, 8, 8 ]
7     let Map_newArr = Map_Arr.map(x => x)
8     console.log("1. Map_newArr : ["+Map_newArr+"]")
9
10    let Map_mulitiArr = Map_Arr.map(x => x * 2)
11    console.log("2. Map_mulitiArr : ["+Map_mulitiArr+"]")
12
13    var ObjArray = [{key:'react', value:'200'},
14                    {key:'리액트', value:'TwoHundred'}];
15    let Map_objArr = ObjArray.map((obj, index) => {
16      console.log((index+3)+". obj : "+JSON.stringify(obj))
17      var Obj = {};
18      Obj[obj.key] = obj.value;
19      return Obj;
20    });
21    console.log("5. Map_objArr : "+JSON.stringify(Map_objArr))
22  }
23
24  render() {
25    return (
26      <h2>[THIS IS Map ]</h2>
27    )
28  }
29 }
30
31 export default R015_Map;
```

기존 배열(Map_Arr)에서 map() 함수를 사용해 순서대로 하나씩 요소에 접근해 가져온다. 이때 ◆ 7
마다 콜백 함수가 실행된다. 가져온 값을 변수 x에 넣은 후 그대로 반환해(x => x) 순서대로 쌓아 놓는다. 마지막 요소까지 반복했다면, 한 번에 새로운 배열(Map_newArr)에 저장한다.

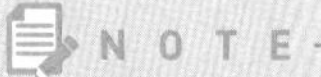

화살표 함수는 return 구문을 생략할 수 있다. line 7에서 사용한 `Map_Arr.map(x => x)`는 `Map_Arr.map (x => {return x})`와 동일하게 동작한다.

10 기존 배열(`Map_Arr`)의 요소에 순서대로 접근한 후 각각 2를 곱해 새로운 배열(`Map_mulitiArr`)에 저장한다.

13~14 배열 안에 객체를 생성한다.

15 배열 안의 객체를 순서대로 가져와 콜백 함수를 실행하는데, 가져온 값을 `obj`라는 변수에 저장한다. 콜백 함수의 두 번째 인자인 index는 기존 배열의 인덱스와 동일하다.

16 기존 배열에서 가져온 객체 값을 순서대로 출력한다.

17~19 새로운 객체(Obj)를 선언한다. 기존 객체(ObjArray)의 key, value 값을 새로운 객체(Obj)의 key, value 값으로 저장한다. 모든 반복이 끝나면 line 15의 `Map_objArr` 변수에 반환 값들을 저장한다.

크롬 웹 브라우저에서 F12를 눌러 개발자 도구 창을 띄운 후 [Console] 탭을 클릭하면 출력된 로그를 확인할 수 있다.

실행 결과

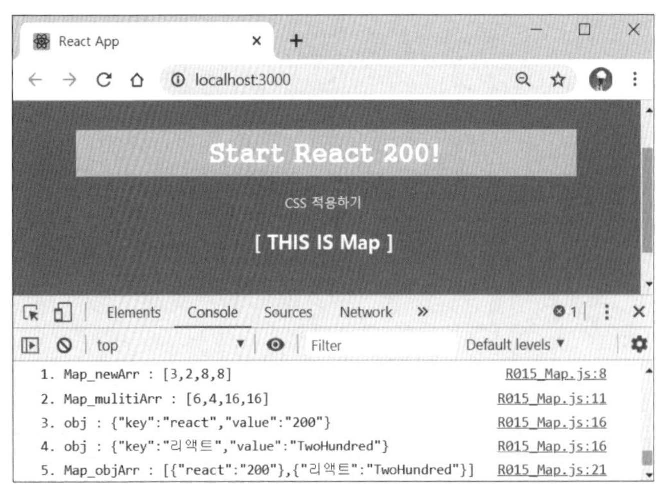

jquery 사용하기

입문 016

- **학습 내용:** react에서 jquery 사용 방법을 이해한다.
- **힌트 내용:** jquery를 임포트하는 방법과 기본 문법을 확인한다.

jquery는 가장 인기 있는 자바스크립트 라이브러리다. 이벤트 처리, 애니메이션 등 자바스크립트의 기능을 간단하고 빠르게 구현할 수 있도록 지원해준다.

jquery를 사용하기 위해 cmd 창을 열어 client 폴더 경로로 이동한다. [npm install jquery]를 입력하면 다음과 같이 npm이 jquery를 설치한다.

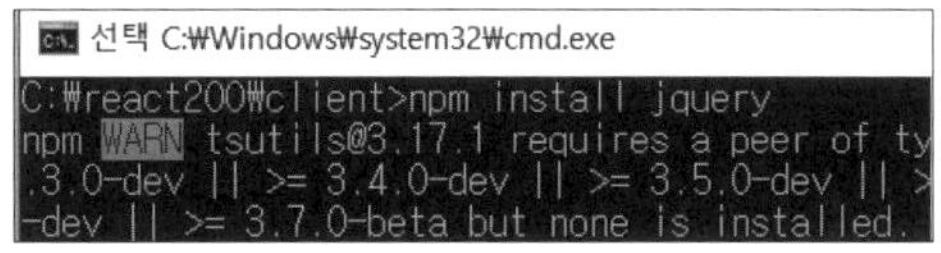

App.js 파일을 다음과 같이 수정한다.

App.js

```
import React from 'react';
import './App.css';
import Jquery from './R016_Jquery'

function App() {
  return (
    <div>
      <h1>Start React 200!</h1>
      <p>CSS 적용하기</p>
      <Jquery/>
    </div>
  );
}

export default App;
```

3 App.js 파일과 같은 경로에 위치한 R016_Jquery.js 파일을 임포트해 사용할 수 있도록 한다.

src 폴더에 R016_Jquery.js 파일을 생성한 후 다음과 같이 입력한다.

R016_Jquery.js

```
1 import React, { Component } from 'react';
2 import $ from 'jquery';
3
4 class R016_Jquery extends Component {
5
6   input_alert = (e) => {
7     var input_val = $('#inputId').val();
8     alert(input_val);
9   }
10
11   render() {
12     return (
13       <div>
14         <h2>[THIS IS Jquery ]</h2>
15         <input id="inputId" name="inputName"/>
16         <button id="buttonId" onClick={e => this.input_alert(e)}>
17         Jquery Button</button>
18       </div>
19     )
20   }
21 }
22
23 export default R016_Jquery;
```

2 jquery를 임포트해 $ 기호를 선언한다. 이는 jquery를 사용할 때 $ 기호를 붙여 사용해야 한다는 것을 의미한다.

15 화면의 왼쪽에 보이는 버튼으로, 값을 입력하면 <input> 태그의 value 값으로 저장된다.

16~17 button을 클릭하면 input_alert라는 함수를 호출한다.

함수가 호출되면 jquery 문법 `$('#inputId')`로, id 값이 inputId인 `<input>` 태그에 접근한다. `<input>` 태그의 value 값(line 15에서 입력한 값)을 가져와 `input_val` 변수에 저장한다. 변숫값을 팝업 창으로 표시한다. 7~8

크롬 웹 브라우저에서 서버를 구동하면 다음과 같은 화면을 확인할 수 있다.

실행 결과

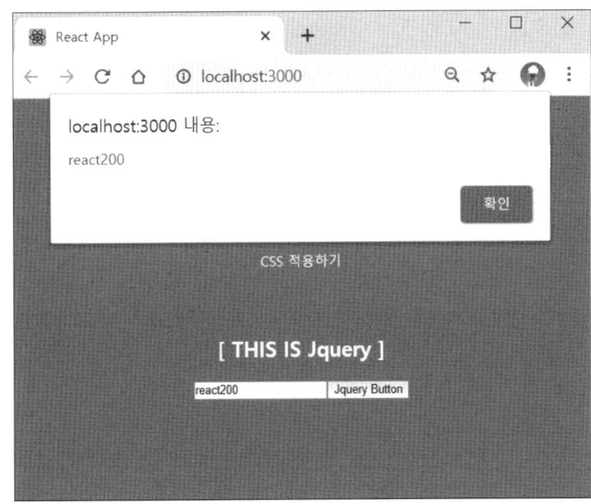

React.js 기초 다지기

2부에서는 리액트에서 변수를 관리하는 방법과 컴포넌트 유형에 대해 공부하고 화면 구성 요소를 편리하게 스타일링할 수 있는 패키지를 설치해 실습한다. 또 api 서버와 http 통신을 할 수 있는 `api` 함수를 사용해보고, 리액트 대표 변수인 `props`와 `state`의 차이점과 사용법을 익힌다. 클래스형 컴포넌트와 함수형 컴포넌트의 장단점을 비교하며 학습한다.

props 사용하기

- **학습 내용:** props 사용 방법을 이해한다.
- **힌트 내용:** props에 데이터를 넣는 부분과 받아오는 부분을 확인한다.

props는 부모 컴포넌트가 자식 컴포넌트에 데이터를 전달할 때 사용한다. props를 전달받은 자식 컴포넌트에서는 데이터를 수정할 수 없다. 데이터를 변경하기 위해서는 컴포넌트 내부에서만 사용하는 변수에 값을 넣어 사용해야 한다.

App.js 파일을 다음과 같이 수정한다.

_App.js

```
 1 import React from 'react';
 2 import './App.css';
 3 import Props from './R017_Props'
 4 
 5 function App() {
 6   return (
 7     <div>
 8       <h1>Start React 200!</h1>
 9       <p>CSS 적용하기</p>
10       <Props props_val="THIS IS PROPS"/>
11     </div>
12   );
13 }
14 
15 export default App;
```

3 ◆ App.js 파일과 같은 경로에 위치한 R017_Props.js 파일을 임포트해 사용할 수 있도록 한다.

10 ◆ line 3에서 임포트한 하위 컴포넌트 R017_Props에 전달할 props 변수(props_val)에 값(THIS IS PROPS)을 저장한다.

R017_Props.js

```
1 import React, { Component } from 'react';
2
3 class R017_Props extends Component {
4   render() {
5     let props_value = this.props.props_val;
6     props_value += ' from App.js'
7     return (
8     <div>{props_value}</div>
9     )
10   }
11 }
12
13 export default R017_Props;
```

this.props. 뒤에 상위 컴포넌트(App.js)에서 전달받은 props 변수명을 붙이면, 해당 데이터를 사용할 수 있다. 5

데이터를 수정해야 할 경우, props 자체가 아닌 컴포넌트 내부 변수(props_value)에 옮겨 가공한다. App.js에서 넘겨받은 문자열(THIS IS PROPS) 뒤에 새로운 문자열(from App.js)을 붙인다. 6

line 6에서 가공된 문자열을 화면에 표시한다. 8

크롬 웹 브라우저에서 서버를 구동하면 다음과 같은 화면을 확인할 수 있다.

실행 결과

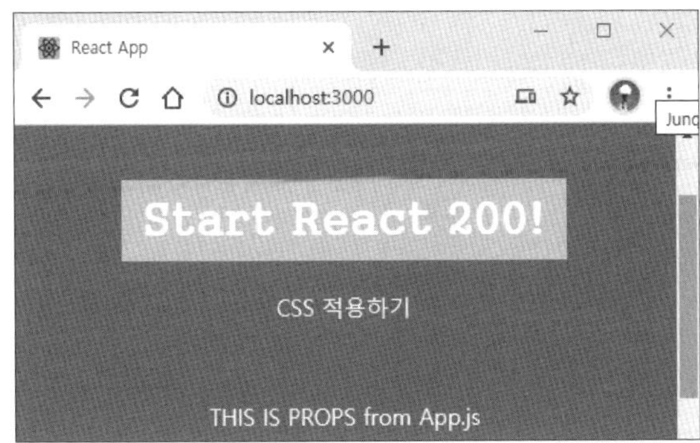

props 자료형 선언하기

- **학습 내용:** props 자료형 선언 방법을 이해한다.
- **힌트 내용:** 선언한 자료형과 다른 자료형이 전달됐을 때 경고 메시지를 확인한다.

자식 컴포넌트에서 props에 대한 자료형을 선언해 놓으면, 부모 컴포넌트에서 넘어오는 props 변수들의 자료형과 비교한다. 이때 자료형이 일치하지 않는다면, 경고 메시지로 알려주기 때문에 잘못된 데이터를 확인할 수 있다.

App.js 파일을 다음과 같이 수정한다.

App.css

```
import React from 'react';
import './App.css';
import PropsDatatype from './R018_PropsDatatype'

function App() {
  return (
    <div>
      <h1>Start React 200!</h1>
      <p>CSS 적용하기</p>
      <PropsDatatype
        String="react"
        Number={200}
        Boolean={1==1}
        Array={[0, 1, 8]}
        Object Json={{react:"리액트", twohundred:"200"}}
        Function={console.log("FunctionProps: function!")}
      />
    </div>
  );
}

export default App;
```

App.js 파일과 같은 경로에 위치한 R018_PropsDatatype.js 파일을 임포트해 사용할 수 있도록 한다. 3

문자열, 숫자, 불리언, 배열, 객체, 함수 데이터를 props에 담아 하위 컴포넌트로 전달한다. 10~17

src 폴더에 R018_PropsDatatype.js 파일을 생성한 후 다음과 같이 입력한다.

R018_PropsDatatype.js

```
1 import React, { Component } from 'react';
2 import datatype from 'prop-types';
3
4 class R018_PropsDatatype extends Component {
5   render() {
6     let {
7       String, Number, Boolean, Array, ObjectJson, Function
8     } = this.props
9     return (
10     <div style={{padding: "0px"}}>
11       <p>StringProps: {String}</p>
12       <p>NumberProps: {Number}</p>
13       <span>BooleanProps: {Boolean.toString()}</span>
14       <p>ArrayProps: {Array.toString()}</p>
15       <p>Object JsonProps: {JSON.stringify(ObjectJson)}</p>
16       <p>FunctionProps: {Function}</p>
17     </div>
18     )
19   }
20 }
21
22 R018_PropsDatatype.propTypes = {
23   String: datatype.number,
24   Number: datatype.number,
25   Boolean: datatype.bool,
26   Array: datatype.array,
27   Object Json: datatype.object,
28   Function: datatype.func,
29 }
30
31 export default R018_PropsDatatype;
```

6~8 `render()` 함수 내에서 지역 변수를 선언해 props로 전달된 값들을 할당한다.

22~29 props 값들 각각에 적합한 자료형을 선언한다. line 23에서 문자열 유형인 `props.String` 변수의 자료형을 number로 선언해 경고 메시지가 발생할 수 있도록 한다. 경고 메시지는 개발자 도구 콘솔 창에서 확인할 수 있다.

> **NOTE**
>
> props의 자료형 선언을 위해 line 2에서 리액트 기본 내장 패키지인 prop-types를 임포트해 사용했다. proTypes가 데이터 유효성 검증을 하고 콘솔에 경고 메시지를 출력한다.

11~16 부모 컴포넌트에서 전달한 `props` 변수들을 화면에 표시한다. line 11의 `String` 변수는 line 23에서 자료형이 일치하지 않았다. 하지만 에러가 아닌 경고 메시지이기 때문에 화면에 `String` 변수가 정상적으로 표시된다.

크롬 웹 브라우저에서 서버를 구동하면 다음과 같은 화면을 확인할 수 있다.

실행 결과

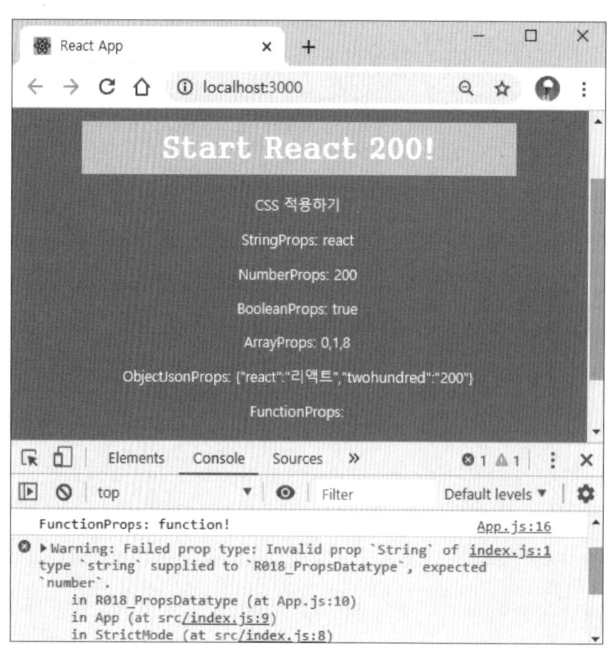

props Boolean으로 사용하기

초급 019

- **학습 내용:** props Boolean의 사용 방법을 이해한다.
- **힌트 내용:** props의 다른 자료형들이 갖고 있지 않은 Boolean 변수만의 특징을 확인한다.

props 값을 Boolean형으로 하위 컴포넌트에 전달할 경우, true나 false 중 하나를 할당한다. 추가 문법으로 props 변수를 선언한 후 값을 할당하지 않고 넘기면 true가 기본값으로 할당된다.

App.js 파일을 다음과 같이 수정한다.

App.css

```
1 import React from 'react';
2 import './App.css';
3 import PropsBoolean from './R019_PropsBoolean'
4
5 function App() {
6   return (
7     <div>
8       <h1>Start React 200!</h1>
9       <p>CSS 적용하기</p>
10      <PropsBoolean BooleanTrueFalse={false}/>
11      <PropsBoolean BooleanTrueFalse/>
12    </div>
13  );
14 }
15
16 export default App;
```

App.js 파일과 같은 경로에 위치한 R019_PropsBoolean.js 파일을 임포트해 사용할 수 있도록 한다. ◆ 3

BooleanTrueFalse 변수를 선언하고 false 값을 넣은 후 props에 담아 하위 컴포넌트로 전달한다. ◆ 10

BooleanTrueFalse 변수에 선언하고 할당 없이 props에 담아 하위 컴포넌트로 전달한다. ◆ 11

src 폴더에 R019_PropsBoolean.js 파일을 생성한 후 다음과 같이 입력한다.

R019_PropsBoolean.js

```
1 import React, { Component } from 'react';
2
3 class R019_PropsDatatype extends Component {
4   render() {
5     let {
6       BooleanTrueFalse
7     } = this.props
8     return (
9     <div style={{padding: "0px"}}>
10      {BooleanTrueFalse ? '2. ' : '1. '}
11      {BooleanTrueFalse.toString()}
12    </div>
13    )
14  }
15 }
16
17 export default R019_PropsDatatype;
```

5~7 ◆ `render()` 함수 내에서 지역 변수를 선언해 `props`로 전달된 값을 할당한다.

10 ◆ 삼항 연산자를 이용해 `BooleanTrueFalse` 변수가 true이면 '2', false이면 '1'을 화면에 출력한다.

11 ◆ `BooleanTrueFalse` 변수가 false일 경우 그대로 false가 출력되고, 값이 없을 경우 기본값으로 true가 화면에 출력된다. `Boolean` 변수는 직접 화면에 출력할 수 없으므로 출력을 하기 위해 `toString()` 함수를 사용해 문자열로 변환한다.

크롬 웹 브라우저에서 서버를 구동하면 다음과 같은 화면을 확인할 수 있다.

실행 결과

React App
localhost:3000
Start React 200!
CSS 적용하기
1. false
2. true

props 객체형으로 사용하기

- **학습 내용:** props 객체형 사용 방법을 이해한다.
- **힌트 내용:** props 객체 자체의 자료형이 아닌, 객체 내부 변수들의 자료형 선언 방법을 확인한다.

props 값을 객체로 하위 컴포넌트에 전달할 경우, 자료형을 object로 선언한다. 하지만 객체 형태(객체 내부 변수들)의 자료형을 선언할 때는 shape이라는 유형을 사용한다.

App.js 파일을 다음과 같이 수정한다.

App.js

```
1 import React from 'react';
2 import './App.css';
3 import PropsObjVal from './R020_PropsObjVal'
4 
5 function App() {
6   return (
7     <div>
8       <h1>Start React 200!</h1>
9       <p>CSS 적용하기</p>
10      <PropsObjVal Object Json={{react:"리액트", twohundred:"200"}}/>
11    </div>
12  );
13 }
14 
15 export default App;
```

3 ◆ App.js 파일과 같은 경로에 위치한 R020_PropsObjVal.js 파일을 임포트해 사용할 수 있도록 한다.

10 ◆ `Object Json` 변수와 key를 선언하고 value를 할당한 후 props에 담아 하위 컴포넌트로 전달한다.

src 폴더에 R020_PropsObjVal.js 파일을 생성한 후 다음과 같이 입력한다.

R020_PropsObjVal.js

```
1 import React, { Component } from 'react';
2 import datatype from 'prop-types';
3
4 class R020_PropsObjVal extends Component {
5   render() {
6     let {
7       Object Json
8     } = this.props
9     return (
10    <div style={{padding: "0px"}}>
11      {JSON.stringify(Object Json)}
12    </div>
13    )
14  }
15 }
16
17 R020_PropsObjVal.propTypes = {
18   Object Json: datatype.shape({
19     react: datatype.string,
20     twohundred: datatype.number
21   })
22 }
23
24 export default R020_PropsObjVal;
```

render() 함수 내에서 지역 변수를 선언해 props로 전달된 값을 할당한다. 6~8

shape 유형을 사용해 객체 변수 Object Json의 내부 key 값(react, twohundred)에 대해 자료형을 선언한다. twohundred가 문자열("200")로 전달됐지만, 자료형이 number로 선언됐다. 자료형이 일치하지 않아 경고 메시지가 발생한다. 경고 메시지는 개발자 도구 콘솔 창에서 확인할 수 있다. 18~21

Object Json 객체의 key와 value 값들을 화면에 출력한다. 11

크롬 웹 브라우저에서 서버를 구동하면 다음과 같은 화면을 확인할 수 있다.

실행 결과

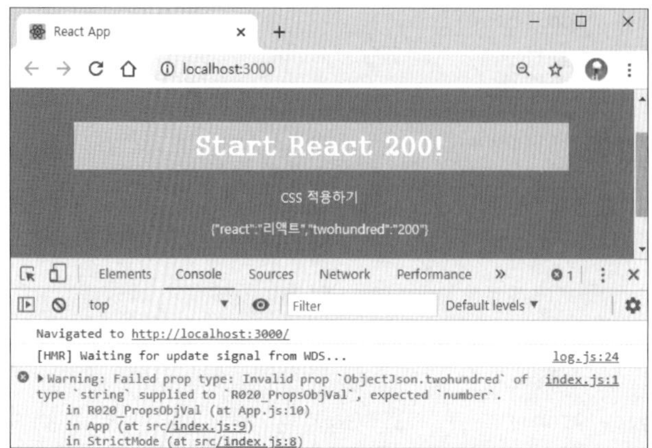

React App
localhost:3000
Start React 200!
CSS 적용하기
{"react":"리액트","twohundred":"200"}
Elements
Console
Sources
Network
Performance
top
Filter
Default levels
Navigated to http://localhost:3000/
[HMR] Waiting for update signal from WDS...
log.js:24
Warning: Failed prop type: Invalid prop `ObjectJson.twohundred` of type `string` supplied to `R020_PropsObjVal`, expected `number`.
index.js:1
in R020_PropsObjVal (at App.js:10)
in App (at src/index.js:9)
in StrictMode (at src/index.js:8)

props를 필수 값으로 사용하기

초급 021

- **학습 내용:** props를 필수 값으로 사용하는 방법을 이해한다.
- **힌트 내용:** props를 필수 값으로 지정하는 문법을 확인한다.

props의 자료형을 선언할 때 prop-types를 사용한다. 자료형 설정 대신 isRequired를 조건으로 추가하면, 변숫값이 없는 경우 경고 메시지가 발생할 수 있다.

App.js 파일을 다음과 같이 수정한다.

App.js

```
1 import React from 'react';
2 import './App.css';
3 import PropsRequired from './R021_PropsRequired'
4
5 function App() {
6   return (
7     <div>
8       <h1>Start React 200!</h1>
9       <p>CSS 적용하기</p>
10      <PropsRequired ReactNumber={200}/>
11    </div>
12  );
13 }
14
15 export default App;
```

App.js 파일과 같은 경로에 위치한 R021_PropsRequired.js 파일을 임포트해 사용할 수 있도록 한다. 3

ReactNumber 변수에 숫자 200을 할당한 후 props에 담아 하위 컴포넌트로 전달한다. 10

src 폴더에 R021_PropsRequired.js 파일을 생성한 후 다음과 같이 입력한다.

R021_PropsRequired.js

```
1 import React, { Component } from 'react';
2 import datatype from 'prop-types';
3
4 class R021_PropsRequired extends Component {
5   render() {
6     let {
7       ReactString,
8       ReactNumber
9     } = this.props
10    return (
11    <div style={{padding: "0px"}}>
12      {ReactString}{ReactNumber}
13    </div>
14    )
15  }
16 }
17
18 R021_PropsRequired.propTypes = {
19   ReactString: datatype.isRequired,
20 }
21
22 export default R021_PropsRequired;
```

6~9 `render()` 함수 내에서 지역 변수를 선언해 props로 전달된 값을 할당한다.

18~20 `ReactString`이라는 props 값을 필수 값으로 지정한다. 하지만 상위 컴포넌트에서 `ReactSring`이라는 변수를 전달하지 않았기 때문에 경고 메시지가 발생한다. 경고 메시지는 개발자 도구 콘솔 창에서 확인할 수 있다.

12 `ReactSring` 변숫값은 비어 있기 때문에 상위 컴포넌트에서 전달받은 `ReactNumber` 변숫값(200)만 화면에 출력된다.

크롬 웹 브라우저에서 서버를 구동하면 다음과 같은 화면을 확인할 수 있다.

실행 결과

React App
localhost:3000
Start React 200!
CSS 적용하기
200
Elements
Console
Sources
top
Filter
Default levels
Warning: Failed prop type: The prop `ReactString` is marked as required in `R021_PropsRequired`, but its value is `undefined`.
in R021_PropsRequired (at App.js:10)
in App (at src/index.js:9)
in StrictMode (at src/index.js:8)
index.js:1

props를 기본값으로 정의하기

- **학습 내용:** props를 기본값으로 사용하는 방법을 이해한다.
- **힌트 내용:** props를 기본값으로 지정하는 문법을 확인한다.

props의 기본값은 부모 컴포넌트에서 값이 넘어 오지 않았을 때 사용한다. defaultProps라는 문법을 사용한다.

App.js 파일을 다음과 같이 수정한다.

App.js

```
1 import React from 'react';
2 import './App.css';
3 import PropsDefault from './R022_PropsDefault'
4 
5 function App() {
6   return (
7     <div>
8       <h1>Start React 200!</h1>
9       <p>CSS 적용하기</p>
10      <PropsDefault ReactNumber={200}/>
11    </div>
12  );
13 }
14 
15 export default App;
```

3 ◆ App.js 파일과 같은 경로에 위치한 R022_PropsDefault.js 파일을 임포트해 사용할 수 있도록 한다.

10 ◆ `ReactNumber` 변수에 숫자 200을 할당한 후 props에 담아 하위 컴포넌트로 전달한다.

src 폴더에 R022_PropsDefault.js 파일을 생성한 후 다음과 같이 입력한다.

R022_PropsDefault.js

```
1 import React, { Component } from 'react';
2
3 class R022_PropsDefault extends Component {
4   render() {
5     let {
6       ReactString,
7       ReactNumber
8     } = this.props
9     return (
10     <div style={{padding: "0px"}}>
11       {ReactString}{ReactNumber}
12     </div>
13     )
14   }
15 }
16
17 R022_PropsDefault.defaultProps = {
18   ReactString: "리액트",
19   R0eactNumber: 400
20 }
21
22 export default R022_PropsDefault;
```

render() 함수 내에서 지역 변수를 선언해 props로 전달된 값을 할당한다. 5~8

상위 컴포넌트에서 값이 전달될 것이라 기대되는 ReactString과 ReactNumber 변수에 각각 기본값을 할당했다. 17~20

ReactSring 변숫값은 비어 있기 때문에 line 18에서 지정한 기본값이 화면에 표시된다. ReactNumber 변숫값은 상위 컴포넌트에서 전달됐기 때문에 line 19에서 지정한 기본값은 무시된다. 11

크롬 웹 브라우저에서 서버를 구동하면 다음과 같은 화면을 확인할 수 있다.

실행 결과

props의 자식 Component에 node 전달하기

초급 023

- **학습 내용:** props에 node를 사용하는 방법을 이해한다.
- **힌트 내용:** props에 node를 넣어 전달하는 문법을 확인한다.

props를 하위 컴포넌트 태그 안쪽에 선언해 전달하는 것 이외에도 하위 컴포넌트 태그 사이에 작성된 node를 전달할 수 있다.

NOTE

node란, html 문서를 구성하는 포괄적인 개념이다. 노드의 종류에는 문서 요소, 속성, 텍스트, 주석 등이 있다. 예를 들면, <p id="a">bc</p>에서 <p> 태그가 요소, id가 속성, bc가 텍스트다.

App.js 파일을 다음과 같이 수정한다.

App.js

```
import React from 'react';
import './App.css';
import PropsNode from './R023_PropsNode'

function App() {
  return (
    <div>
      <h1>Start React 200!</h1>
      <p>CSS 적용하기</p>
      <PropsNode>
        <span>node from App.js</span>
      </PropsNode>
    </div>
  );
}

export default App;
```

3 ◆ App.js 파일과 같은 경로에 위치한 R023_PropsNode.js 파일을 임포트해 사용할 수 있도록 한다.

10~12 ◆ 하위 컴포넌트 태그 사이에 <span> 태그를 추가하면 props에 담아 하위 컴포넌트에 전달한다.

src 폴더에 R023_PropsNode.js 파일을 생성한 후 다음과 같이 입력한다.

R023_PropsNode.js

```
1 import React, { Component } from 'react';
2
3 class R023_PropsNode extends Component {
4   render() {
5     return (
6     <div style={{padding: "0px"}}>
7       {this.props.children}
8     </div>
9     )
10   }
11 }
12
13 export default R023_PropsNode;
```

7 ◆ 상위 컴포넌트에서 전달한 노드는 this.props.children이라는 문법으로 접근해 사용할 수 있다.

크롬 웹 브라우저에서 서버를 구동하면 다음과 같은 화면을 확인할 수 있다.

실행 결과

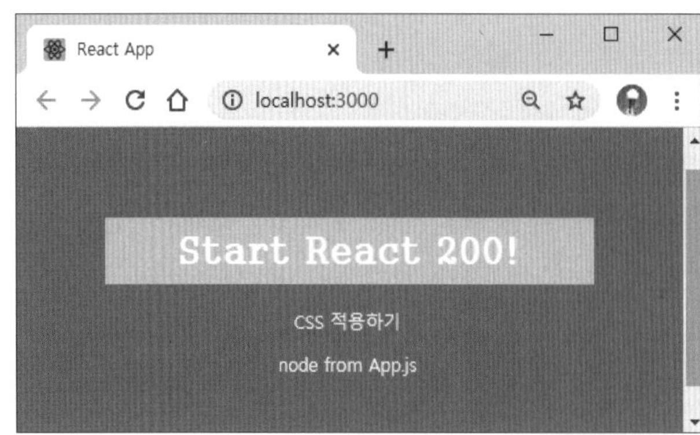

state 사용하기

초급 024

- **학습 내용:** state 사용 방법을 이해한다.
- **힌트 내용:** state 값을 화면에 표시하는 문법을 확인한다.

Props를 상위 컴포넌트에서 하위 컴포넌트로 데이터를 전달할 때 사용했다면, state는 하나의 컴포넌트 안에서 전역 변수처럼 사용한다.

App.js 파일을 다음과 같이 수정한다.

App.js

```
1 import React from 'react';
2 import './App.css';
3 import ReactState from './R024_ReactState'
4
5 function App() {
6   return (
7     <div>
8       <h1>Start React 200!</h1>
9       <p>CSS 적용하기</p>
10      <ReactState reactString={"react"}/>
11    </div>
12  );
13 }
14
15 export default App;
```

App.js 파일과 같은 경로에 위치한 R024_ReactState.js 파일을 임포트해 사용할 수 있도록 한다. ◆ 3

`reactString`이라는 변수를 선언하고 react라는 문자열을 할당한 후 props에 담아 하위 컴포넌트에 전달한다. ◆ 10

src 폴더에 R024_ReactState.js 파일을 생성한 후 다음과 같이 입력한다.

R024_ReactState.js

```
1 import React, { Component } from 'react';
2
3 class R024_ReactState extends Component {
4   constructor (props) {
5     super(props);
6     this.state = {
7         StateString: this.props.reactString,
8         StateNumber: 200,
9     }
10  }
11
12  render() {
13    return (
14    <div style={{padding: "0px"}}>
15      {this.state.StateString}{this.state.StateNumber}
16    </div>
17 ...코드 생략...
```

6~9 ◆ 가장 먼저 실행되는 생성자 함수 `constructor` 안에서 `state` 변수의 초깃값을 정의해야 한다. `StateString` 변수에는 props로 전달된 reactString 값을 저장하고 `StateNumber` 변수에는 숫자 200을 저장한다.

15 ◆ this.state.변수명 문법으로 `state` 변수에 접근한다. state 값을 화면에 그대로 표시한다.

크롬 웹 브라우저에서 서버를 구동하면 다음과 같은 화면을 확인할 수 있다.

실행 결과

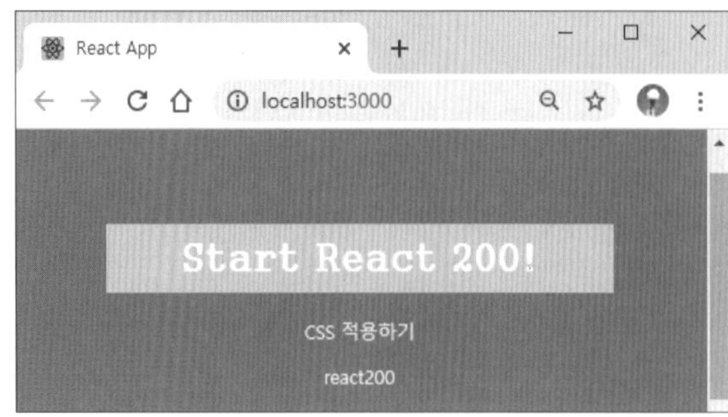

setState( ) 함수 사용하기

초급

025

- **학습 내용:** `setState()` 함수를 사용하는 방법을 이해한다.
- **힌트 내용:** state를 직접 변경했을 때와 `setState()` 함수를 사용했을 때의 차이를 확인한다.

this.state.변수명=value와 같이 state를 직접 변경하면 `render()` 함수를 호출하지 않으므로 화면에 보이는 state 값은 바뀌기 전 상태로 남게 된다. `setState()` 함수로 state를 변경해야 `render()` 함수를 호출해 변경된 값을 화면에 보여줄 수 있다.

App.js 파일을 다음과 같이 수정한다.

App.js

```
import React from 'react';
import './App.css';
import SetState from './R025_SetState'

function App() {
  return (
    <div>
      <h1>Start React 200!</h1>
      <p>CSS 적용하기</p>
      <SetState/>
    </div>
  );
}

export default App;
```

App.js 파일과 같은 경로에 위치한 R025_SetState.js 파일을 임포트해 사용할 수 있도록 한다.

src 폴더에 R025_SetState.js 파일을 생성한 후 다음과 같이 입력한다.

R025_SetState.js

```
1 import React, { Component } from 'react';
2
3 class R025_SetState extends Component {
4   constructor (props) {
5     super(props);
6     this.state = {
7         StateString: 'react',
8     }
9   }
10
11   StateChange = (flag) => {
12     if(flag == 'direct') this.state.StateString = '리액트';
13     if(flag == 'setstate') this.setState({StateString : '리액트'});
14   }
15
16   render() {
17     return (
18     <div style={{padding: "0px"}}>
19       <button onClick={(e) => this.StateChange('direct', e)}>
20       state 직접 변경</button>
21       <button onClick={(e) => this.StateChange('setstate', e)}>
22       setState로 변경</button><br/>
23       [state 변경하기] StateString : {this.state.StateString}
24     </div>
25     )
26   }
27 }
28
29 export default R025_SetState;
```

23 ◆ line 7에서 state 변수 StateString의 초깃값으로 react라는 문자열을 저장했다. constructor() 함수가 실행되고 render() 함수에서 화면을 그리기 때문에 {this.state.StateString}은 react로 표시된다.

line 19~20에서 [state 직접 변경] 버튼을 눌렀을 때 this.state.변수명=value 문법으로 state를 직접 변경한다. 이때 StateString 값은 '리액트'로 변경되지만 `render()` 함수를 호출하지 않으므로 화면에는 이전 값인 'react'로 표시된다. 12

line 21~22에서 [setState로 변경] 버튼을 눌렀을 때 `setState()` 함수로 state를 변경한다. 이때 StateString 값은 '리액트'로 변경되고 `render()` 함수를 다시 호출해 화면에는 변경된 값인 '리액트'가 표시된다. 13

크롬 웹 브라우저에서 서버를 구동하면 다음과 같은 화면을 확인할 수 있다.

실행 결과

state를 직접 변경한 후 forceUpdate( ) 함수 사용하기

- **학습 내용:** forceUpdate() 함수 사용 방법을 이해한다.
- **힌트 내용:** state를 직접 변경했을 때 forceUpdate()로 render() 함수를 실행한다.

this.state.변수명=value와 같이 직접 state를 변경하면 render() 함수를 호출하지 않으므로 화면에 보이는 state 값은 바뀌기 전 상태로 남게 된다. 이때 forceUpdate() 함수로 화면을 새로 고침하면, render() 함수를 호출해 변경된 값을 화면에 보여줄 수 있다.

App.js 파일을 다음과 같이 수정한다.

App.js

```
1 import React from 'react';
2 import './App.css';
3 import ForceUpdate from './R026_ForceUpdate'
4 
5 function App() {
6   return (
7     <div>
8       <h1>Start React 200!</h1>
9       <p>CSS 적용하기</p>
10       <ForceUpdate/>
11     </div>
12   );
13 }
14 
15 export default App;
```

3 ◆ App.js 파일과 같은 경로에 위치한 R026_ForceUpdate.js 파일을 임포트해 사용할 수 있도록 한다.

src 폴더에 R026_ForceUpdate.js 파일을 생성한 후 다음과 같이 입력한다.

R026_ForceUpdate.js

```
1 import React, { Component } from 'react';
2
3 class R026_ForceUpdate extends Component {
4   constructor (props) {
5     super(props);
6     this.state = {
7         StateString: 'react',
8     }
9   }
10
11   StateChange = () => {
12     this.state.StateString = '리액트';
13     this.forceUpdate();
14   }
15
16   render() {
17     return (
18     <div style={{padding: "0px"}}>
19       <button onClick={(e) => this.StateChange(e)}>
20       state 직접 변경</button><br/>
21       [state 변경하기] StateString : {this.state.StateString}
22     </div>
23     )
24   }
25 }
26
27 export default R026_ForceUpdate;
```

line 7에서 `state` 변수 StateString의 초깃값으로 react라는 문자열을 저장했다. `constructor()` 21
함수가 실행되고 `render()` 함수에서 화면을 그리기 때문에 {this.state.StateString}은 react로 표
시된다.

line 19에서 [state 직접 변경] 버튼을 눌렀을 때 this.state.변수명=value 문법으로 state를 직접 변 12
경한다. 이때 StateString 값은 '리액트'로 변경된다.

13 line 12까지만 실행하면 state 값은 변경되지만, `render()` 함수가 실행되지 않으므로 line 20 화면에 표시되는 state 값은 변하지 않는다. `forceUpdate()` 함수는 화면을 강제로 새로 고침하기 때문에 `render()` 함수를 다시 실행시켜 화면에 변경된 state 값을 표시할 수 있다.

크롬 웹 브라우저에서 서버를 구동하면 다음과 같은 화면을 확인할 수 있다.

실행 결과

Component 사용하기 (class형 컴포넌트)

초급 027

- **학습 내용:** Class형 컴포넌트 중 Component를 사용하는 방법을 이해한다.
- **힌트 내용:** Component와 render() 함수와의 관계를 확인한다.

class형 컴포넌트에는 Component와 PureComponent가 있다. 두 컴포넌트 모두 props와 state의 변경에 따라 `render()` 함수를 호출하는데, 변경에 대한 기준이 다르다. Component에서는 비교 대상이 완전히 동일하지 않으면 변경이 발생했다고 본다.

App.js 파일을 다음과 같이 수정한다.

App.js

```
 1 import React from 'react';
 2 import './App.css';
 3 import ComponentClass from './R027_ComponentClass'
 4 
 5 function App() {
 6   return (
 7     <div>
 8       <h1>Start React 200!</h1>
 9       <p>CSS 적용하기</p>
10       <ComponentClass/>
11     </div>
12   );
13 }
14 
15 export default App;
```

App.js 파일과 같은 경로에 위치한 R027_ComponentClass.js 파일을 임포트해 사용할 수 있도록 한다. ◆ 3

src 폴더에 R027_ComponentClass.js 파일을 생성한 후 다음과 같이 입력한다.

R027_ComponentClass.js

```
1 import React, { Component } from 'react';
2
3 class R027_ComponentClass extends Component {
4   constructor (props) {
5     super(props);
6     this.state = {
7       StateString: 'react',
8       StateArrayObj: ['react', { react: '200' }]
9     }
10  }
11
12  buttonClick = (type) => {
13    if(type === 'String'){
14      this.setState({ StateString: 'react' });
15    }else{
16      this.setState({ StateArrayObj: ['react', { react: '200' }] });
17    }
18  }
19
20  render() {
21    console.log('render() 실행')
22    return (
23      <div>
24        <button onClick={e => this.buttonClick('String')}> 문자열 변경</button>
25        <button onClick={e => this.buttonClick('ArrayObject')}>
26        객체 배열 변경</button>
27      </div>
28    )
29  }
30 }
31
32 export default R027_ComponentClass;
```

1~3 ◆ Component 클래스를 임포트해 상속받아 사용한다.

7~8 ◆ state에 문자열 변수와 객체가 포함된 배열 변수를 선언하고 초깃값을 저장한다.

line 24에서 [문자열 변경] 버튼을 클릭하면, line 7에서 선언한 문자열 변수와 동일한 state 값 13~14
을 `setState()` 함수로 선언 및 초기화한다. 이때 컴포넌트는 state 값이 변경됐다고 간주해 `render()` 함수를 실행한다.

line 25~26에서 [객체 배열 변경] 버튼을 클릭하면, line 8에서 선언한 배열 변수와 동일한 state 15~16
값을 `setState()` 함수로 선언 및 초기화한다. 이때 컴포넌트는 state 값이 변경됐다고 간주해 `render()` 함수를 실행한다.

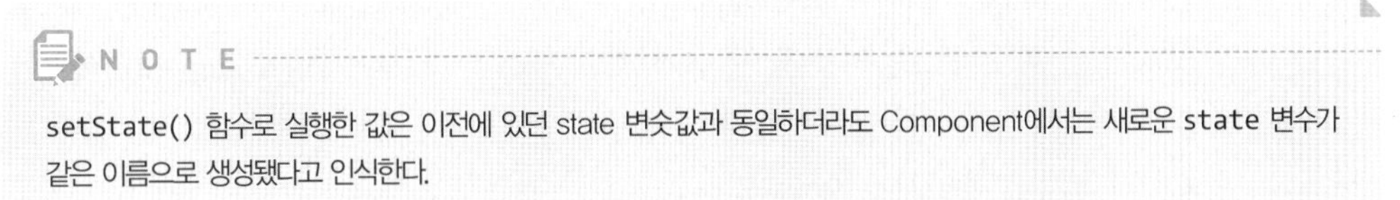

NOTE

`setState()` 함수로 실행한 값은 이전에 있던 state 변숫값과 동일하더라도 Component에서는 새로운 `state` 변수가 같은 이름으로 생성됐다고 인식한다.

크롬 웹 브라우저에서 서버를 구동하면 다음과 같은 화면을 확인할 수 있다. 두 가지 버튼을 클릭하면 `render()` 함수가 실행돼 line 21에서 콘솔 로그를 출력한다.

실행 결과

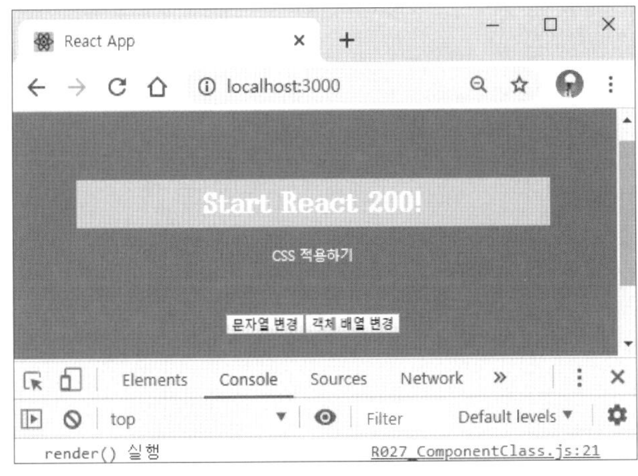

PureComponent 사용하기 (class형 컴포넌트)

- **학습 내용:** Class형 컴포넌트 중 PureComponent를 사용하는 방법을 이해한다.
- **힌트 내용:** PureComponent와 `render()` 함수와의 관계를 확인한다.

class형 컴포넌트에는 Component와 PureComponent가 있다. 두 컴포넌트 모두 props와 state의 변경에 따라 `render()` 함수를 호출하는데, 변경에 대한 기준이 다르다. PureComponent에서는 비교 대상의 값을 비교해 동일하지 않으면 변경이 발생했다고 본다. 불필요한 `render()` 함수 실행을 줄이면 페이지 성능을 향상시킬 수 있다.

App.js 파일을 다음과 같이 수정한다.

App.js

```
1 import React from 'react';
2 import './App.css';
3 import PureComponentClass from './R028_PureComponentClass'
4
5 function App() {
6   return (
7     <div>
8       <h1>Start React 200!</h1>
9       <p>CSS 적용하기</p>
10      <PureComponentClass/>
11    </div>
12  );
13 }
14
15 export default App;
```

3 ◆ App.js 파일과 같은 경로에 위치한 R028_PureComponentClass.js 파일을 임포트해 사용할 수 있도록 한다.

src 폴더에 R028_PureComponentClass.js 파일을 생성한 후 다음과 같이 입력한다.

R028_PureComponentClass.js

```
1 import React, { PureComponent } from 'react';
2
3 class R028_PureComponentClass extends PureComponent {
4   constructor (props) {
5     super(props);
6     this.state = {
7       StateString: 'react',
8       StateArrayObj: ['react', { react: '200' }]
9     }
10   }
11
12   buttonClick = (type) => {
13     if(type === 'String'){
14       this.setState({ StateString: 'react' });
15     }else{
16       this.setState({ StateArrayObj: ['react', { react: '200' }] });
17     }
18   }
19
20   render() {
21     console.log('render() 실행')
22     return (
23       <div>
24         <button onClick={e => this.buttonClick('String')}> 문자열 변경</button>
25         <button onClick={e => this.buttonClick('ArrayObject')}>
26         객체 배열 변경</button>
27       </div>
28     )
29   }
30 }
31
32 export default R028_PureComponentClass;
```

PureComponent 클래스를 임포트해 상속받아 사용한다. ◆ 1~3

state에 문자열 변수와 객체가 포함된 배열 변수를 선언하고 초깃값을 저장한다. ◆ 7~8

13~14 line 24에서 [문자열 변경] 버튼을 클릭하면, line 7에서 선언한 문자열 변수와 동일한 state 값을 `setState()` 함수로 선언 및 초기화한다. 이때 컴포넌트는 state 값이 동일하다고 간주해 `render()` 함수를 실행하지 않는다. PureComponent에서는 새로운 `state` 변수가 선언됐지만, 변숫값만 비교한다.

15~16 line 25~26에서 [객체 배열 변경] 버튼을 클릭하면, line 8에서 선언한 배열 변수와 동일한 state 값을 `setState()` 함수로 선언 및 초기화한다. 이때 컴포넌트는 state 값이 변경됐다고 간주해 `render()` 함수를 실행한다. PureComponent에서는 기본적으로 변숫값만 비교하지만, 예외적으로 객체에 대해서는 참조 값을 비교한다. line 16에서 생성한 객체(`{ react: '200' }`)의 데이터는 같지만, 참조 값이 달라 다른 객체로 인식된다.

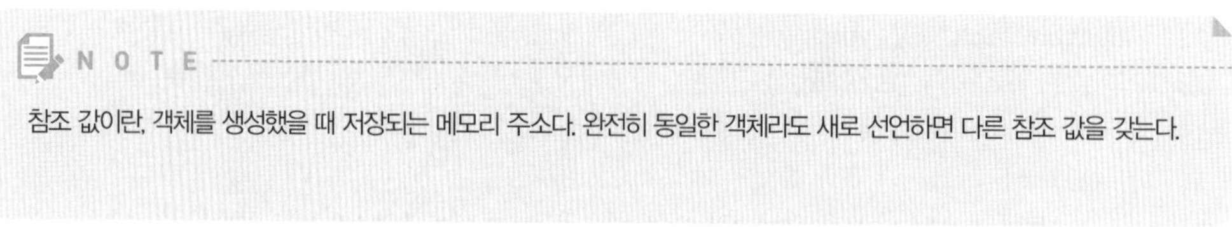

NOTE

참조 값이란, 객체를 생성했을 때 저장되는 메모리 주소다. 완전히 동일한 객체라도 새로 선언하면 다른 참조 값을 갖는다.

크롬 웹 브라우저에서 서버를 구동하면 다음과 같은 화면을 확인할 수 있다. [객체 배열 변경] 버튼을 클릭하면 `render()` 함수가 실행돼 line 21에서 콘솔 로그를 출력한다.

실행 결과

shallow-equal 사용하기 (class형 컴포넌트)

초급 029

- **학습 내용:** shallow-equal의 비교 함수를 사용하는 방법을 이해한다.
- **힌트 내용:** shallow-equal의 비교 함수를 사용해 render() 함수 실행을 결정할 수 있다.

shallow-equal 패키지는 PureComponent에서 state 값의 변경을 비교하는 것과 동일한 기능을 하는 함수를 제공한다. `shallowEqualArrays()` 함수를 사용하면 문자열과 배열은 값만 비교한다. 객체는 PureComponent와 동일하게 참조 값을 비교한다.

INSTALL

명령 프롬프트를 연 후 `cd C:\react200\client` 명령어를 이용해 설치 경로로 이동한다.
`npm install shallow-equal` 명령어로 `shallow-equal` 패키지를 설치한다.

App.js 파일을 다음과 같이 수정한다.

App.js

```
import React from 'react';
import './App.css';
import ShallowEqual from './R029_ShallowEqual'

function App() {
  return (
    <div>
      <h1>Start React 200!</h1>
      <p>CSS 적용하기</p>
      <ShallowEqual/>
    </div>
  );
}

export default App;
```

3 App.js 파일과 같은 경로에 위치한 R029_ShallowEqual.js 파일을 임포트해 사용할 수 있도록 한다.

src 폴더에 R029_ShallowEqual.js 파일을 생성한 후 다음과 같이 입력한다.

R029_ShallowEqual.js

```
1 import React, { Component  } from 'react';
2 import { shallowEqualArrays} from "shallow-equal";
3
4 class R029_ShallowEqual extends Component  {
5   constructor (props) {
6     super(props);
7     this.state = { StateString: 'react' }
8   }
9
10   shouldComponentUpdate(nextProps, nextState){
11     return !shallowEqualArrays(this.state, nextState)
12   }
13
14   componentDidMount(){
15     const object = { react : '200'};
16     const Array1 = ['리액트', object];
17     const Array2 = ['리액트', object];
18     const Array3 = ['리액트', { react : '200'}];
19
20     console.log('shallowEqualArrays(Array1, Array2) : '
21     + shallowEqualArrays(Array1, Array2));
22     console.log('shallowEqualArrays(Array2, Array3) : '
23     + shallowEqualArrays(Array2, Array3));
24     this.setState({StateString : 'react'})
25   }
26
27   render() {
28     console.log('render() 실행')
29 ...코드 생략...
```

2 shallow-equal을 임포트해 사용할 수 있도록 한다.

20~21 line 16, 17에서 선언한 배열의 값을 비교한다. 이때 `object` 변수는 동일한 객체를 참조한다. `shallowEqualArrays()` 함수로 두 배열을 비교하고 동일하면 true를 반환한다.

22~23 line 17, 18에서 선언한 배열의 값을 비교한다. 이때 line 17의 object와 line 18의 `{ react : '200'}`은 값은 같지만, 서로 다른 참조 값을 갖는 다른 객체다. `shallowEqualArrays()` 함수 비교 결과 false를 반환한다.

10~12 `shouldComponentUpdate()` 함수는 변경된 props와 state 값을 파라미터로 받을 수 있고 반환 값이 true일 때 `render()` 함수를 실행시킨다. line 24에서 문자열 state 값이 변경됐는데, 원래 Component 클래스에서는 변경으로 인식해 `render()` 함수를 실행시킨다. 그런데 `shouldComponentUpdate()` 함수에서 `shallowEqualArrays()` 함수로 값만 비교하기 때문에 false를 반환하고 `render()` 함수를 실행하지 않는다.

Component 클래스에서도 `shouldComponentUpdate()`, `shallowEqualArrays()` 함수를 사용하면, PureComponent 클래스처럼 값만 비교해 `render()` 함수를 실행시킬 수 있다.

크롬 웹 브라우저에서 서버를 구동하면 다음과 같은 화면을 확인할 수 있다. 처음 페이지 로딩 때 `render()` 함수가 실행되고 line 24에서 state 값이 변경됐을 때 실행되지 않는 것을 확인할 수 있다.

실행 결과

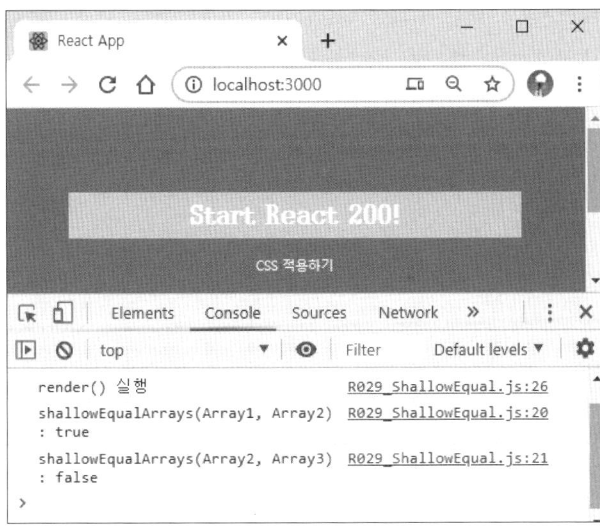

함수형 컴포넌트 사용하기

- **학습 내용:** 함수형 컴포넌트를 사용하는 방법을 이해한다.
- **힌트 내용:** 클래스형 컴포넌트와 비교해 함수형 컴포넌트의 특징을 확인한다.

함수형 컴포넌트는 클래스형 컴포넌트와 달리, state가 없고 생명주기 함수를 사용할 수 없다. 상위 컴포넌트에서 props와 context를 파라미터로 전달받아 사용하고 render() 함수가 없으므로 return만 사용해 화면을 그려준다.

App.js 파일을 다음과 같이 수정한다.

App.js

```
1  import React from 'react';
2  import './App.css';
3  import FunctionComponent from './R030_FunctionComponent'
4
5  function App() {
6    return (
7      <div>
8        <h1>Start React 200!</h1>
9        <p>CSS 적용하기</p>
10       <FunctionComponent contents="[THIS IS FunctionComponent ]"/>
11     </div>
12   );
13 }
14
15 export default App;
```

3 ◆ App.js 파일과 같은 경로에 위치한 R030_FunctionComponent.js 파일을 임포트해 사용할 수 있도록 한다.

10 ◆ R030_FunctionComponent 컴포넌트에 contents 변수를 props로 전달한다.

src 폴더에 R030_FunctionComponent.js 파일을 생성한 후 다음과 같이 입력한다.

R030_FunctionComponent.js

```
1 import React from 'react';
2
3 function R030_FunctionComponent(props){
4   let { contents } = props;
5   return (
6     <h2>{contents}</h2>
7   )
8 }
9
10 export default R030_FunctionComponent;
```

함수형 컴포넌트는 return 값이 있는 function과 동일한 구조를 갖는다. 3~8

상위 컴포넌트에서 전달받은 props를 지역 변수에 할당한다. 클래스형 컴포넌트와 달리, props 앞에 this가 붙지 않는다. 4

line 4에서 할당받은 변수 `contents` 값을 화면에 표시한다. 6

실행 결과

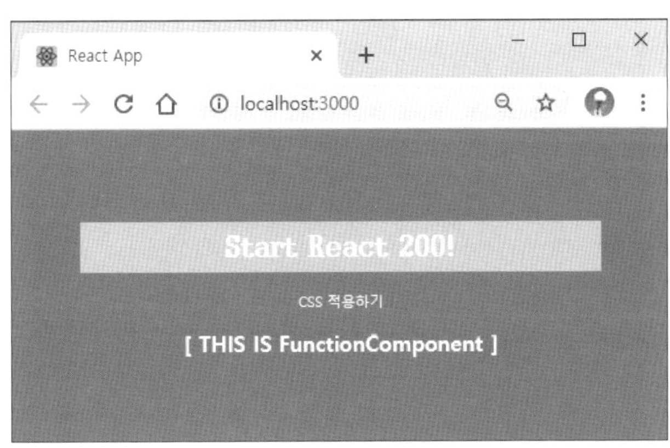

hook 사용하기

- **학습 내용:** hook을 사용하는 방법을 이해한다.
- **힌트 내용:** 함수형 컴포넌트에서 사용되는 hook 기능을 확인한다.

함수형 컴포넌트에서 클래스형 컴포넌트와 같이 state와 생명주기 함수와 같은 기능을 사용하기 위해 hook을 이용한다. 대표적인 hook 함수에는 `useState()`와 `useEffect()`가 있다.

App.js 파일을 다음과 같이 수정한다.

App.js

```
1 import React from 'react';
2 import './App.css';
3 import ReactHook from './R031_ReactHook'
4
5 function App() {
6   return (
7     <div>
8       <h1>Start React 200!</h1>
9       <p>CSS 적용하기</p>
10      <ReactHook/>
11    </div>
12  );
13 }
14
15 export default App;
```

3 App.js 파일과 같은 경로에 위치한 R031_ReactHook.js 파일을 임포트해 사용할 수 있도록 한다.

src 폴더에 R031_ReactHook.js 파일을 생성한 후 다음과 같이 입력한다.

R031_ReactHook.js

```
1 import React, { useState, useEffect } from 'react';
2
3 function R031_ReactHook(props){
4   const [contents, setContents] = useState('[THIS IS REACT ]');
5
6   useEffect(() => {
7     console.log('useEffect');
8   });
9
10   return (
11     <div style={{padding: "0px"}}>
12       <h2>{contents}</h2>
13       <button onClick={() =>setContents('[THIS IS HOOK ]')}> 버튼</button>
14     </div>
15   )
16 }
17
18 export default R031_ReactHook;
```

react에서 기본으로 제공해주는 useState()와 useEffect() 함수를 사용하기 위해 임포트해준다. 1

useState() 함수로 state 변숫값을 선언 및 할당한다. 이때 두 가지 인자가 선언된 배열이 반환 4
된다. 첫 번째 인자 contents는 state 변수명, 두 번째 인자 setContents는 state 변숫값을 변경해주는 함수다.

useEffect() 함수는 생명주기 함수 componentDidMount()와 같이 return되는 html 코드들이 6~8
화면에 그려진 이후에 실행된다. 최초 페이지가 로딩될 때 한 번 실행되고 setContents() 함수로 state 값이 변경되면 한 번 더 실행된다.

버튼을 클릭하면, line 4에서 선언한 setContents() 함수로 contents 값을 수정한다. 이때 state 13
값이 변경되면 화면을 다시 그려주는데, 'THIS IS REACT'라는 글자가 'THIS IS HOOK'로 변경되는 것을 확인할 수 있다.

실행 결과

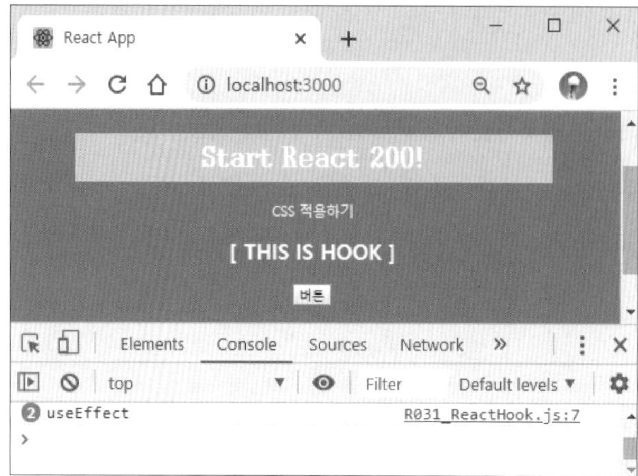
React App
localhost:3000
Start React 200!
CSS 적용하기
[THIS IS HOOK]
버튼
Elements
Console
Sources
Network
top
Filter
Default levels
2 useEffect
R031_ReactHook.js:7

Fragments 사용하기

초급

032

- **학습 내용:** Fragments를 사용하는 방법을 이해한다.
- **힌트 내용:** 컴포넌트에서 element를 return할 때 사용되는 Fragments 기능을 확인한다.

컴포넌트 단위로 element를 return할 때 하나의 `<html>` 태그로 전체를 감싸지 않으면 에러가 발생한다. 이때 `<Fragments>` 태그로 감싸면 불필요한 `<html>` 태그를 추가하지 않고 사용할 수 있다.

element 반환 시 하나의 `<html>` 태그로 감싸지 않으면 다음과 같은 에러 메시지가 표시된다.

Parsing error: Adjacent JSX elements must be wrapped in an enclosing tag. Did you want a JSX fragment <>...</>?

App.js 파일을 다음과 같이 수정한다.

App.js

```
import React from 'react';
import './App.css';
import Fragments from './R032_Fragments'

function App() {
  return (
    <div>
      <h1>Start React 200!</h1>
      <p>CSS 적용하기</p>
      <Fragments/>
    </div>
  );
}
```

```
14
15 export default App;
```

3 App.js 파일과 같은 경로에 위치한 R032_Fragments.js 파일을 임포트해 사용할 수 있도록 한다.

src 폴더에 R032_Fragments.js 파일을 생성한 후 다음과 같이 입력한다.

R032_Fragments.js

```
1 import React, { Component } from 'react';
2
3 class R032_Fragments extends Component {
4   render() {
5     return (
6       <React.Fragment>
7         <p>P TAG</p>
8         <span>SPAN TAG</span>
9       </React.Fragment>
10     )
11   }
12 }
13
14 export default R032_Fragments;
```

6~9 <React.Fragment> 태그를 사용하지 않았다면, <p> 태그와 <span> 태그가 하나의 태그로 감싸져 있지 않기 때문에 에러가 발생한다.

NOTE

〈Fragment〉 태그를 약식으로 다음과 같이 사용할 수 있다.

```
<>
  <p>P TAG</p>
  <span>SPAN TAG</span>
</>
```

실행 결과

React App
localhost:3000
Start React 200!
CSS 적용하기
P TAG
SPAN TAG

map( )으로 element 반환하기

- **학습 내용:** `map()` 함수를 사용해 element를 return하는 방법을 이해한다.
- **힌트 내용:** element들을 `map()` 함수로 나열해 화면 출력 결과를 확인한다.

반복해서 출력해야 하는 element들을 배열에 넣어두고 `map()` 함수로 순서대로 나열해 컴포넌트를 return할 수 있다.

App.js 파일을 다음과 같이 수정한다.

App.js

```
1 import React from 'react';
2 import ReturnMap from './R033_ReturnMap'
3
4 function App() {
5 return (
6       <div>
7        <h1>Start React 200!</h1>
8        <p>CSS 적용하기</p>
9        <ReturnMap/>
10      </div>
11 );
12 }
13
14 export default App;
```

2 ◆ App.js 파일과 같은 경로에 위치한 R033_ReturnMap.js 파일을 임포트해 사용할 수 있도록 한다.

src 폴더에 R033_ReturnMap.js 파일을 생성한 후 다음과 같이 입력한다.

R033_ReturnMap.js

```
1 import React, { Component } from 'react';
2
3 class R033_ReturnMap extends Component {
4 render() {
5     const element_Array = [
6       <li>react</li>
7       , <li>200</li>
8       , <li>Array map</li>
9     ]
10     return (
11       <ul>
12         {element_Array.map((array_val) => array_val)}
13       </ul>
14     )
15 }
16 }
17
18 export default R033_ReturnMap;
```

`<li>` 태그 리스트를 element_Array 배열에 순서대로 저장한다. ◆ 5~9

`map()` 함수로 element_Array 배열에 있는 element들을 순서대로 꺼내 `<ul>` 태그 안쪽에 출력한다. ◆ 11~13

실행 결과

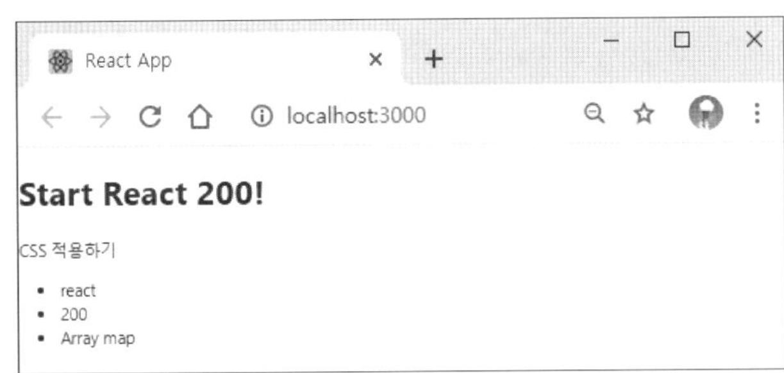

reactstrap Alerts 사용하기

- **학습 내용:** reactstrap Alerts 사용 방법을 이해한다.
- **힌트 내용:** reactstrap Alerts 패키지의 기능과 종류를 확인한다.

bootstrap은 프론트엔드 디자인을 쉽게 구현할 수 있도록 도와주는 html, css, js 프레임워크다. bootstrap을 react에서 사용할 수 있도록 패키지로 만든 것이 reactstrap이다. Alerts 패키지는 알림 영역에 대한 기능을 제공한다.

cmd 창을 열어 client 폴더 경로로 이동한다. [npm install –save reactstrap]을 입력하면 다음과 같이 npm이 reactstrap을 설치한다.

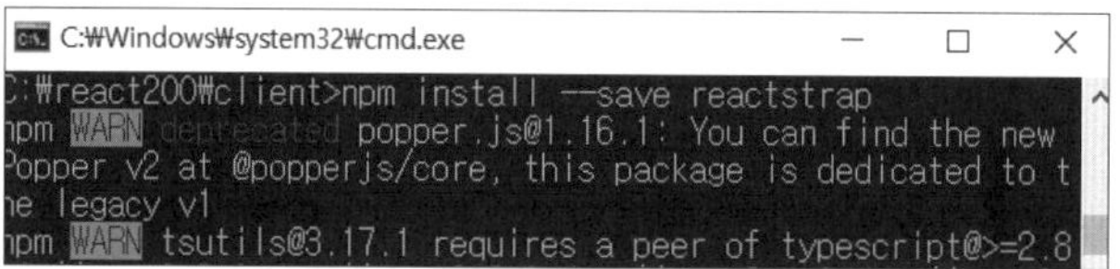

reactstrap은 bootstrap css를 포함하고 있지 않기 때문에 [npm install –save bootstrap]을 입력해 bootstrap도 npm으로 설치해준다.

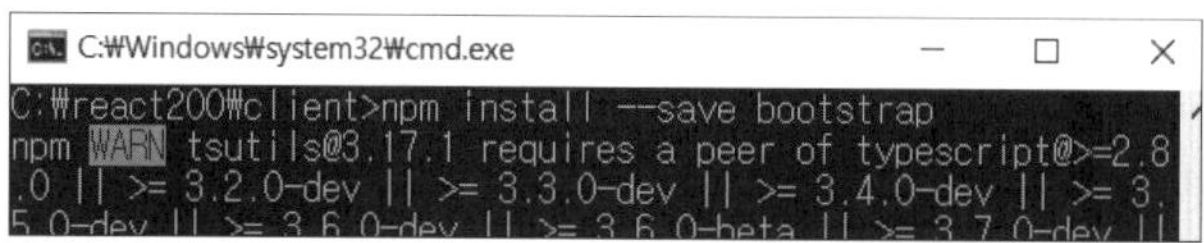

App.js 파일을 다음과 같이 수정한다.

App.js

```
import React from 'react';
import './App.css';
import ReactstrapAlerts from './R034_ReactstrapAlerts'
import 'bootstrap/dist/css/bootstrap.css'

function App() {
```

```
  return (
    <div>
      <h1>Start React 200!</h1>
      <p>CSS 적용하기</p>
      <ReactstrapAlerts/>
    </div>
  );
}

export default App;
```

App.js 파일과 같은 경로에 위치한 R034_ReactstrapAlerts.js 파일을 임포트해 사용할 수 있도록 한다. 3

bootstrap.css를 임포트해 <reactstrap> 태그를 사용할 때 bootstrap css가 적용될 수 있도록 한다. 4

src 폴더에 R034_ReactstrapAlerts.js 파일을 생성한 후 다음과 같이 입력한다.

R034_ReactstrapAlerts.js

```
import React, { Component } from 'react';
import { Alert, UncontrolledAlert } from 'reactstrap';

class R034_ReactstrapAlerts extends Component {
  render() {
    return (
      <div>
      <Alert color="light">
        Simple Alert [color : light]
      </Alert>
      <UncontrolledAlert color="warning">
        Uncontrolled Alert [color : warning]
      </UncontrolledAlert>
      </div>
    )
  }
}
```

```
18
19 export default R034_ReactstrapAlerts;
```

2 reactstrap 패키지에서 사용할 기능을 {} 안에 나열한다. 기본 알림 Alert와 삭제 기능이 추가된 알림 UncontrolledAlert를 사용하기 위해 선언한다.

8~10 기본 알림 영역 Alert를 구현한다. 단순히 알림 내용을 표시시켜준다.

11~13 삭제 가능한 알림 영역인 UncontrolledAlert를 구현한다. [×] 버튼을 누르면 알림 영역이 삭제된다.

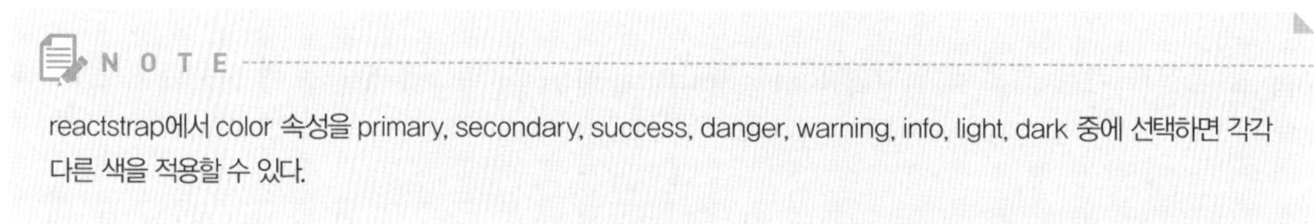

NOTE

reactstrap에서 color 속성을 primary, secondary, success, danger, warning, info, light, dark 중에 선택하면 각각 다른 색을 적용할 수 있다.

크롬 웹 브라우저에서 서버를 구동하면 다음과 같은 화면을 확인할 수 있다.

실행 결과

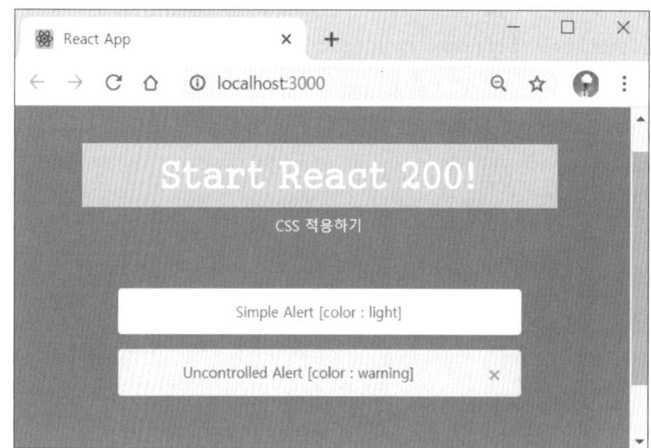

reactstrap Badge 사용하기

- **학습 내용:** reactstrap Badge 사용 방법을 이해한다.
- **힌트 내용:** reactstrap Badge 패키지의 기능과 종류를 확인한다.

Badge 패키지는 부모 요소에 추가로 특정 문자열이나 숫자를 표시할 때 사용된다.

App.js

```
 1 import React from 'react';
 2 import './App.css';
 3 import ReactstrapBadges from './R035_ReactstrapBadges'
 4 import 'bootstrap/dist/css/bootstrap.css'
 5
 6 function App() {
 7   return (
 8     <div>
 9       <h1>Start React 200!</h1>
10       <p>CSS 적용하기</p>
11       <ReactstrapBadges/>
12     </div>
13   );
14 }
15
16 export default App;
```

App.js 파일과 같은 경로에 위치한 R035_ReactstrapBadge.js 파일을 임포트해 사용할 수 있도록 한다. ◆ 3

src 폴더에 R035_ReactstrapBadge.js 파일을 생성한 후 다음과 같이 입력한다.

R035_ReactstrapBadge.js

```
1 import React, { Component } from 'react';
2 import { Badge, Button } from 'reactstrap';
3
4 class R035_ReactstrapBadges extends Component {
5   render() {
6     return (
7       <div>
8         <h1>PRODUCT NAME <Badge color="secondary">hit</Badge></h1>
9         <Button color="light" outline>
10          Accessor <Badge color="dark">4</Badge>
11        </Button>
12        <Badge color="danger" pill>pill</Badge>
13        <Badge href="http://example.com" color="light">GoLink</Badge>
14      </div>
15    )
16  }
17 }
18
19 export default R035_ReactstrapBadges;
```

2 ◆ reactstrap 패키지에서 사용할 기능을 {} 안에 나열한다. Badge와 Button을 사용하기 위해 선언한다.

8 ◆ 텍스트 옆에 배지를 추가했다. 사용 예시로 쇼핑몰 웹 사이트의 상품 옆에 신상품(new), 히트 상품(hit), 세일 상품(sale)과 같은 배지를 사용할 수 있다.

9~11 ◆ 버튼 안에 배지를 추가했다. 접속자, 메시지의 수와 같은 어떤 속성의 수치를 나타낼 때 사용할 수 있다.

12 ◆ pill 속성을 추가하면 테두리를 둥글게 적용할 수 있다.

13 ◆ href 속성을 추가해 배지에 링크를 연결할 수 있다.

크롬 웹 브라우저에서 서버를 구동하면 다음과 같은 화면을 확인할 수 있다.

실행 결과

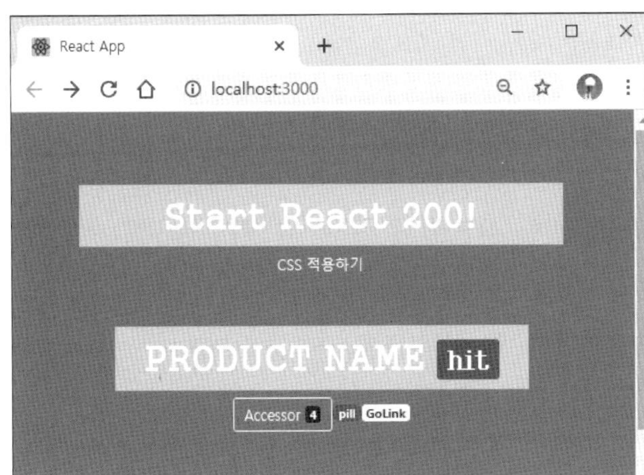
React App
localhost:3000
Start React 200!
CSS 적용하기
PRODUCT NAME hit
Accessor 4
pill
GoLink

reactstrap Breadcrumbs 사용하기

- **학습 내용:** reactstrap Breadcrumbs 사용 방법을 이해한다.
- **힌트 내용:** reactstrap Breadcrumbs 패키지의 기능과 종류를 확인한다.

Breadcrumbs 패키지는 페이지 위치 경로를 지정한 웹 내비게이션에 사용된다. 보통 웹 사이트 상단에 표시되는 메뉴 리스트에 사용하며 특정 메뉴를 선택하면 해당하는 페이지 위치로 이동시킨다.

App.js 파일을 다음과 같이 수정한다.

App.js

```
1 import React from 'react';
2 import './App.css';
3 import ReactstrapBreadcrumbs from './R036_ReactstrapBreadcrumbs'
4 import 'bootstrap/dist/css/bootstrap.css'
5
6 function App() {
7   return (
8     <div>
9       <h1>Start React 200!</h1>
10       <p>CSS 적용하기</p>
11       <ReactstrapBreadcrumbs/>
12     </div>
13   );
14 }
15
16 export default App;
```

3 ◆ App.js 파일과 같은 경로에 위치한 R036_ReactstrapBreadcrumbs.js 파일을 임포트해 사용할 수 있도록 한다.

src 폴더에 R036_ReactstrapBreadcrumbs.js 파일을 생성한 후 다음과 같이 입력한다.

R036_ReactstrapBreadcrumbs.js

```
1 import React, { Component } from 'react';
2 import { Breadcrumb, BreadcrumbItem } from 'reactstrap';
3
4 class R036_ReactstrapBreadcrumbs extends Component {
5   render() {
6     return (
7       <div id="top">
8         <Breadcrumb tag="nav" listTag="div">
9           <BreadcrumbItem tag="a" href="#top">Go_top</BreadcrumbItem>
10          <BreadcrumbItem tag="a" href="#bottom">Go_bottom</BreadcrumbItem>
11        </Breadcrumb>
12        <div id="bottom" style={{marginTop:"1000px"}}>
13          <span>bottom</span>
14        </div>
15      </div>
16      )
17  }
18 }
19
20 export default R036_ReactstrapBreadcrumbs;
```

reactstrap 패키지에서 사용할 기능을 {} 안에 나열한다. Breadcrumb와 BreadcrumbItem을 사용하기 위해 선언한다. ◆ 2

<nav>, <div> 태그를 생성한다. bootstrap 코드로는 함축적으로 표현돼 있지만, 개발자 도구에서 elements를 확인해보면 다음과 같이 html의 <nav>, <div> 태그가 생성된 것을 확인할 수 있다. ◆ 8

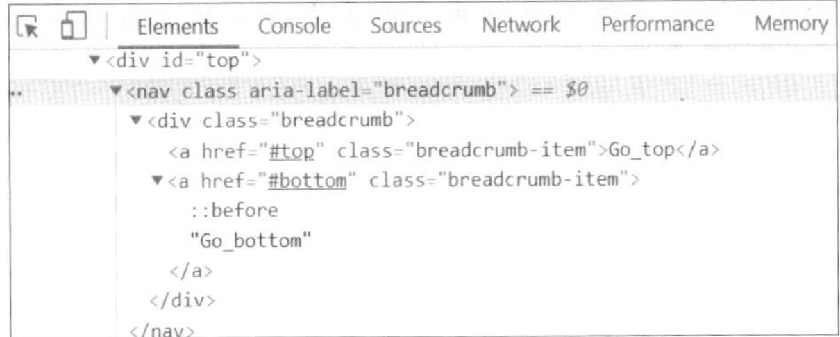

9~10 <a> 태그를 생성하고 href 속성 값으로 이동할 링크의 주소를 넣는다. 예제와 같이 top, bottom 이라는 태그의 id 값을 사용하거나 http://example.com과 같은 웹 링크를 사용할 수도 있다. Go_top 링크를 클릭하면 line 7의 <div> 태그로, Go_bottom 링크를 클릭하면 화면이 line 12의 <div> 태그로 이동한다.

크롬 웹 브라우저에서 서버를 구동하면 다음과 같은 화면을 확인할 수 있다.

실행 결과

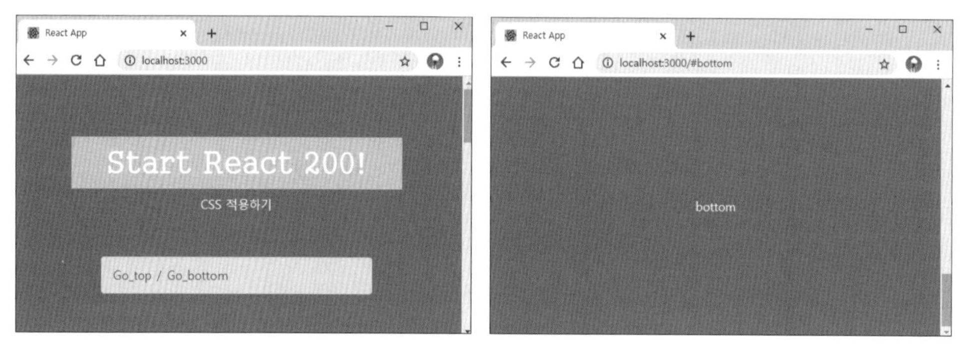

reactstrap Button Dropdown 사용하기

초급 037

- **학습 내용:** reactstrap Dropdown 사용 방법을 이해한다.
- **힌트 내용:** reactstrap Dropdown 패키지의 기능과 종류를 확인한다.

Dropdown 패키지는 대표 메뉴를 클릭하면, 하위 메뉴 리스트가 표시되는 기능이다. 이때 대표 메뉴를 누를 때마다 하위 메뉴 리스트를 번갈아가며 표시, 미표시를 해야 한다. 이를 위해서는 현재 하위 메뉴 리스트 상태가 표시인지 미표시인지에 대한 정보가 필요하다.

App.js 파일을 다음과 같이 수정한다.

App.js

```
1 import React from 'react';
2 import './App.css';
3 import ReactstrapDropdown from './R037_ReactstrapDropdown'
4 import 'bootstrap/dist/css/bootstrap.css'
5
6 function App() {
7   return (
8     <div>
9       <h1>Start React 200!</h1>
10      <p>CSS 적용하기</p>
11      <ReactstrapDropdown/>
12    </div>
13  );
14 }
15
16 export default App;
```

App.js 파일과 같은 경로에 위치한 R037_ReactstrapDropdown.js 파일을 임포트해 사용할 수 있 3
도록 한다.

src 폴더에 R037_ReactstrapDropdown.js 파일을 생성한 후 다음과 같이 입력한다.

R037_ReactstrapDropdown.js

```
import React, { Component } from 'react';
import { ButtonDropdown, DropdownToggle, DropdownMenu, DropdownItem }
from 'reactstrap';

class R037_ReactstrapDropdown extends Component {
  constructor (props) {
    super(props);
    this.state = {
      dropdownOpen: false
    }
  }

  toggle = (e) => {
    this.setState({ dropdownOpen: !this.state.dropdownOpen });
  }

  render() {
    return (
     <ButtonDropdown isOpen={this.state.dropdownOpen} toggle={this.toggle}>
      <DropdownToggle caret> 버튼 Dropdown</DropdownToggle>
      <DropdownMenu>
        <DropdownItem header>헤더</DropdownItem>
        <DropdownItem disabled>비활성화 버튼</DropdownItem>
        <a href="http://example.com/">
          <DropdownItem>example 웹 사이트로 이동</DropdownItem>
        </a>
        <DropdownItem onClick={e => alert("Alert 버튼")}>
        Alert 버튼 </DropdownItem>
      </DropdownMenu>
    </ButtonDropdown>
      )
  }
}

export default R037_ReactstrapDropdown;
```

reactstrap 패키지에서 사용할 기능을 {} 안에 나열한다. ButtonDropdown, DropdownToggle, DropdownMenu, DropdownItem을 사용하기 위해 선언한다. 2~3

line 19에서 isOpen 값이 true이면 하위 메뉴가 표시, false이면 미표시된다. 초깃값은 false로 저장한다. 9

line 19에서 버튼 영역을 클릭하면, `toggle` 함수가 실행된다. 이때 하위 메뉴 표시 상태 값을 반대로(true이면 false, false이면 true로 변경) 만들어준다. 13~15

헤더 영역에는 하위 메뉴 리스트에 대한 대표 정보를 기입할 수 있다. 22

disabled 속성을 추가하면, 버튼을 클릭해도 반응하지 않는다. 23

`<a>` 태그로 버튼을 감싸면, 버튼을 클릭했을 때 원하는 url로 이동할 수 있다. 24~26

onClick 이벤트로 버튼을 클릭했을 때 `alert()`와 같은 함수를 실행할 수 있다. 27~28

실행 결과

reactstrap Button Group 사용하기

- **학습 내용:** reactstrap Button Group 사용 방법을 이해한다.
- **힌트 내용:** reactstrap Button Group 패키지의 기능과 종류를 확인한다.

Button Group 패키지는 비슷한 형태와 기능을 하는 버튼들을 그룹으로 관리할 수 있게 지원해 준다.

App.js 파일을 다음과 같이 수정한다.

App.js

```
1  import React from 'react';
2  import './App.css';
3  import ReactstrapButtonGroup from './R038_ReactstrapButtonGroup'
4  import 'bootstrap/dist/css/bootstrap.css'
5
6  function App() {
7    return (
8      <div>
9        <h1>Start React 200!</h1>
10       <p>CSS 적용하기</p>
11       <ReactstrapButtonGroup/>
12     </div>
13   );
14 }
15
16 export default App;
```

3 ◆ App.js 파일과 같은 경로에 위치한 R038_ReactstrapButtonGroup.js 파일을 임포트해 사용할 수 있도록 한다.

src 폴더에 R038_ReactstrapButtonGroup.js 파일을 생성한 후 다음과 같이 입력한다.

R038_ReactstrapButtonGroup.js

```
1 import React, { Component } from 'react';
2 import { Button, ButtonGroup } from 'reactstrap';
3
4 class R038_ReactstrapButtonGroup extends Component {
5   constructor (props) {
6     super(props);
7     this.state = { number: 10 }
8   }
9
10   move = (type, e) => {
11     if(type === 'Left'){
12       this.setState({number: this.state.number - 1})
13     }else if(type === 'Right')(
14       this.setState({number: this.state.number + 1})
15     )
16   }
17
18   render() {
19     return (
20       <div style={{padding: "0px"}}>
21         <ButtonGroup style={{padding: "0px"}}>
22           <Button onClick={e => this.move('Left')}>Left</Button>
23           <Button onClick={e => this.move('Middle')}>Middle</Button>
24           <Button onClick={e => this.move('Right')}>Right</Button>
25         </ButtonGroup>
26         <br/>{this.state.number}
27       </div>
28       )
29   }
30 }
31
32 export default R038_ReactstrapButtonGroup;
```

reactstrap 패키지에서 사용할 기능을 {} 안에 나열한다. Button, ButtonGroup을 사용하기 위해 ◆ 2
선언한다.

21~25 비슷한 기능을 하는 버튼들을 <ButtonGroup> 태그로 묶어 사용한다. 각각의 <Button> 태그를 누를 때마다 `move()` 함수를 호출한다.

10~16 `move()` 함수는 파라미터로 받은 type 값으로 버튼을 구분해 `state` 변수를 변경한다. [Left] 버튼은 현재 숫자에서 1을 빼고, [Right] 버튼은 1을 더한다.

실행 결과

초급
039

reactstrap Bottons 사용하기

- **학습 내용:** reactstrap Bottons 사용 방법을 이해한다.
- **힌트 내용:** reactstrap Bottons 패키지의 기능과 종류를 확인한다.

Bottons 패키지는 <Button> 태그에 color 속성에 약속된 문자열을 넣으면, 용도에 맞는 버튼 스타일을 지원해준다.

App.js 파일을 다음과 같이 수정한다.

App.js

```
import React from 'react';
import './App.css';
import ReactstrapBottons from './R039_ReactstrapBottons'
import 'bootstrap/dist/css/bootstrap.css'

function App() {
  return (
    <div>
      <h1>Start React 200!</h1>
      <p>CSS 적용하기</p>
      <ReactstrapBottons/>
    </div>
  );
}

export default App;
```

App.js 파일과 같은 경로에 위치한 R039_ReactstrapBottons.js 파일을 임포트해 사용할 수 있도록 한다. 3

src 폴더에 R039_ReactstrapBottons.js 파일을 생성한 후 다음과 같이 입력한다.

R039_ReactstrapBottons.js

```
1 import React, { Component } from 'react';
2 import { Button } from 'reactstrap';
3
4 class R039_ReactstrapBottons extends Component {
5   render() {
6     return (
7       <div style={{padding: "0px"}}>
8         <Button color="primary">blue</Button>
9         <Button color="info">teal</Button>
10        <Button color="success">green</Button>
11        <Button color="warning">yellow</Button>
12        <Button color="danger">red</Button>
13        <Button color="dark">dark gray</Button>
14        <Button color="secondary">gray</Button>
15        <Button color="light">white</Button>
16      </div>
17     )
18   }
19 }
20
21 export default R039_ReactstrapBottons;
```

2 ◆ reactstrap 패키지에서 사용할 기능을 {} 안에 나열한다. Button을 사용하기 위해 선언한다.

8~15 ◆ color 속성에 약속된 문자열을 넣으면, 각각 다른 색의 버튼이 화면에 표시된다.

실행 결과

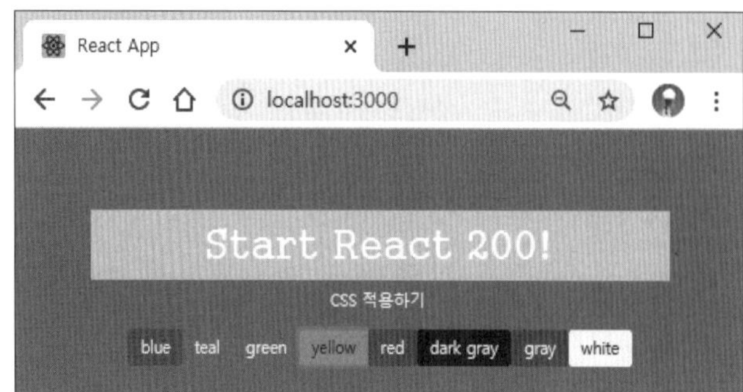

reactstrap Card 사용하기

초급

040

- **학습 내용:** reactstrap Card 사용 방법을 이해한다.
- **힌트 내용:** reactstrap Card 패키지의 기능과 종류를 확인한다.

Card 패키지는 이미지 제목, 부제목, 내용, 버튼 등을 한 세트로 묶는다. Card 단위로 리스트를 만들어 반복해서 출력하면, 정형화된 콘텐츠 목록을 만들 수 있다.

App.js 파일을 다음과 같이 수정한다.

App.js

```
1  import React from 'react';
2  import ReactstrapCard from './R040_ReactstrapCard'
3  import 'bootstrap/dist/css/bootstrap.css'
4
5  function App() {
6    return (
7      <div>
8        <h1>Start React 200!</h1>
9        <p>CSS 적용하기</p>
10       <ReactstrapCard/>
11     </div>
12   );
13 }
14
15 export default App;
```

App.js 파일과 같은 경로에 위치한 R040_ReactstrapCard.js 파일을 임포트해 사용할 수 있도록 한다. ◆ 2

src 폴더에 R040_ReactstrapCard.js 파일을 생성한 후 다음과 같이 입력한다.

R040_ReactstrapCard.js

```
1 import React, { Component } from 'react';
2 import {
3   Card, CardImg, CardText, CardBody,
4   CardTitle, CardSubtitle, Button
5 } from 'reactstrap';
6
7 class R040_ReactstrapCard extends Component {
8   render() {
9     return (
10       <div>
11         <Card>
12           <CardImg top height="200px" src="https://han.gl/rxRfr"
13           alt="Card image" />
14           <CardBody>
15             <CardTitle>Card 제목</CardTitle>
16             <CardSubtitle>Card 부제목</CardSubtitle>
17             <CardText>Card 내용 Lorem Ipsum is simply dummy text.</CardText>
18             <Button> 버튼</Button>
19           </CardBody>
20         </Card>
21       </div>
22       )
23   }
24 }
25
26 export default R040_ReactstrapCard;
```

3~4 ◆ reactstrap 패키지에서 사용할 기능을 {} 안에 나열한다. Card, CardImg, CardText, CardBody, CardTitle, CardSubtitle, Button을 사용하기 위해 선언한다.

11~20 ◆ <Card> 태그로 하위 태그들을 묶어준다. <CardImg> 태그는 <img> 태그와 같이 이미지 크기와 url을 지정할 수 있다. <CardBody> 태그로 Card의 제목, 부제목, 내용, 버튼 태그를 묶어 이미지 하단에 표시한다.

실행 결과

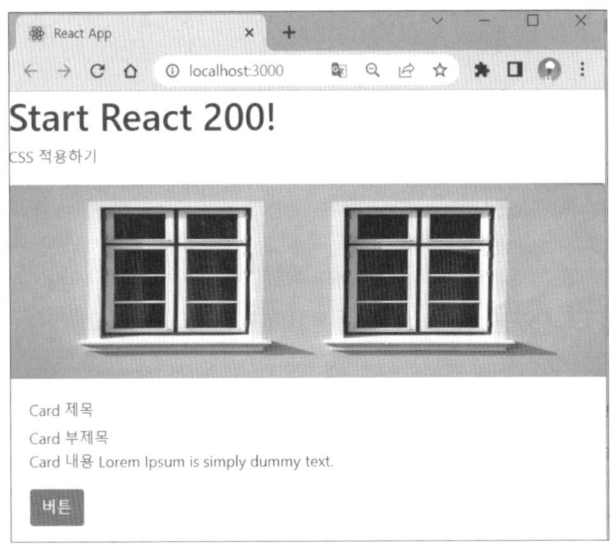
React App
localhost:3000
Start React 200!
CSS 적용하기
Card 제목
Card 부제목
Card 내용 Lorem Ipsum is simply dummy text.
버튼

reactstrap Carousel 사용하기

- **학습 내용:** reactstrap Carousel 사용 방법을 이해한다.
- **힌트 내용:** reactstrap Carousel 패키지의 기능과 종류를 확인한다.

Carousel 패키지는 슬라이드를 자동으로 회전시키는 기능을 제공한다. 이미지 텍스트, 버튼 등으로 이뤄진 슬라이드를 일정 시간 단위로 다음 슬라이드로 이동시킨다.

App.js 파일을 다음과 같이 수정한다.

App.js

```
1 import React from 'react';
2 import ReactstrapCarousel from './R041_ReactstrapCarousel'
3 import 'bootstrap/dist/css/bootstrap.css'
4
5 function App() {
6   return (
7     <div>
8       <h1>Start React 200!</h1>
9       <p>CSS 적용하기</p>
10      <ReactstrapCarousel/>
11    </div>
12  );
13 }
14
15 export default App;
```

2 ◆ App.js 파일과 같은 경로에 위치한 R041_ReactstrapCarousel.js 파일을 임포트해 사용할 수 있도록 한다.

src 폴더에 R041_ReactstrapCarousel.js 파일을 생성한 후 다음과 같이 입력한다.

R041_ReactstrapCarousel.js

```
import React, { Component } from 'react';
import { UncontrolledCarousel } from 'reactstrap';

const items = [
  {
    src: 'http://https://han.gl/q6jDb',
    altText: ' 슬라이드1 이미지 대체 문구',
    caption: ' 슬라이드1 설명',
    header: ' 슬라이드1 제목'
  },
  {
    src: 'http://https://han.gl/d4jbj',
    altText: ' 슬라이드2 이미지 대체 문구',
    caption: ' 슬라이드2 설명',
    header: ' 슬라이드2 제목'
  },
  {
    src: 'http://https://han.gl/U7FFH',
    altText: ' 슬라이드3 이미지 대체 문구',
    caption: ' 슬라이드3 설명',
    header: ' 슬라이드3 제목'
  }
];

class R041_ReactstrapCarousel extends Component {
  render() {
    return (
        <UncontrolledCarousel items={items} />
    )}
}

export default R041_ReactstrapCarousel;
```

2 ◆ reactstrap 패키지에서 사용할 기능을 {} 안에 나열한다. UncontrolledCarousel을 사용하기 위해 선언한다. UncontrolledCarousel은 태그나 함수를 생략해도 기본 기능을 제공해준다. 그래서 기본적인 기능만 사용할 것이라면, Carousel보다 UncontrolledCarousel을 사용하는 것이 간편하다.

4~23 ◆ UncontrolledCarousel 슬라이드에서 사용할 데이터를 배열로 만든다. src 값은 슬라이드 이미지, altText는 슬라이드 이미지가 없을 경우 대체 문구, header는 슬라이드 제목, caption은 header 하단에 표시되는 슬라이드 설명이다.

28 ◆ `<UncontrolledCarousel>` 태그에 배열 형태의 데이터를 넣어주면, reactstrap이 Carousel 기능에 필요한 `<html>` 태그를 그려주고 스타일(css)과 이벤트(function)를 적용한다.

한 슬라이드에 머무는 시간은 기본값 5초가 적용된다. 웹 브라우저의 가로 너비가 특정 값보다 작으면, 슬라이드 제목과 설명 부분이 표시되지 않을 수 있다.

실행 결과

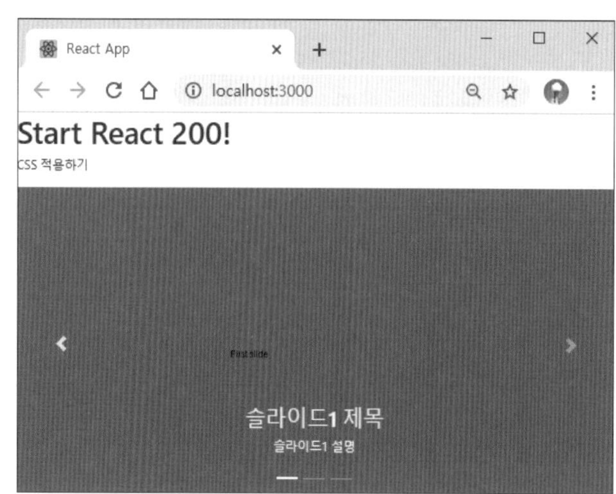

초급 042

reactstrap Collapse 사용하기

• **학습 내용:** reactstrap Collapse 사용 방법을 이해한다.
• **힌트 내용:** reactstrap Collapse 패키지의 기능과 종류를 확인한다.

Collapse 패키지는 특정 영역을 펼치고 숨기는 기능을 제공한다. 버튼 이벤트로 펼치고 숨기는 기능을 제어할 수 있다. 상단부터 점차적으로 펼쳐지고 하단부터 숨겨진다는 것이 `show()`, `hide()` 함수와의 차이점이다.

App.js 파일을 다음과 같이 수정한다.

App.js

```
1  import React from 'react';
2  import ReactstrapCollapse from './R042_ReactstrapCollapse'
3  import 'bootstrap/dist/css/bootstrap.css'
4
5  function App() {
6    return (
7      <div>
8        <h1>Start React 200!</h1>
9        <p>CSS 적용하기</p>
10       <ReactstrapCollapse/>
11     </div>
12   );
13 }
14
15 export default App;
```

App.js 파일과 같은 경로에 위치한 R042_ReactstrapCollapse.js 파일을 임포트해 사용할 수 있도록 한다. ◆ 2

src 폴더에 R042_ReactstrapCollapse.js 파일을 생성한 후 다음과 같이 입력한다.

R042_ReactstrapCollapse.js

```
1 import React, { Component } from 'react';
2 import { UncontrolledCollapse, Button, CardBody, Card } from 'reactstrap';
3
4 class R042_ReactstrapCollapse extends Component {
5   render() {
6     return (
7       <div>
8         <Button color="warning" id="toggle">
9           펼치기/접기
10        </Button>
11        <UncontrolledCollapse toggler="#toggle">
12          <Card>
13            <CardBody>
14              REACT 200
15            </CardBody>
16          </Card>
17        </UncontrolledCollapse>
18      </div>
19    )}
20 }
21
22 export default R042_ReactstrapCollapse;
```

2 ◆ reactstrap 패키지에서 사용할 기능을 {} 안에 나열한다. UncontrolledCollapse, Button, CardBody, Card를 사용하기 위해 선언한다. UncontrolledCollapse는 태그나 함수를 생략해도 기본 기능을 제공해준다. 그래서 기본적인 기능만 사용할 것이라면, Collapse보다 UncontrolledCollapse를 사용하는 것이 간편하다.

8~10 ◆ line 11에 toggler 속성의 #을 사용해 `toggle` 함수를 호출하는 id 값(toggle)을 지정했다. 버튼을 클릭하면 UncontrolledCollapse 패키지에 내부적으로 선언된 `toggle` 함수(펼치기/숨기기 함수)를 실행한다.

11~17 ◆ `<UncontrolledCollapse>` 태그의 toggler 속성으로 버튼 id를 지정해주고 태그 안에 화면에 표시할 내용을 작성한다.

실행 결과

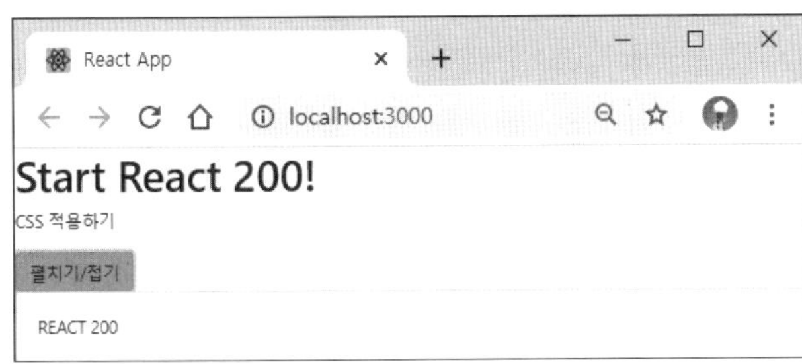
React App
localhost:3000
Start React 200!
CSS 적용하기
펼치기/접기
REACT 200

reactstrap Fade 사용하기

- **학습 내용:** reactstrap Fade 사용 방법을 이해한다.
- **힌트 내용:** reactstrap Fade 패키지의 기능과 종류를 확인한다.

Fade 패키지는 특정 영역을 서서히 나타내고 숨기는 기능을 제공한다. 기능을 버튼 이벤트로 제어할 수 있다.

App.js 파일을 다음과 같이 수정한다.

App.js

```
1 import React from 'react';
2 import ReactstrapFade from './R043_ReactstrapFade'
3 import 'bootstrap/dist/css/bootstrap.css'
4
5 function App() {
6   return (
7     <div>
8       <h1>Start React 200!</h1>
9       <p>CSS 적용하기</p>
10      <ReactstrapFade/>
11    </div>
12  );
13 }
14
15 export default App;
```

2 ◆ App.js 파일과 같은 경로에 위치한 R043_ReactstrapFade.js 파일을 임포트해 사용할 수 있도록 한다.

src 폴더에 R043_ReactstrapFade.js 파일을 생성한 후 다음과 같이 입력한다.

R043_ReactstrapFade.js

```
1 import React, { Component } from 'react';
2 import { Button, Fade } from 'reactstrap';
3
4 class R043_ReactstrapFade extends Component {
5   constructor (props) {
6       super(props);
7       this.state = { fadeInOut: true }
8   }
9
10  toggle = (e) => {
11      this.setState({ fadeInOut: !this.state.fadeInOut })
12  }
13
14  render() {
15    return (
16      <div>
17          <Button color="success" onClick={this.toggle}>Fade In/Out</Button>
18          <Fade in={this.state.fadeInOut} tag="h1">
19            Lorem ipsum dolor sit amet, consectetur adipiscing elit
20          </Fade>
21      </div>
22    )}
23 }
24
25 export default R043_ReactstrapFade;
```

reactstrap 패키지에서 사용할 기능을 {} 안에 나열한다. Button, Fade를 사용하기 위해 선언한다. ◆ 2

<Fade> 태그 영역의 표시 상태를 state로 선언하고 초깃값은 표시인 true로 할당한다. ◆ 7

<Fade> 태그는 in 속성이 true이면 표시, false이면 미표시된다. fadeInOut의 초깃값이 true이기 때문에 최초 화면 로딩 시 <Fade> 태그 영역이 표시된다. ◆ 18~20

버튼을 누르면 toggle 함수가 실행된다. ◆ 17

10~12 toggle 함수는 fadeInOut 값을 현재 상태의 반대로 할당한다. setState() 함수가 실행되면 render() 함수가 한 번 더 실행돼 변경된 fadeInOut 값이 적용된다. 결과적으로 버튼이 클릭될 때마다 <Fade> 태그 영역은 현재 상태가 표시일 경우 미표시, 미표시일 경우 표시된다.

실행 결과

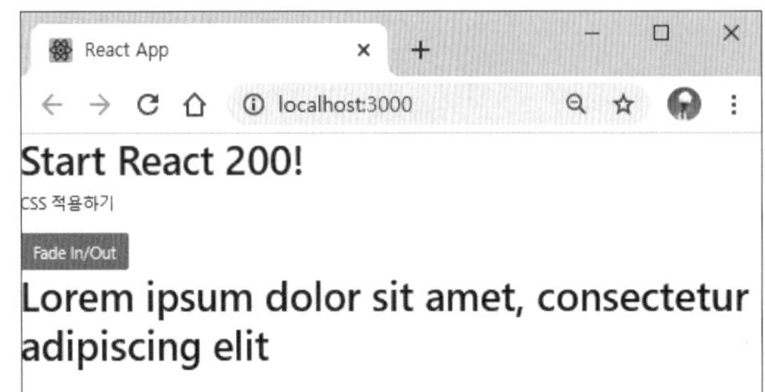

reactstrap Form 사용하기

- **학습 내용:** reactstrap Form 사용 방법을 이해한다.
- **힌트 내용:** reactstrap Form 패키지의 기능과 종류를 확인한다.

Form 패키지를 이용하면 기존 `<html form>` 태그에 깔끔하고 정리된 스타일을 간편하게 적용해 사용할 수 있다.

App.js 파일을 다음과 같이 수정한다.

App.js

```
1 import React from 'react';
2 import ReactstrapForm from './R044_ReactstrapForm'
3 import 'bootstrap/dist/css/bootstrap.css'
4
5 function App() {
6   return (
7     <div>
8       <h1>Start React 200!</h1>
9       <p>CSS 적용하기</p>
10       <ReactstrapForm/>
11     </div>
12   );
13 }
14
15 export default App;
```

App.js 파일과 같은 경로에 위치한 R044_ReactstrapForm.js 파일을 임포트해 사용할 수 있도록 한다. ◆ 2

src 폴더에 R044_ReactstrapForm.js 파일을 생성한 후 다음과 같이 입력한다.

R044_ReactstrapForm.js

```
import React, { Component } from 'react';
import { Form, Label, Input, Row, Col, FormGroup } from 'reactstrap';

class R044_ReactstrapForm extends Component {
  render() {
    return (
      <Form>
        <Label for="exampleGender">gender</Label>
        <Input type="select" bsSize="sm">
          <option>no select</option>
          <option>woman</option>
          <option>man</option>
        </Input>
        <Row form>
          <Col md={6}>
            <FormGroup>
              <Label for="exampleAddress">address</Label>
              <Input type="text" name="address" id="address"/>
            </FormGroup>
          </Col>
          <Col md={4}>
            <FormGroup>
              <Label for="exampleMobile">mobile</Label>
              <Input type="text" name="mobile" id="mobile"/>
            </FormGroup>
          </Col>
          <Col md={2}>
            <FormGroup>
              <Label for="exampleAge">age</Label>
              <Input type="text" name="age" id="age"/>
            </FormGroup>
          </Col>
        </Row>
      </Form>
    )}
```

```
36 }
37
38 export default R044_ReactstrapForm;
```

reactstrap 패키지에서 사용할 기능을 {} 안에 나열한다. Form, Label, Input, Row, Col, FormGroup을 사용하기 위해 선언한다. 2

`<Form>` 태그를 이용해 하나의 폼 단위로 사용할 영역을 묶어준다. 7~34

`<Label>` 태그로 폼 요소를 설명하는 문자열을 추가할 수 있다. 8

input 유형을 select로 입력해 `<option>` 태그 중 하나를 선택할 수 있다. 이때 bsSize 속성으로 태그의 크기를 정할 수 있다. sm 대신 lg를 사용하면 큰 크기의 선택 박스를 사용할 수 있다. 9~13

`<Row>` 태그는 줄 단위로 태그들을 묶어 사용할 수 있게 해준다. `<Col>` 태그는 `<Row>` 태그로 묶인 영역들이 각각 어느 정도의 영역을 차지할지 정해준다. `<Col>` 태그의 md 속성으로 너비 값을 정할 수 있는데, 한 줄에 12개의 영역으로 나뉜다. 한 `<Row>` 태그에 속한 `<Col>` 태그의 md 속성의 합이 12가 되도록 해야 한다. `<FormGrop>` 태그는 비슷한 용도의 태그들을 `<div>` 태그로 감싸 사용할 수 있다. 14~33

실행 결과

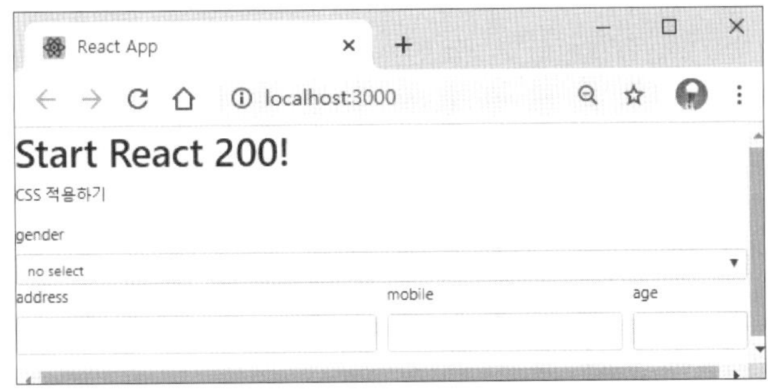

reactstrap Input Group 사용하기

- **학습 내용:** reactstrap Input Group 사용 방법을 이해한다.
- **힌트 내용:** reactstrap Input Group 패키지의 기능과 종류를 확인한다.

Input Group 패키지는 여러 개의 태그를 하나의 input 그룹으로 묶어 사용할 수 있도록 지원한다.

App.js 파일을 다음과 같이 수정한다.

App.js

```
 1 import React from 'react';
 2 import InputGroup from './R045_ReactstrapInputGroup'
 3 import 'bootstrap/dist/css/bootstrap.css'
 4
 5 function App() {
 6   return (
 7     <div>
 8       <h1>Start React 200!</h1>
 9       <p>CSS 적용하기</p>
10       <InputGroup/>
11     </div>
12   );
13 }
14
15 export default App;
```

2 ◆ App.js 파일과 같은 경로에 위치한 R045_ReactstrapInputGroup.js 파일을 임포트해 사용할 수 있도록 한다.

src 폴더에 R045_ReactstrapInputGroup.js 파일을 생성한 후 다음과 같이 입력한다.

R045_ReactstrapInputGroup.js

```
1 import React, { Component } from 'react';
2 import { InputGroup, InputGroupAddon, InputGroupText, Input, Button }
3 from 'reactstrap';
4
5 class R045_ReactstrapInputGroup extends Component {
6   render() {
7     return (
8       <>
9       <InputGroup>
10        <Input placeholder="userid" />
11        <InputGroupAddon addonType="append">
12          <InputGroupText>@reactmail.com</InputGroupText>
13        </InputGroupAddon>
14      </InputGroup>
15      <InputGroup>
16        <InputGroupAddon addonType="prepend"><Button>
17        버튼</Button></InputGroupAddon>
18        <Input />
19      </InputGroup>
20      </>
21    )}
22 }
23
24 export default R045_ReactstrapInputGroup;
```

reactstrap 패키지에서 사용할 기능을 {} 안에 나열한다. InputGroup, InputGroupAddon, InputGroupText, Input, Button을 사용하기 위해 선언한다. ◆ 2~3

<InputGroup> 태그로 <input> 태그와 고정 텍스트 표시 영역(@reactmail.com)을 묶어 사용한다. <InputGroupAddon> 태그의 addonType 속성 값을 append로 하면, <input> 태그의 오른쪽에 표시하기 적합한 스타일이 적용된다. ◆ 9~14

<InputGroup> 태그로 <input> 태그와 버튼 영역을 묶어 사용한다. <InputGroupAddon> 태그의 addonType 속성 값을 prepend로 하면, <input> 태그의 왼쪽에 표시하기 적합한 스타일이 적용된다. ◆ 15~19

실행 결과

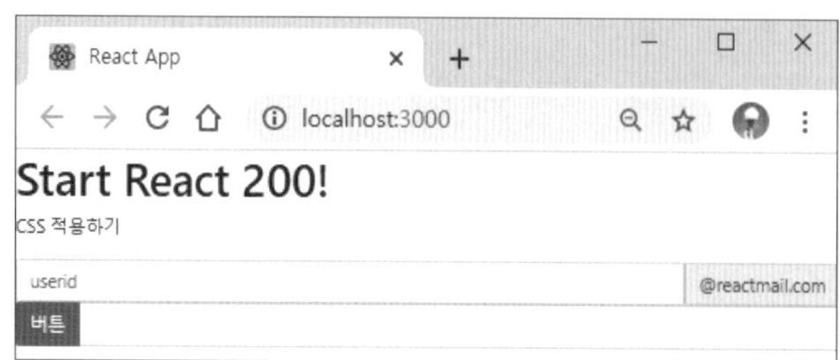
React App
localhost:3000
Start React 200!
CSS 적용하기
userid
@reactmail.com
버튼

reactstrap Jumbotron 사용하기

초급 046

• **학습 내용:** reactstrap Jumbotron 사용 방법을 이해한다.
• **힌트 내용:** reactstrap Jumbotron 패키지의 기능과 종류를 확인한다.

Jumbotron은 대형 전광판을 의미한다. 넓은 영역에 눈에 띄게 정보를 표시해 사용자의 관심을 불러일으킬 수 있다.

App.js 파일을 다음과 같이 수정한다.

App.js

```
1 import React from 'react';
2 import Jumbotron from './R046_ReactstrapJumbotron'
3 import 'bootstrap/dist/css/bootstrap.css'
4 
5 function App() {
6   return (
7     <div>
8       <h1>Start React 200!</h1>
9       <p>CSS 적용하기</p>
10       <Jumbotron/>
11     </div>
12   );
13 }
14 
15 export default App;
```

App.js 파일과 같은 경로에 위치한 R046_ReactstrapJumbotron.js 파일을 임포트해 사용할 수 있도록 한다. ◆ 2

src 폴더에 R046_ReactstrapJumbotron.js 파일을 생성한 후 다음과 같이 입력한다.

R046_ReactstrapJumbotron.js

```
1 import React, { Component } from 'react';
2 import { Jumbotron, Button } from 'reactstrap';
3
4 class R046_ReactstrapJumbotron extends Component {
5   render() {
6     return (
7       <>
8         <Jumbotron style={{backgroundColor: "#D38C7C"}}>
9           <h1 className="display-4">REACT 200</h1>
10          <p className="h4">Contrary to popular belief,
11          Lorem Ipsum is not simply random text.</p>
12          <hr className="my-2" />
13          <p>There are many variations of passages of
14          Lorem Ipsum available.</p>
15          <p className="lead">
16            <Button color="danger">Go Detail</Button>
17          </p>
18        </Jumbotron>
19      </>
20    )}
21 }
22
23 export default R046_ReactstrapJumbotron;
```

2 ◆ reactstrap 패키지에서 사용할 기능을 {} 안에 나열한다. Jumbotron, Button을 사용하기 위해 선언한다.

8~18 ◆ `<Jumbotron>` 태그로 하위 태그들을 묶어주면, 넓은 영역을 차지하는 `<div>` 태그가 생성된다. `<Jumbotron>` 태그에 배경색, 배경 이미지 등 추가 속성을 적용할 수 있다.

실행 결과

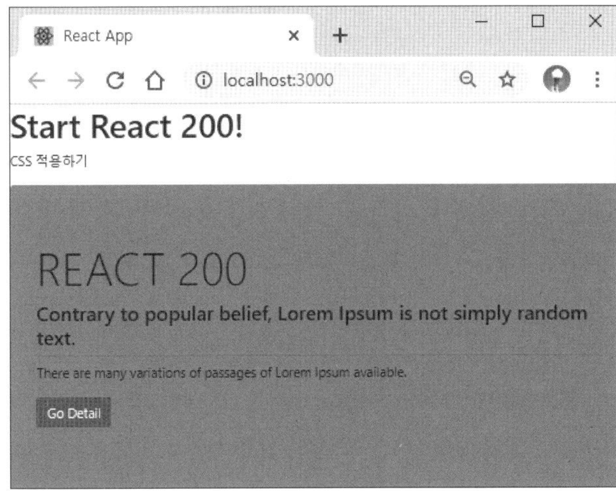
React App
localhost:3000
Start React 200!
CSS 적용하기
REACT 200
Contrary to popular belief, Lorem Ipsum is not simply random text.
There are many variations of passages of Lorem Ipsum available.
Go Detail

reactstrap List Group 사용하기

• **학습 내용:** reactstrap List Group 사용 방법을 이해한다.
• **힌트 내용:** reactstrap List Group 패키지의 기능과 종류를 확인한다.

List Group 패키지는 정돈된 스타일의 목록을 표시할 때 사용한다. `<ListGroup>`과 `<ListGroupItem>` 태그는 html에서 목록을 만드는 태그인 `<ul>`, `<li>`로 변환된다. Button과 링크(`<a>` 태그)에 별도의 태그를 추가하지 않고 속성 값으로 간편하게 사용할 수 있다.

App.js 파일을 다음과 같이 수정한다.

App.js

```
1 import React from 'react';
2 import ListGroup from './R047_ReactstrapListGroup'
3 import 'bootstrap/dist/css/bootstrap.css'
4 
5 function App() {
6   return (
7     <div>
8       <h1>Start React 200!</h1>
9       <p>CSS 적용하기</p>
10       <ListGroup/>
11     </div>
12   );
13 }
14 
15 export default App;
```

2 ◆ App.js 파일과 같은 경로에 위치한 R047_ReactstrapListGroup.js 파일을 임포트해 사용할 수 있도록 한다.

src 폴더에 R047_ReactstrapListGroup.js 파일을 생성한 후 다음과 같이 입력한다.

R047_ReactstrapListGroup.js

```
1 import React, { Component } from 'react';
2 import { ListGroup, ListGroupItem, Badge } from 'reactstrap';
3
4 class R047_ReactstrapListGroup extends Component {
5   render() {
6     return (
7       <>
8         <ListGroup>
9           <ListGroupItem color="danger"
10          className="justify-content-between">Badge
11            <Badge pill>200</Badge>
12          </ListGroupItem>
13          <ListGroupItem disabled tag="a" href="#">Disable</ListGroupItem>
14          <ListGroupItem tag="a" href="http://example.com">
15          Link</ListGroupItem>
16          <ListGroupItem tag="button" action
17          onClick={e => alert("button")}>Button</ListGroupItem>
18        </ListGroup>
19      </>
20    )}
21 }
22
23 export default R047_ReactstrapListGroup;
```

reactstrap 패키지에서 사용할 기능을 {} 안에 나열한다. ListGroup, ListGroupItem, Badge을 사용 하기 위해 선언한다. 2

목록으로 사용할 요소들을 <ListGroup> 태그로 묶어준다. 8~18

<ListGroupItem> 태그로 목록의 요소를 추가한다. reactstrap에서 지원하는 color 속성과 <Badge> 태그를 사용해 간편하게 목록 색상과 추가 정보를 표현할 수 있다. 9~12

disabled 속성을 추가하면 목록 요소를 비활성화할 수 있다. 13

14 tag 속성 값을 a로 하면 <a> 태그가 추가된다. href 속성 값은 <a> 태그와 동일하게 이동할 링크 정보를 넣어준다.

16~17 tag 속성 값을 button으로 하면 <button> 태그가 추가된다. onClick 이벤트를 추가해 목록 요소를 클릭 시 지정한 함수를 실행한다.

실행 결과

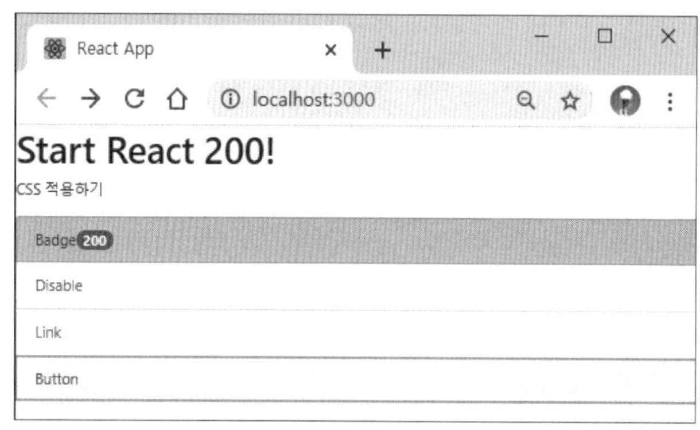

reactstrap Modal 사용하기

초급 048

- **학습 내용:** reactstrap Modal 사용 방법을 이해한다.
- **힌트 내용:** reactstrap Modal 패키지의 기능과 종류를 확인한다.

Modal 패키지는 alert() 함수와 마찬가지로 사용자에게 원하는 시점에 알림 창을 띄워 필요한 내용을 보여준다. Modal은 alert() 함수와 달리, 웹 브라우저에서 팝업 창을 차단할 수 없고 배경 페이지와 어울리는 디자인을 적용할 수 있다.

App.js 파일을 다음과 같이 수정한다.

App.js

```
1  import React from 'react';
2  import Modal from './R048_ReactstrapModal'
3  import 'bootstrap/dist/css/bootstrap.css'
4
5  function App() {
6    return (
7      <div>
8        <h1>Start React 200!</h1>
9        <Modal/>
10     </div>
11   );
12 }
13
14 export default App;
```

App.js 파일과 같은 경로에 위치한 R048_ReactstrapModal.js 파일을 임포트해 사용할 수 있도록 한다. ◆ 2

src 폴더에 R048_ReactstrapModal.js 파일을 생성한 후 다음과 같이 입력한다.

R048_ReactstrapModal.js

```
import React, { Component } from 'react';
import { Button, Modal, ModalHeader, ModalBody, ModalFooter }
from 'reactstrap';

class R048_ReactstrapModal extends Component {
  constructor(props) {
    super(props);
    this.state = { modal: false }
  }

  toggle = () => {
    this.setState({modal: !this.state.modal})
  }

  render() {
    return (
      <>
      <Button color="warning" onClick={this.toggle}>Modal 버튼</Button>
      <Modal isOpen={this.state.modal} fade={true} toggle={this.toggle}>
        <ModalHeader toggle={this.toggle}>Modal Header</ModalHeader>
        <ModalBody>
          The generated Lorem Ipsum is therefore always free from
          repetition.
        </ModalBody>
        <ModalFooter>
          <Button color="primary" onClick={this.toggle}>확인</Button>
          <Button color="secondary" onClick={this.toggle}>닫기</Button>
        </ModalFooter>
      </Modal>
      </>
    )
  }
}

export default R048_ReactstrapModal;
```

reactstrap 패키지에서 사용할 기능을 {} 안에 나열한다. Button, Modal, ModalHeader, ModalBody, ModalFooter를 사용하기 위해 선언한다. ◆ 2~3

Modal 팝업의 표시 상태를 `state` 변수로 선언하고 초깃값으로 미표시(false)를 할당한다. ◆ 8

버튼을 누르면, `toggle` 함수가 실행되고 line 12에서 Modal 팝업 표시 상태를 현재와 반대로 변경한다. ◆ 18

팝업 창으로 표시할 영역을 `<Modal>` 태그로 묶는다. isOpen 속성이 true이면 표시, false이면 미표시되는데, line 12에서 `state` 변수 modal의 상태가 변경되는 것에 따라 동작한다. fade 속성을 true로 하면 팝업 창을 서서히 표시할 수 있다. toggle 속성에 입력된 `toggle` 함수는 팝업 이외의 영역을 클릭했을 때 실행된다. ◆ 19~29

`<ModalHeader>` 태그는 팝업에서 상단 헤더 영역을 나타낸다. toggle 속성에 입력된 `toggle` 함수는 헤더 오른쪽 영역의 [×]를 클릭했을 때 실행된다. ◆ 20

`<ModalBody>` 태그는 팝업 내용이 표시되는 영역이다. ◆ 21~24

`<ModalFooter>` 태그는 팝업 하단 영역으로, 팝업 창에 필요한 버튼을 추가할 수 있다. 버튼 이벤트로 필요한 함수를 연결해 사용할 수 있다. ◆ 25~28

실행 결과

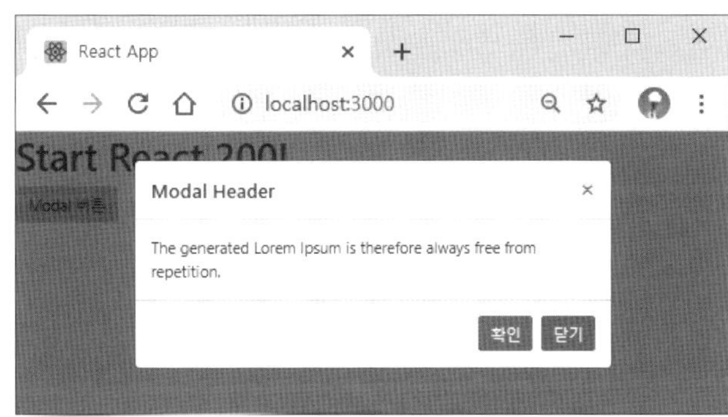

reactstrap Navbar 사용하기

- **학습 내용:** reactstrap Navbar 사용 방법을 이해한다.
- **힌트 내용:** reactstrap Navbar 패키지의 기능과 종류를 확인한다.

Navbar 패키지는 웹 사이트의 내부 페이지들로 쉽게 이동할 수 있도록 메뉴 리스트와 링크를 제공한다.

App.js 파일을 다음과 같이 수정한다.

App.js

```
 1 import React from 'react';
 2 import Navbar from './R049_ReactstrapNavbar'
 3 import 'bootstrap/dist/css/bootstrap.css'
 4 
 5 function App() {
 6   return (
 7     <div>
 8       <h1>Start React 200!</h1>
 9       <Navbar/>
10     </div>
11   );
12 }
13 
14 export default App;
```

2 ◆ App.js 파일과 같은 경로에 위치한 R049_ReactstrapNavbar.js 파일을 임포트해 사용할 수 있도록 한다.

src 폴더에 R049_ReactstrapNavbar.js 파일을 생성한 후 다음과 같이 입력한다.

R049_ReactstrapNavbar.js

```
import React, { Component } from 'react';
import { Collapse, Navbar, NavbarToggler, NavbarBrand, Nav, NavItem,
NavLink } from 'reactstrap';

class R048_ReactstrapModal extends Component {
  constructor(props) {
    super(props);
    this.state = { collapsed: false }
  }

  toggle = () => {
    this.setState({collapsed: !this.state.collapsed})
  }

  render() {
    return (
      <>
      <Navbar color="faded" light>
        <NavbarBrand href="/" className="mr-auto">Navbar</NavbarBrand>
        <NavbarToggler onClick={this.toggle} className="mr-2" />
        <Collapse isOpen={this.state.collapsed} navbar>
          <Nav navbar>
            <NavItem>
              <NavLink href="#">react</NavLink>
            </NavItem>
            <NavItem>
              <NavLink href="http://example.com/">200</NavLink>
            </NavItem>
          </Nav>
        </Collapse>
      </Navbar>
      </>
    )
  }
}

export default R048_ReactstrapModal;
```

2~3 reactstrap 패키지에서 사용할 기능을 {} 안에 나열한다. Collapse, Navbar, NavbarToggler, NavbarBrand, Nav, NavItem, NavLink를 사용하기 위해 선언한다.

8 Navbar 리스트의 표시 상태를 `state` 변수로 선언하고 초깃값으로 미표시(false)를 할당한다.

18~31 전체 내비게이션 영역을 `<Navbar>` 태그로 묶는다.

19 `<NavbarBrand>` 태그는 내비게이션에서 무조건 표시되는 영역이다.

20 `<NavbarToggler>` 태그는 화면 오른쪽에 표시되는 버튼으로 클릭 시 `toggle` 함수를 실행한다.

21 `<Collapse>` 태그는 line 20에서 `toggle` 함수가 실행되면, 표시 또는 미표시되는 영역이다. `toggle` 함수에서 변경되는 `state` 변수, collapsed 값에 따라 동작한다.

22~29 Nav 안에 표시할 메뉴 리스트를 `<NavItem>` 태그로 나열한다. `<NavItem>` 태그 안에 NavLink, 메뉴명, 링크를 추가할 수 있다.

실행 결과

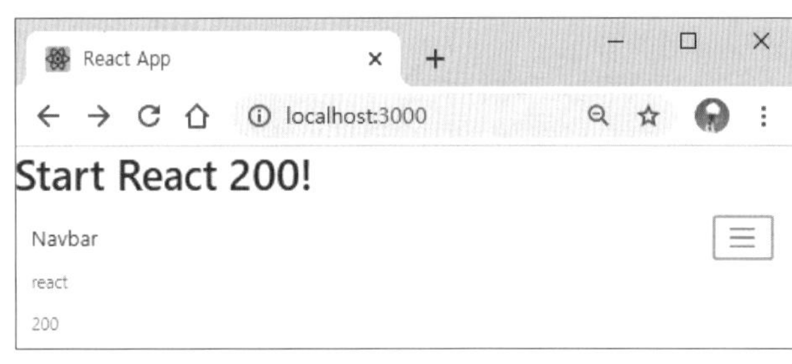

reactstrap Pagination 사용하기

초급 050

- **학습 내용:** reactstrap Pagination 사용 방법을 이해한다.
- **힌트 내용:** reactstrap Pagination 패키지의 기능과 종류를 확인한다.

데이터 수가 많아 한 페이지에 모두 표시할 수 없을 때는 여러 페이지에 나눠 표시한다. Pagination 패키지는 페이지 번호, 이전/다음 페이지 첫/마지막 페이지 버튼을 쉽게 구현할 수 있게 지원해준다.

App.js 파일을 다음과 같이 수정한다.

App.js

```
1 import React from 'react';
2 import Pagination from './R050_ReactstrapPagination'
3 import 'bootstrap/dist/css/bootstrap.css'
4
5 function App() {
6   return (
7     <div>
8       <h1>Start React 200!</h1>
9       <Pagination/>
10     </div>
11   );
12 }
13
14 export default App;
```

App.js 파일과 같은 경로에 위치한 R050_ReactstrapPagination.js 파일을 임포트해 사용할 수 있도록 한다. 2

src 폴더에 R050_ReactstrapPagination.js 파일을 생성한 후 다음과 같이 입력한다.

R050_ReactstrapPagination.js

```
import React, { Component } from 'react';
import { Pagination, PaginationItem, PaginationLink } from 'reactstrap';

class R048_ReactstrapModal extends Component {
  pagination = (type) => {
    alert("Go "+type)
  }

  render() {
    return (
      <>
      <Pagination size="lg" aria-label="Page navigation example">
        <PaginationItem>
          <PaginationLink previous
          onClick={e => this.pagination("previous")} />
        </PaginationItem>
        <PaginationItem>
          <PaginationLink onClick={e => this.pagination("1")}>
          1</PaginationLink>
        </PaginationItem>
        <PaginationItem>
          <PaginationLink onClick={e => this.pagination("2")}>
          2</PaginationLink>
        </PaginationItem>
        <PaginationItem>
          <PaginationLink last onClick={e => this.pagination("last")} />
        </PaginationItem>
      </Pagination>
      </>
    )
  }
}

export default R048_ReactstrapModal;
```

2 reactstrap 패키지에서 사용할 기능을 {} 안에 나열한다. Pagination, PaginationItem, PaginationLink를 사용하기 위해 선언한다.

5~7 페이지 버튼을 클릭했을 때 파라미터에 따라 알림 창을 표시한다.

12~28 `<Pagination>` 태그로 전체 페이징에 사용할 영역을 묶어준다. `<PaginationItem>` 태그 단위로 각각의 버튼을 구분한다. `<PaginationLink>` 태그로 버튼에 표시될 텍스트를 감싼다. 이때 텍스트를 감싸는 대신 속성 값(first, previous, next, last)을 추가해 표현할 수 있다. onClick 이벤트를 추가하면 함수를 실행해 이동할 페이지 정보를 파라미터로 받을 수있다.

실행 결과

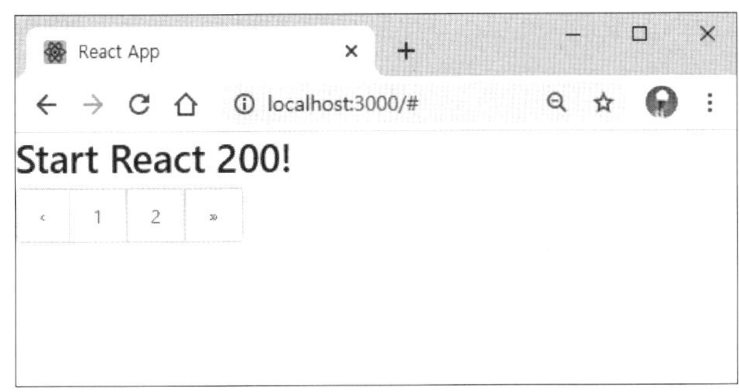

reactstrap Popovers 사용하기

- **학습 내용:** reactstrap Popover 사용 방법을 이해한다.
- **힌트 내용:** reactstrap Popover 패키지의 기능과 종류를 확인한다.

Popover 패키지는 html 요소를 클릭했을 때 요소에 연결된 메시지 박스를 띄울 수 있는 기능을 제공한다. tooltip과 거의 동일하게 동작한다.

App.js 파일을 다음과 같이 수정한다.

App.js

```
1 import React from 'react';
2 import Popover from './R051_ReactstrapPopover'
3 import 'bootstrap/dist/css/bootstrap.css'
4 
5 function App() {
6   return (
7     <div>
8       <h1>Start React 200!</h1>
9       <Popover/>
10     </div>
11   );
12 }
13 
14 export default App;
```

2 ◆ App.js 파일과 같은 경로에 위치한 R051_ReactstrapPopover.js 파일을 임포트해 사용할 수 있도록 한다.

src 폴더에 R051_ReactstrapPopover.js 파일을 생성한 후 다음과 같이 입력한다.

R051_ReactstrapPopover.js

```
1  import React, { Component } from 'react';
2  import { Button, UncontrolledPopover, PopoverHeader, PopoverBody }
3  from 'reactstrap';
4
5  class R051_ReactstrapPopover extends Component {
6    render() {
7      return (
8        <>
9          <Button id="Popover_id" type="button">
10           Popover button
11         </Button>
12         <UncontrolledPopover placement="right" target="Popover_id">
13           <PopoverHeader>React 200</PopoverHeader>
14           <PopoverBody>Aenean id magna id risus congue ornare.
15              Vestibulum sed diam et mi pulvinar facilisis sed eu risus.
16           </PopoverBody>
17         </UncontrolledPopover>
18       </>
19     )
20   }
21 }
22
23 export default R051_ReactstrapPopover;
```

reactstrap 패키지에서 사용할 기능을 {} 안에 나열한다. Button, UncontrolledPopover, PopoverHeader, PopoverBody를 사용하기 위해 선언한다. UncontrolledPopover는 태그나 함수를 생략해도 기본 기능을 제공해준다. 그래서 기본적인 기능만 사용할 것이라면, Popover보다 UncontrolledPopover를 사용하는 것이 간편하다. 2~3

<Button> 태그의 id 값을 <UncontrolledPopover> 태그의 target 속성 값과 동일하게 해주면, 버튼을 눌렀을 때 <UncontrolledPopover> 태그 영역이 나타난다. 버튼을 누를 때마다 <UncontrolledPopover> 태그 영역의 표시 상태가 반대로 바뀐다. 9~11

placement는 요소를 기준으로 메시지 박스가 표시되는 위치 속성이다. top(위), bottom(아래), left(왼쪽), right(오른쪽)를 사용할 수 있다. 12

13~16 <UncontrolledPopover> 태그 안에서 <PopoverHeader> 태그로 헤더 영역에 제목을 입력할 수 있다. <PopoverBody> 태그에는 메시지 내용을 표시할 수 있다.

실행 결과

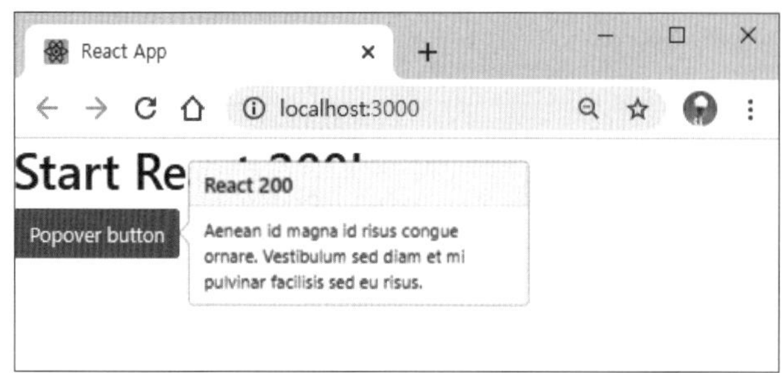

reactstrap Progress 사용하기

초급 052

• **학습 내용:** reactstrap Progress 사용 방법을 이해한다.
• **힌트 내용:** reactstrap Progress 패키지의 기능과 종류를 확인한다.

Progress 패키지는 전체 작업에 대한 현재 진행 상태를 표현해준다. 진행 바 내부에 문자열을 넣을 수 있고, 색상을 적용할 수도 있다.

App.js 파일을 다음과 같이 수정한다.

App.js

```
 1 import React from 'react';
 2 import Progress from './R052_ReactstrapProgress'
 3 import 'bootstrap/dist/css/bootstrap.css'
 4 
 5 function App() {
 6   return (
 7     <div>
 8       <h1>Start React 200!</h1>
 9       <Progress/>
10     </div>
11   );
12 }
13 
14 export default App;
```

App.js 파일과 같은 경로에 위치한 R052_ReactstrapProgress.js 파일을 임포트해 사용할 수 있도록 한다. ◆ 2

src 폴더에 R052_ReactstrapProgress.js 파일을 생성한 후 다음과 같이 입력한다.

R052_ReactstrapProgress.js

```
import React, { Component } from 'react';
import { Progress } from 'reactstrap';

class R051_ReactstrapPopover extends Component {
  constructor (props) {
      super(props);
      this.state = { progress:0 }
  }

  componentDidMount(){ this.progress() }

  progress =()=>{
    if(this.state.progress !== 100){
      setTimeout(function() {
        this.setState({progress: this.state.progress+1});
        this.progress();
      }.bind(this), 100);
    }
  }

  render() {
    return (
      <>
        <Progress color="info" value={this.state.progress}>
        {this.state.progress}%</Progress><br/>
        <Progress multi>
          <Progress bar color="warning" value="25">25%</Progress>
          <Progress bar color="success" value="35">Wow!</Progress>
          <Progress bar value="15">Meh</Progress>
          <Progress bar color="danger" value="25">LOOK OUT!!</Progress>
        </Progress>
      </>
    )
  }
}

export default R051_ReactstrapPopover;
```

2 reactstrap 패키지에서 사용할 기능을 {} 안에 나열한다. Progress를 사용하기 위해 선언한다.

12~19 line 10에서 `componentDidMount()` 함수가 실행되면서 `progress()` 함수를 호출한다. `setTimeout()` 함수가 0.1초마다 실행되는데, 진행 상태 값(progress)을 1씩 증가시켜 `setState()` 함수로 변경한다.

24~25 line 15에서 `setState()` 함수가 실행될 때마다 `render()` 함수가 실행된다. 이때 {this.state.progress} 값이 1씩 증가하기 때문에 진행 바가 0%에서 100%으로 채워지는 것을 확인할 수 있다.

26~31 여러 개의 진행 바를 사용할 때는 `<Progress multi>` 태그로 묶어준다. `<Progress>` 태그의 속성은 진행 바 형태(bar, animated, striped), 색상(color), 진행률(value)이 있다.

실행 결과

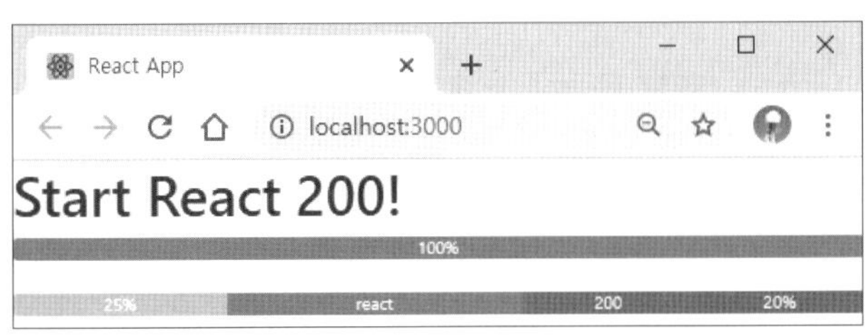

reactstrap Spinner 사용하기

- **학습 내용:** reactstrap Spinner 사용 방법을 이해한다.
- **힌트 내용:** reactstrap Spinner 패키지의 기능과 종류를 확인한다.

Spinner 패키지는 어떤 작업이 진행되고 있음을 표시하는, 움직이는 원 형태의 디자인을 제공한다. 색상, 너비, 높이 값을 지정할 수 있다.

App.js 파일을 다음과 같이 수정한다.

App.js

```
1 import React from 'react';
2 import ReactstrapSpinner from './R053_ReactstrapSpinner'
3 import 'bootstrap/dist/css/bootstrap.css'
4
5 function App() {
6   return (
7     <div>
8       <h1>Start React 200!</h1>
9       <ReactstrapSpinner/>
10     </div>
11   );
12 }
13
14 export default App;
```

2 ◆ App.js 파일과 같은 경로에 위치한 R053_ReactstrapSpinner.js 파일을 임포트해 사용할 수 있도록 한다.

src 폴더에 R053_ReactstrapSpinner.js 파일을 생성한 후 다음과 같이 입력한다.

R053_ReactstrapSpinner.js

```
1 import React, { Component } from 'react';
2 import { Spinner } from 'reactstrap';
3
4 class R053_ReactstrapSpinner extends Component {
5   render() {
6     return (
7       <>
8       <Spinner color="secondary" />
9       <Spinner color="success" />
10      <Spinner type="grow" color="dark" />
11      <Spinner type="grow" color="info" />
12      <Spinner size="sm" color="primary" />
13      <Spinner style={{ width: '10rem', height: '0.5rem' }}
14      color="dark" /><br/>
15      <Spinner style={{ width: '10rem', height: '10rem' }}
16      color="secondary" />
17      <Spinner style={{ width: '3rem', height: '10rem' }} type="grow"
18      color="primary" />
19      </>
20    )
21  }
22 }
23
24 export default R053_ReactstrapSpinner;
```

reactstrap 패키지에서 사용할 기능을 {} 안에 나열한다. Spinner를 사용하기 위해 선언한다. ◆ 2

<Spinner> 태그에 color 속성을 추가하면 색상을 변경할 수 있다. ◆ 8~9

<Spinner> 태그에 type 속성을 grow로 추가하면, 원이 중앙에서 점점 커지다가 사라지는 디자인이 적용된다. ◆ 10~11

<Spinner> 태그에 size 속성을 추가하면, 약속된 크기로 표시할 수 있다. 기본 크기보다 작게 표시하려면 size 값에 sm을 입력한다. ◆ 12

13~18 ◆ <Spinner> 태그에 style 속성 값으로 너비(width)와 높이(height) 값을 할당하면, 원하는 크기로 나타낼 수 있다. rem은 css 크기 단위로, 기본 크기의 몇 배의 크기로 표시할지 정할 수 있다. 너비와 높이를 같은 값으로 하지 않으면, 타원형(line 17~18)이나 비정상적인 모습(line 13~14)으로 표시될 수 있다.

실행 결과

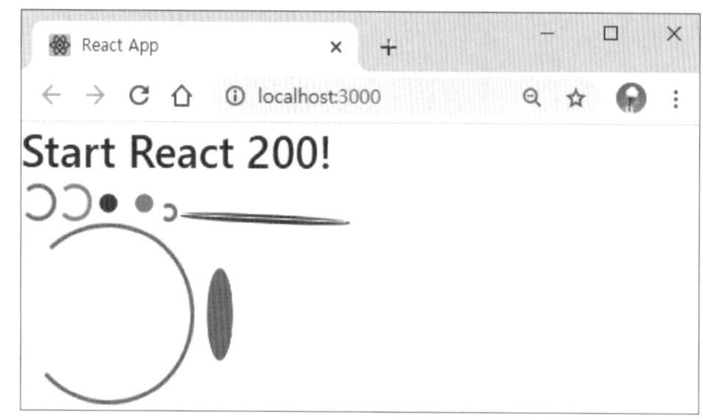

reactstrap Table 사용하기

초급 054

- **학습 내용:** reactstrap Table 사용 방법을 이해한다.
- **힌트 내용:** reactstrap Table 패키지의 기능과 종류를 확인한다.

Table 패키지는 `<html table>` 태그에 간편하게 스타일을 적용할 수 있도록 지원해준다. 테이블 색상, 가로줄, 세로줄, 크기, hover, striped 속성을 지정할 수 있다.

App.js 파일을 다음과 같이 수정한다.

App.js

```
1 import React from 'react';
2 import ReactstrapTable from './R054_ReactstrapTable'
3 import 'bootstrap/dist/css/bootstrap.css'
4
5 function App() {
6   return (
7     <div>
8       <h1>Start React 200!</h1>
9       <ReactstrapTable/>
10     </div>
11   );
12 }
13
14 export default App;
```

App.js 파일과 같은 경로에 위치한 R054_ReactstrapTable.js 파일을 임포트해 사용할 수 있도록 한다. ◆ 2

src 폴더에 R054_ReactstrapTable.js 파일을 생성한 후 다음과 같이 입력한다.

R054_ReactstrapTable.js

```
import React, { Component } from 'react';
import { Table } from 'reactstrap';

class R054_ReactstrapTable extends Component {
  render() {
    return (
        <Table>
        {/* <Table dark bordered>
        <Table striped hover>
        <Table borderless size="sm"> */}
          <thead>
            <tr>
              <th>number</th>
              <th>Book Name</th>
              <th>Price</th>
            </tr>
          </thead>
          <tbody>
            <tr>
              <th scope="row">1</th>
              <td>React 100</td>
              <td>₩10000</td>
            </tr>
            <tr>
              <th scope="row">2</th>
              <td>React 200</td>
              <td>₩20000</td>
            </tr>
          </tbody>
        </Table>
    )
  }
}

export default R054_ReactstrapTable;
```

reactstrap 패키지에서 사용할 기능을 {} 안에 나열한다. Table을 사용하기 위해 선언한다. 2

속성이 추가되지 않은 `<Table>` 태그의 스타일은 흰색 배경에 가로줄만 있다. 7

line 7~10 중 line 8만 주석을 해제한다. dark 속성으로 배경이 어둡게 변하고 bordered 속성으로 8
세로줄이 생긴다.

line 7~10중 line 9만 주석을 해제한다. striped 속성은 짝수 행에만 음영을 준다. hover 속성은 9
마우스 커서가 위치한 행에 음영을 주고 마우스 커서가 벗어나면 음영을 제거한다.

line 7~10 중 line 10만 주석을 해제한다. borderless 속성은 가로줄, 세로줄 모두를 제거한다. 10
size 속성을 sm으로 하면 테이블의 크기가 축소된다.

실행 결과

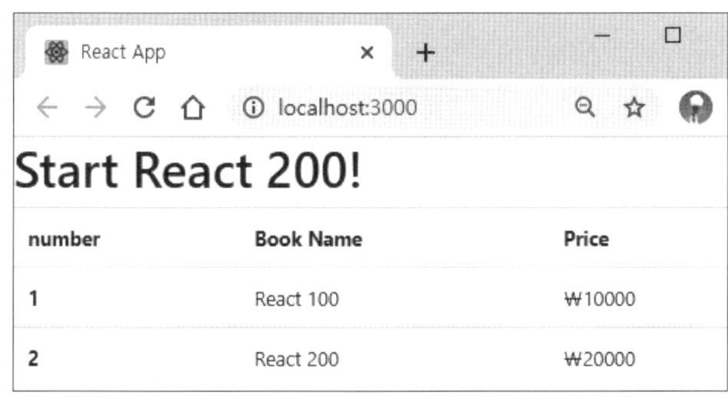

초급 055 reactstrap Tab 사용하기

- **학습 내용:** reactstrap Tab 사용 방법을 이해한다.
- **힌트 내용:** reactstrap Tab 패키지의 기능과 종류를 확인한다.

Tab 패키지는 사용자 동작에 따라 특정 영역에 다른 내용을 표시할 때 사용한다. 클릭 이벤트에 따라 원하는 영역을 표시해야 할 경우, 간편하게 사용할 수 있다.

App.js 파일을 다음과 같이 수정한다.

App.js

```
 1 import React from 'react';
 2 import ReactstrapTab from './R055_ReactstrapTab'
 3 import 'bootstrap/dist/css/bootstrap.css'
 4 
 5 function App() {
 6   return (
 7     <div>
 8       <h1>Start React 200!</h1>
 9       <ReactstrapTab/>
10     </div>
11   );
12 }
13 
14 export default App;
```

2 ◆ App.js 파일과 같은 경로에 위치한 R055_ReactstrapTab.js 파일을 임포트해 사용할 수 있도록 한다.

src 폴더에 R055_ReactstrapTab.js 파일을 생성한 후 다음과 같이 입력한다.

R055_ReactstrapTab.js

```
import React, { Component } from 'react';
import { TabContent, TabPane, Nav, NavItem, NavLink } from 'reactstrap';

class R055_ReactstrapTab extends Component {
  constructor (props) {
    super(props);
    this.state = { TabState:'React' }
  }

  toggle = (tabnum) => {
    if(this.state.TabState !== tabnum) this.setState({TabState:tabnum});
  }

  render() {
    return (
      <>
      <Nav tabs>
        <NavItem>
          <NavLink onClick={() => { this.toggle('React'); }}>First Tab</NavLink>
        </NavItem>
        <NavItem>
          <NavLink onClick={() => { this.toggle('200'); }}>Second Tab</NavLink>
        </NavItem>
      </Nav>
      <TabContent activeTab={this.state.TabState}>
        <TabPane tabId="React"><h3>React</h3></TabPane>
        <TabPane tabId="200"><h3>200</h3></TabPane>
      </TabContent>
      </>
    )
  }
}

export default R055_ReactstrapTab;
```

2 ◆ reactstrap 패키지에서 사용할 기능을 {} 안에 나열한다. TabContent, TabPane, Nav, NavItem, NavLink를 사용하기 위해 선언한다.

7 ◆ 표시할 tab 영역의 id를 상태 변수로 선언한다. 초깃값으로 첫 번째 탭의 tabid인 React로 할당한다.

19, 22 ◆ 내비게이션 메뉴를 클릭하면, `toggle` 함수를 호출하는데, 파라미터로 표시할 tab 영역의 tabid 값을 넘긴다.

10~12 ◆ 파라미터로 넘어온 값(tabnum)이 현재 tabid의 상태(Tabstate) 값과 다르다면, 변경된 값으로 상태(Tabstate) 값을 수정한다.

25~28 ◆ line 11에서 변경된 상태(Tabstate) 값을 `<TabContent>` 태그의 activeTab 속성에 할당한다. 이때 할당된 값과 `<TabPane>` 태그의 tabId 값을 비교해 일치하는 `<TabPane>` 태그 영역을 표시한다.

실행 결과

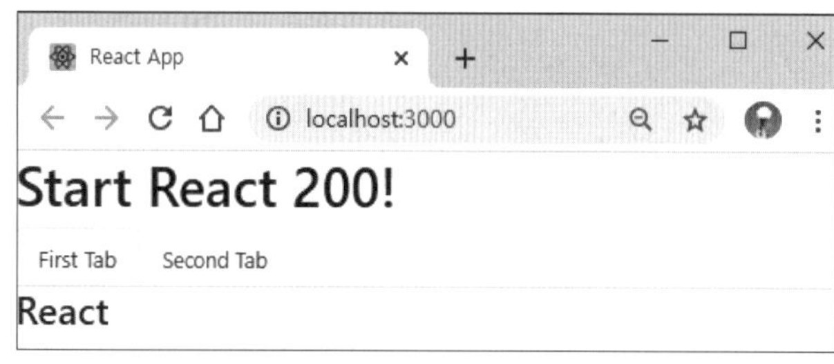

sweetalert2 Basic 사용하기

초급 056

- **학습 내용:** sweetalert2 Basic 사용 방법을 이해한다.
- **힌트 내용:** sweetalert2 Basic의 기능과 종류를 확인한다.

sweetalert2 패키지는 다양한 디자인과 기능의 알림 창을 지원한다. 기본 자바스크립트 `alert()`와 같이 사용자에게 필요한 정보를 알림 창으로 표시한다.

cmd 창을 열어 client 폴더 경로로 이동한다. [npm install sweetalert2]를 입력하면 다음과 같이 npm이 sweetalert2를 설치한다.

```
npm
C:₩react200₩client>npm install sweetalert2
npm WARN tsutils@3.17.1 requires a peer of typescript
3.2.0-dev || >= 3.3.0-dev || >= 3.4.0-dev || >= 3.5.0
0-dev || >= 3.6.0-beta || >= 3.7.0-dev || >= 3.7.0-be
```

App.js 파일을 다음과 같이 수정한다.

App.js

```
import React from 'react';
import Sweetalert2Basic from './R056_Sweetalert2Basic'

function App() {
  return (
    <div>
      <h1>Start React 200!</h1>
      <Sweetalert2Basic/>
    </div>
  );
}

export default App;
```

2 App.js 파일과 같은 경로에 위치한 R056_Sweetalert2Basic.js 파일을 임포트해 사용할 수 있도록 한다.

src 폴더에 R056_Sweetalert2Basic.js 파일을 생성한 후 다음과 같이 입력한다.

R056_Sweetalert2.js

```
1 import React, { Component } from 'react';
2 import Swal from 'sweetalert2'
3
4 class R056_Sweetalert2Basic extends Component {
5   componentDidMount(){
6     // Swal.fire('1. SweetAlert')
7     // alert('2. alert()')
8     Swal.fire('1. SweetAlert').then(result =>
9     { alert('2. result.value : '+result.value) })
10  }
11
12  render() {
13    return (
14      <h1>sweetalert2</h1>
15     )
16  }
17 }
18
19 export default R056_Sweetalert2Basic;
```

2 sweetalert2에서 지원하는 알림 창을 사용하기 위해 sweetalert2를 임포트한다.

6~7 sweetalert2와 alert()의 차이를 확인하기 위해 line 6, 7을 주석 해제하고 line 8~9를 주석 처리한다. 코드를 실행하면, line 7이 line 6보다 먼저 실행된다. 이유는 sweetalert2는 비동기적으로 동작해 Swal.fire() 함수를 실행시켜 놓고 완료 여부에 상관없이 다음 코드(line 7)를 실행하기 때문이다. 이때 alert() 함수는 동기적으로 동작하기 때문에 [확인] 버튼을 누르지 않으면 다음 작업으로 넘어가지 않는다.

동기는 요청과 결과가 동시에 일어난다는 뜻이고, 비동기는 요청과 결과의 작업 처리 단위를 맞추지 않는다는 뜻이다.

비동기적으로 실행되는 `sweetalert2` 함수를 동기적으로 사용하기 위해 line 8~9의 주석을 해제하고 line 6, 7을 주석 처리한다. 프로미스의 `then` 함수를 사용해 `Swal.fire()` 함수의 결괏값(result)이 반환됐을 때 `alert()` 함수를 실행한다. `Swal.fire()` 함수 알림 창에서 [OK] 버튼을 누르면 result 값이 true로 반환된다. 8~9

프로미스란, 비동기 함수를 동기적으로 사용할 수 있도록 하는 개념이다. 프로미스 함수 중 then은 이전 함수가 완전히 완료됐을 때 실행된다.

실행 결과

sweetalert2 position 사용하기

- **학습 내용:** sweetalert2 position 사용 방법을 이해한다.
- **힌트 내용:** sweetalert2 position의 기능과 종류를 확인한다.

sweetalert2 패키지는 알림 창의 표시 방식과 구성 요소들을 원하는 형태로 변경할 수 있는 옵션을 제공한다. 옵션 중 position은 알림 창의 표시 위치를 결정한다.

App.js 파일을 다음과 같이 수정한다.

App.js

```
1 import React from 'react';
2 import Sweetalert2Position from './R057_Sweetalert2Position'
3
4 function App() {
5   return (
6     <div>
7       <h1>Start React 200!</h1>
8       <Sweetalert2Position/>
9     </div>
10   );
11 }
12
13 export default App;
```

2 App.js 파일과 같은 경로에 위치한 R057_Sweetalert2Position.js 파일을 임포트해 사용할 수 있도록 한다.

src 폴더에 R057_Sweetalert2Position.js 파일을 생성한 후 다음과 같이 입력한다.

R057_Sweetalert2Position.js

```
1 import React, { Component } from 'react';
2 import Swal from 'sweetalert2'
3
4 class R057_Sweetalert2Position extends Component {
5   saveAlert = (flag, positionflag, e) => {
6     Swal.fire({
7       position: positionflag,
8       icon: 'success',
9       title: flag+'됐습니다.',
10      showConfirmButton: false,
11      timer: 1500
12    })
13  }
14
15  render() {
16    return (
17      <>
18        <h1>sweetalert2</h1>
19        <button onClick={e => this.saveAlert('저장', 'center')}>저장</button>
20        <button onClick={e => this.saveAlert('수정', 'bottom-end')}>수정</button>
21      </>
22    )
23  }
24 }
25
26 export default R057_Sweetalert2Position;
```

saveAlert 함수는 파라미터로 두 가지 변수(flag, positionflag)를 받는다. Swal.fire 함수의 옵션 중 title은 알림 창에 표시되는 문구인데, line 9에서 파라미터 flag에 따라 표시 문구가 달라진다. line 7 position은 알림 창의 표시 위치를 정하는 옵션으로, 파라미터 positionflag의 값을 할당한다. ◆ 5~13

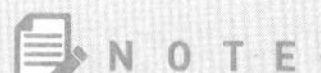

`Swal.fire` 함수의 postion 옵션 값은 다음과 같은 형식으로 사용할 수 있다.

top: 중앙 상단, top-start: 좌측 상단, top-end: 우측 상단, center: 정중앙, center-start: 중앙 좌측, center-end: 중앙 우측, bottom: 중앙 하단, bottom-start: 좌측 하단, bottom-end: 우측 하단

19 [저장] 버튼을 누르면, 페이지 정중앙에 '저장되었습니다.' 알림 창이 표시된다.

20 [수정] 버튼을 누르면, 페이지 우측 하단에 '수정되었습니다.' 알림 창이 표시된다.

실행 결과

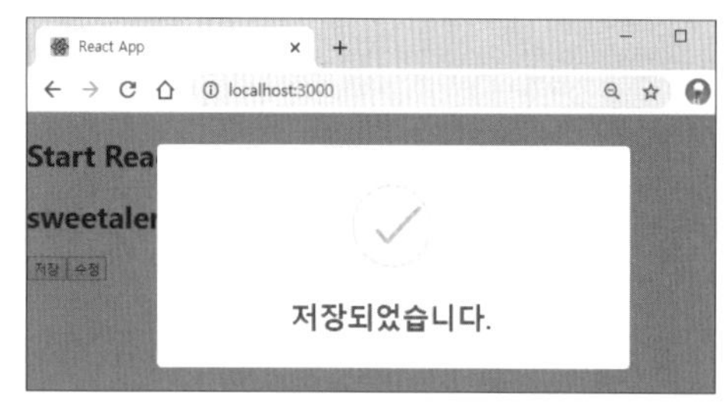

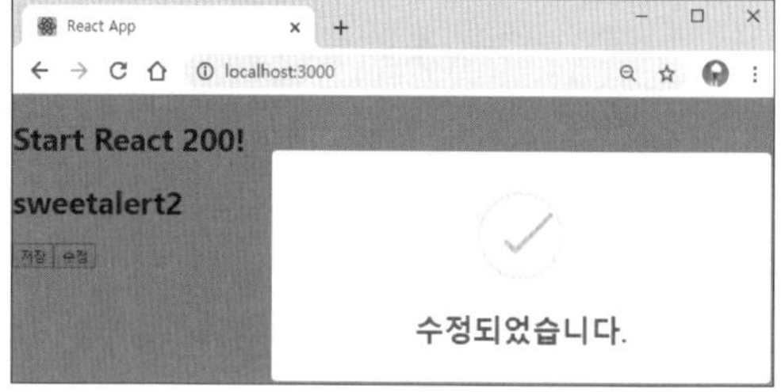

sweetalert2 confirm 사용하기

초급

058

• **학습 내용:** sweetalert2 confirm 사용 방법을 이해한다.
• **힌트 내용:** sweetalert2 confirm 패키지의 기능에 대해 확인한다.

웹 사이트에 삭제 기능을 구현할 때 사용자의 실수로 데이터가 삭제될 수 있다. 이런 상황을 방지하기 위해 실제 삭제 작업을 실행하기 전에 다시 한번 확인하는 알림 창을 표시한다.

App.js 파일을 다음과 같이 수정한다.

App.js

```
1 import React from 'react';
2 import Sweetalert2Confirm from './R058_Sweetalert2Confirm'
3
4 function App() {
5   return (
6     <div>
7       <h1>Start React 200!</h1>
8       <Sweetalert2Confirm/>
9     </div>
10   );
11 }
12
13 export default App;
```

App.js 파일과 같은 경로에 위치한 R058_Sweetalert2Confirm.js 파일을 임포트해 사용할 수 있도록 한다. ◆ 2

src 폴더에 R058_Sweetalert2Confirm.js 파일을 생성한 후 다음과 같이 입력한다.

R058_Sweetalert2Confirm.js

```
import React, { Component } from 'react';
import Swal from 'sweetalert2'

class R058_Sweetalert2Confirm extends Component {
  deletAlert = (e) => {
    Swal.fire({
      title: '정말 삭제하시겠습니까?',
      icon: 'question',
      showCancelButton: true,
      confirmButtonColor: '#4B088A',
      cancelButtonColor: '#01DF01',
      confirmButtonText: '예',
      cancelButtonText: '아니요'
    }).then((result) => {
      if (result.value) {
        document.getElementById('deleteId').remove();
        Swal.fire(
          'Deleted',
          'sweetalert2 삭제 완료',
          'success'
        )
      }
    })
  }

  render() {
    return (
      <>
       <h1 id='deleteId'>sweetalert2</h1>
       <button onClick={e => this.deletAlert()}>삭제</button>
      </>
    )
  }
}

export default R058_Sweetalert2Confirm;
```

deletAlert 함수가 실행되면 confirm 알림 창으로, 다시 한번 삭제를 진행할 것인지 묻는다. confirmButtonText 옵션은 [확인] 버튼, cancelButtonText에는 [취소] 버튼에 표시될 텍스트를 입력할 수 있다. 사용자가 선택하면 프로미스 함수 then()이 실행된다. 5~14

사용자가 삭제를 선택했다면, result.value 값이 true로 반환된다. line 16에서 line 29의 <h1> 태그에 id 값(deleteId)으로 접근해 sweetalert2 영역을 화면에서 삭제한다. 그리고 삭제 완료 알림 창을 표시한다. 15~23

실행 결과

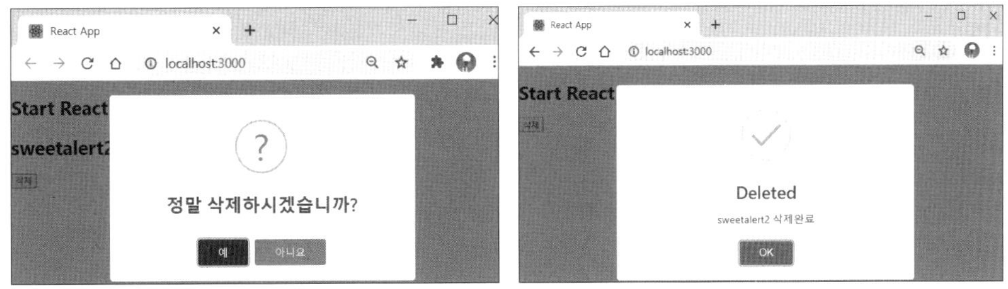

초급 059 fetch get 호출하기

- **학습 내용:** `fetch` 함수로 get 방식 호출 방법을 이해한다.
- **힌트 내용:** `fetch` 함수의 특징과 사용법에 대해 확인한다.

웹에서는 클라이언트와 서버가 http 프로토콜을 통해 요청과 응답을 주고받는다. http에서 사용하는 방식은 여러 가지가 있지만, GET과 POST를 가장 많이 사용한다. 간단히 정리하면 GET은 데이터를 조회해 가져와 사용하는 것이다.

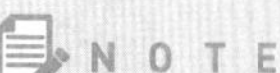

GET 방식은 http://example.com?a=1&b=2와 같이 url? 뒤에 파라미터명=값 형태로 필요한 데이터를 전달한다. 주로 데이터 조회나 검색 등의 기능에 사용된다.

App.js 파일을 다음과 같이 수정한다.

App.js

```
import React from 'react';
import FetchGet from './R059_FetchGet'

function App() {
  return (
    <div>
      <h1>Start React 200!</h1>
      <FetchGet/>
    </div>
  );
}

export default App;
```

App.js 파일과 같은 경로에 위치한 R059_FetchGet.js 파일을 임포트해 사용할 수 있도록 한다. 2

src 폴더에 R059_FetchGet.js 파일을 생성한 후 다음과 같이 입력한다.

R059_FetchGet.js

```
import React, { Component } from 'react';

class R059_FetchGet extends Component {
  componentDidMount = async () => {
    const response = await fetch('http://date.jsontest.com/');
    const body = await response.json();
    alert(body.date)
  }

  render() {
    return (
        <h1>fetch get</h1>
    )
  }
}

export default R059_FetchGet;
```

자바스크립트 내장 함수인 fetch를 사용하면 쉽게 비동기 통신을 구현할 수 있다. 비동기 통신이란, 쉽게 말해 먼저 시작한 작업의 완료 여부와 상관없이 다음 작업을 실행하는 것이다.

fetch를 사용해서 get 방식으로 url을 호출해 데이터를 가져온다. 가져온 데이터를 response라는 5
변수에 할당한다. 이때 fetch 함수에 별도의 http 메서드 설정이 없다면, get 방식으로 호출한다. 웹 브라우저에서 테스트 url을 호출하면, 다음과 같이 데이터를 확인할 수 있다(크롬 확장 프로그램인 JSON Viewer 사용).

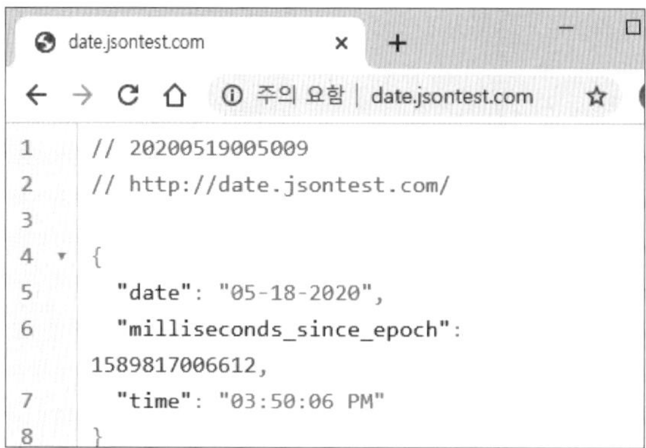

6 ◆ line 5에서 `response`라는 변수는 json 형태이기 때문에 `json()` 함수로 사용할 수 있도록 변환해 `body`라는 변수에 할당한다. 이때 `fetch` 함수의 비동기적 특징 때문에 line 5에서 데이터를 가져오기 전에 line 6이 실행돼 에러가 발생할 수 있다.

4~6 ◆ 이런 에러는 비동기 함수에 동기적인 기능을 추가해 해결할 수 있다. 이때 사용하는 것이 async와 await 문법이다. 비동기 함수를 실행하는 함수에 async를 추가하고 동기적으로 처리돼야 하는 함수 구문 앞에 await를 추가한다.

실행 결과

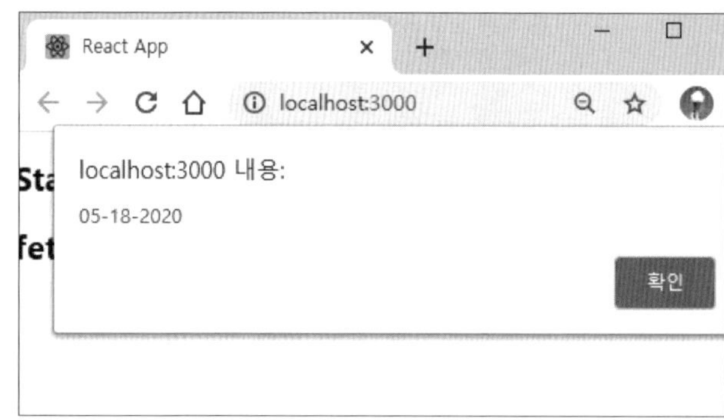

fetch post 호출하기

• **학습 내용:** `fetch` 함수로 post 방식 호출 방법을 이해한다.
• **힌트 내용:** `fetch` 함수의 특징과 사용법에 대해 확인한다.

GET이 데이터를 조회해 가져와 사용하는 용도로 사용한다면, POST는 서버의 상태나 데이터를 변경하는 등의 수행 작업에 사용된다.

> **NOTE**
>
> POST 방식은 http body에 데이터를 넣어 전달하는데, url 뒤에 파라미터를 표시하지 않고 사용할 수 있다는 장점이 있다.

App.js 파일을 다음과 같이 수정한다.

```
1  import React from 'react';
2  import FetchPost from './R060_FetchPost'
3
4  function App() {
5    return (
6      <div>
7        <h1>Start React 200!</h1>
8        <FetchPost/>
9      </div>
10   );
11 }
12
13 export default App;
```

App.js 파일과 같은 경로에 위치한 R060_FetchPost.js 파일을 임포트해 사용할 수 있도록 한다. ◆ 2

src 폴더에 R060_FetchPost.js 파일을 생성한 후 다음과 같이 입력한다.

R060_FetchPost.js

```
1 import React, { Component } from 'react';
2
3 class R060_FetchPost extends Component {
4   componentDidMount = async () => {
5     const response = await fetch('http://date.jsontest.com/', {
6       method: 'POST',
7       headers: {
8       'Content-Type': 'application/json',
9       },
10      body: { a:"react", b:200 },
11    });
12    const body = await response.json();
13    alert(body.date)
14  }
15
16  render() {
17    return (
18        <h1>fetch post</h1>
19    )
20  }
21 }
22
23 export default R060_FetchPost;
```

post도 get 방식과 마찬가지로 자바스크립트 내장 함수인 fetch를 사용하면, 비동기 통신을 쉽게 구현할 수 있다.

5 ◆ fetch 사용 방법은 get과 비슷하지만, 두 번째 파라미터에 post 호출에 대한 정보가 추가된다.

6 ◆ post 방식으로 통신을 하겠다는 의미다.

7~9 ◆ http 통신을 할 때 header 부분에서 어떤 형태의 데이터를 사용할지 지정한다. 이때 Content-Type이라는 변수를 사용한다. json 형태의 데이터를 사용하기 위해 application/json을 할당한다.

http body에 json 형태의 데이터를 담아 전송한다. line 5에서 호출한 url에서는 body의 데이터를 사용하지 않기 때문에 어떤 형식으로 사용하는지만 확인한다.

실행 결과

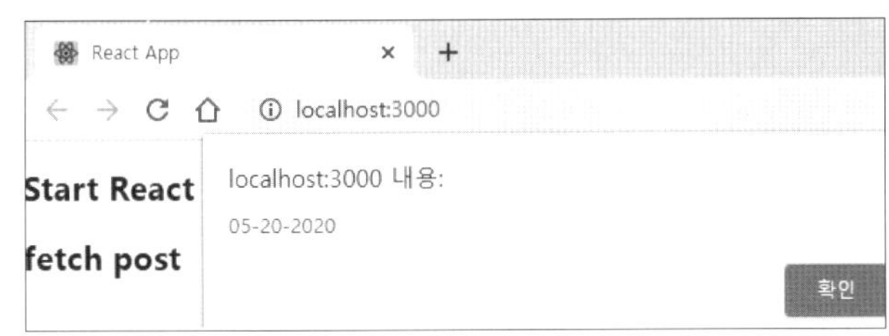

axios get 사용하기

- **학습 내용:** axios 함수로 get 방식 호출 방법을 이해한다.
- **힌트 내용:** axios 함수의 특징과 사용법에 대해 확인한다.

axios도 fetch와 마찬가지로 비동기 통신을 지원한다. axios는 fetch와 달리, 별도로 설치한 후 임포트해 사용해야 한다.

cmd 창을 열어 client 폴더 경로로 이동한다. [npm install –save axios]를 입력하면 다음과 같이 npm이 axios를 설치한다.

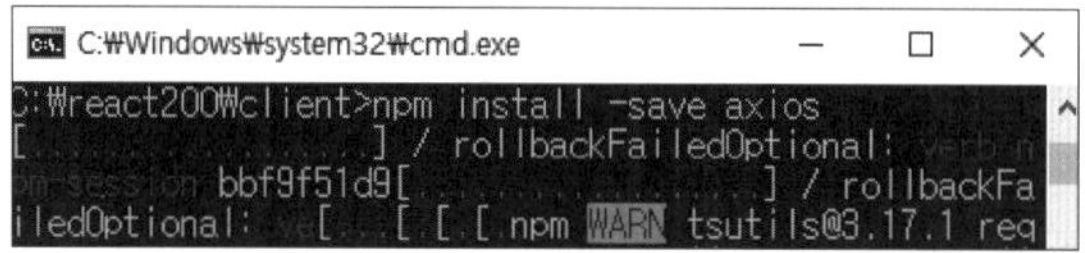

App.js 파일을 다음과 같이 수정한다.

App.js

```
1  import React from 'react';
2  import AxiosGet from './R061_AxiosGet'
3
4  function App() {
5    return (
6      <div>
7        <h1>Start React 200!</h1>
8        <AxiosGet/>
9      </div>
10   );
11 }
12
13 export default App;
```

2 ◆ App.js 파일과 같은 경로에 위치한 R061_AxiosGet.js 파일을 임포트해 사용할 수 있도록 한다.

src 폴더에 R061_AxiosGet.js 파일을 생성한 후 다음과 같이 입력한다.

R061_AxiosGet.js

```
1  import React, { Component } from 'react';
2  import axios from "axios";
3
4  class R061_AxiosGet extends Component {
5    componentDidMount(){
6      axios.get('http://date.jsontest.com/')
7      .then( response => {alert(response.data.date)})
8    }
9
10   render() {
11     return (
12         <h1>axios get</h1>
13     )
14   }
15 }
16
17 export default R061_AxiosGet;
```

axios를 임포트해 사용할 수 있도록 한다. 2

axios.get('호출 url') 문법으로 get 방식의 http 호출을 한다. 6

line 6에서 url 호출이 완료되면, then 함수가 실행된다. 이때 호출 결과로 response가 반환된다. 7
response와 호출된 변수명 사이에 data를 붙이면, 변수를 사용할 수 있다.

실행 결과

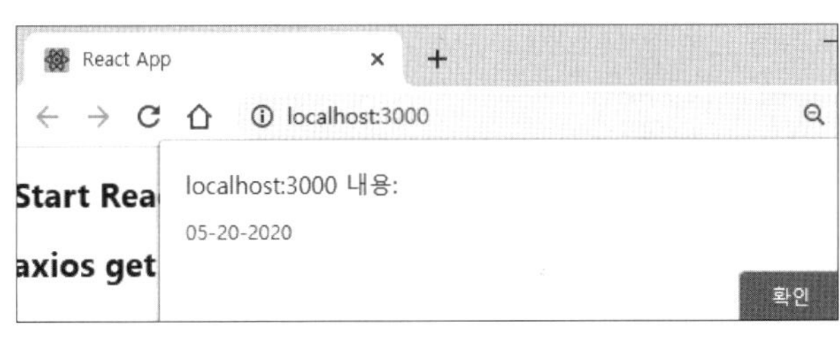

초급 062 axios post 사용하기

- **학습 내용:** axios 함수로 post 방식 호출 방법을 이해한다.
- **힌트 내용:** axios 함수의 특징과 사용법에 대해 확인한다.

axios로 post 방식의 호출을 하는 문법은 get 방식으로 호출했을 때와 거의 동일하다. 다른 점은 post 함수의 파라미터로 json과 같은 형태의 데이터를 넣고 http body에 담아 url을 호출할 수 있다는 것이다.

App.js 파일을 다음과 같이 수정한다.

App.js

```
 1 import React from 'react';
 2 import AxiosPost from './R062_AxiosPost'
 3 
 4 function App() {
 5   return (
 6     <div>
 7       <h1>Start React 200!</h1>
 8       <AxiosPost/>
 9     </div>
10   );
11 }
12 
13 export default App;
```

2 ◆ App.js 파일과 같은 경로에 위치한 R062_AxiosPost.js 파일을 임포트해 사용할 수 있도록 한다.

src 폴더에 R062_AxiosPost.js 파일을 생성한 후 다음과 같이 입력한다.

R062_AxiosPost.js

```
1 import React, { Component } from 'react';
2 import axios from "axios";
3
4 class R062_AxiosPost extends Component {
5   componentDidMount(){
6     axios.post('http://date.jsontest.com/', {
7       a:"react", b:200
8     })
9     .then( response => {alert(response.data.date)})
10   }
11
12   render() {
13     return (
14         <h1>axios post</h1>
15     )
16   }
17 }
18
19 export default R062_AxiosPost;
```

axios를 임포트해 사용할 수 있도록 한다. 2

axios.post('호출 url', json 데이터) 문법으로 post 방식의 http 호출을 한다. json 데이터는 {key1 : value1, key2 : value2} 형태로 사용하고 http body에 담겨 전송된다. line 6에서 호출한 url에서는 body의 데이터를 사용하지 않기 때문에 어떤 형식으로 사용하는지만 확인한다. 6~8

line 6에서 url 호출이 완료되면, then 함수가 실행된다. 이때 호출 결과가 response가 반환된다. response와 호출된 변수명 사이에 data를 붙이면 변수를 사용할 수 있다. 9

실행 결과

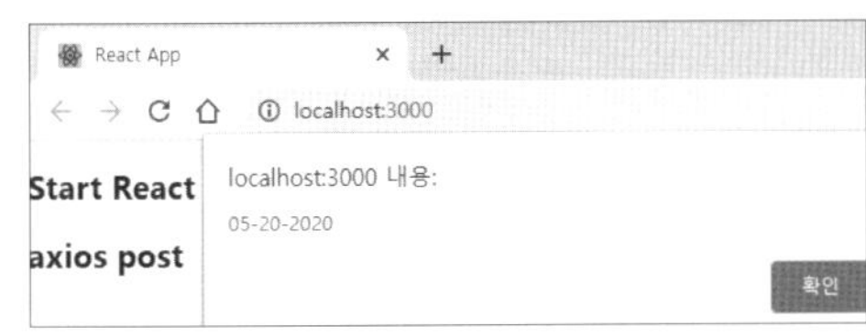

콜백 함수 사용하기

- **학습 내용:** 콜백 함수의 사용 방법을 이해한다.
- **힌트 내용:** 콜백 함수의 특징과 단점을 확인한다.

자바스크립트는 비동기적으로 동작한다. 그래서 먼저 실행된 작업이 끝나지 않았더라도 다음 작업이 시작될 수 있다. 콜백 함수를 이용하면 특정 코드에 순서를 정해 원하는 시점에 실행할 수 있다.

App.js 파일을 다음과 같이 수정한다.

App.js

```
1 import React from 'react';
2 import CallbackFunc from './R063_CallbackFunc'
3
4 function App() {
5   return (
6     <div>
7       <h1>Start React 200!</h1>
8       <CallbackFunc/>
9     </div>
10   );
11 }
12
13 export default App;
```

2 ◆ App.js 파일과 같은 경로에 위치한 R063_CallbackFunc.js 파일을 임포트해 사용할 수 있도록 한다.

src 폴더에 R063_CallbackFunc.js 파일을 생성한 후 다음과 같이 입력한다.

R063_CallbackFunc.js

```
1 import React, { Component } from 'react';
2
3 class R063_CallbackFunc extends Component {
4   componentDidMount(){
5     this.logPrint(1, function(return1){
6       console.log("return1 : "+return1);
7       this.logPrint(return1, function(return2){
8         console.log("return2 : "+return2);
9       })
10    }.bind(this))
11  }
12
13  logPrint(param, callback) {
14    console.log("logPrint param : "+param);
15    param += param
16    callback(param);
17  }
18
19  render() {
20    return (
21        <h1>Callback Function</h1>
22    )
23  }
24 }
25
26 export default R063_CallbackFunc;
```

logPrint라는 함수를 호출하는데 파라미터로 1과 함수를 전달한다. 5

line 5에서 호출된 logPrint 함수는 전달받은 파라미터 param에 자기자신 1을 더해 2를 할당한다. 2가 된 param 변수를 callback 함수에 다시 파라미터로 넣고 함수를 실행한다. 15~16

line 16에서 실행된 callback 함수는 line 5의 function(return1){에서부터 line 10의 }.bind(this)까지다. line 7에서 다시 한번 logPrint 함수를 실행하는데, line 5 첫 번째 함수 실행에서 반환된 return1 값(2)을 파라미터로 전달한다. 5~10

line 7 콜백 함수 안에서 this는 line 5의 this와 다르다. 그래서 this로 `logPrint` 함수에 접근해 사용하려고 하면 에러가 발생한다. 함수 밖의 this를 함수 안에서도 동일하게 사용하기 위해서 `.bind(this)`를 함수에 붙여준다.

콜백 함수를 사용해 원하는 순서대로 코드를 실행할 수 있었다. line 5에서 1을 파라미터로 넣고 함수를 호출했고 2를 반환할 때까지 기다렸다가 line 7에서 다시 `logPrint` 함수를 호출했다. 하지만 콜백 함수가 증가할수록 함수 안에 또 다른 함수를 계속 추가해야 한다. 이런 형태를 '콜백 지옥'이라고 한다. 콜백 함수를 여러 번 사용할수록 코드가 더 지저분해진다는 단점이 있다.

실행 결과

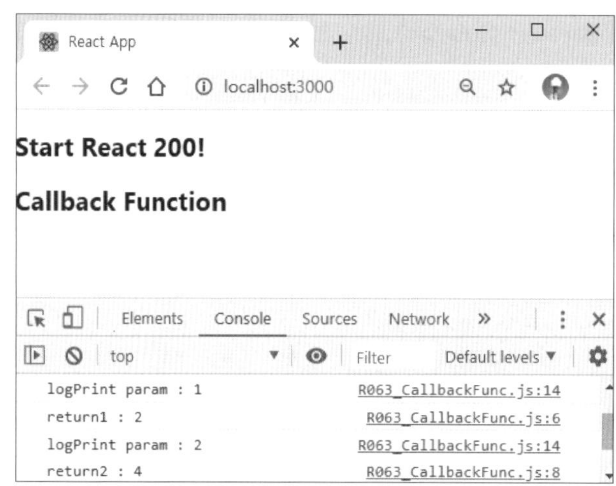

Promise then 사용하기

초급

064

• **학습 내용:** Promise then 함수의 사용 방법을 이해한다.
• **힌트 내용:** Promise then 함수의 특징과 콜백 함수와의 차이점을 확인한다.

promise는 콜백 함수와 같이 비동기적으로 동작하는 코드를 동기적으로 구현할 때 사용한다. promise를 사용하면 콜백 함수와 달리, 코드 가독성을 높일 수 있고 예외 처리도 쉽게 할 수 있다.

App.js 파일을 다음과 같이 수정한다.

App.js

```
1 import React from 'react';
2 import Promise from './R064_Promise'
3
4 function App() {
5   return (
6     <div>
7       <h1>Start React 200!</h1>
8       <Promise/>
9     </div>
10   );
11 }
12
13 export default App;
```

App.js 파일과 같은 경로에 위치한 R064_Promise.js 파일을 임포트해 사용할 수 있도록 한다. ◆ 2

src 폴더에 R064_Promise.js 파일을 생성한 후 다음과 같이 입력한다.

R064_Promise.js

```
1 import React, { Component } from 'react';
2
3 class R064_Promise extends Component {
4   componentDidMount(){
5     new Promise(resolve => {
6       setTimeout(function() {
7         resolve('react');
8       }, 1500);
9     })
10     .then(function(result) {
11       console.log(result);
12       return result + 200;
13     })
14     .then(result => {
15       console.log(result);
16     })
17   }
18
19   render() {
20     return (
21         <h1>Promise</h1>
22     )
23   }
24 }
25
26 export default R064_Promise;
```

promise에는 대기, 이행, 거부의 개념이 있다. 대기 상태에서 이행 상태로 변할 때 then() 함수 안의 코드가 실행된다.

5 Promise라는 객체를 생성해 promise를 사용한다. 파라미터로 하나의 함수(resolve)만 받을 경우, 이행 함수로 사용된다.

6~8 timeout 함수를 실행해 1.5초 후에 line 7의 resolve 함수가 실행된다. 이때 promise는 이행 상태가 되고 line 10의 then 함수가 실행된다.

10~13 line 7 resolve 함수에서 파라미터로 전달된 결괏값(react)을 result라는 파라미터로 받아 사용한다. result 변수에 200를 붙여 반환한다. 반환되는 순간 대기하고 있던 line 14의 then 함수가 실행된다.

14~16 line 12에서 반환된 값을 파라미터로 받아 사용한다. line 10에서 사용한 function과 같은 기능을 하는 함수를 화살표 함수로 구현했다.

promise then 함수를 사용하면 코드를 콜백 함수의 계단식 복잡한 코드 형태보다 가독성 있게 구현할 수 있다.

실행 결과

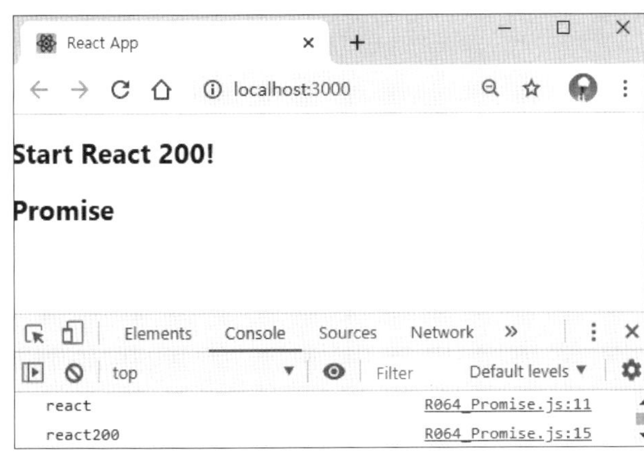

Promise catch 사용하기

- **학습 내용:** `Promise catch` 함수의 사용 방법을 이해한다.
- **힌트 내용:** `Promise catch` 함수의 특징과 기능을 확인한다.

Promise의 상태가 대기, 이행, 거부 중 거부 상태가 됐을 때 `catch` 함수를 실행한다. 대기 상태의 Promise에 에러가 발생해 이행으로 상태 변화를 하지 못하는 경우다.

App.js 파일을 다음과 같이 수정한다.

App.js

```
 1 import React from 'react';
 2 import Promise from './R065_Promise'
 3 
 4 function App() {
 5   return (
 6     <div>
 7       <h1>Start React 200!</h1>
 8       <Promise/>
 9     </div>
10   );
11 }
12 
13 export default App;
```

2 ◆ App.js 파일과 같은 경로에 위치한 R065_Promise.js 파일을 임포트해 사용할 수 있도록 한다.

src 폴더에 R065_Promise.js 파일을 생성한 후 다음과 같이 입력한다.

R065_Promise.js

```
1 import React, { Component } from 'react';
2
3 class R065_Promise extends Component {
4   componentDidMount(){
5     new Promise((resolve, reject) => {
6       reject(Error("ERROR Info"));
7     })
8     .then(result => console.log("then "+result))
9     .catch(result => console.log("catch : "+result));
10   }
11
12   render() {
13     return (
14         <h1>Promise</h1>
15     )
16   }
17 }
18
19 export default R065_Promise;
```

Promise라는 객체를 생성해 promise를 사용한다. 파라미터로 2개의 함수를 받으면, 첫 번째 함수(resolve)는 이행 함수, 두 번째 함수(reject)는 거부 함수로 사용된다. 5

거부 함수 reject를 실행하면서 Error 객체를 사용해 에러를 발생시킨다. 6

promise 동작 중 거부 함수가 실행되면, 이행 상태가 되지 못하기 때문에 then 함수는 실행되지 않는다. 8

promise의 상태가 거부로 변하면서 catch 함수가 실행된다. line 6의 reject 함수에서 파라미터로 전달받은 에러 정보를 출력한다. 9

실행 결과

React App
localhost:3000
Start React 200!
Promise
Elements
Console
Sources
Network
top
Filter
Default levels
catch : Error: ERROR Info
R065_Promise.js:7

메모하세요

React.js 주요 개념 이해하기

3부에서는 다양한 이벤트 처리 방법과 `<img>` 태그를 사용하는 방법을 익히고 Ref, 하이오더 컴포넌트에 대한 개념을 배운다. 컨텍스트와 리덕스를 사용해 데이터를 효율적으로 관리하는 방법을 확인한다. react-cookies 패키지를 활용해 웹 브라우저에 쿠키 정보를 저장, 조회, 삭제하는 기능을 실습한다. lodash 패키지의 디바운스와 스로틀 기능을 사용하면 특수한 상황에서 이벤트 처리를 구현할 수 있다.

066 click 이벤트 사용하기(onClick)

- **학습 내용:** onClick 이벤트의 사용 방법을 이해한다.
- **힌트 내용:** onClick으로 함수 호출 시 필요한 정보를 파라미터로 전달할 수 있다.

react에서는 html과 달리 이벤트에 camelCase를 사용한다. onClick 이벤트는 특정 element가 클릭됐을 때 정의된 함수를 호출하는 방식으로 사용한다. html에서는 onclick으로 모두 소문자로 나타낸다.

> **NOTE**
>
> camelCase란, 낙타의 등처럼 문자열 중간에 대문자가 위로 올라오는 네이밍 문법이다. 여러 개의 단어가 합쳐질 때 단어가 시작되는 첫 글자만 대문자로 표기하는 방식이다. 이때 맨 앞 글자가 소문자이면 'lowerCamelCase,' 대문자이면 'UpperCamelCase라고 부른다.

App.js 파일을 다음과 같이 수정한다.

App.js

```
import React from 'react';
import ReactonClick from './R066_onClick'

function App() {
  return (
    <div>
      <h1>Start React 200!</h1>
      <ReactonClick/>
    </div>
  );
}

export default App;
```

App.js 파일과 같은 경로에 위치한 R066_onClick.js 파일을 임포트해 사용할 수 있도록 한다. 2

src 폴더에 R066_onClick.js 파일을 생성한 후 다음과 같이 입력한다.

R066_onClick.js

```
1 import React, { Component } from 'react';
2
3 class R065_Promise extends Component {
4   buttonClick = (param) => {
5     if(typeof param != 'string') param = "Click a"
6     console.log('param : '+ param);
7   }
8
9   render() {
10    return (
11      <>
12        <button onClick={e => this.buttonClick("Click button")}>
13        Click button</button>
14        <div onClick={e => this.buttonClick("Click div")}>Click div</div>
15        <a href="javascript:" onClick={this.buttonClick}>Click a</a>
16      </>
17    )
18  }
19 }
20
21 export default R065_Promise;
```

buttonClick이라는 함수를 선언하고 전달받은 파라미터를 param이라는 함수의 내부 변수에 넣어 사용한다. 4

param 변수가 문자열(string)이 아니라면, Click a라는 문자열을 param 변수에 할당한다. 5

param 변수를 로그로 출력한다. 6

<button>, <div>, <a> 태그에 onClick 이벤트를 추가한다. 사용자가 특정 태그 영역을 클릭할 때마다 buttonClick 함수를 호출하고 서로 다른 파라미터(Click button, Click div)를 전달한다. line 4의 buttonClick 함수에서는 파라미터를 받는 것으로 선언돼 있지만, line 15처럼 파라미터 없이 함수를 호출해도 정상적으로 동작한다. 12~15

실행 결과

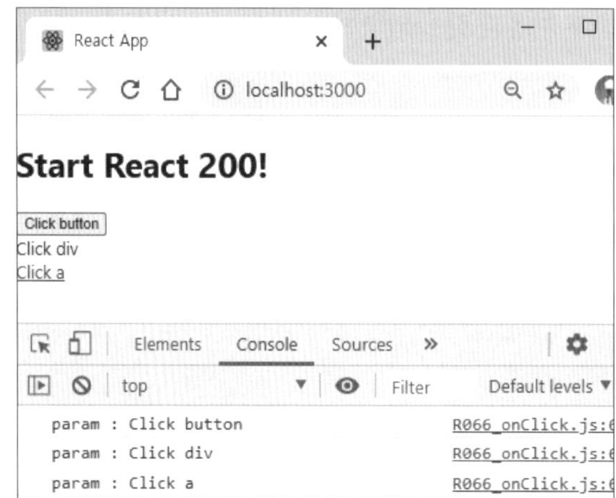
React App
localhost:3000
Start React 200!
Click button
Click div
Click a
Elements
Console
Sources
top
Filter
Default levels
param : Click button
param : Click div
param : Click a
R066_onClick.js:6
R066_onClick.js:6
R066_onClick.js:6

change 이벤트 사용하기 (onChange)

중급 067

- **학습 내용:** onChange 이벤트의 사용 방법을 이해한다.
- **힌트 내용:** onChange로 함수 호출 시 필요한 정보를 이벤트 객체로 전달할 수 있다.

react에서는 onChange 이벤트도 camelCase 형식의 명칭을 사용한다. onChange 이벤트는 특정 element에 변화가 생겼을 때 정의된 함수를 호출하는 방식으로 사용한다.

App.js 파일을 다음과 같이 수정한다.

R067_onChange.js

```
import React from 'react';
import ReactChange from './R067_onChange'

function App() {
  return (
    <div>
      <h1>Start React 200!</h1>
      <ReactChange/>
    </div>
  );
}

export default App;
```

App.js 파일과 같은 경로에 위치한 R067_onChange.js 파일을 임포트해 사용할 수 있도록 한다. ◆ 2

src 폴더에 R067_onChange.js 파일을 생성한 후 다음과 같이 입력한다.

R067_onChange.js

```
1 import React, { Component } from 'react';
2
3 class R067_onChange extends Component {
4   change = (e) => {
5     var val = e.target.value;
6     console.log('param : '+ val);
7   }
8
9   render() {
10     return (
11       <>
12         <input type="text" onChange={this.change}/>
13         <select onChange={this.change}>
14           <option value="react">react</option>
15           <option value="200">200</option>
16         </select>
17       </>
18     )
19   }
20 }
21
22 export default R067_onChange;
```

4 change라는 함수를 선언하고 전달받은 파라미터를 e라는 함수의 내부 변수에 넣어 사용한다.

5 이벤트 객체 변수 e에 target 속성을 붙여 value 값을 가져오고 val 변수에 할당한다.

6 val 변수를 로그로 출력한다.

12 input 박스에 문자를 입력하거나 삭제할 때마다 onChange 이벤트가 발생해 change 함수를 호출한다. 함수 호출 시 파라미터를 따로 넘겨주지 않아도 이벤트 객체(line 4의 e 변수)가 전달된다. 이벤트 객체에는 <input> 태그에 현재 입력된 값이 value로 할당된다.

13~16 select 박스에 선택된 option이 달라질 때마다 onChange 이벤트가 발생해 change 함수를 호출한다. 함수 호출 시 따로 파라미터를 넘겨주지 않아도 이벤트 객체(line 4의 e 변수)가 전달된다. 이벤트 객체에는 선택된 <option> 태그의 value 값이 할당된다.

실행 결과를 보면, input 박스에 글자 하나가 입력될 때마다 change 함수가 호출된 것을 확인할 수 있다. input 박스에 react라는 문자열을 입력한 후 select 박스에서 200이라는 option을 선택했을 때의 결과다.

실행 결과

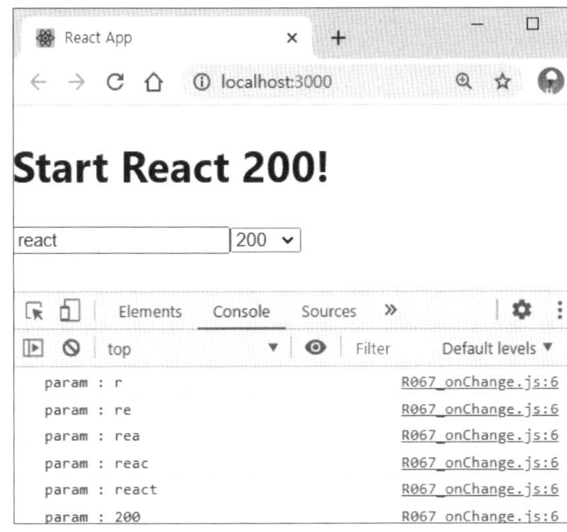

mousemove 이벤트 사용하기 (onMouseMove)

- **학습 내용:** onMouseMove 이벤트의 사용 방법을 이해한다.
- **힌트 내용:** onMouseMove으로 함수 호출 시 필요한 정보를 파라미터로 전달할 수 있다.

react에서는 onMouseMove 이벤트도 camelCase 형식의 명칭을 사용한다. onMouseMove 이벤트는 특정 tag 영역 안에서 마우스 커서가 움직일 때 발생한다.

App.js 파일을 다음과 같이 수정한다.

App.js

```
1 import React from 'react';
2 import ReactMouseMove from './R068_onMouseMove'
3
4 function App() {
5   return (
6     <div>
7       <h1>Start React 200!</h1>
8       <ReactMouseMove/>
9     </div>
10   );
11 }
12
13 export default App;
```

2 ◆ App.js 파일과 같은 경로에 위치한 R068_onMouseMove.js 파일을 임포트해 사용할 수 있도록 한다.

src 폴더에 R068_onMouseMove.js 파일을 생성한 후 다음과 같이 입력한다.

R068_onMouseMove.js

```
1  import React, { Component } from 'react';
2
3  class R068_onMouseMove extends Component {
4    MouseMove(tag) {
5      console.log('TAG : '+tag);
6    }
7
8    render() {
9      return (
10       <>
11         <div onMouseMove={e => this.MouseMove("div")}>
12           <h3>DIV onMouseMove</h3>
13         </div>
14         <input type="text" onMouseMove={e => this.MouseMove("input")}/>
15         <select onMouseMove={e => this.MouseMove("select")}>
16             <option value="react">react</option>
17             <option value="200">200</option>
18         </select>
19       </>
20     )
21   }
22 }
23
24 export default R068_onMouseMove;
```

4 MouseMove라는 함수를 선언하고 전달받은 파라미터를 tag라는 함수의 내부 변수에 넣어 사용한다.

5 tag 변수를 로그로 출력한다.

11~13 <div> 태그 영역에서 마우스 커서가 움직일 경우 MouseMove 함수를 호출한다. 파라미터로 넘긴 div가 line 5에서 출력된다.

14 <input> 태그 영역에서 마우스 커서가 움직일 경우 MouseMove 함수를 호출한다. 파라미터로 넘긴 input이 line 5에서 출력된다.

15~18 <select> 태그 영역에서 마우스 커서가 움직일 경우 MouseMove 함수를 호출한다. 파라미터로 넘긴 select가 line 5에서 출력된다.

실행 결과

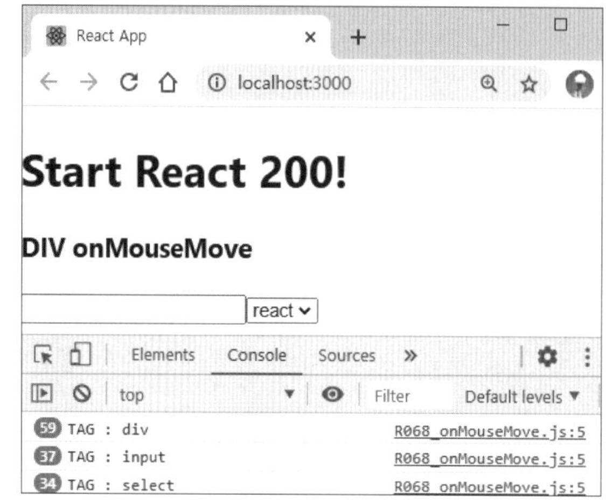

mouseover 이벤트 사용하기 (onMouseOver)

중급 **069**

- **학습 내용:** onMouseOver 이벤트의 사용 방법을 이해한다.
- **힌트 내용:** onMouseOver으로 함수 호출 시 필요한 정보를 파라미터로 전달할 수 있다.

react에서는 onMouseOver 이벤트도 camelCase 형식의 명칭을 사용한다. onMouseOver 이벤트는 특정 tag 영역 안에 마우스 커서가 진입할 때 발생한다.

App.js 파일을 다음과 같이 수정한다.

App.js

```
1 import React from 'react';
2 import ReactMouseOver from './R069_onMouseOver'
3
4 function App() {
5   return (
6     <div>
7       <h1>Start React 200!</h1>
8       <ReactMouseOver/>
9     </div>
10   );
11 }
12
13 export default App;
```

App.js 파일과 같은 경로에 위치한 R069_onMouseOver.js 파일을 임포트해 사용할 수 있도록 한다. ◆ 2

src 폴더에 R069_onMouseOver.js 파일을 생성한 후 다음과 같이 입력한다.

R069_onMouseOver.js

```
1 import React, { Component } from 'react';
2
3 class R069_onMouseOver extends Component {
4   MouseOver(tag) {
5     console.log('TAG : '+tag);
6   }
7
8   render() {
9     return (
10      <>
11        <div onMouseOver={e => this.MouseOver("div")}>
12          <h3>DIV onMouseOver</h3>
13        </div>
14        <input type="text" onMouseOver={e => this.MouseOver("input")}/>
15        <select onMouseOver={e => this.MouseOver("select")}>
16            <option value="react">react</option>
17            <option value="200">200</option>
18        </select>
19      </>
20    )
21  }
22 }
23
24 export default R069_onMouseOver;
```

4 ◆ MouseOver라는 함수를 선언하고 전달받은 파라미터를 tag라는 함수의 내부 변수에 넣어 사용한다.

5 ◆ tag 변수를 로그로 출력한다.

11~13 ◆ <div> 태그 영역에 마우스 커서가 진입할 경우 MouseOver 함수를 호출한다. 파라미터로 넘긴 div가 line 5에서 출력된다.

14 ◆ <input> 태그 영역에 마우스 커서가 진입할 경우 MouseOver 함수를 호출한다. 파라미터로 넘긴 input이 line 5에서 출력된다.

<select> 태그 영역에 마우스 커서가 진입할 경우 MouseOver 함수를 호출한다. 파라미터로 넘긴 select가 line 5에서 출력된다. 15~18

실행 결과

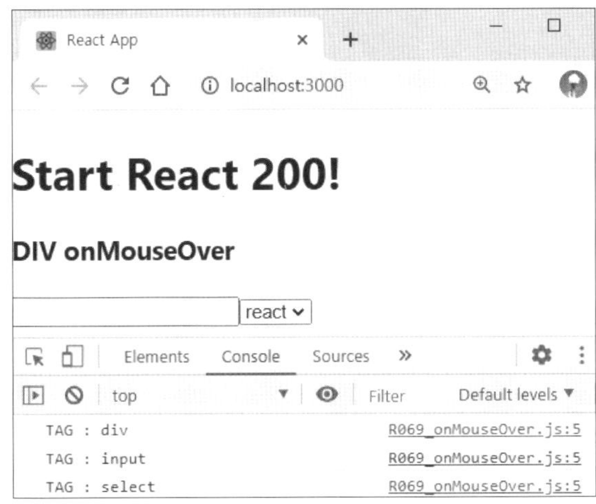

mouseout 이벤트 사용하기 (onMouseOut)

- **학습 내용:** onMouseOut 이벤트의 사용 방법을 이해한다.
- **힌트 내용:** onMouseOut으로 함수 호출 시 필요한 정보를 파라미터로 전달할 수 있다.

react에서는 onMouseOut 이벤트도 camelCase 형식의 명칭을 사용한다. onMouseOut 이벤트는 특정 tag 영역 안에 마우스 커서가 진입했다가 벗어날 때 발생한다.

App.js 파일을 다음과 같이 수정한다.

App.js

```
1 import React from 'react';
2 import ReactMouseOut from './R070_onMouseOut'
3
4 function App() {
5   return (
6     <div>
7       <h1>Start React 200!</h1>
8       <ReactMouseOut/>
9     </div>
10   );
11 }
12
13 export default App;
```

2 ◆ App.js 파일과 같은 경로에 위치한 R070_onMouseOut.js 파일을 임포트해 사용할 수 있도록 한다.

src 폴더에 R070_onMouseOut.js 파일을 생성한 후 다음과 같이 입력한다.

R070_onMouseOut.js

```
 1 import React, { Component } from 'react';
 2 
 3 class R070_onMouseOut extends Component {
 4   MouseOut(tag) {
 5     console.log('TAG : '+tag);
 6   }
 7 
 8   render() {
 9     return (
10       <>
11         <div onMouseOut={e => this.MouseOut("div")}>
12           <h3>DIV onMouseOut</h3>
13         </div>
14         <input type="text" onMouseOut={e => this.MouseOut("input")}/>
15         <select onMouseOut={e => this.MouseOut("select")}>
16             <option value="react">react</option>
17             <option value="200">200</option>
18         </select>
19       </>
20     )
21   }
22 }
23 
24 export default R070_onMouseOut;
```

MouseOut이라는 함수를 선언하고 전달받은 파라미터를 tag라는 함수의 내부 변수에 넣어 사용한다. 4

tag 변수를 로그로 출력한다. 5

<div> 태그 영역에 마우스 커서가 진입했다가 벗어날 경우 MouseOut 함수를 호출한다. 파라미터로 넘긴 div가 line 5에서 출력된다. 11~13

<input> 태그 영역에 마우스 커서가 진입했다가 벗어날 경우 MouseOut 함수를 호출한다. 파라미터로 넘긴 input이 line 5에서 출력된다. 14

15~18 <select> 태그 영역에 마우스 커서가 진입했다가 벗어날 경우 MouseOut 함수를 호출한다. 파라미터로 넘긴 select가 line 5에서 출력된다.

실행 결과

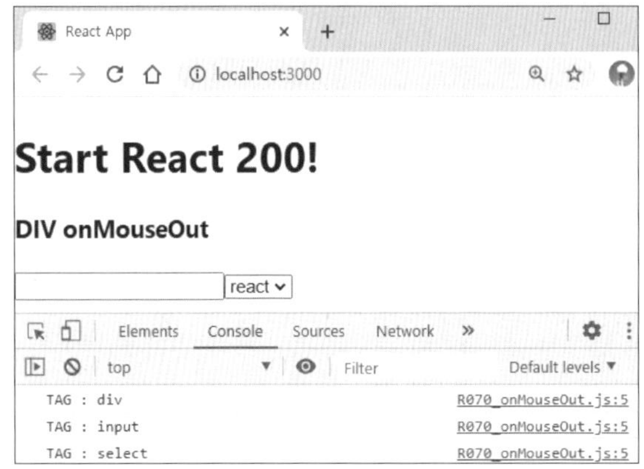

key 이벤트 사용하기(onKeyDown, onKeyPress, onKeyUp)

중급 071

- **학습 내용:** onMouseOver 이벤트의 사용 방법을 이해한다.
- **힌트 내용:** onMouseOver으로 함수 호출 시 필요한 정보를 파라미터로 전달할 수 있다.

react에서는 onKeyDown, onKeyPress, onKeyUp 이벤트도 camelCase 형식의 명칭을 사용한다. onKeyDown와 onKeyPress는 키를 눌렀을 때 동작하고 onKeyUp은 눌려 있던 키에서 손을 뗐을 때 동작한다.

NOTE

onKeyDown과 onKeyUp는 키를 누르고 떼는 동작 자체에 반응한다. 문자, 숫자, Ctrl, Shift, Alt, F1~F12, Scroll Lock, Pause, Enter를 인식하고 한/영, Print Screen은 인식하지 못한다.

onKeyPress는 onKeyDown와 달리, 문자가 실제로 입력됐을 때 반응한다. Ctrl, Shift, Alt, F1~F12, Scroll Lock, Pause, Enter, 한/영, Print Screen 등을 인식하지 못한다.

App.js 파일을 다음과 같이 수정한다.

App.js

```
import React from 'react';
import ReactOnKey from './R071_OnKey'

function App() {
  return (
    <div>
      <h1>Start React 200!</h1>
      <ReactOnKey/>
    </div>
  );
}

export default App;
```

2 ◆ App.js 파일과 같은 경로에 위치한 R071_OnKey.js 파일을 임포트해 사용할 수 있도록 한다.

src 폴더에 R071_OnKey.js 파일을 생성한 후 다음과 같이 입력한다.

R071_OnKey.js

```
 1 import React, { Component } from 'react';
 2
 3 class R071_OnKey extends Component {
 4   OnKey(event, e) {
 5     var val = e.target.value;
 6     console.log('event : '+event+", value: "+val);
 7   }
 8
 9   render() {
10     return (
11       <>
12         onKeyDown : <input type="text"
13         onKeyDown={e => this.OnKey("onKeyDown", e)}/><br/>
14         onKeyPress : <input type="text"
15         onKeyPress={e => this.OnKey("onKeyPress", e)}/><br/>
16         onKeyUp : <input type="text"
17         onKeyUp={e => this.OnKey("onKeyUp", e)}/>
18       </>
19     )
20   }
21 }
22
23 export default R071_OnKey;
```

4 ◆ OnKey라는 함수를 선언한 후 파라미터로 event, e 변수를 받는다. event는 문자열, e는 이벤트 객체 유형으로 전달받는다.

5 ◆ 이벤트 객체 변수 e에 target 속성을 붙여 value 값을 가져오고 val 변수에 할당한다.

6 ◆ event, val 변수를 로그로 출력한다.

onKeyDown input 박스에 A, Ctrl을 순서대로 입력하면, 실행 결과와 같이 A를 눌렀을 때 12~13
공백, Ctrl을 눌렀을 때 a가 출력된다. 첫 번째 출력에 공백이 출력되는 이유는 키가 눌렸을 때 onKeyDown 이벤트가 발생하고 `<input>` 태그의 value 값이 할당되기 때문이다.

onKeyPress input 박스에 A, Ctrl을 순서대로 입력하면, 실행 결과와 같이 A를 눌렀을 때 공 14~15
백, Ctrl을 눌렀을 때 출력되지 않는다. 첫 번째 출력에 공백이 출력되는 이유는 키가 눌렸을 때 onKeyPress 이벤트가 발생하고 `<input>` 태그의 value 값이 할당되기 때문이다.

onKeyUp input 박스에 A, Ctrl을 순서대로 입력하면, 실행 결과와 같이 A와 Ctrl을 각각 눌 16~17
렀다 뗐을 때 모두 a가 출력된다. 키가 눌렸을 때 `<input>` 태그에 입력된 a가 value 값에 할당되고 키가 떼어졌을 때 onKeyUp 이벤트가 발생하기 때문에 첫 번째 출력에서도 a가 출력된다.

실행 결과

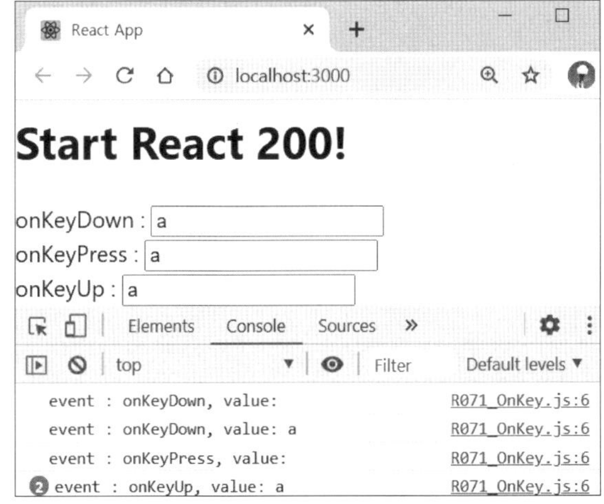

submit 이벤트 사용하기 (onSubmit)

• **학습 내용:** onSubmit 이벤트의 사용 방법을 이해한다.
• **힌트 내용:** onSubmit 이벤트의 특징과 기능을 확인한다.

react에서는 onSubmit 이벤트도 camelCase 형식의 명칭을 사용한다. onSubmit 이벤트는 <form> 태그에 사용한다. <form> 태그 안에 있는 type이 submit인 <input> 태그를 클릭하거나 <input> 태그에 커서를 놓고 Enter 를 누르면 onSubmit 이벤트가 발생한다.

App.js 파일을 다음과 같이 수정한다.

App.js

```
1  import React from 'react';
2  import ReactonSubmit from './R072_onSubmit'
3
4  function App() {
5    return (
6      <div>
7        <h1>Start React 200!</h1>
8        <ReactonSubmit/>
9      </div>
10   );
11 }
12
13 export default App;
```

2 ◆ App.js 파일과 같은 경로에 위치한 R072_onSubmit.js 파일을 임포트해 사용할 수 있도록 한다.

src 폴더에 R072_onSubmit.js 파일을 생성한 후 다음과 같이 입력한다.

R072_onSubmit.js

```
1 import React, { Component } from 'react';
2
3 class R072_onSubmit extends Component {
4   Submit(e) {
5     var inputValue = document.getElementById("inputId").value;
6     console.log("inputValue : "+inputValue);
7     e.preventDefault();
8   }
9
10   render() {
11     return (
12       <form onSubmit={this.Submit}>
13         <input type="text" name="inputName" id="inputId"/>
14         <input type="submit" value="Submit"/>
15       </form>
16     )
17   }
18 }
19
20 export default R072_onSubmit;
```

4~8

Submit이라는 함수를 선언하고 id 값이 inputId인 태그의 value 값을 inputValue 변수에 할당한다. inputValue를 로그로 출력한다. 이벤트 객체 e에 preventDefault 함수를 실행하면, submit 이후에 페이지 새로 고침을 방지할 수 있다.

12~15

text 유형의 input 박스에 값을 입력하고 submit 유형의 버튼을 누르면 onSubmit 이벤트가 발생한다. 이때 Submit 함수가 실행돼 line 6에서 입력한 값이 출력된다. text 유형의 input 박스에 값을 입력하고 Enter 를 눌러도 동일하게 동작한다.

실행 결과

React App
localhost:3000
Start React 200!
react200
Submit
Application
Elements
Console
Sources
top
Filter
Default levels
inputValue : react200
R072 onSubmit.js:6

Ref 사용하기

중급 073

• **학습 내용:** Ref의 사용 방법을 이해한다.
• **힌트 내용:** Ref와 javascript가 react element에 접근하는 방식을 비교한다.

Ref는 'reference'의 약자로, '참조'라는 뜻이다. react에서 element의 값을 얻거나 수정할 때 보통 javascript나 jquery를 사용한다. 이때 id나 class와 같은 속성으로 element에 접근한다. Ref를 사용하면 element가 참조하는 변수에 접근해 변경하고 element를 제어할 수 있다.

App.js 파일을 다음과 같이 수정한다.

App.js

```
1 import React from 'react';
2 import ReactRef from './R073_ReactRef'
3
4 function App() {
5   return (
6     <div>
7       <h1>Start React 200!</h1>
8       <ReactRef/>
9     </div>
10   );
11 }
12
13 export default App;
```

App.js 파일과 같은 경로에 위치한 R073_ReactRef.js 파일을 임포트해 사용할 수 있도록 한다. ◆ 2

src 폴더에 R073_ReactRef.js 파일을 생성한 후 다음과 같이 입력한다.

R073_ReactRef.js

```
1 import React, { Component } from 'react';
2
3 class R073_ReactRef extends Component {
4   constructor(props) {
5     super(props);
6     this.InputRef = React.createRef();
7   }
8
9   RefFocus = (e) => {
10     this.InputRef.current.focus();
11   }
12
13   JavascriptFocus() {
14     document.getElementById('id').focus();
15   }
16
17   render() {
18     return (
19       <>
20         <input id="id" type="text" ref={this.InputRef} />
21         <input type="button" value="Ref Focus" onClick={this.RefFocus}/>
22         <input type="button" value="Javascript Focus"
23         onClick={this.JavascriptFocus}/>
24       </>
25     )
26   }
27 }
28
29 export default R073_ReactRef;
```

6 ◆ createRef 함수로 Ref 변수 inputRef를 생성한다.

20 ◆ element에 ref 속성을 추가하고 Ref 변수에 inputRef를 할당해 참조하도록 한다. 이때 참조에 대한 정보가 ref의 current라는 속성에 할당된다.

line 21의 버튼을 클릭하면 `RefFocus` 함수가 실행된다. line 20의 `<input>` 태그가 참조하고 있는 inputRef.current에 접근해 focus 이벤트를 발생시킨다. 9~11

line 22~23에서 버튼을 클릭하면 `JavascriptFocus` 함수가 실행된다. Javascript를 사용해 id 값으로 line 20 `<input>` 태그에 접근해 focus 이벤트를 발생시킨다. 13~15

`RefFocus` 함수와 `JavascriptFocus` 함수는 동일하게 동작한다. input 박스에 focus 이벤트로 테두리를 굵게 처리한다.

실행 결과

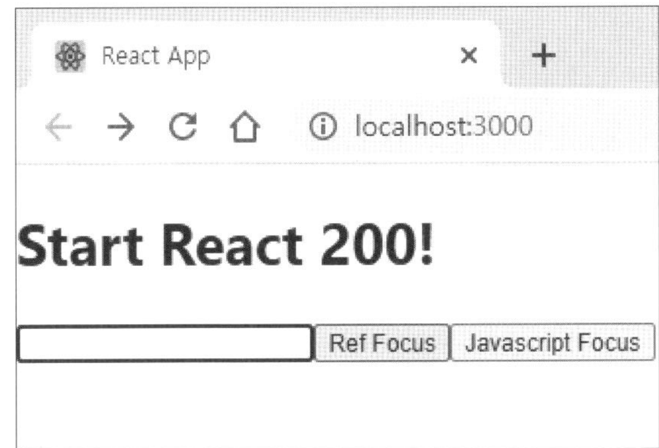

중급 074 커링 함수 구현하기

- **학습 내용:** 커링의 사용 방법을 이해한다.
- **힌트 내용:** 커링을 사용했을 때의 장점을 확인한다.

커링(Currying)은 함수의 재사용성을 높이기 위해 함수 자체를 return하는 함수다. 함수를 하나만 사용할 때는 필요한 모든 파라미터를 한 번에 넣어야 한다. 컬링을 사용하면 함수를 분리할 수 있으므로 파라미터도 나눠 전달할 수 있다.

App.js 파일을 다음과 같이 수정한다.

App.js

```
1 import React from 'react';
2 import Currying from './R074_ReactCurrying'
3
4 function App() {
5   return (
6     <div>
7       <h1>Start React 200!</h1>
8       <Currying/>
9     </div>
10   );
11 }
12
13 export default App;
```

2 ◆ App.js 파일과 같은 경로에 위치한 R074_ReactCurrying.js 파일을 임포트해 사용할 수 있도록 한다.

src 폴더에 R074_ReactCurrying.js 파일을 생성한 후 다음과 같이 입력한다.

R074_ReactCurrying.js

```
import React, { Component } from 'react';

class R074_ReactCurrying extends Component {

  plusNumOrString(c, d){
    return c + d;
  }

  PlusFunc1(a){
    return function(b){
      return this.plusNumOrString(a, b)
    }.bind(this)
  }

  PlusFunc2 = a => b => this.plusNumOrString(a, b)

  PlusFunc(a){
    return this.PlusFunc1(a)(200)
  }

  render() {
    return (
      <>
        <input type="button" value="NumberPlus"
        onClick={e => alert(this.PlusFunc(100))}/>
        <input type="button" value="StringPlus"
        onClick={e => alert(this.PlusFunc("react"))}/>
      </>
    )
  }
}

export default R074_ReactCurrying;
```

5~7 파라미터로 전달된 c, d를 더해주는 함수를 생성한다. + 연산자는 숫자와 문자열에 사용할 수 있다.

9~13 `PlusFunc1` 함수는 this.plusNumOrString(a, b)를 return하는 또 다른 함수를 return한다.

15 `PlusFunc2` 함수는 `PlusFunc1` 함수를 화살표 함수로 간단하게 표현한 것이다. 완전히 동일한 함수다.

17~19 `PlusFunc` 함수는 파라미터를 1개(a)만 받는다. `PlusFunc1` 함수를 호출할 때 변수 a와 상수 200을 파라미터로 함께 전달한다.

24~27 `PlusFunc` 함수를 호출하면서 숫자 100과 문자열 react를 전달한다. 고정으로 더해주는 숫자 200은 line 18에서 파라미터로 넣어주기 때문에 `PlusFunc` 함수를 호출할 때 각각 200을 전달하지 않아도 된다.

[NumberPlus] 버튼을 클릭했을 때 100+200의 결과인 300, [StringPlus] 버튼을 클릭했을 때 react+200의 결과인 react200이 팝업 창에 표시된다.

실행 결과

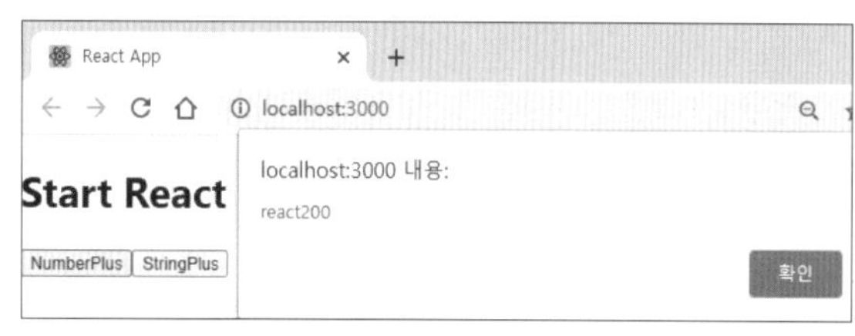

하이오더 컴포넌트 구현하기

중급 075

- **학습 내용:** 하이오더 컴포넌트의 사용 방법을 이해한다.
- **힌트 내용:** 하이오더 컴포넌트와 커링을 비교해 특징을 확인한다.

커링과 같이 함수 자체를 인자로 받거나 반환하는 함수를 '고차 함수'라고 한다. 이와 비슷하게 컴포넌트를 인자로 받거나 반환하는 함수를 '고차 컴포넌트(HOC, Higher-Order Component)'라고 한다.

App.js 파일을 다음과 같이 수정한다.

App.js

```
1 import React from 'react';
2 import ReactHoc from './Hoc/R075_ReactHoc'
3
4 function App() {
5   return (
6     <div>
7       <h1>Start React 200!</h1>
8       <ReactHoc name='React200'/>
9     </div>
10   );
11 }
12
13 export default App;
```

App.js 파일과 같은 경로에 위치한 Hoc 폴더의 R075_ReactHoc.js 파일을 임포트해 사용할 수 있도록 한다. 2

R075_ReactHoc 컴포넌트에 name 값을 React200으로 할당해 전달한다. 8

src 폴더에 Hoc 폴더를 만들고 R075_ReactHoc.js 파일을 생성해 다음과 같이 입력한다.

R075_ReactHoc.js

```
1 import React from 'react'
2 import withHocComponent from "./withHocComponent";
3
4 class R075_ReactHoc extends React.Component {
5     render () {
6       console.log('2. HocComponent render')
7       return (
8         <h2>props.name : {this.props.name}</h2>
9       )
10     }
11 }
12 export default withHocComponent(R075_ReactHoc, 'R075_ReactHoc')
```

2 ◆ 같은 폴더 경로에 있는 withHocComponent 컴포넌트를 사용할 수 있도록 임포트한다.

6~9 ◆ render 함수가 실행되면, 로그를 출력하고 props 데이터에 있는 name 변수를 화면에 그려준다.

12 ◆ withHocComponent 컴포넌트를 호출하면서 R075_ReactHoc 컴포넌트와 컴포넌트명을 파라미터로 넘긴다. 이때 R075_ReactHoc 컴포넌트는 익스포트(export)되지 않기 때문에 render 함수가 실행되지 않는다.

Hoc 폴더에 withHocComponent.js 파일을 생성해 다음과 같이 입력한다.

withHocComponent.js

```
import React from "react";
export default function withHocComponent(InComponent, InComponentName) {
    return class OutComponent extends React.Component {
        componentDidMount () {
            console.log(`3. InComponentName : ${InComponentName}`)
        }
        render () {
            console.log('1. InComponent render')
            return (<InComponent {...this.props}/>)
        }
    }
}
```

R075_ReactHoc 컴포넌트의 line 12에서 withHocComponent 컴포넌트를 익스포트하면서 전달 2
한 파라미터를 받는다.

파라미터로 전달받은 `InComponent` 변수는 R075_ReactHoc 컴포넌트 자체다. R075_ReactHoc 9
컴포넌트를 return하면서 props 값을 전달한다. props에는 App.jsp에서 전달한 `name` 변수가 있다. 컴포넌트가 return되면 R075_ReactHoc 컴포넌트의 `render` 함수가 실행되고 props.name 값이 화면에 출력된다.

`render` 함수가 실행된 후 파라미터로 전달받은 컴포넌트명 `InComponentName` 변수를 로그로 출 4~6
력한다.

하이오더 컴포넌트를 구현하면, 여러 컴포넌트에 동일하게 적용돼야 하는 공통 기능을 코드 중복 없이 사용할 수 있다. withHocComponent.js 코드에서 예를 들면, line 8의 `console.log` 함수를 모든 컴포넌트에서 출력해야 하는데, hoc를 구현하지 않았다면 각각의 컴포넌트에서 동일한 코드를 작성해야 한다.

실행 결과

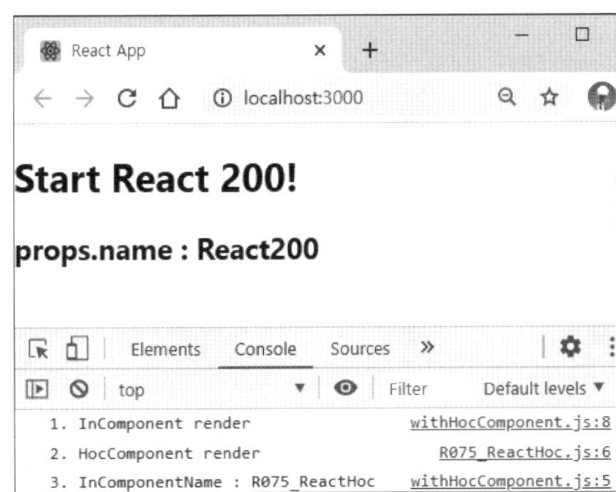

컨텍스트 api 사용하기

- **학습 내용:** 컨텍스트 api의 사용 방법을 이해한다.
- **힌트 내용:** 컨텍스트 api와 props를 비교해 특징을 확인한다.

props를 사용하면 데이터를 부모 컴포넌트에서 자식 컴포넌트로 전송할 수 있다. 그런데 만약 손자 컴포넌트가 부모 컴포넌트의 데이터를 필요로 한다면, 자식 컴포넌트가 중간에서 데이터를 전달해야 한다. 이때 자식 컴포넌트가 부모 컴포넌트의 데이터가 필요하지 않은 상황이라면 불필요한 코드를 작성하게 된다. 컨텍스트는 데이터의 공급자와 소비자를 정의하고 데이터가 필요한 컴포넌트만 사용할 수 있게 구현할 수 있다.

App.js 파일을 다음과 같이 수정한다.

App.js

```
1 import React from 'react';
2 import ContextApi from './Context/R076_ContextApi'
3
4 function App() {
5   return (
6     <div>
7       <h1>Start React 200!</h1>
8       <ContextApi/>
9     </div>
10   );
11 }
12
13 export default App;
```

2 App.js 파일과 같은 경로에 위치한 Context 폴더의 R076_ContextApi.js 파일을 임포트해 사용할 수 있도록 한다.

src 폴더에 Context 폴더를 만들고 R076_ContextApi.js 파일을 생성해 다음과 같이 입력한다.

R076_ContextApi.js

```
1 import React from 'react'
2 import Children  from "./contextChildren";
3
4 const {Provider, Consumer} = React.createContext()
5 export {Consumer}
6
7 class R076_ContextApi extends React.Component {
8   render () {
9     return (
10      <Provider value='React200'>
11        <Children />
12      </Provider>
13      )
14    }
15  }
16 export default R076_ContextApi
```

같은 폴더 경로에 있는 contextChildren 컴포넌트를 사용할 수 있도록 임포트한다. ◆ 2

리액트 기본 제공 함수인 `createContext`를 호출하고 공급자 Provider와 소비자 Consumer를 받아 사용할 수 있도록 한다. ◆ 4

하위 컴포넌트에서 소비자를 사용할 수 있도록 익스포트한다. ◆ 5

자식 컴포넌트를 `<Provider>` 태그로 감싸고 전달할 데이터를 value 값으로 할당한다. ◆ 10~12

Context 폴더에 contextChildren.js 파일을 생성해 다음과 같이 입력한다.

contextChildren.js

```
import React from 'react'
import Children2  from "./contextChildren2";

class contextChildren extends React.Component {
    render () {
      return (
```

```
7           <Children2 />
8         )
9       }
10 }
11 export default contextChildren
```

7 contextChildren 컴포넌트에서는 부모 컴포넌트의 데이터를 사용하지 않고 손자 컴포넌트 contextChildren2를 return한다. 손자 컴포넌트에서 사용할 데이터를 전달하지 않아도 된다.

Context 폴더에 contextChildren2.js 파일을 생성해 다음과 같이 입력한다.

contextChildren2.js

```
1 import React from 'react'
2 import {Consumer}  from "./R076_ContextApi";
3
4 class contextChildren2 extends React.Component {
5     render () {
6       return (
7         <Consumer>
8             {contextValue=> <h3>{`contextValue : ${contextValue}`}</h3>}
9         </Consumer>
10        )
11     }
12 }
13 export default contextChildren2
```

2 부모 컴포넌트의 데이터를 사용하기 위해 R076_ContextApi 컴포넌트에서 익스포트했던 Consumer를 임포트해 사용할 수 있게 한다.

7~9 `<Consumer>` 태그로 출력할 element를 감싸고 R076_ContextApi 컴포넌트에서 value에 할당했던 데이터를 `contextValue` 변수로 받아 출력한다.

컨텍스트를 사용하면 하위 컴포넌트가 여러 개인 구조에서 유용하게 사용할 수 있다. 몇 번째 하위 컴포넌트인지와는 상관없이 필요한 하위 컴포넌트에서 소비자를 임포트해 필요한 데이터를 사용할 수 있다.

실행 결과

React App
localhost:3000
Start React 200!
contextValue : React200

컨텍스트로 부모 데이터 변경하기

- **학습 내용:** 컨텍스트로 부모 컴포넌트에 접근하는 방법을 이해한다.
- **힌트 내용:** 컨텍스트 api와 props를 비교해 특징을 확인한다.

Props는 데이터가 부모에서 자식 컴포넌트로 단방향으로만 이동할 수 있다. 컨텍스트를 사용하면 자식 컴포넌트에서 부모 컴포넌트의 데이터를 변경할 수 있다.

App.js 파일을 다음과 같이 수정한다.

App.js

```
1 import React from 'react';
2 import ContextApi from './Context/R077_ContextApi'
3 
4 function App() {
5   return (
6     <div>
7       <h1>Start React 200!</h1>
8       <ContextApi/>
9     </div>
10   );
11 }
12 
13 export default App;
```

2 ◆ App.js 파일과 같은 경로에 위치한 Context 폴더의 R077_ContextApi.js 파일을 임포트해 사용할 수 있도록 한다.

src 폴더에 Context 폴더를 만들고 R077_ContextApi.js 파일을 생성해 다음과 같이 입력한다.

R077_ContextApi.js

```
1 import React from 'react'
2 import Children  from "./contextChildren";
3
4 const {Provider, Consumer} = React.createContext()
5 export {Consumer}
6
7 class R077_ContextApi extends React.Component {
8   constructor (props) {
9     super(props);
10     this.setStateFunc = this.setStateFunc.bind(this)
11 }
12   setStateFunc(value) {
13     this.setState({name : value});
14   }
15
16   render () {
17     const content = {
18       ...this.state,
19       setStateFunc: this.setStateFunc
20     }
21     return (
22       <Provider value={content}>
23         <Children />
24       </Provider>
25       )
26     }
27   }
28 export default R077_ContextApi
```

state 변수 name에 파라미터 value를 할당하는 함수를 선언한다. ◆ 12~14

content 변수에 R077_ContextApi 컴포넌트의 state와 setStateFunc 함수를 할당한다. ◆ 17~20

자식 컴포넌트를 <Provider> 태그로 감싸고 전달할 데이터인 content를 value 값으로 할당한다. ◆ 22~24

Context 폴더에 contextChildren.js 파일을 생성해 다음과 같이 입력한다.

contextChildren.js

```
1 import React from 'react'
2 import {Consumer}  from "./R077_ContextApi";
3
4 class contextChildren extends React.Component {
5     render () {
6       return (
7         <Consumer>
8             {contextValue=>
9               <button onClick={e => contextValue.setStateFunc("react200")}>
10                 {contextValue.name}_button
11               </button>
12             }
13         </Consumer>
14       )
15     }
16 }
17 export default contextChildren
```

7~13 <Consumer> 태그로 출력할 element를 감싸고 R077_ContextApi 컴포넌트에서 value에 할당했던 데이터를 contextValue 변수로 받아 사용한다.

9 버튼을 클릭하면, 파라미터로 전달받은 R077_ContextApi 컴포넌트의 setStateFunc("react200")을 호출한다. 이때 R077_ContextApi 컴포넌트의 state 변수 name 값을 react200으로 할당한다.

10 버튼을 누르기 전 contextValue.name 값이 없기 때문에 버튼명이 _button으로 표시된다. 버튼을 누르면 변경된 R077_ContextApi 컴포넌트의 state 변수 name 값인 react200을 가져오고 버튼명이 react200_button으로 표시된다.

실행 결과

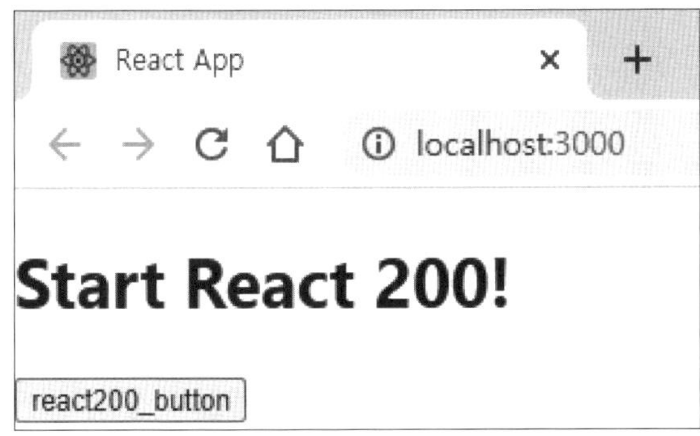

redux 리듀서로 스토어 생성하기

- **학습 내용:** redux에서 리듀서로 스토어를 생성하는 방법을 이해한다.
- **힌트 내용:** redux에서 스토어와 리듀서의 역할을 확인한다.

redux는 컨텍스트와 마찬가지로 데이터를 필요한 컴포넌트에서만 요청해 사용할 수 있다. 컨텍스트는 부모 컴포넌트에서 생성한 데이터에 모든 자식 컴포넌트에서 접근할 수 있다. 하지만 redux에서는 컴포넌트 외부의 스토어라는 곳에서 관리한다. 그래서 컴포넌트의 위치에 상관없이 스토어에 접근해 데이터를 사용하고 변경할 수 있다.

cmd 창을 열어 client 폴더 경로로 이동한다. [npm install --save redux]를 입력하면 다음과 같이 npm이 redux를 설치한다.

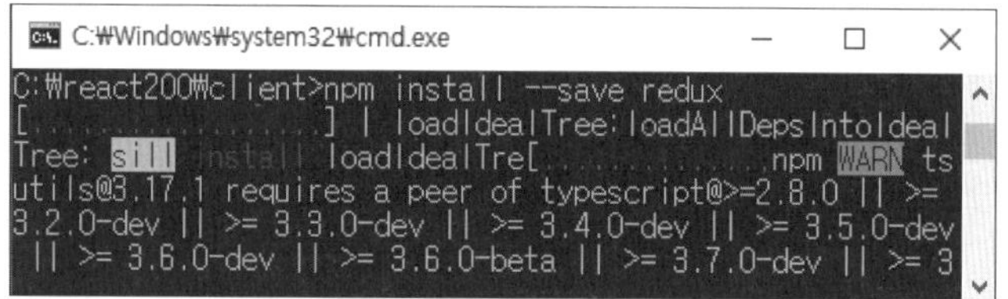

redux는 데이터를 스토어 〉 컴포넌트 〉 액션 〉 리듀서 〉 다시 스토어의 과정을 통해 변경한다.

78~80번 예제에서 사용할 파일 구조는 다음과 같다. 예제 내용은 버튼을 눌렀을 때 초깃값 react 글자에 문자열 200을 붙여주는 것이다.

src	actions	index.js
	reducers	index.js
	Index.js	
	App.js	
	StrAddButton.js	

src 폴더의 index.js 파일을 다음과 같이 수정한다.

index.js

```
1 import React from 'react';
2 import ReactDOM from 'react-dom';
3 import './index.css';
4 import App from './App';
5 import {createStore} from 'redux';
6 import reducers from './reducers';
7
8 const store = createStore(reducers);
9
10 const listener = ()=> {
11     ReactDOM.render(
12         <App store={store}/>,
13         document.getElementById('root')
14     );
15 };
16
17 store.subscribe(listener);
18 listener();
```

redux 패키지에서 스토어 생성 함수 `createStore`를 임포트해 사용할 수 있도록 한다. 5

`createStore` 함수의 파라미터로 reducers 폴더 경로를 넘긴다. reducers 폴더의 index.js에는 데이터 초깃값을 설정하고 데이터를 변경해주는 함수가 있는데, 이 함수를 '리듀서'라고 한다. 8

line 8에서 생성한 store를 App 컴포넌트에 전달한다. `render` 함수를 `listener`라는 함수 내부에 위치시킨다. 10~15

store를 구독하면 store 데이터에 변화가 있을 때 `listener` 함수 내부의 `render` 함수를 실행하고 변경된 데이터를 렌더링한다. 17

line 10에서 `render` 함수를 `listener` 함수로 감쌌기 때문에 초기 렌더링을 위해 수동으로 `render` 함수를 실행시켜준다. 18

78~80번의 실행 결과는 80번에서 확인한다.

redux 스토어 상속과 디스패치 함수 실행하기

- **학습 내용:** redux에서 스토어 상속과 디스패치 함수를 이해한다.
- **힌트 내용:** redux에서 스토어를 props에 담아 넘길 수 있다.

props에 스토어를 담아 하위 컴포넌트로 전달하면, 전달받은 컴포넌트에서 스토어에 접근할 수 있다. 컴포넌트에서 `dispatch` 함수를 사용하면 스토어 데이터를 변경할 수 있다.

src 폴더의 App.js 파일을 다음과 같이 수정한다.

App.js

```
1 import React, {Component} from 'react'
2 import StrAddButton from './StrAddButton'
3
4 class App extends Component {
5     render() {
6         return (
7             <div>
8                 <h1>Start React 200!</h1>
9                 <span>{this.props.store.getState().data.str}</span><br/>
10                <StrAddButton store={this.props.store}/>
11            </div>
12        );
13    }
14 }
15
16 export default App;
```

2 ◆ 버튼 컴포넌트인 StrAddButton를 임포트해 사용할 수 있도록 한다.

9 ◆ props를 통해 index.js에서 전달받은 store에 접근한다. 스토어 state 데이터에서 `str` 변숫값을 가져온다.

버튼 컴포넌트 StrAddButton에 store를 전달한다. 10

src 폴더의 StrAddButton.js 파일을 다음과 같이 수정한다.

StrAddButton.js

```
1 import React, {Component} from 'react';
2 import {add} from './actions'
3
4 class StrAddButton extends Component {
5     render() {
6         return (
7             <input value='Add200' type="button" onClick={this.addString}/>
8         )
9     }
10
11     addString = () => {
12         this.props.store.dispatch(add());
13     }
14 }
15
16 export default StrAddButton;
```

actions 폴더 경로를 임포트한다. actions 폴더의 index.js 파일에는 add라는 함수가 있다. 2

버튼을 클릭하면 addString 함수를 실행한다. 7

dispatch 함수를 통해 add 함수(actions 폴더의 index.js 파일)의 반환 값을 스토어에 전달한다. 12
이때 add 함수의 type 값을 리듀서(reducers 폴더의 Index.js)에서 참고해 스토어 데이터를 변경한다. 결론적으로 dispatch 함수는 리듀서에 액션을 전달하고 리듀서에서는 액션에 작성된 작업 내용을 읽어 스토어 데이터를 변경한다.

78~80번의 실행 결과는 80번에서 확인한다.

redux 리듀서에서 스토어 데이터 변경하기

- **학습 내용:** redux에서 액션과 리듀서 함수를 이해한다.
- **힌트 내용:** redux에서 액션에는 리듀서가 처리할 작업 정보가 있다.

컴포넌트에서 dispatch 함수가 실행되면, 리듀서 함수는 액션 값을 참조해 작업을 실행한다. 이때 액션 값에 따라 조건을 분기할 수 있다.

actions 폴더의 index.js 파일을 다음과 같이 수정한다.

index.js

```
1 export const ADD = 'ADD';
2 export const add = () => {
3     return {
4         type: ADD
5     }
6 };
```

2~6 StrAddButton 컴포넌트에서 add 함수를 실행하면 type 변수에 ADD 변숫값을 할당해 return 한다.

reducers 폴더의 index.js 파일을 다음과 같이 수정한다.

index.js

```
import {ADD} from '../actions'
import {combineReducers} from 'redux'

const initState = {
    str: 'react',
};

const data = (state = initState, action) => {
```

```
 9     switch (action.type) {
10         case ADD:
11             return state, {
12                 str: state.str + '200'
13             };
14         default:
15             return state;
16     }
17 };
18
19 const App = combineReducers({
20     data
21 });
22
23 export default App;
```

actions 폴더 경로를 임포트한다. actions 폴더의 index.js에서 ADD 변숫값을 가져온다. 1

리듀서를 스토어에 넘겨주기 위해 `combineReducers` 함수를 임포트한다. 2

리듀서 데이터의 초깃값을 선언, 할당한다. 4~6

`state` 변수에 line 5에서 할당한 초깃값이 할당된다 8

`add` 함수에서 반환된 `type` 변숫값 ADD를 가져온다. 9

action.type 값이 ADD 값과 같은 경우, `state` 변수 str에 200을 붙인다. 반환 값은 line 8의 `data` 변수에 할당된다. 10~13

`action.type` 값이 ADD 값과 같지 않은 경우, `state` 변수를 그대로 반환한다. 14~15

리듀서 함수 data를 `combineReducers` 함수를 이용해 하나의 리듀싱 함수로 변환하고 익스포트한다. 이 함수는 src의 index.js에 있는 `createStore` 함수의 파라미터로 넘겨진다. 스토어 state 값에 변경이 발생했기 때문에 `subscribe` 함수가 동작해 화면이 렌더링된다. 19~23

실행 결과

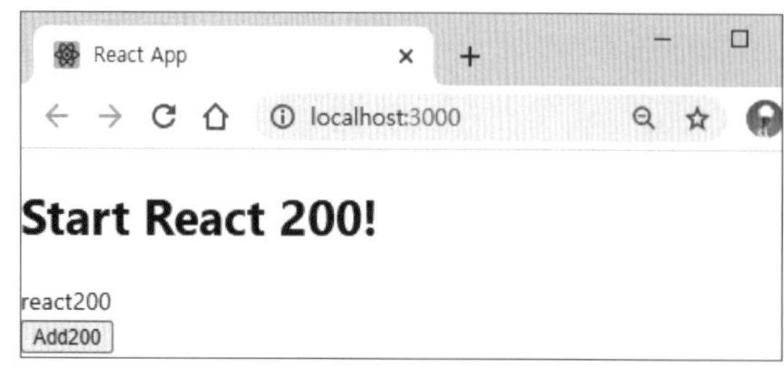

react-redux로 스토어 상속하기

중급 081

• **학습 내용:** react-redux에서 스토어를 상속 방법을 이해한다.
• **힌트 내용:** redux와 비교해서 react-redux의 장점을 확인한다.

redux만 사용해도 충분히 스토어 데이터를 사용하고 변경할 수 있다. react-redux는 redux를 react와 연동해서 사용하기 편리하도록 만든 라이브러리다. react-redux의 장점은 크게 두 가지가 있다. 첫 번째는 store를 하위 컴포넌트에 매번 상속하지 않고 사용할 수 있다. 두 번째는 스토어 데이터를 사용, 변경하는 코드를 모듈화해 컴포넌트 내에 중복된 코드 사용을 최소화할 수 있다.

cmd 창을 열어 client 폴더 경로로 이동한다. [npm install --save react-redux]를 입력하면 다음과 같이 npm이 react-redux를 설치한다.

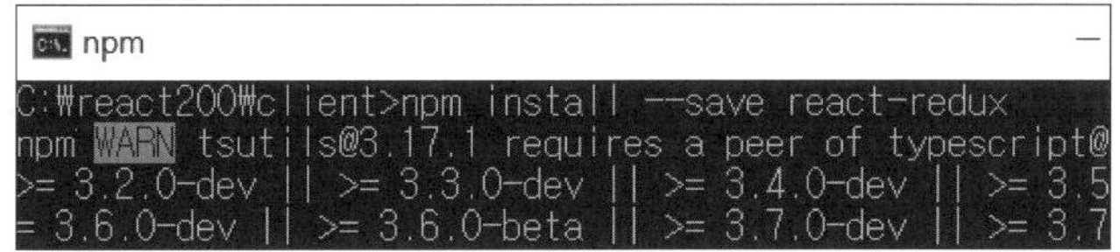

react-redux도 redux와 마찬가지로 스토어 〉 컴포넌트 〉 액션 〉 리듀서 〉 다시 스토어의 과정을 통해 데이터를 변경한다. 차이점은 스토어 〉 컴포넌트, 컴포넌트 〉 액션 단계에서 connect라는 `react-redux` 패키지 함수가 사용된다는 것이다.

81~83번 예제는 78~80번 예제와 동일하다. react-redux를 사용하면서 추가되거나 변경된 코드만 확인한다. actions 폴더의 index.js와 reducers 폴더의 index.js 파일은 변경 사항이 없다.

src	actions	index.js
	reducers	index.js
	Index.js	
	App.js	
	StrAddButton.js	

src 폴더의 index.js 파일을 다음과 같이 수정한다.

index.js

```
1 import React from 'react';
2 import ReactDOM from 'react-dom';
3 import './index.css';
4 import App from './App';
5 import {createStore} from 'redux';
6 import {Provider} from 'react-redux'
7 import reducers from './reducers';
8
9 const store = createStore(reducers);
10
11 const listener = ()=> {
12     ReactDOM.render(
13         <Provider store={store}>
14             <App indexProp="react"/>
15         </Provider>,
16         document.getElementById('root')
17     );
18 };
19
20 store.subscribe(listener);
21 listener();
```

6 store 상속을 위해 react-redux의 Provider를 임포트해 사용할 수 있도록 한다.

13~15 <Provider> 태그로 App 컴포넌트를 감싸는 부분이 변경됐다. Provider에 데이터를 넘겨주면 중간 컴포넌트에서 props 값을 다시 전달해줄 필요 없이 모든 하위 컴포넌트에서 데이터를 사용할 수 있다. 컨텍스트 api에서 사용했던 Provider와 동일한 기능을 한다.

14 App 컴포넌트에서 사용할 변수 indexProp에 react 문자열을 할당해 props로 전달한다.

81~83번의 실행 결과는 83번에서 확인한다.

react-redux로 스토어 데이터 사용하기

중급

082

- **학습 내용:** react-redux로 스토어 데이터를 사용하는 방법을 이해한다.
- **힌트 내용:** react-redux 패키지의 `connect` 함수 사용 형태를 확인한다.

react-redux 패키지의 `connect` 함수는 파라미터를 4개까지 받을 수 있는데, 파라미터 위치에 따라 미리 정의된 함수나 object를 사용할 수 있다. 예제에서는 2개의 파라미터를 사용한다. 첫 번째 위치의 파라미터(mapStateToProps)는 스토어의 상태 값을 컴포넌트 props에 할당하는 함수이고, 두 번째 파라미터(mapDispatchToProps)는 `dispatch` 함수를 컴포넌트 함수에 바인딩하는 함수다.

src 폴더의 App.js 파일을 다음과 같이 수정한다.

App.js

```
import React, {Component} from 'react'
import {connect} from 'react-redux'
import StrAddButton from './StrAddButton'

class App extends Component {
    render() {
        return (
            <div>
                <h1>Start React 200!</h1>
                {/* <span>{this.props.store.getState().data.str}
                </span><br/> */}
                <span>{this.props.str}</span><br/>
                {/* <StrAddButton store={this.props.store}/> */}
                <StrAddButton AppProp="200"/>
            </div>
        );
    }
}

```

```
20 let mapStateToProps = (state, props) => {
21     console.log('Props from index.js : ' + props.indexProp)
22     return {
23         str: state.data.str,
24     };
25 };
26 
27 App = connect(mapStateToProps, null)(App);
28 
29 export default App;
```

2 ◆ react-redux 패키지에서 connect 함수를 임포트해 사용할 수 있도록 한다.

27 ◆ connect 함수의 첫 번째 파라미터는 mapStateToProps 함수로, 스토어의 state 값에 접근할 수 있다.

20 ◆ mapStateToProps 함수는 첫 번째 파라미터로, 스토어의 state 변수를 두 번째 파라미터로 부모 컴포넌트에서 전달한 props 변수를 받는다.

21 ◆ index.js에서 전달한 props 변수 indexProp를 콘솔에 출력한다.

22~24 ◆ 스토어의 state 변수 str 값을 App 컴포넌트 props의 str 변수로 할당한다.

12 ◆ line 23에서 str 변수로 할당한 값을 화면에 출력한다. redux를 사용하던 line 10~11과 비교하면 컴포넌트 내에 코드가 짧아진 것을 확인할 수 있다. 접근하는 스토어 변수가 많아질수록 코드 효율이 더 좋아진다.

14 ◆ line 13 기존 코드에서는 하위 버튼 컴포넌트에 store를 props로 다시 전달했지만, index.js에서 Provider를 사용했기 때문에 전달하지 않아도 된다. StrAddButton 컴포넌트에서 사용할 변수 AppProp에 200 문자열을 할당해 props로 전달한다.

81~83번의 실행 결과는 83번에서 확인한다.

react-redux로 스토어 데이터 변경하기

중급 083

- **학습 내용:** react-redux로 스토어 데이터를 변경하는 방법을 이해한다.
- **힌트 내용:** react-redux 패키지의 connect 함수 사용 형태를 확인한다.

connect 함수의 두 번째 파라미터 mapDispatchToProps 함수로, dispatch 함수를 컴포넌트 함수에 바인딩할 수 있다. 즉, 컴포넌트 함수가 실행되면 바인딩된 dispatch 함수가 실행된다.

src 폴더의 StrAddButton.js 파일을 다음과 같이 수정한다.

StrAddButton.js

```
import React, {Component} from 'react';
import {connect} from 'react-redux';
import {add} from './actions'

class StrAddButton extends Component {
    render() {
        return (
            // <input value='Add200' type="button"
            onClick={this.addString}/>
            <input value='Add200' type="button"
            onClick={this.props.addString}/>
        )
    }

    // addString = () => {
    //     this.props.store.dispatch(add());
    // }
}

let mapDispatchToProps = (dispatch, props) => {
    console.log('Props from App.js : ' + props.AppProp)
    return {
```

```
23         addString: () => dispatch(add())
24     };
25 };
26
27 StrAddButton = connect(null, mapDispatchToProps)(StrAddButton);
28
29 export default StrAddButton;
```

2 ◆ react-redux 패키지에서 connect 함수를 임포트해 사용할 수 있도록 한다.

27 ◆ connect 함수의 두 번째 파라미터는 mapDispatchToProps 함수로, 리듀서에 액션을 전달하는 함수인 dispatch를 인자로 받아 사용할 수 있다.

20 ◆ mapDispatchToProps 함수는 첫 번째 파라미터로 dispatch 함수를 두 번째 파라미터로 부모 컴포넌트에서 전달한 props 변수를 받는다.

21 ◆ App.js에서 전달한 props 변수 AppProp를 콘솔에 출력한다.

22~24 ◆ dispatch 함수를 컴포넌트 내 함수인 addString에 바인딩한다. 이때 addString 함수는 props에 할당된다.

15~17 ◆ 기존의 addString 함수는 dispatch 함수를 호출하기 위해 컴포넌트 내에 새로운 함수를 선언했다. line 23에서 두 함수를 바인딩했기 때문에 별도의 함수 선언은 불필요하다.

10~11 ◆ 버튼을 클릭하면 props에 할당된 addString 함수를 실행한다.

실행 결과

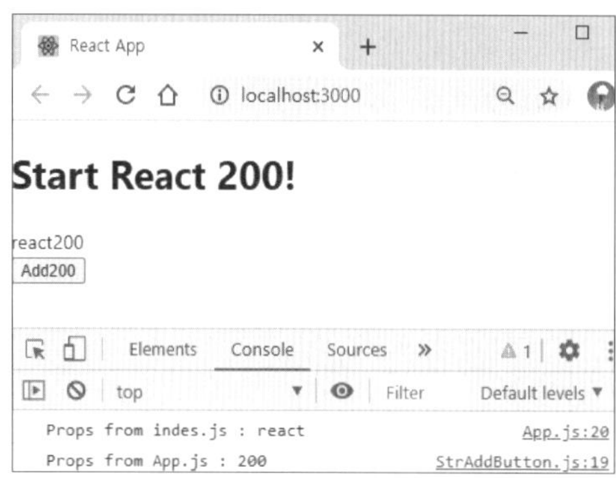

redux 미들웨어 사용하기

중급 084

- **학습 내용:** redux로 미들웨어를 사용하는 방법을 이해한다.
- **힌트 내용:** redux 패키지의 `applyMiddleware` 함수 사용 형태를 확인한다.

redux 미들웨어는 액션을 `dispatch` 함수로 전달하고 리듀서가 실행되기 전과 실행된 후에 처리되는 기능을 말한다. redux 패키지에서 지원하는 `applyMiddleware` 함수를 사용하면 미들웨어를 간단하게 구현할 수 있다.

81~83번 예제에 사용한 코드에서 index.js 파일만 수정해 미들웨어 동작을 확인한다.

src 폴더의 index.js 파일을 다음과 같이 수정한다.

index.js

```
import React from 'react';
import ReactDOM from 'react-dom';
import './index.css';
import App from './App';
import {createStore, applyMiddleware} from 'redux';
import {Provider} from 'react-redux'
import reducers from './reducers';

const CallMiddleware = store => nextMiddle => action => {
    console.log('1. reducer 실행 전');
    console.log('2. action.type : '+action.type+', store str :
    '+store.getState().data.str);
    let result = nextMiddle(action);
    console.log('3. reducer 실행 후');
    console.log('4. action.type : '+action.type+', store str :
    '+store.getState().data.str);
    return result;
}

```

```
20 const store = createStore(reducers, applyMiddleware(CallMiddleware));
21
22 const listener = ()=> {
23     ReactDOM.render(
24         <Provider store={store}>
25             <App indexProp="react"/>
26         </Provider>,
27         document.getElementById('root')
28     );
29 };
30
31 store.subscribe(listener);
32 listener();
```

5 ◆ redux 패키지에서 applyMiddleware 함수를 임포트해 사용할 수 있도록 한다.

20 ◆ createStore 함수의 두 번째 파라미터를 applyMiddleware 함수로 전달한다. applyMiddleware 함수의 파라미터로는 새로 정의해 사용할 미들웨어 함수명을 넣는다.

9 ◆ applyMiddleware 함수에 전달될 함수는 다중 컬링 구조로, 세 가지 인자를 순서대로 받는다. 첫 번째 인자는 스토어, 두 번째 인자는 다음 미들웨어를 호출하는 함수로 예제에서는 미들웨어가 1개이기 때문에 리듀서를 호출한다. 세 번째 인자는 액션이다.

11~12 ◆ 리듀서 실행 전 액션의 type 변수와 store의 상태 변수 str의 값을 로그로 출력한다.

13 ◆ 다음에 실행할 미들웨어가 없으므로 리듀서를 실행한다.

15~16 ◆ 리듀서를 실행한 후 액션의 type 변수와 store의 상태 변수 str의 값을 로그로 출력한다.

실행 결과

React App
localhost:3000
Start React 200!
react200
Add200
Elements
Console
Sources
Netwo
top
Filter
1. reducer 실행 전
2. action.type : ADD, store str : react
Props from indes.js : react
3. reducer 실행 후
4. action.type : ADD, store str : react200

react-cookies save 사용하기

- **학습 내용:** react-cookies의 save 함수 사용 방법을 이해한다.
- **힌트 내용:** save 함수 호출 시 웹 브라우저에 쿠키 값을 저장할 수 있다.

쿠키란, 사용자가 접속한 웹 사이트의 서버를 통해 사용자 컴퓨터에 설치되는 정보를 말한다. 보통 크롬과 같은 웹 브라우저에 쿠키가 저장된다. 쿠키는 사용자 정보를 저장하거나 마케팅을 위한 목적으로 사용될 수 있다.

cmd 창을 열어 client 폴더 경로로 이동한다. [npm install react-cookies --save]를 입력하면 다음과 같이 npm이 react-cookies를 설치한다.

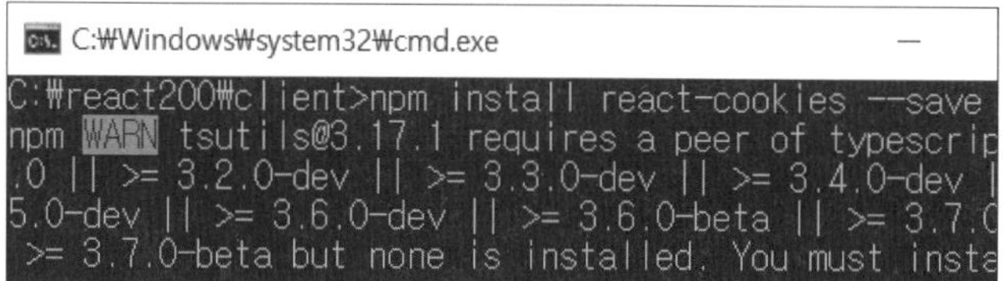

App.js 파일을 다음과 같이 수정한다.

App.js

```
import React from 'react';
import CookieSave from './R085_cookieSave'

function App() {
  return (
    <div>
      <h1>Start React 200!</h1>
      <CookieSave/>
    </div>
  );
}

export default App;
```

App.js 파일과 같은 경로에 위치한 R085_cookieSave.js 파일을 임포트해 사용할 수 있도록 한다. 2

src 폴더에 R085_cookieSave.js 파일을 생성한 후 다음과 같이 입력한다.

R085_cookieSave.js

```
1 import React, { Component } from 'react';
2 import cookie from 'react-cookies';
3 
4 class R085_cookieSave extends Component {
5   componentDidMount() {
6     const expires = new Date()
7     expires.setMinutes(expires.getMinutes() + 60)
8     cookie.save('userid', "react200"
9         , {
10             path: '/',
11             expires,
12             // secure: true,
13             // httpOnly: true
14         }
15     );
16   }
17 
18   render() {
19     return (
20       <><h3>react-cookies Save</h3></>
21     )
22   }
23 }
24 
25 export default R085_cookieSave;
```

react-cookies 패키지를 임포트해 사용할 수 있도록 한다. 2

현재 날짜와 시간을 불러와 expires 변수에 할당한다. 6

getMinutes 함수를 사용해 expires 변수를 분으로 환산하고 60분을 더한 값을 setMinutes 함수로 다시 할당한다. 7

8~15 react-cookies 패키지 `save` 함수는 세 가지 파라미터를 받는다. 첫 번째는 쿠키의 키(userid), 두 번째는 쿠키 값(react200), 세 번째는 쿠키 옵션이다.

9~14 세 번째 인자인 쿠키 옵션을 할당하는 부분이다.

10 path는 쿠키 값을 저장하는 서버 경로다. 예를 들어, path가 /react라면 localhost:3000/에서는 저장된 쿠키를 확인할 수 없고 localhost:3000/react에서만 확인할 수 있다. path가 /라면 모든 페이지에서 쿠키에 접근할 수 있다.

11 옵션의 두 번째 인자는 쿠키 유효 시간이다. line 7에서 60분을 더했기 때문에 쿠키가 저장된 이후 1시간 동안 웹 브라우저에 쿠키가 남아 있게 된다.

12~13 secure가 true이면 웹 브라우저와 웹 서버가 https로 통신하는 경우에만 쿠키가 저장된다. httpOnly 옵션은 `document.cookie`라는 자바스크립트 코드로 쿠키에 비정상적으로 접속하는 것을 막는 옵션이다. `secure`와 `httpOnly` 옵션은 예제에서 사용하지 않는다.

크롬 개발자 도구 〉 Application 〉 Cookies 〉 http://localhost:300을 클릭하면 다음과 같이 저장된 쿠키 값과 만료 시간을 확인할 수 있다.

실행 결과

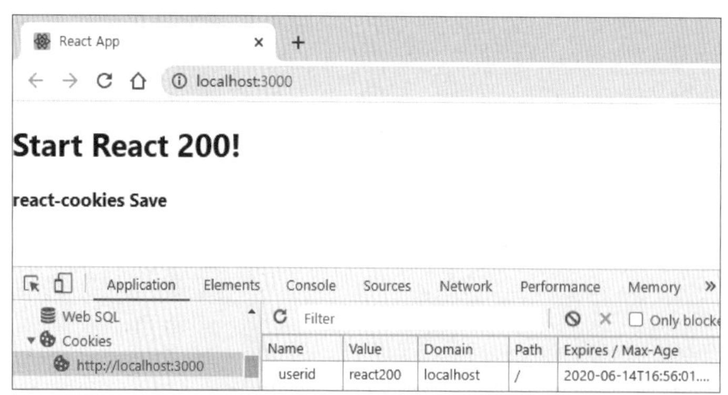

중급 086

react-cookies load 사용하기

• **학습 내용:** react-cookies의 load 함수 사용 방법을 이해한다.
• **힌트 내용:** load 함수 호출 시 웹 브라우저에서 쿠키 값을 불러올 수 있다.

save 함수가 쿠키를 (key, value) 쌍으로 저장하는 함수였다면, load 함수는 웹 브라우저에 남아 있는 쿠키에 key로 접근해 value을 가져오는 함수다.

App.js 파일을 다음과 같이 수정한다.

App.js

```
 1 import React from 'react';
 2 import CookieLoad from './R086_cookieLoad'
 3 
 4 function App() {
 5   return (
 6     <div>
 7       <h1>Start React 200!</h1>
 8       <CookieLoad/>
 9     </div>
10   );
11 }
12 
13 export default App;
```

App.js 파일과 같은 경로에 위치한 R086_cookieLoad.js 파일을 임포트해 사용할 수 있도록 한다. ◆ 2

src 폴더에 R086_cookieLoad.js 파일을 생성한 후 다음과 같이 입력한다.

R086_cookieLoad.js

```
1 import React, { Component } from 'react';
2 import cookie from 'react-cookies';
3
4 class R086_cookieLoad extends Component {
5   componentDidMount() {
6     const expires = new Date()
7     expires.setMinutes(expires.getMinutes() + 60)
8     cookie.save('userid', "react200"
9         , {
10            path: '/',
11            expires,
12            // secure: true,
13            // httpOnly: true
14        }
15    );
16    setTimeout(function() {
17      alert(cookie.load('userid'))
18    },1000);
19  }
20
21  render() {
22    return (
23      <><h3>react-cookies Load</h3></>
24    )
25  }
26 }
27
28 export default R086_cookieLoad;
```

16~18 ◆ setTimeout 함수를 사용해 1초 후에 alert를 띄우도록 한다. 쿠키가 저장되기까지 충분한 시간을 두기 위해 사용한다.

17 ◆ cookie.load(key) 형태로 웹 브라우저에 저장된 쿠키 중 userid라는 key를 가진 쿠키의 value를 가져온다. line 8에서 저장된 쿠키를 1초 후에 가져와 값을 alert 함수로 표시한다.

실행 결과

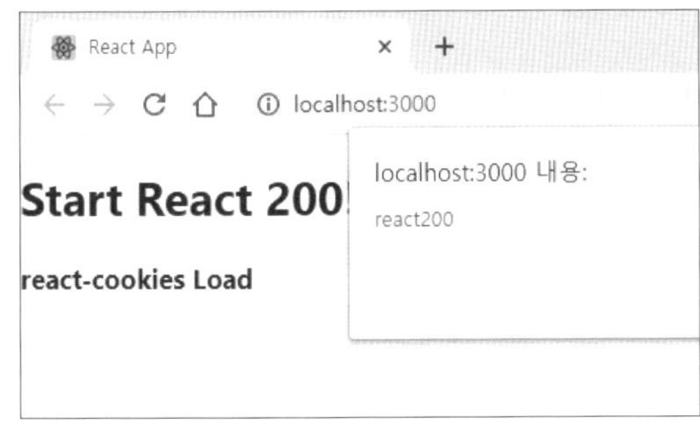
React App
localhost:3000
Start React 200!
react-cookies Load
localhost:3000 내용:
react200

react-cookies remove 사용하기

- **학습 내용:** react-cookies의 remove 함수 사용 방법을 이해한다.
- **힌트 내용:** remove 함수 호출 시 웹 브라우저에서 쿠키 값을 삭제할 수 있다.

remove 함수는 웹 브라우저에 남아 있는 쿠키에 key로 접근해 쿠키를 삭제하는 함수다.

App.js 파일을 다음과 같이 수정한다.

App.js

```
 1 import React from 'react';
 2 import CookieRemove from './R087_cookieRemove'
 3 
 4 function App() {
 5   return (
 6     <div>
 7      <h1>Start React 200!</h1>
 8       <CookieRemove/>
 9     </div>
10   );
11 }
12 
13 export default App;
```

2 ◆ App.js 파일과 같은 경로에 위치한 R087_cookieRemove.js 파일을 임포트해 사용할 수 있도록 한다.

src 폴더에 R087_cookieRemove.js 파일을 생성한 후 다음과 같이 입력한다.

R087_cookieRemove.js

```
1 import React, { Component } from 'react';
2 import cookie from 'react-cookies';
3
4 class R087_cookieRemove extends Component {
5   componentDidMount() {
6     const expires = new Date()
7     expires.setMinutes(expires.getMinutes() + 60)
8     cookie.save('userid', "react200"
9         , {
10            path: '/',
11            expires,
12            // secure: true,
13            // httpOnly: true
14        }
15    );
16    setTimeout(function() {
17      cookie.remove('userid', { path: '/'});
18    },1000);
19    setTimeout(function() {
20      alert(cookie.load('userid'))
21    },2000);
22  }
23
24  render() {
25    return (
26      <><h3>react-cookies Remove</h3></>
27    )
28  }
29 }
30
31 export default R087_cookieRemove;
```

line 8~15에서 쿠키 저장 코드가 실행되고 1초 후에 `cookie.remove` 함수를 사용해 루트(/) 경로에 저장된 userid라는 쿠키 값을 삭제한다. ◆ 16~18

19~21 `cookie.remove` 함수가 실행되고 약 1초 후 웹 브라우저에 저장된 쿠키 값을 alert로 확인한다. 실행 결과를 보면 undefined로 쿠키가 삭제된 것을 확인할 수 있다.

예제에서 흐름상 cookie.save가 완료된 후 cookie.remove, cookie.remove가 완료되고 cookie.load가 실행돼야 한다. 그런데 자바스크립트는 비동기적으로 동작하기 때문에 이 순서를 보장할 수 없다. 이때 `setTimeout` 함수를 사용하면 대략적인 완료 시간을 확보할 수 있다.

실행 결과

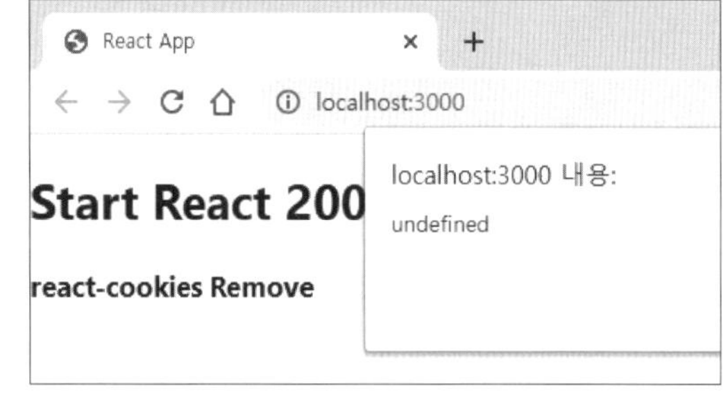

react-router-dom BrowserRouter 사용하기

- **학습 내용:** react-router-dom 패키지의 BrowserRouter 사용 방법을 이해한다.
- **힌트 내용:** 라우팅 개념을 이해하고 `<BrowserRouter>` 태그의 역할을 확인한다.

라우팅(routing)이란, 호출되는 url에 따라 페이지(view) 이동을 설정하는 것이다. react에서 view는 component를 사용한다. react에서 라우팅을 지원하는 패키지는 여러 개 있지만, 웹 개발을 위한 패키지로 적합한 react-router-dom을 설치한다.

cmd 창을 열어 client 폴더 경로로 이동한다. [npm install --save react-router-dom]을 입력하면 다음과 같이 npm이 react-router-dom을 설치한다.

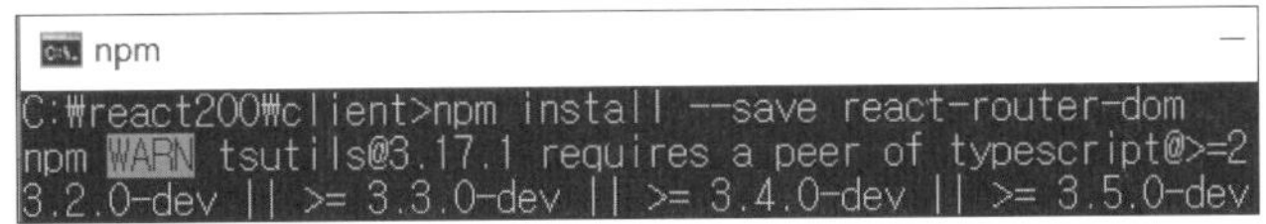

react-router-dom 패키지는 BrowserRouter, Route, Link의 기능을 제공한다. Route는 호출되는 url에 따라 이동할 component를 정의한다. Link는 `<a>` 태그와 같이 페이지에 표시되는 링크를 클릭하면 url을 호출한다. Route와 Link를 사용하기 위해서는 `<BrowserRouter>` 태그로 감싸 사용해야 한다.

이후 예제에서 component들을 폴더 단위로 묶어서 관리하기 위해 파일 구조를 다음과 같이 변경한다.

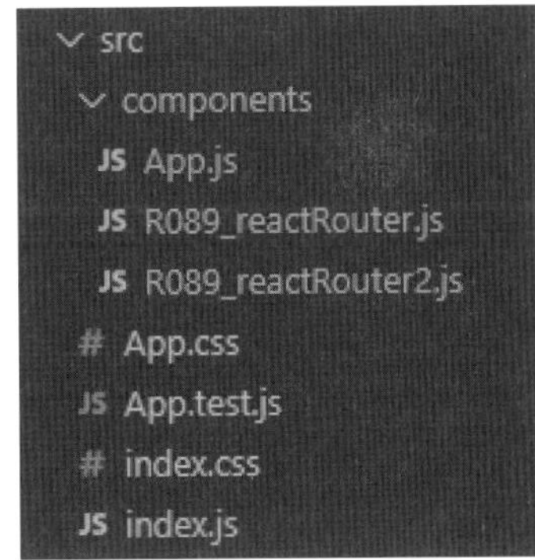

index.js 파일을 다음과 같이 수정한다.

index.js

```
1 import React from 'react';
2 import ReactDOM from 'react-dom';
3 import { BrowserRouter } from 'react-router-dom';
4 import './index.css';
5 import App from './components/App';
6 import * as serviceWorker from './serviceWorker';
7
8 ReactDOM.render((
9   <BrowserRouter>
10      <App />
11   </BrowserRouter>
12 ), document.getElementById('root'));
13
14 // If you want your app to work offline and load faster, you can change
15 // unregister() to register() below. Note this comes with some pitfalls.
16 // Learn more about service workers: https://bit.ly/CRA-PWA
17 serviceWorker.unregister();
```

3 react-router-dom 패키지의 BrowserRouter를 임포트해 사용할 수 있도록 한다.

9~11 App.js는 라우팅 전용 컴포넌트로 사용될 것이다. App 컴포넌트와 하위 컴포넌트에서 Route, Link를 사용할 때마다 `<BrowserRouter>` 태그를 감싸 사용할 수도 있다. 하지만 최상위 컴포넌트인 App 컴포넌트를 `<BrowserRouter>` 태그 안에 위치시키면, 하위 모든 컴포넌트에서 라우팅 기능(Route, Link)을 사용할 수 있다.

88~89번의 실행 결과는 89번에서 확인한다.

react-router-dom Route 사용하기

중급 089

• **학습 내용:** react-router-dom 패키지의 Route 사용 방법을 이해한다.
• **힌트 내용:** 라우팅 개념을 이해하고 **<Route>** 태그의 역할을 확인한다.

Route는 서버에 호출된 url의 path에 따라 연결할 component를 정의한다.

App.js 파일을 다음과 같이 수정한다.

App.js

```
1 import React, { Component } from 'react';
2 import { Route } from "react-router-dom";
3 import reactRouter from './R089_reactRouter'
4 import reactRouter2 from './R089_reactRouter2'
5
6 class App extends Component {
7   render () {
8     return (
9       <div className="App">
10        <Route exact path='/' component={reactRouter} />
11        <Route exact path='/reactRouter2' component={reactRouter2} />
12      </div>
13    );
14  }
15 }
16
17 export default App;
```

react-router-dom을 임포트해 Route 기능을 사용할 수 있도록 한다. 2

<Route> 태그에 path 속성은 호출되는 url 경로, component 속성은 연결할 컴포넌트를 할당한다. line 3에서 임포트한 R089_reactRouter 컴포넌트를 루트 경로(/)에 연결한다. 10

line 4에서 임포트한 R089_reactRouter2 컴포넌트를 /reactRouter2 경로에 연결한다. 11

components 폴더에 R089_reactRouter.js 파일을 생성한 후 다음과 같이 입력한다.

R089_reactRouter.js

```
1 import React, { Component } from 'react';
2
3 class R089_reactRouter extends Component {
4   render() {
5     return (
6       <>
7         <h1>path='/'</h1>
8         <h3>R089_reactRouter</h3>
9       </>
10     )
11   }
12 }
13
14 export default R089_reactRouter;
```

7~8 ◆ 단순히 path별로 라우팅이 잘됐는지 확인하기 위해 path와 컴포넌트명을 화면에 출력한다. 루트 경로(/)로 호출했을 때 다음과 같이 R089_reatRouter 컴포넌트가 연결되는 것을 확인할 수 있다.

실행 결과

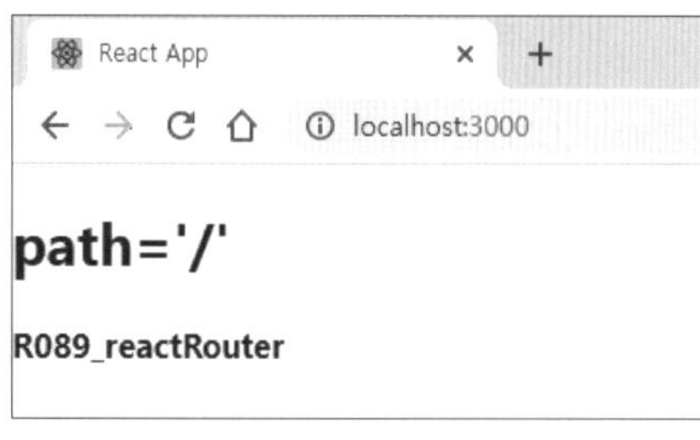

components 폴더에 R089_reactRouter2.js 파일을 생성한 후 다음과 같이 입력한다.

R089_reactRouter.js

```
1 import React, { Component } from 'react';
2
3 class R089_reactRouter2 extends Component {
4   render() {
5     return (
6       <>
7         <h1>path='/reactRouter2'</h1>
8         <h3>R089_reactRouter</h3>
9       </>
10     )
11   }
12 }
13
14 export default R089_reactRouter2;
```

단순히 path별로 라우팅이 잘됐는지 확인하기 위해 path와 컴포넌트명을 화면에 출력한다. 다음 은 /reactRouter2 경로로 호출했을 때 연결되는 R089_reactRouter2 컴포넌트다. 7~8

실행 결과

react-router-dom Link 사용하기

- **학습 내용:** react-router-dom 패키지의 Link 사용 방법을 이해한다.
- **힌트 내용:** 라우팅 개념을 이해하고 <Link> 태그의 역할을 확인한다.

Link는 <a> 태그와 동일하게 동작한다. <Route> 태그에 정의한 path를 Link 속성에 연결해 놓으면, 링크를 클릭했을 때 라우팅된 컴포넌트로 이동한다.

components 폴더에 R089_reactRouter.js 파일을 다음과 같이 수정한다.

R089_reactRouter.js

```
1 import React, { Component } from 'react';
2 import { Link } from 'react-router-dom'
3
4 class R089_reactRouter extends Component {
5   render() {
6     return (
7       <>
8         <h1>path='/'</h1>
9         <h3>R089_reactRouter</h3>
10        <Link to={'/reactRouter2'}>reactRouter2</Link>
11      </>
12    )
13  }
14 }
15
16 export default R089_reactRouter;
```

2 ◆ react-router-dom 패키지를 임포트해 Link 기능을 사용할 수 있도록 한다.

10 ◆ <Link> 태그를 추가하고 to 속성에 연결할 path를 입력한다. 이때 path는 App.js의 <Route> 태그에서 특정 컴포넌트로 라우팅 처리가 돼 있어야 한다. 개발자 도구의 [Elements] 탭에서 <Link> 태그의 코드를 보면, 다음과 같이 <a> 태그인 것을 확인할 수 있다.

실행 결과

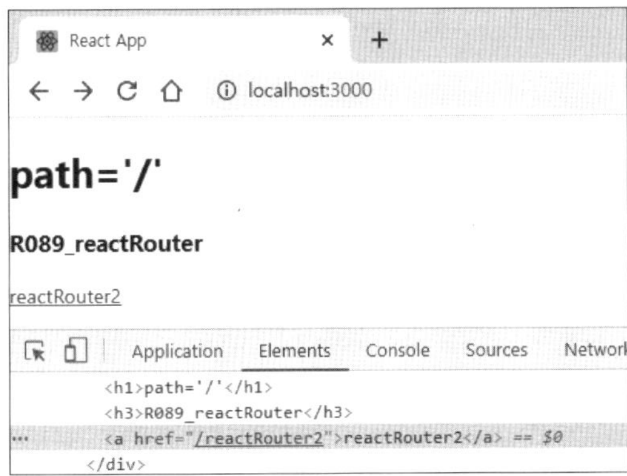
React App
localhost:3000
path='/'
R089_reactRouter
reactRouter2
Application
Elements
Console
Sources
Network
<h1>path='/'</h1>
<h3>R089_reactRouter</h3>
<a href="/reactRouter2">reactRouter2</a> == $0
</div>

header, footer 구현하기

- **학습 내용:** header, footer를 구현하는 방법을 이해한다.
- **힌트 내용:** header, footer는 공통 페이지이기 때문에 언제나 표시돼야 한다.

react−router−dom 패키지의 Route 기능을 사용하면, 호출되는 url에 따라 서로 다른 컴포넌트를 표시할 수 있었다. 하지만 header와 footer는 라우팅과 상관없이 항상 표시돼야 하는 영역이다.

다음과 같이 components 폴더에 Footer와 Header 폴더를 만든 후 그 안에 각각의 컴포넌트를 생성해 사용한다. src 경로에 css와 img 폴더를 생성한다. 그리고 생성한 폴더 안에 예제에서 사용할 css와 이미지 파일을 추가한다.

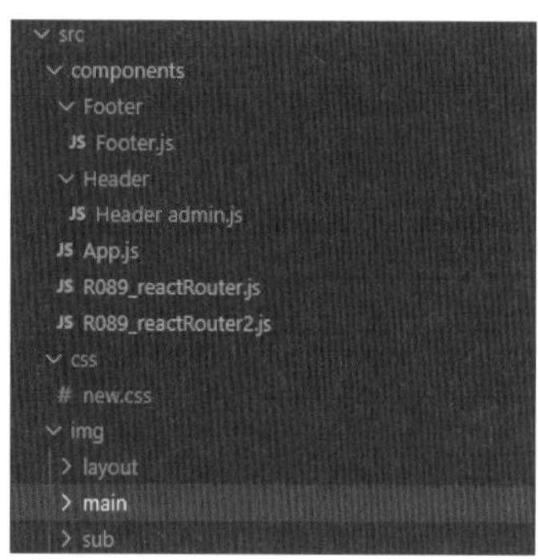

App.js 파일을 다음과 같이 수정한다.

App.js

```
import React, { Component } from 'react';
import { Route } from "react-router-dom";
import reactRouter from './R089_reactRouter'
import reactRouter2 from './R089_reactRouter2'

// css
import '../css/new.css';
```

```
8
9 // header
10 import HeaderAdmin from './Header/Header admin';
11
12 // footer
13 import Footer from './Footer/Footer';
14
15 class App extends Component {
16   render () {
17     return (
18       <div className="App">
19         <HeaderAdmin/>
20         <Route exact path='/' component={reactRouter} />
21         <Route exact path='/reactRouter2' component={reactRouter2} />
22         <Footer/>
23       </div>
24     );
25   }
26 }
27
28 export default App;
```

라우팅 컴포넌트인 App.js에서 사용할 css 파일을 임포트하면, 하위 모든 컴포넌트에 css 파일이 적용된다. 파일 경로 앞에 점이 1개(.)만 붙으면, 현재 파일(App.js)이 있는 폴더 경로(components)를 의미한다. 점이 2개(..)라면 한 단계 상위 폴더로 이동한다. 예제에서는 App.js가 있는 components보다 한 단계 상위 폴더인 src에서 css라는 폴더에 접근한다. 7

line 10에서 임포트한 header 컴포넌트를 <Route> 태그보다 위쪽에 위치시킨다. 19

line 13에서 임포트한 footer 컴포넌트를 <Route> 태그보다 아래쪽에 위치시킨다. 22

실행 결과를 보면, 상단에 header가 하단에 footer 영역이 고정으로 위치한다. 그리고 중간 영역에 라우팅되는 컴포넌트가 표시된다. 루트 경로(/)에서 /reactRouter2 경로로 url을 이동해도 중간에 표시되는 컴포넌트 영역만 변경된다.

실행 결과

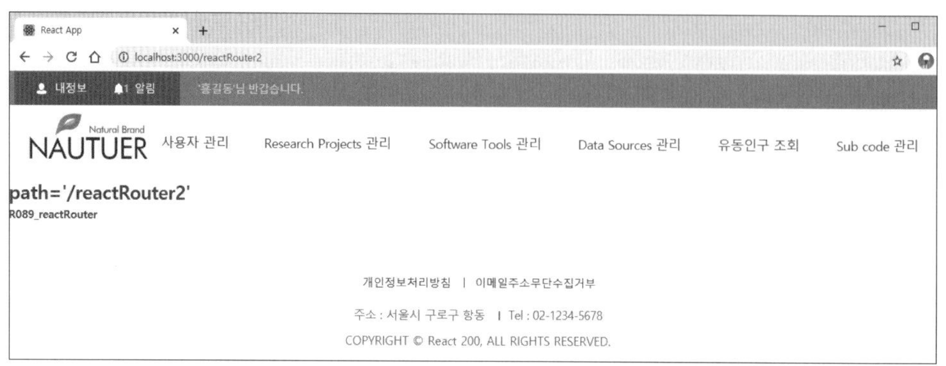

React App
localhost:3000/reactRouter2
내정보
1 알림
'홍길동'님 반갑습니다.
Natural Brand
NAUTUER
사용자 관리
Research Projects 관리
Software Tools 관리
Data Sources 관리
유동인구 조회
Sub code 관리
path='/reactRouter2'
R089_reactRouter
개인정보처리방침 | 이메일주소무단수집거부
주소 : 서울시 구로구 항동 | Tel : 02-1234-5678
COPYRIGHT © React 200, ALL RIGHTS RESERVED.

home 페이지 만들기

중급 092

- **학습 내용:** home 페이지를 구현하는 방법을 이해한다.
- **힌트 내용:** home 페이지는 처음 웹 사이트에 접속하면 표시되는 화면이다.

home 페이지는 루트 경로(/)로 url을 호출했을 때 접속하게 되는 페이지다. home 화면을 구성하는 방법은 다양한데, 예제에서는 로그인 페이지를 표시한다.

App.js 파일을 다음과 같이 수정한다.

App.js

```
import React, { Component } from 'react';
import { Route } from "react-router-dom";

// css
import '../css/new.css';

// header
import HeaderAdmin from './Header/Header admin';

// footer
import Footer from './Footer/Footer';

// login
import LoginForm from './LoginForm';

class App extends Component {
  render () {
    return (
      <div className="App">
        <HeaderAdmin/>
        <Route exact path='/' component={LoginForm} />
        <Footer/>
```

```
23         </div>
24       );
25     }
26 }
27
28 export default App;
```

14 로그인 화면을 나타내는 LoginForm 컴포넌트를 임포트한다.

21 루트 경로(/)로 웹 사이트에 접속하면, line 14에서 임포트한 LoginForm 컴포넌트로 라우팅한다.

실행 결과

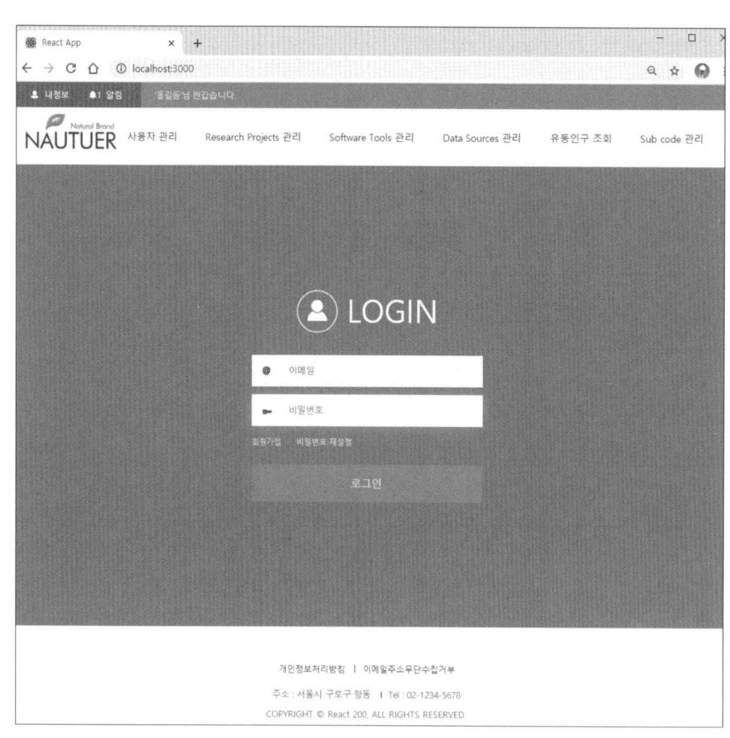

<react img> 태그 사용하기

중급 093

- **학습 내용:** react에서 <img> 태그를 사용하는 방법을 이해한다.
- **힌트 내용:** react 서버 경로에 이미지를 추가하면, 화면에 표시할 수 있다.

html에서 <img> 태그에 src 속성 값으로 이미지 경로를 직접 할당하면, 화면에 이미지를 표시할 수 있다. react에서도 동일한 구조로 사용하지만, require 문법을 사용해 이미지 경로를 할당해야 한다.

로그인 폼 컴포넌트인 LoginForm.js 파일에서 <img> 태그 사용 방법을 확인한다.

LoginForm.js

```
import React, { Component } from 'react';
import { Link } from 'react-router-dom'

class LoginForm extends Component {
    render () {
        return (
            <section className="main">
                <div className="m_login">
                <h3><span>
                <img src={require("../img/main/log_img.png")} alt="" />
...코드 생략...
<form>
<div className="in_ty1">
    <span><img src={require("../img/main/m_log_i3.png")} alt="" />
    </span>
    <input type="text" id="email_val" name="email" placeholder="이메일" />
</div>
<div className="in_ty1">
    <span className="ic_2">
        <img src={require("../img/main/m_log_i2.png")} alt="" />
    </span>
```

```
22     <input type="password" placeholder="비밀번호" />
23 </div>
24 <ul className="af">
25     <li><Link to={'/register_check'}>회원 가입</Link></li>
26     <li className="pwr_b"><a href="#n">비밀번호 재설정</a></li>
27 </ul>
28 <button className="s_bt" type="submit">로그인</button>
29 </form>
30 ...코드 생략...
```

10, 14, 20 ◆ <img> 태그의 src 속성 값을 require 문법을 사용해 할당한다. 경로에 점(.)이 2개이기 때문에 LoginForm.js 파일이 있는 폴더의 한 단계 상위 폴더인 src 경로에서 img/main 폴더를 찾는다. main 폴더를 보면 다음과 같이 사용하려는 이미지가 존재한다.

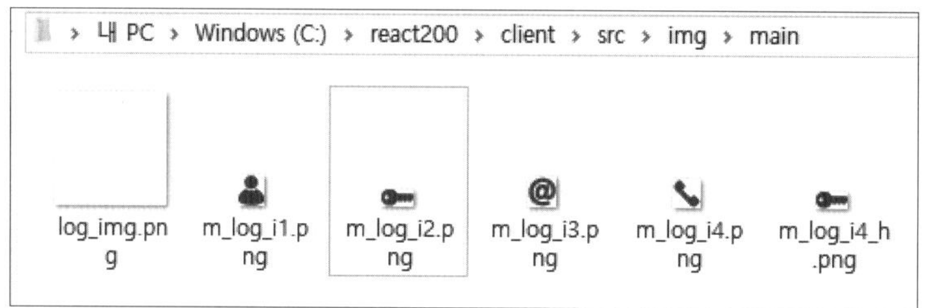

실행 결과

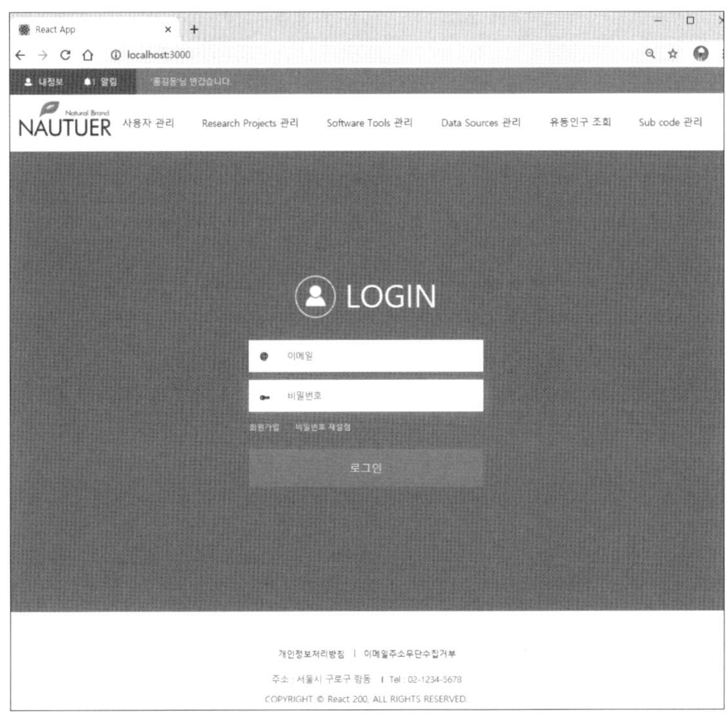
React App
localhost:3000
내정보
1 알림
'홍길동'님 반갑습니다
Natural Brand
NAUTUER
사용자 관리
Research Projects 관리
Software Tools 관리
Data Sources 관리
유동인구 조회
Sub code 관리
LOGIN
이메일
비밀번호
회원가입
비밀번호 재설정
로그인
개인정보처리방침 | 이메일주소무단수집거부
주소 : 서울시 구로구 항동 | Tel : 02-1234-5678
COPYRIGHT © React 200, ALL RIGHTS RESERVED.

lodash 디바운스 사용하기

- **학습 내용:** lodash 패키지의 **debounce** 함수 사용 방법을 이해한다.
- **힌트 내용:** 검색어 자동 완성 기능을 debounce로 구현할 수 있다.

debounce는 연속된 이벤트 호출이 일어나는 상황에 사용한다. 마지막 이벤트가 실행되고 일정 시간 동안, 추가 이벤트가 발생하지 않을 때 실행되는 함수다. debounce는 꼭 필요한 시점에만 함수를 실행해 서버 자원을 효율적으로 사용할 수 있게 해준다.

cmd 창을 열어 client 폴더 경로로 이동한다. [npm install --save lodash]를 입력하면 다음과 같이 npm이 lodash를 설치한다.

```
npm
C:₩react200₩client>npm install --save lodash
npm WARN tsutils@3.17.1 requires a peer of typescrip
0-dev || >= 3.6.0-dev || >= 3.6.0-beta || >= 3.7.0-c
```

components 폴더의 R094_reactDebounce.js 파일을 확인한다.

R094_reactDebounce.js

```
import React, { Component } from 'react';
import { debounce } from "lodash";

class R094_reactDebounce extends Component {
  debounceFunc = debounce(() => {
    console.log("Debounce API Call");
  }, 1000);

  render() {
    return (
      <>
        <h2>검색어 입력</h2>
        <input type="text" onChange={this.debounceFunc} />
```

```
14       </>
15     )
16   }
17 }
18
19 export default R094_reactDebounce;
```

lodash 패키지를 임포트해 debounce 함수를 사용할 수 있도록 한다. 2

<input> 태그에 텍스트를 입력할 때마다 debounceFunc 함수를 호출한다. 13

debounce 함수에 1초의 지연 시간을 할당한다. debounceFunc 함수는 글자가 입력될 때마다 호출되지만, debounce 함수는 마지막 호출이 끝나고 1초 후에 콘솔 로그를 출력한다. 5~7

실제로 사용자가 입력한 텍스트가 포함된 검색어를 불러와야 할 때 line 6에 검색어 데이터를 호출하는 코드가 위치해야 한다. 이때 디바운스를 사용하지 않고 react라는 글자를 입력한다면 r, re, rea, reac, react가 입력되는 시점에 모두 데이터를 호출해야 한다. 디바운스를 사용하면 react라는 글자가 모두 작성되고 지연 시간 1초가 지난 후 데이터를 한 번만 호출한다.

R094_reactDebounce 컴포넌트를 확인하기 위해 App.js에서 라우팅돼 있는 /Debounce 경로를 호출한다.

App.js

```
...코드 생략...
import reactDebounce from './R094_reactDebounce';

class App extends Component {
  render () {
    return (
      <div className="App">
        <HeaderAdmin/>
        <Route exact path='/' component={LoginForm} />
        <Route exact path='/Debounce' component={reactDebounce} />
...코드 생략...
```

실행 결과

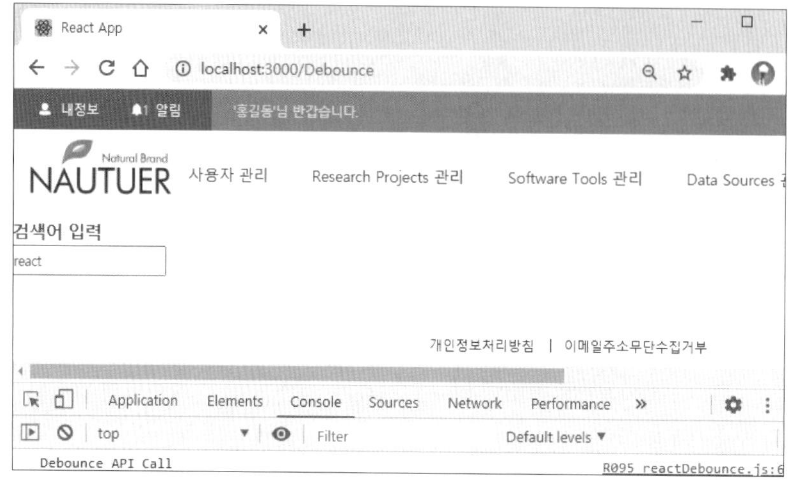

React App
localhost:3000/Debounce
내정보
1 알림
'홍길동'님 반갑습니다.
Natural Brand
NAUTUER
사용자 관리
Research Projects 관리
Software Tools 관리
검색어 입력
react
개인정보처리방침 | 이메일주소무단수집거부
Application
Elements
Console
Sources
Network
Performance
top
Filter
Default levels
Debounce API Call

중급 095

lodash 스로틀 사용하기

- **학습 내용:** lodash 패키지의 `throttle` 함수 사용 방법을 이해한다.
- **힌트 내용:** 검색어 자동 완성 기능을 throttle로 구현할 수 있다.

throttle도 debounce와 동일하게 시간 조건을 추가해 실행 횟수를 제한한다. 차이점은 debounce가 연속된 이벤트 중 마지막 이벤트가 발생한 시점부터 특정 시간이 지났을 때 동작한다면, throttle은 발생한 이벤트 수와 관계없이 지정한 시간 단위당 최대 한 번만 동작한다는 것이다.

components 폴더의 R095_reactThrottle.js 파일을 확인한다.

R095_reactThrottle.js

```
import React, { Component } from 'react';
import { throttle } from "lodash";

class R095_reactThrottle extends Component {
  throttleFunc = throttle(() => {
    console.log("Throttle API Call");
  }, 1000);

  render() {
    return (
      <>
        <h2>검색어 입력</h2>
        <input type="text" onChange={this.throttleFunc} />
      </>
    )
  }
}

export default R095_reactThrottle;
```

2 lodash 패키지를 임포트해 throttle 함수를 사용할 수 있도록 한다.

13 <input> 태그에 텍스트를 입력할 때마다 throttleFunc 함수를 호출한다.

5~7 throttle 함수에 1초의 실행 시간 간격을 할당한다. throttleFunc 함수는 글자가 입력될 때마다 호출되지만, throttle 함수는 1초마다 0개 또는 1개의 로그를 출력한다.

실제로 사용자가 입력한 텍스트가 포함된 검색어를 불러와야 할 때 line 6에 검색어 데이터를 호출하는 코드가 위치해야 한다. 만약 react라는 검색어를 0초(r), 0.3초(e), 0.5초(a), 1.1초(c), 2초(t)에 입력했다면, throttle는 0초(r), 1초(rea), 2초(react)에 1초 단위로 데이터 호출 코드를 실행한다.

R095_reactThrottle 컴포넌트를 확인하기 위해 App.js에서 라우팅돼 있는 /Throttle 경로를 호출한다.

App.js

```
...코드 생략...
import reactThrottle from './R095_reactThrottle';

class App extends Component {
  render () {
    return (
      <div className="App">
        <HeaderAdmin/>
        <Route exact path='/' component={LoginForm} />
        <Route exact path='/Throttle' component={reactThrottle} />
...코드 생략...
```

실행 결과

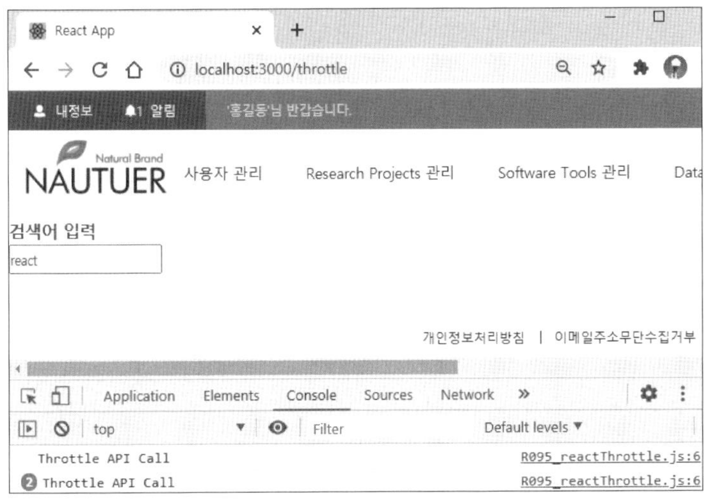
React App
localhost:3000/throttle
내정보
1 알림
'홍길동'님 반갑습니다.
Natural Brand
NAUTUER
사용자 관리
Research Projects 관리
Software Tools 관리
검색어 입력
react
개인정보처리방침 | 이메일주소무단수집거부
Application
Elements
Console
Sources
Network
top
Filter
Default levels
Throttle API Call
R095_reactThrottle.js:6
2 Throttle API Call
R095_reactThrottle.js:6

4 PART 활용

React.js 외부 api 활용하기

4부에서는 외부 데이터를 api 호출을 통해 사용하는 방법을 배운다. SK 빅데이터 허브 웹 사이트에 가입하고 api 호출을 할 수 있도록 접근 key를 발급받는다. Json 형태의 데이터를 받은 후 react에서 html 코드로 가공해 화면에 노출한다. DB 서버를 연결하기 전 api 호출 데이터로 리스트 페이지를 구현해볼 수 있다. recharts라는 패키지를 사용해 api에서 받은 데이터로 다양한 종류의 차트를 나타내본다.

서울시 유동 인구 데이터 사용하기 ① – 리스트 페이지 만들기

- **학습 내용:** 리스트 페이지 구현 방법을 이해한다.
- **힌트 내용:** 사용할 데이터를 호출하기 전에 하드코딩으로 리스트 레이아웃을 확인한다.

유동 인구 데이터 리스트를 표시할 컴포넌트를 추가한다. 실제 데이터를 불러와 사용하기 전에 데이터를 하드코딩으로 작성하고 미리 페이지 레이아웃을 확인한다.

Components 〉 Floating_population 폴더의 floatingPopulationList.js 파일을 확인한다.

floatingPopulationList.js

```
import React, { Component } from 'react';

class floatingPopulationList extends Component {
    render () {
        return (
...코드 생략...
                        <table class="table_ty1 fp_tlist">
                            <tr>
                                <th>Row</th>
                                <th>일자</th>
                                <th>시간</th>
                                <th>연령대</th>
                                <th>성별</th>
                                <th>시</th>
                                <th>군구</th>
                                <th>유동 인구 수</th>
                            </tr>
                        </table>
                        <table class="table_ty2 fp_tlist">
                            <tr class="hidden_type">
                                <td>1</td>
                                <td>20191101</td>
```

```
23                                 <td>00</td>
24                                 <td>40</td>
25                                 <td>여성</td>
26                                 <td>서울</td>
27                                 <td>영등포구</td>
28                                 <td>32670</td>
29                             </tr>
30                             <tr class="hidden_type">
31                                 <td>1</td>
32                                 <td>20191101</td>
33                                 <td>00</td>
34                                 <td>50</td>
35                                 <td>남성</td>
36                                 <td>서울</td>
37                                 <td>구로구</td>
38                                 <td>27888</td>
39                             </tr>
40                         </table>
41 ...코드 생략...
```

`<table>` 태그에 `<tr>` 태그로 행을 추가하고 행 안에 `<th>` 태그로 table 헤더 값(컬럼명)들을 작성한다. ◆ 7~18

`<table>` 태그에 `<tr>` 태그로 행을 추가하고 행 안에 `<td>` 태그로 각 컬럼에 맞는 데이터를 작성한다. ◆ 19~40

floatingPopulationList 컴포넌트를 확인하기 위해 App.js에서 라우팅돼 있는 /floatPopulationList 경로를 호출한다.

App.js

```
...코드 생략...
import floatingPopulationList
from './Floating_population/floatingPopulationList';

class App extends Component {
```

```
  render () {
    return (
      <div className="App">
...코드 생략...
<Route path='/floatPopulationList' component={floatingPopulationList} />
...코드 생략...
```

실행 결과

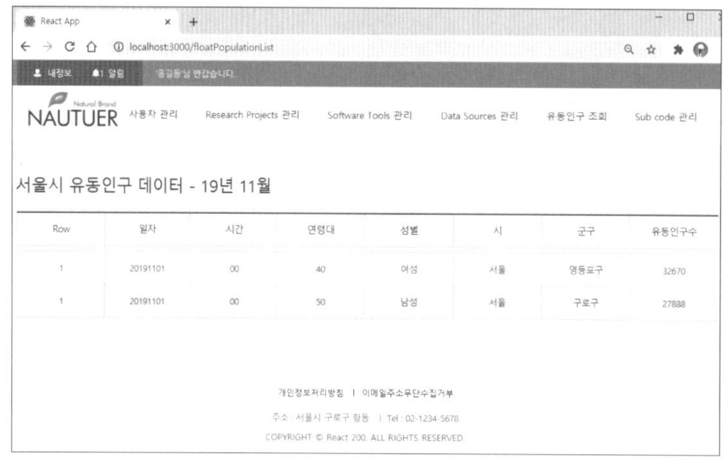

서울시 유동 인구 데이터 사용하기 ② – Open api Key 발급받기

활용 097

- **학습 내용:** Open api Key를 발급받는 방법을 이해한다.
- **힌트 내용:** 외부 api로 데이터 호출을 위해 Open Api Key를 발급받는다.

SK텔레콤 빅 데이터 허브(https://www.bigdatahub.co.kr)에서 제공하는 데이터를 사용하기 위해 먼저 회원 가입을 하고 [MyPage] – [기본 정보 관리] – [API Access Key 관리]에서 다음과 같이 api ACCESS KEY를 확인한다.

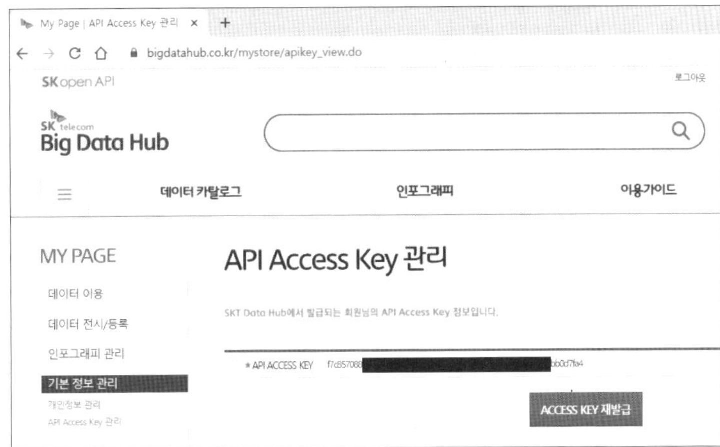

예제에서 사용할 데이터는 [서울시 유동 인구 데이터 – 19년 11월]로 www.bigdatahub.co.kr/product/view.do?pid=1002277에 접속해 샘플 데이터와 api 정보를 확인할 수 있다. 다음 화면 보이는 요청 주소(https://www.bigdatahub.co.kr/product/view.do?pid=1002277)를 크롬 웹 브라우저에서 그대로 호출하면 클라이언트 인증 에러 메시지를 확인할 수 있다.

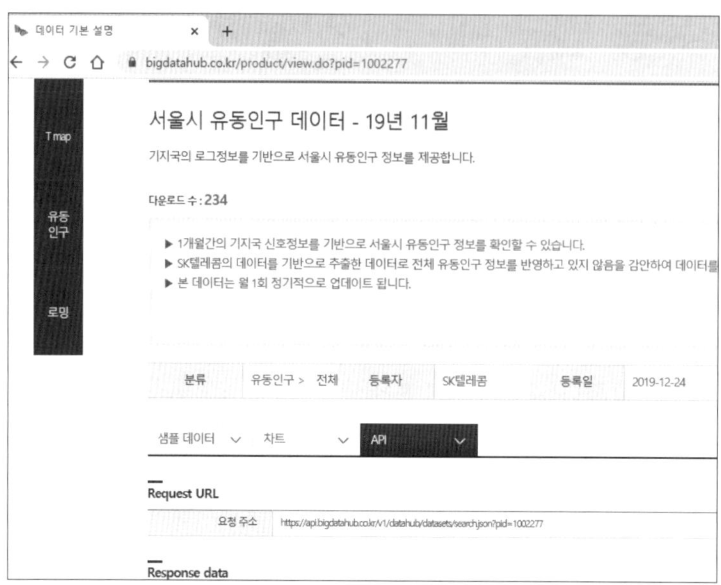

url에 API ACCESS KEY를 추가해야 데이터를 정상적으로 받을 수 있다. 다음 url처럼 TDCAccessKey 파라미터에 키 값을 할당해 api를 호출해야 한다.

https://api.bigdatahub.co.kr/v1/datahub/datasets/search.json?pid=1002277&TDCAccessKey={API ACCESS KEY키}

추가로 API 연동 규격서를 다운로드하면 구체적인 api 사용 방법을 확인할 수 있다.

서울시 유동 인구 데이터 사용하기 ③ – JSON Viewer로 데이터 확인하기

활용 098

- **학습 내용:** 크롬 확장 프로그램 JSON Viewer로 데이터를 확인한다.
- **힌트 내용:** react 서버에서 api를 호출하기 전에 웹 브라우저에서 데이터 형태를 확인한다.

예제에서 사용할 api는 get 방식으로 호출할 수 있고 json 형태로 데이터를 반환할 수도 있다. 크롬 웹 브라우저에서 가독성 있게 json 데이터를 확인하기 위해 JSON Viewer라는 확장 프로그램을 설치한다.

JSON Viewer 설치 후 크롬 웹 브라우저에서 url을 호출해보면, 다음과 같이 정렬된 json 데이터를 확인할 수 있다.

https://api.bigdatahub.co.kr/v1/

주의 요함 | api.bigdatahub.co.kr/v1/datahub/datasets/search.json?pid=1002277&TDCAccessKey=f7c85708

```
// 20200620151410
// https://api.bigdatahub.co.kr/v1/datahub/datasets/search.json?
pid=1002277&TDCAccessKey=f7c857088da5680d9[...]bd0801bb0d7fa4

{
  "totalResult": 213300,
  "page": "1",
  "count": 10,
  "entry": [
    {
      "일자": "20191101",
      "시간(1시간단위)": "00",
      "연령대(10세단위)": "40",
      "성별": "여성",
      "시". "서울",
      "군구": "영등포구",
      "유동인구수": "32670"
    },
    {
      "일자": "20191101",
      "시간(1시간단위)": "00",
      "연령대(10세단위)": "50",
      "성별": "여성",
      "시": "서울",
      "군구": "구로구",
      "유동인구수": "37870"
    },
```

서울시 유동 인구 데이터 사용하기 ④ – axios로 api 호출하기

- **학습 내용:** axios로 외부 api를 호출하는 방법을 확인한다.
- **힌트 내용:** axios로 호출한 유동 인구 데이터를 리스트 화면에 표시한다.

axios 함수를 사용해 get 방식으로 유동 인구 api를 호출하고 데이터를 반복문을 사용해 행 단위의 리스트로 생성한다.

[Components] – [Floating_population] 폴더의 floatingPopulationList.js 파일을 확인한다.

floatingPopulationList.js

```
import React, { Component } from 'react';
import axios from "axios";

class floatingPopulationList extends Component {
    constructor(props) {
        super(props);

        this.state = {
            responseFPList: '',
            append_FPList: '',
        }
    }

    componentDidMount() {
        this.callFloatPopulListApi()
    }

    callFloatPopulListApi = async () => {
            axios.get('https://api.bigdatahub.co.kr/v1/datahub/datasets/
            search.json?'+'pid=1002277&TDCAccessKey=키값&$count=30', {
            })
            .then( response => {
```

```
                try {
                    this.setState({ responseFPList: response });
                    this.setState({
                    append_FPList: this.FloatPopulListAppend() });
                } catch (error) {
                    alert(error)
                }
            })
            .catch( error => {alert(error);return false;} );
    }

    FloatPopulListAppend = () => {
        let result = []
        var FPList = this.state.responseFPList.data
        var jsonString = JSON.stringify(FPList)
        jsonString = jsonString.replace(/\(1시간 단위\)/g, '')
        jsonString = jsonString.replace(/\(10세 단위\)/g, '')
        var json = JSON.parse(jsonString)

        for(let i=0; i<json.entry.length; i++){
            var data = json.entry[i]
            var idx = i+1
            result.push(
                <tr class="hidden_type">
                    <td>{idx}</td>
                    <td>{data.일자}</td>
                    <td>{data.시간}</td>
                    <td>{data.연령대}</td>
                    <td>{data.성별}</td>
                    <td>{data.시}</td>
                    <td>{data.군구}</td>
                    <td>{data.유동 인구 수}</td>
                </tr>
            )
        }
        return result
    }
```

```
60
61      render () {
62          return (
63  ...코드 생략...
64                                  <table class="table_ty2 fp_tlist">
65                                      {this.state.append_FPList}
66                                  </table>
67  ...코드 생략...
```

2 axios를 임포트해 사용할 수 있도록 한다.

9~10 `constructor` 함수가 가장 먼저 실행된다. 호출된 response 값을 저장할 `responseFPList` 변수와 리스트 html 코드를 저장할 `append_FPList` 변수를 state로 선언하고 공백을 할당한다.

65 `constructor` 함수 다음에 `render` 함수가 실행된다. `render` 함수가 최초 실행될 때는 append_FPList가 공백으로 빈 테이블 상태다.

14~16 `render` 함수 다음으로 `componentDidMount` 함수가 실행된다. callFloatPopulListApi를 호출한다.

19~20 `callFloatPopulListApi` 함수가 실행되면, axios로 유동 인구 url을 호출한다. 파라미터로 $count=30를 추가하면 30개의 데이터를 호출할 수 있다.

24 axios 호출로 반환된 response 데이터를 `state` 변수 `responseFPList`에 할당한다.

26 `FloatPopulListAppend` 함수를 호출한다.

37~40 `FloatPopulListAppend` 함수가 호출되면, `responseFPList` 변수에 할당했던 json 형태의 데이터를 불러온다. json 데이터를 string으로 변환해 불필요한 텍스트를 공백으로 replace한다.

42~57 json 데이터에서 실제 사용할 데이터가 포함된 entry object에 접근한다. json 데이터를 순서대로 가져온 후 `<tr>`, `<td>` 태그로 감싸 테이블의 한 행을 만들어준다. 행을 하나 생성할 때마다 line 35에서 선언한 배열 result에 push 문법으로 삽입한다. 반목문으로 모든 행을 result 배열에 넣고 반환한다.

line 58에서 return된 행들(<tr> 태그 묶음)을 append_FPList에 할당한다. 이때 setState 함수 25~26
가 실행되면서 render 함수가 다시 한번 호출된다.

render 함수가 다시 실행될 시점에 append_FPList에 할당된 html 코드(<tr> 태그 묶음)이 화 65
면에 표시된다.

실행 결과

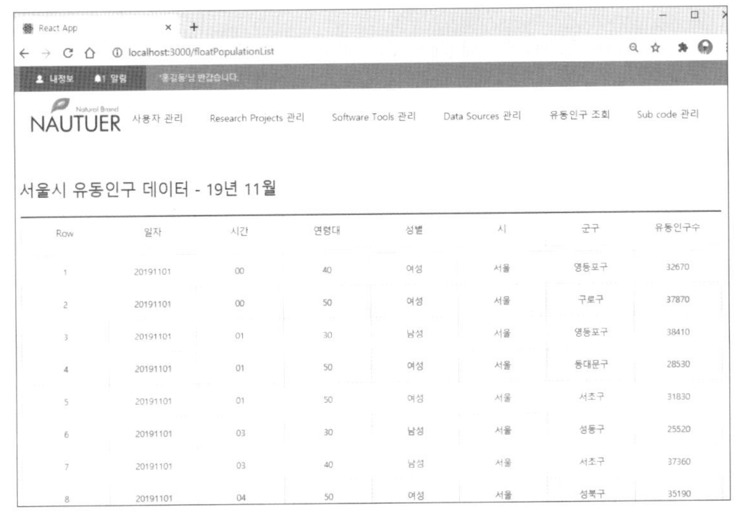

recharts로 LineChart 구현하기 ①

- **학습 내용:** recharts 패키지의 LineChart 구현 방법을 이해한다.
- **힌트 내용:** recharts 패키지의 태그에 형식에 맞는 데이터를 넣으면, 차트를 시각화할 수 있다.

recharts 패키지는 react에서 간편하게 다양한 형태의 chart를 구현할 수 있도록 api를 제공한다.

cmd 창을 열어 client 폴더 경로로 이동한다. [npm install --save recharts]를 입력하면 다음과 같이 npm이 recharts를 설치한다.

Floating_population 폴더의 rechartsSimpleLineChart.js 파일을 확인한다.

rechartsSimpleLineChart.js

```
import React, { PureComponent } from 'react';
import {
  LineChart, Line, XAxis, YAxis, CartesianGrid, Tooltip, Legend,
} from 'recharts';

const data = [
  { 군구: '광진구', 유동 인구 수: 32760, 비유동 인구 수: 34000 },
  { 군구: '동대문구', 유동 인구 수: 30480, 비유동 인구 수: 56000 },
  { 군구: '마포구', 유동 인구 수: 27250, 비유동 인구 수: 23000 },
  { 군구: '구로구', 유동 인구 수: 49870, 비유동 인구 수: 67000 },
  { 군구: '강남구', 유동 인구 수: 51420, 비유동 인구 수: 55000 },
];

export default class rechartsSimpleLineChart extends PureComponent {
  static jsfiddleUrl = 'https://jsfiddle.net/alidingling/xqjtetw0/';

  render() {
```

```
18     return (
19       <LineChart
20         width={1000}
21         height={300}
22         data={data}
23         margin={{ top: 5, right: 30, left: 20, bottom: 5 }}
24       >
25         <CartesianGrid strokeDasharray="3 3" />
26         <XAxis dataKey="군구" /><YAxis />
27         <Tooltip />
28         <Legend />
29         <Line type="monotone" dataKey="유동 인구 수" stroke="#8884d8"
30         activeDot={{ r: 8 }} />
31         <Line type="monotone" dataKey="비유동 인구 수" stroke="#82ca9d" />
32       </LineChart>
33     );
34   }
35 }
```

recharts 패키지를 임포트해 <LineChart>, <Line>, <XAxis>, <YAxis>, <CartesianGrid>, <Tooltip>, <Legend> 태그를 사용할 수 있도록 한다. 2~4

군 구별, 유동 인구 수와 비유동 인구 수를 비교하기 위해 json 형태의 데이터를 세팅한다. 6~12

<LineChart> 태그에 화면에 표시할 차트 영역의 가로 길이(width), 세로 길이(height), 데이터(data), margin 값을 할당한다. 19~24

차트 내부에 표시되는 격자선 간격을 조정할 수 있다. 25

data 변수에 할당한 데이터 중 X축에 사용할 데이터의 key 값을 지정한다. 26

<Tooltip> 태그는 마우스가 차트로 이동했을 때 이동한 좌표의 데이터를 화면에 나타낸다. 27

<Legend> 태그는 차트 하단 범례를 영역에 표시한다. 28

Y축에 표현될 데이터 key 값과 라인색을 지정한다. activeDot의 r 값은 마우스 커서가 차트로 이동했을 때 나타나는 색이 채워지는 동그라미의 크기다. 29~31

rechartsSimpleLineChart 컴포넌트를 확인하기 위해 App.js에서 라우팅돼 있는 /rechartsSimpleLineChart 경로를 호출한다.

App.js

```
...코드 생략...
import rechartsSimpleLineChart
from './Floating_population/rechartsSimpleLineChart';

class App extends Component {
  render () {
    return (
      <div className="App">
        <HeaderAdmin/>
...코드 생략...
<Route path='/rechartsSimpleLineChart'
component={rechartsSimpleLineChart} />
...코드 생략...
```

실행 결과

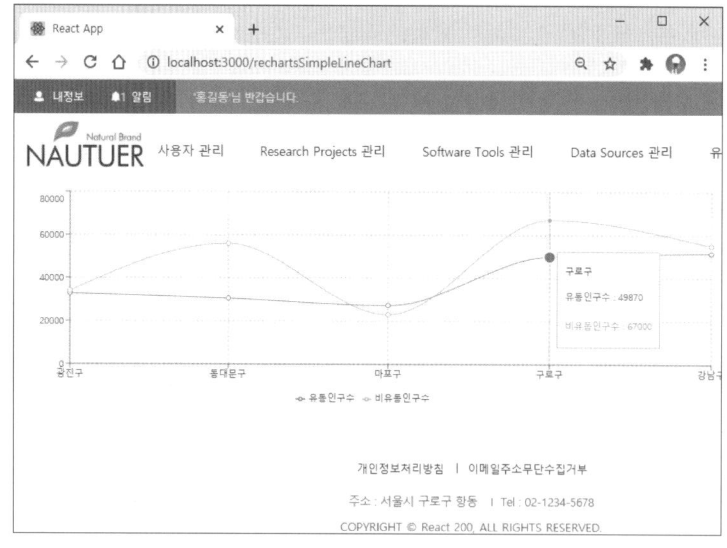

recharts로 LineChart 구현하기 ② (서울시 유동 인구 데이터)

활용 **101**

- **학습 내용:** 유동 인구 api 호출 데이터로 LineChart를 구현한다.
- **힌트 내용:** api 호출 데이터를 LineChart에서 사용할 수 있도록 할당한다.

외부 api로 호출해 가져온 데이터로 LineChart를 구현할 수 있다. 사용 가이드에 맞게 json 데이터를 할당하고 X, Y축 데이터를 지정한다.

Floating_population 폴더의 floatingPopulationListChart.js 파일을 확인한다.

floatingPopulationListChart.js

```
...코드 생략...
class floatingPopulationListChart extends Component {
    constructor(props) {
        super(props);
        this.state = {
            responseFPList: '',
            append_FPList: '',
        }
    }

    componentDidMount = async () => {
        axios.get('https://api.bigdatahub.co.kr/v1/datahub/datasets/
        search.json?pid=1002277&'+'TDCAccessKey=키값&$count=5', {
        })
        .then( response => {
            try {
                this.setState({ responseFPList: response });
                this.setState({
                append_FPList: this.state.responseFPList.data.entry });
            } catch (error) {
                alert(error)
            }
```

```
23         })
24         .catch( error => {alert(error);return false;} );
25     }
26 
27     render () {
28         return (
29             <LineChart
30 ...코드 생략...
31                 data={this.state.append_FPList}
32 ...코드 생략...
33                 <XAxis dataKey="군구" />
34 ...코드 생략...
35                 <Line type="monotone" dataKey="유동 인구 수" stroke="#8884d8" />
36             </LineChart>
37 ...코드 생략...
```

12~13 ◆ 유동 인구 api를 호출한다. 간단한 구조의 차트 구현을 위해 count 파라미터 값을 5로 할당해 5개의 데이터만 반환되도록 한다.

17 ◆ api 호출 결과 반환된 response 데이터를 `state` 변수 responseFPList에 할당한다.

18~19 ◆ LineChart에서 사용하는 데이터 형식에 맞게 json 데이터의 `entry` 변수까지 접근해 `state` 변수 append_FPList에 할당한다.

31 ◆ line 18에서 데이터를 할당한 `append_FPList` 변수를 LineChart 차트에서 사용할 수 있도록 한다.

33 ◆ X축 데이터의 key 값을 지정한다.

35 ◆ Y축 데이터의 key 값을 지정한다.

floatingPopulationListChart 컴포넌트를 확인하기 위해 App.js에서 라우팅돼 있는 /floatingPopulationListChart 경로를 호출한다.

App.js

```
...코드 생략...
import floatingPopulationListChart
from './Floating_population/floatingPopulationListChart';

class App extends Component {
  render () {
    return (
      <div className="App">
        <HeaderAdmin/>
...코드 생략...
<Route path='/floatingPopulationListChart'
component={floatingPopulationListChart} />
...코드 생략...
```

실행 결과

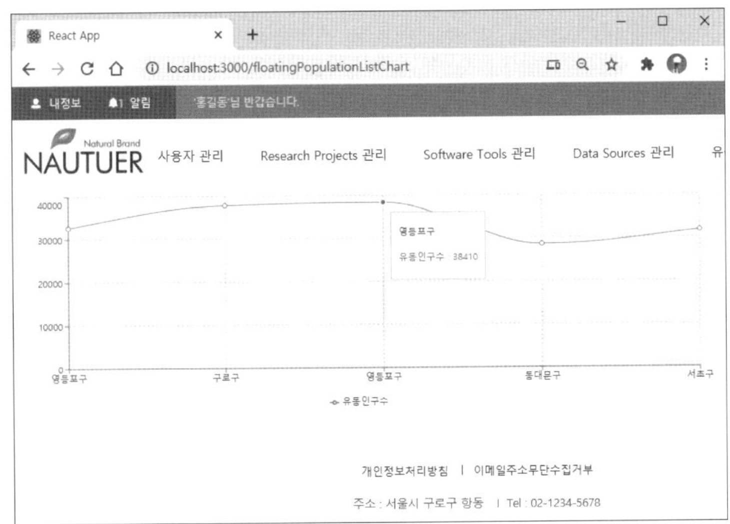

recharts로 AreaChart 구현하기 (서울시 유동 인구 데이터)

- **학습 내용:** 유동 인구 api 호출 데이터로 AreaChart를 구현한다.
- **힌트 내용:** api 호출 데이터를 AreaChart에서 사용할 수 있도록 할당한다.

외부 api로 호출해서 가져온 데이터로 AreaChart를 구현할 수 있다. 사용 가이드에 맞게 json 데이터를 할당하고 X, Y축 데이터를 지정한다.

Floating_population 폴더의 floatingPopulationAreaChart.js 파일을 확인한다.

floatingPopulationAreaChart.js

```
import React, { Component } from 'react';
import { AreaChart, Area, XAxis, YAxis, CartesianGrid, Tooltip }
from 'recharts';
import axios from "axios";

class floatingPopulationAreaChart extends Component {
...코드 생략...
    render () {
        return (
            <AreaChart
              width={1000}
              height={300}
              data={this.state.append_FPList}
              margin={{
                top: 5, right: 50, left: 20, bottom: 5,
              }}
            >
              <CartesianGrid strokeDasharray="3 3" />
              <XAxis dataKey="군구" />
              <YAxis />
              <Tooltip />
              <Area type="monotone" dataKey="유동 인구 수" stroke="#8884d8"
              fill="#8884d8" />
```

```
24              </AreaChart>
25 ...코드 생략...
```

recharts 패키지를 임포트해 <AreaChart>, <Area>, <XAxis>, <YAxis>, <CartesianGrid>, <Tooltip> 태그를 사용할 수 있도록 한다. 2~3

유동 인구 api를 호출해 state 변수 append_FPList에 할당하는 코드는 LineChart와 동일하므로 생략한다. 7

<AreaChart> 태그를 사용하면, LineChart에서 line 하단 부분 색이 채워진 차트가 표시된다. 10

<Area> 태그의 dataKey 속성 값으로 X 좌표의 키 값을 할당한다. 22~23

floatingPopulationAreaChart 컴포넌트를 확인하기 위해 App.js에서 라우팅돼 있는 /floatingPopulationAreaChart 경로를 호출한다.

실행 결과

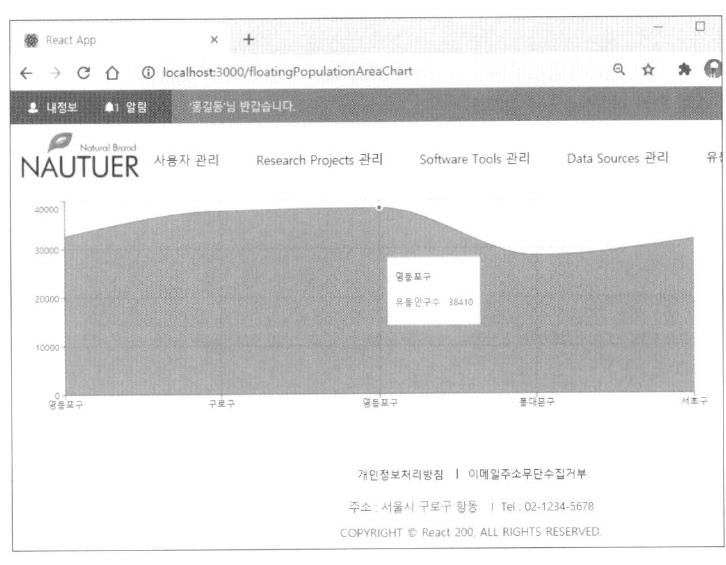

recharts로 BarChart 구현하기 (서울시 유동 인구 데이터)

- **학습 내용:** 유동 인구 api 호출 데이터로 BarChart를 구현한다.
- **힌트 내용:** api 호출 데이터를 BarChart에서 사용할 수 있도록 할당한다.

외부 api로 호출해서 가져온 데이터로 BarChart를 구현할 수 있다. 사용 가이드에 맞게 json 데이터를 할당하고 X, Y축 데이터를 지정한다.

Floating_population 폴더의 floatingPopulationBarChart.js 파일을 확인한다.

floatingPopulationBarChart.js

```
import React, { Component } from 'react';
import { BarChart, Bar, XAxis, YAxis, CartesianGrid, Tooltip, Legend }
from 'recharts';
import axios from "axios";

class floatingPopulationBarChart extends Component {
...코드 생략...
    render () {
        return (
            <BarChart
              width={1000}
              height={300}
              data={this.state.append_FPList}
              margin={{
                top: 5, right: 50, left: 20, bottom: 5,
              }}
            >
              <CartesianGrid strokeDasharray="3 3" />
              <XAxis dataKey="군구" />
              <YAxis />
              <Tooltip />
              <Legend />
```

```
23                <Bar dataKey="유동 인구 수" fill="#82ca9d" />
24              </BarChart>
25 ...코드 생략...
```

recharts 패키지를 임포트해 <BarChart>, <Bar>, <XAxis>, <YAxis>, <CartesianGrid>, <Tooltip>, <Legend> 태그를 사용할 수 있도록 한다. 2~3

유동 인구 api를 호출해 state 변수 append_FPList에 할당하는 코드는 LineChart와 동일하므로 생략한다. 7

<BarChart> 태그를 사용하면 색이 채워진 막대그래프 차트가 표시된다. 10

<Bar> 태그의 dataKey 속성 값으로 X 좌표의 키 값을 할당한다. fill 속성에 막대그래프 색상 코드를 지정할 수 있다. 23

floatingPopulationBarChart 컴포넌트를 확인하기 위해 App.js에서 라우팅돼 있는 /floatingPopulationBarChart 경로를 호출한다.

실행 결과

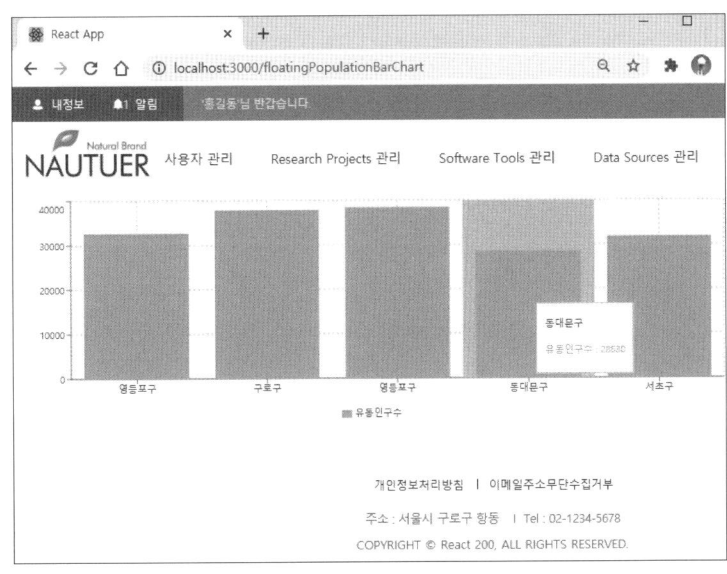

recharts로 ComposedChart 구현하기(서울시 유동 인구 데이터)

- **학습 내용:** 유동 인구 api 호출 데이터로 ComposedChart를 구현한다.
- **힌트 내용:** api 호출 데이터를 ComposedChart에서 사용할 수 있도록 할당한다.

외부 api로 호출해서 가져온 데이터로 ComposedChart를 구현할 수 있다. ComposedChart는 여러 유형의 차트를 함께 표시한다.

Floating_population 폴더의 floatingPopulationComposedChart.js 파일을 확인한다.

floatingPopulationComposedChart.js

```
import React, { Component } from 'react';
import { ComposedChart, Line, Bar, XAxis, YAxis, CartesianGrid,
Tooltip, Legend } from 'recharts';
import axios from "axios";

class floatingPopulationComposedChart extends Component {
...코드 생략...
    render () {
        return (
            <ComposedChart
              width={1000}
              height={300}
              data={this.state.append_FPList}
              margin={{
                top: 5, right: 50, left: 20, bottom: 5,
              }}
            >
              <CartesianGrid stroke="#003458" />
              <XAxis dataKey="군구" />
              <YAxis />
              <Tooltip />
              <Legend />
```

```
23                 <Bar dataKey="유동 인구 수" fill="#82ca9d" />
24                 <Line type="monotone" dataKey="유동 인구 수" stroke="#ff7300" />
25               </ComposedChart>
26 ...코드 생략...
```

recharts 패키지를 임포트해 <ComposedChart>, <Bar>, <XAxis>, <YAxis>, <CartesianGrid>, 2~3
<Tooltip>, <Legend> 태그를 사용할 수 있도록 한다.

유동 인구 api를 호출해 state 변수 append_FPList에 할당하는 코드는 LineChart와 동일하므로 7
생략한다.

<ComposedChart> 태그를 사용하면 여러 개의 차트를 동시에 표시할 수 있다. 10

<CartesianGrid> 태그의 stroke 속성에 색상 코드를 할당하면, 격자선의 색을 지정할 수 있다. 18

<Line> 태그와 <Bar> 태그를 <ComposedChart> 태그 안에 위치시켜 LineChart와 BarChart 23~24
를 함께 표시한다.

floatingPopulationComposedChart 컴포넌트를 확인하기 위해 App.js에서 라우팅돼 있는 /floatingPopulationComposedChart 경로를 호출한다.

실행 결과

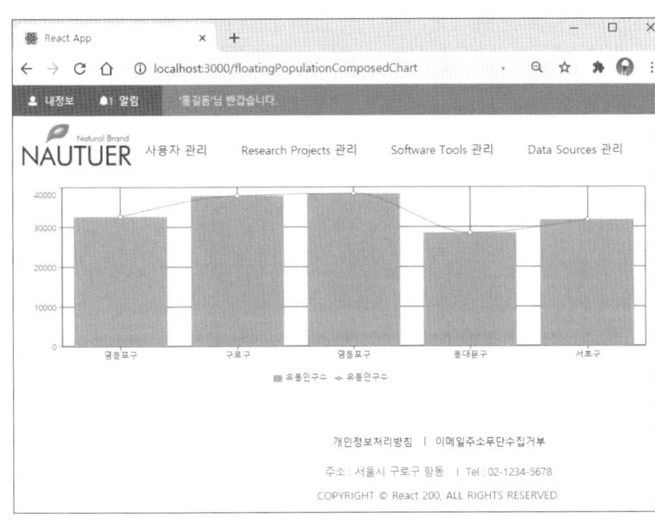

recharts로 ScatterChart 구현하기(서울시 유동 인구 데이터)

- **학습 내용:** 유동 인구 api 호출 데이터로 ScatterChart를 구현한다.
- **힌트 내용:** api 호출 데이터를 ScatterChart에서 사용할 수 있도록 할당한다.

외부 api로 호출해서 가져온 데이터로 ScatterChart를 구현할 수 있다. ScatterChart는 X 좌표와 Y 좌표 데이터를 각각 할당해 두 좌표가 만나는 지점에 점을 표시할 수 있다.

Floating_population 폴더의 floatingPopulationScatterChart.js 파일을 확인한다.

floatingPopulationScatterChart.js

```
import React, { Component } from 'react';
import { ScatterChart, Scatter, XAxis, YAxis, CartesianGrid, Tooltipip }
from 'recharts';
import axios from "axios";

class floatingPopulationScatterChart extends Component {
...코드 생략...
<ScatterChart
  width={1000}
  height={300}
  margin={{
    top: 5, right: 50, left: 20, bottom: 5,
  }}
>
  <CartesianGrid />
  <XAxis type="number" dataKey="연령대(10세 단위)" name="연령대" unit="세" />
  <YAxis type="number" dataKey="유동 인구 수" name="유동 인구 수" unit="명" />
  <Tooltip cursor={{ strokeDasharray: '3 3' }} />
  <Scatter data={this.state.append_FPList} fill="#003458" />
</ScatterChart>
...코드 생략...
```

recharts 패키지를 임포트해 `<ScatterChart>`, `<Scatter>`, `<XAxis>`, `<YAxis>`, `<Cartesian Grid>`, `<Tooltip>` 태그를 사용할 수 있도록 한다. 2~3

유동 인구 api를 호출해 `state` 변수 append_FPList에 할당하는 코드는 LineChart와 동일하므로 생략한다. 7

`<ScatterChart>` 태그를 사용하면 분산형 차트를 표시할 수 있다. 8

XAxis는 X축에 대한 정보, YAxis에는 Y축에 대한 정보를 할당한다. dataKey에는 사용할 데이터의 key 값을 지정한다. name과 unit는 각각 마우스를 차트의 점 위에 올려 놓았을 때 표시되는 데이터명과 단위다. 16~17

Scatter에 직접 데이터를 할당한다. fill 속성에 색상 코드를 할당하면, 차트에 표시되는 점 색을 변경할 수 있다. 19

floatingPopulationScatterChart 컴포넌트를 확인하기 위해 App.js에서 라우팅돼 있는 /floatingPopulationScatterChart 경로를 호출한다.

실행 결과

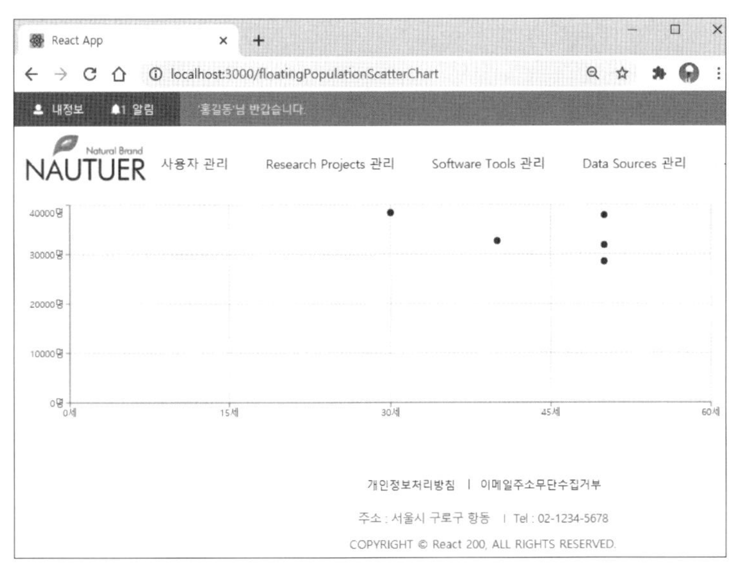

5 PART 실무

개발부터 배포까지 실무 응용

5부에서는 프론트 엔드 언어인 react.js에 백엔드 서버(node.js), DB 서버(AWS RDS), 웹 서버(AWS EC2)를 연동해 사용해보고 kakao 지도 api를 실습해본다. 백엔드 언어인 node.js를 사용하면 DB 서버에 데이터를 조회, 삽입, 수정, 삭제 작업을 수행할 수 있다. 이외에도 파일 업로드, 암호화, 이메일 발송, 스케줄러 등의 작업을 node 서버에서 동작하도록 예제를 구성했다.

실무 106 node.js express 프레임워크 설치하기

• **학습 내용:** back-end 서버를 구현하기 위해 node.js의 express 프레임워크를 설치한다.
• **힌트 내용:** express를 사용하면 node 서버를 간편하게 구현할 수 있다.

react에서 create-react-app을 설치해 front-end 서버를 간편하게 구동했던 것처럼 node에서는 express를 사용하면 back-end 서버 구현을 쉽게 할 수 있다.

1. react 서버 디렉터리(C:\react200\client)의 상위 디렉터리(C:\react200)에 express를 설치한다. cmd를 열어 [npm i -g express-generator] 명령어로 express를 생성하기 위한 generator를 설치한다. generator 설치 후 [express nodefolder] 명령어를 실행하면 nodefolder라는 express 프로젝트가 생성된다.

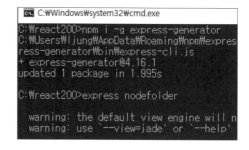

```
C:\Windows\system32\cmd.exe
C:\react200>npm i -g express-generator
C:\Users\ljung\AppData\Roaming\npm\expres
ress-generator\bin\express-cli.js
+ express-generator@4.16.1
updated 1 package in 1.995s

C:\react200>express nodefolder

  warning: the default view engine will n
  warning: use `--view=jade' or `--help'
```

2. nodefolder 폴더를 보면 다음과 같이 파일 구조가 생성된 것을 확인할 수 있다.

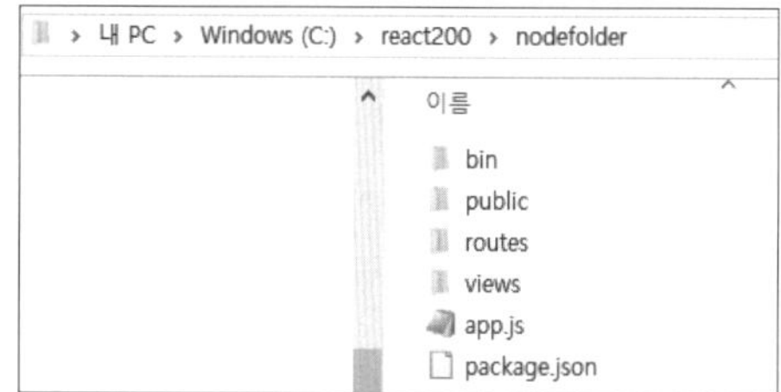

3. nodefolder 폴더 안에 있는 폴더와 파일들을 C:\react200 경로로 옮기고 nodefolder는 삭제한다.

› 내 PC › Windows (C:) › react200 ›
이름
.gitignore
client
.git
bin
public
routes
views
app.js
package.json

node 서버 구동하기

실무 107

- **학습 내용:** node express 서버를 구동하는 방법을 이해한다.
- **힌트 내용:** node서버를 구동하는 데 필요한 패키지들을 설치한 후 서버를 시작한다.

express 프로젝트를 생성하면 기본적인 웹 프레임워크 디렉터리 구조가 생성된다. React 프로젝트 구조와 마찬가지로 node 경로(C:\react200)에는 package.json 파일이 존재하고, 서버 구동에 필요한 패키지들이 작성돼 있다. 작성돼 있는 패키지를 설치하면 서버를 구동할 수 있다.

1. node 경로(C:\react200)에서 [npm install] 명령어를 실행해, package.json에 작성된 패키지를 설치한다. 설치가 완료되면 node 경로(C:\react200)에 설치된 패키지들이 추가된 node_modules 폴더가 생성된다.

2. node 경로(C:\react200)에서 [npm start] 명령어를 실행하면 서버를 구동할 수 있다.

3. 웹 브라우저에서 [localhost:3000]을 호출하면, 다음과 같이 node express 서버가 구동된 것을 확인할 수 있다. express 서버의 기본 포트는 3000번이다.

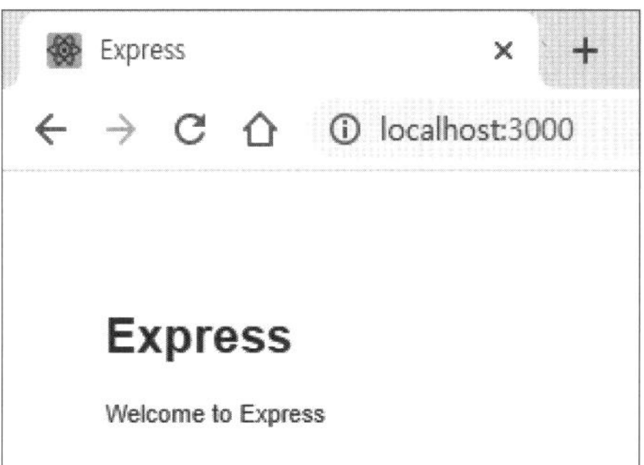

node 서버 api 호출하기

- **학습 내용:** node 서버 api를 호출하는 방법을 이해한다.
- **힌트 내용:** express 프레임워크에서 기본으로 제공하는 라우팅 기능을 사용한다.

node 경로(C:\react200)의 app.js 파일은 react에서 App.js 파일과 동일한 라우팅 기능을 담당한다. express 프레임워크에서 기본으로 라우터 구조가 잡혀 있기 때문에 api를 간편하게 구현할 수 있다.

1. node.js는 back–end뿐 아니라 front–end도 구현할 수 있는 언어다. 하지만 front–end 언어로는 node보다 react가 강점이 많기 때문에 node 서버는 back–end api 서버로만 사용할 것이다. node 경로(C:\react200)에서 불필요한 front–end 관련 소스 public, views 폴더를 삭제한다.

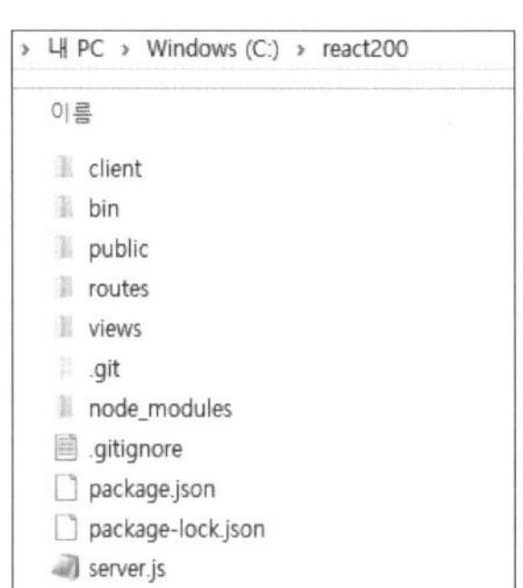

2. node 경로(C:\react200)에서 app.js 파일명을 react의 App.js와 구분하기 위해 server.js로 수정한다. server.js에서 불필요한 코드를 삭제하고 다음과 같이 수정한다.

server.js

```
var express = require('express');

var indexRouter = require('./routes/index');
var usersRouter = require('./routes/users');

var app = express();

app.use('/', indexRouter);
app.use('/users', usersRouter);

module.exports = app;
```

react의 App.js에서 컴포넌트 파일을 임포트했던 것처럼 require 문법으로 라우터 파일 경로를 변수에 저장한다. 3~4

호출하는 서버 경로에 따라 line 3~4에서 지정한 파일로 라우팅한다. 8~9

NOTE

라우팅(routing)이란, 네트워크 주소에 따라 목적지 경로를 체계적으로 결정하는 경로 선택 과정이다.

3. routes 폴더의 users.js 파일을 보면 /users 경로의 라우터가 구현돼 있다.

users.js

```
1 var express = require('express');
2 var router = express.Router();
3
4 /* GET users listing. */
5 router.get('/', function(req, res, next) {
6   res.send('respond with a resource');
7 });
8
9 module.exports = router;
```

http get 방식으로 request 호출을 받으면, `res.send` 함수가 텍스트 데이터를 response로 전송한다. line 5에서 req는 request, res는 response의 약자다. 5~6

4. bin 폴더의 www 파일을 열어 다음과 같이 수정한다.

www

```
...코드 생략...
var app = require('../server');
var debug = require('debug')('nodefolder:server');
var http = require('http');

...코드 생략...
```

```
 7
 8 var port = normalizePort(process.env.PORT || '5000');
 9 app.set('port', port);
10 ...코드 생략...
```

2 ◆ app.js 파일명을 server.js로 바꿨기 때문에 server.js를 require하도록 수정한다.

8 ◆ react 서버와 node 서버를 동시에 구동하기 위해 node 서버의 포트를 5000번으로 지정한다.

웹 브라우저에서 node 서버 주소(localhost:5000)에 users 경로를 호출하면, user.js의 line 6에서 response로 반환한 텍스트가 화면에 표시된다. 이때 http://localhost:5000/users가 get 방식으로 호출할 수 있는 api 주소다.

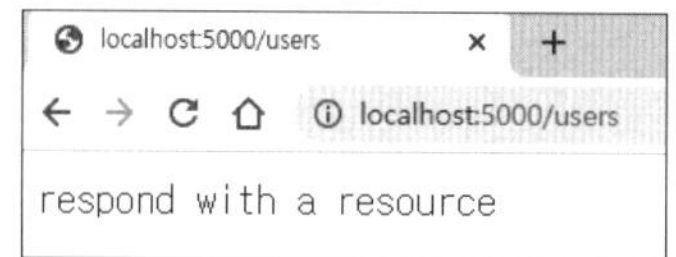

react 서버와 node 서버를 프록시로 연결하기

실무 109

- **학습 내용:** 프록시의 기능과 사용 방법을 이해한다.
- **힌트 내용:** react 서버를 프록시 서버로 사용한다.

프록시란, 클라이언트가 다른 서버에 간접적으로 접속할 수 있도록 중계해주는 프로그램이다. 예를 들면, 웹 브라우저(클라이언트)에 react 서버(localhost:3000)을 띄우고 react 페이지에서 node api를 호출해 데이터를 표시할 수 있다. 이때 프록시를 설정하면 node 서버 url을 localhost:5000/users가 아닌 /users로 간략하게 사용할 수 있다. 프록시를 보통 보안이나 캐시 목적으로 사용하는데, 예제에서는 node 서버 호출 url을 간략히 사용하기 위한 용도로 사용한다.

client 폴더의 package.json 하단에 proxy 설정 코드를 추가한다.

App.js

```
1 ...코드 생략...
2     "development": [
3       "last 1 chrome version",
4       "last 1 firefox version",
5       "last 1 safari version"
6     ]
7   },
8   "proxy": "http://127.0.0.1:5000"
9 }
```

react 서버의 package.json 파일에서 node 서버 주소(127.0.0.1:5000)를 프록시로 중계한다. 7~8

components 폴더의 R109_reactProxy.js 파일을 확인한다.

App.js

```
import React, { Component } from 'react';

class R109_reactProxy extends Component {
```

```
4   componentDidMount = async () => {
5     const response = await fetch('/users');
6     const body = await response.text();
7     console.log("body : "+body)
8   }
9
10  render() {
11    return (
12      <><h1>Proxy Call Node Api</h1></>
13    )
14  }
15 }
16
17 export default R109_reactProxy;
```

5 프록시 설정을 해줬기 때문에 node 서버 api 주소를 localhost:5000/users가 아닌 /users로 사용할 수 있다. api를 호출한 후 반환된 값을 `response` 변수에 할당한다.

6~7 `response` 변수의 값을 확인하기 위해 `.text` 함수로 문자열로 변환해 로그를 출력한다.

다음과 같이 node 경로(C:\react200)와 react 경로(C:\react200\client)에서 [npm start] 명령어로 각각 node 서버와 react 서버를 구동한다.

R109_reactProxy 컴포넌트의 결과를 확인하기 위해 App.js에서 라우팅돼 있는 /reactProxy 경로를 호출한다.

App.js

```
...코드 생략...
import reactProxy from './R109_reactProxy';

class App extends Component {
  render () {
    return (
      <div className="App">
        <HeaderAdmin/>
...코드 생략...
<Route exact path='/reactProxy' component={reactProxy} />
...코드 생략...
```

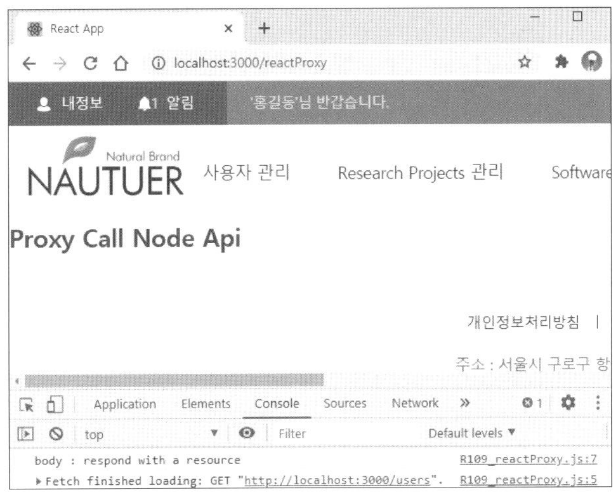

node 서버 api를 get로 json 데이터 호출하기

- **학습 내용:** node 서버의 json 데이터를 get 방식으로 호출하는 방법을 이해한다.
- **힌트 내용:** json 데이터의 key 값으로 접근해 value 값을 가져온다.

react에서 json 데이터를 받아 사용하기 위해서는 node 서버에서 json 형태로 데이터를 response에 담아 보내줘야 한다.

node 경로(C:\react200) routes 폴더의 users.js 파일을 확인한다.

users.js

```
1 var express = require('express');
2 var router = express.Router();
3
4 /* GET users listing. */
5 router.get('/', function(req, res, next) {
6   res.send({'message':'node get success'});
7 });
8
9 module.exports = router;
```

5~7 ◆ node 서버(localhost:5000)에서 users 경로를 get 방식으로 호출하면, key가 message이고 value가 node get success인 json 데이터를 response로 전송한다.

components 폴더의 R110_ApiGetJson.js 파일을 확인한다.

R110_ApiGetJson.js

```
import React, { Component } from 'react';

class R110_ApiGetJson extends Component {
  componentDidMount = async () => {
    const response = await fetch('/users');
```

```
6      const body = await response.json();
7      console.log("body.message : "+body.message)
8    }
9
10   render() {
11     return (
12       <><h1>Call Node Api Get</h1></>
13     )
14   }
15 }
16
17 export default R110_ApiGetJson;
```

.text가 아닌 .json 함수로 json 형태의 데이터를 body 변수에 할당한다. 6

json 데이터의 key 값인 message로 접근해 value 값 node get success를 로그로 출력한다. 7

R110_ApiGetJson 컴포넌트의 결과를 확인하기 위해 App.js에서 라우팅돼 있는 /ApiGetJson 경로를 호출한다.

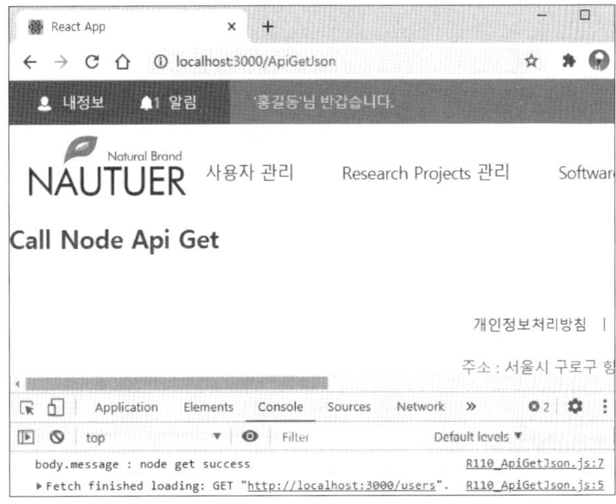

node 서버 api를 post로 json 데이터 호출하기

- **학습 내용:** node 서버의 json 데이터를 post 방식으로 호출하는 방법을 이해한다.
- **힌트 내용:** json 데이터의 key 값으로 접근해 value 값을 가져온다.

react에서 post 호출로 json 데이터를 받아오기 위해서는 node 서버에서 post 호출을 받는 라우터 코드를 추가해야 한다.

node 경로(C:\react200) routes 폴더의 users.js 파일을 확인한다.

users.js

```
1 var express = require('express');
2 var router = express.Router();
3
4 /* Post users listing. */
5 router.post('/', function(req, res, next) {
6   res.send({'message':'node post success'});
7 });
8
9 module.exports = router;
```

5~7 ◆ node 서버(localhost:5000)에서 users 경로를 post 방식으로 호출하면, key가 message이고 value가 node post success인 json 데이터를 response로 전송한다. get 방식과 동일한 구조로 라우터를 사용한다.

components 폴더의 R111_ApiPostJson.js 파일을 확인한다.

R111_ApiGetJson.js

```
import React, { Component } from 'react';
const axios = require('axios');

class R111_ApiPostJson extends Component {
```

```
5    componentDidMount(){
6      axios.post('/users', {
7      })
8      .then( response => {
9          console.log("response.data.message : "+response.data.message)
10     })
11   }
12
13   render() {
14     return (
15       <><h1>Call Node Api Post</h1></>
16     )
17   }
18 }
19
20 export default R111_ApiPostJson;
```

.axios를 사용해 post 방식으로 node api(/users)를 호출한다. ◆ 6

json 데이터의 key 값인 message로 접근해 value 값 node post success를 로그로 출력한다. ◆ 9

R111_ApiPostJson 컴포넌트의 결과를 확인하기 위해 App.js에서 라우팅돼 있는 /ApiPostJson 경로를 호출한다.

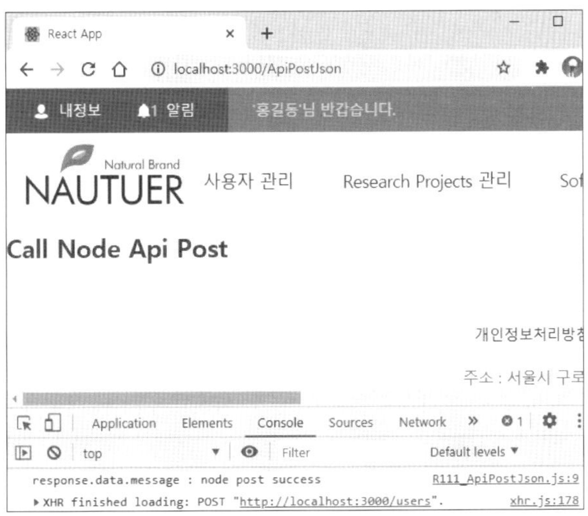

concurrently로 react, node 서버 한 번에 구동하기

- **학습 내용:** concurrently로 두 가지 명령어를 동시에 실행할 수 있다.
- **힌트 내용:** concurrently로 하나의 명령어로 react, node 서버를 구동할 수 있다.

concurrently는 여러 개의 명령어를 동시에 실행할 수 있게 도와주는 패키지다.

cmd 창을 열어 node 경로(C:\react200)로 이동한다. [npm install --save concurrently]를 입력하면 다음과 같이 npm이 concurrently를 설치한다.

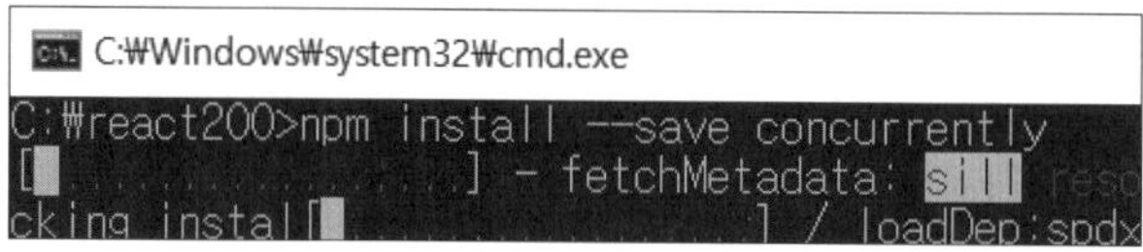

추가로 nodemon이라는 패키지를 설치한다. nodemon은 node 폴더의 소스가 수정될 때 자동으로 node 서버를 재시작시켜준다. [npm install -g nodemon]을 입력해 nodemon을 설치한다.

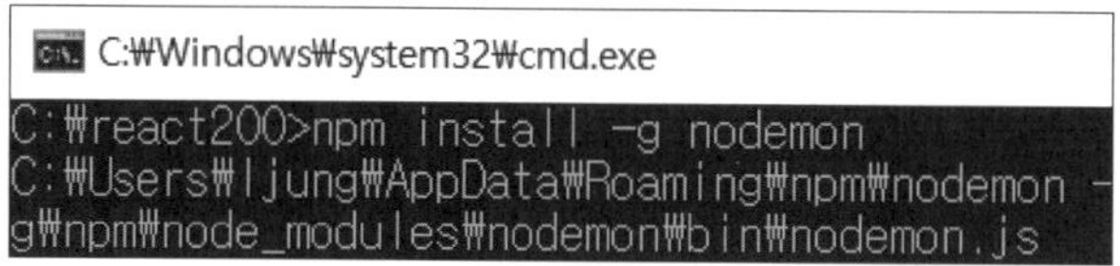

node 경로(C:\react200)의 package.json 파일을 확인한다.

package.json

```
...코드 생략...
  "scripts": {
    "client": "cd client && yarn start",
    "server": "nodemon server.js",
    "dev": "concurrently --kill-others-on-fail \"yarn server\" \
    "yarn client\""
  },
...코드 생략...
```

yarn dev 명령어를 실행하면, concurrently가 yarn server와 yarn client 명령어를 동시에 실행한다. --kill-others-on-fail은 두 명령어 중 하나라도 에러가 나면, 모두 종료하는 옵션이다. 5~6

yarn client 명령어는 react 경로로 폴더 경로로 이동해(cd client), react 서버를 실행한다(yarn start). 3

yarn server 명령어는 node 경로에서 server.js를 nodemon으로 실행해 node 서버를 구동한다. express 기본 설정에서는 포트 정보가 있는 www 파일을 실행했지만, 수정 후 www 파일 대신 server.js를 참조하기 때문에 server.js 소스에 포트 정보를 작성해야 한다. 4

node 경로(C:\react200)의 server.js 파일을 확인한다.

server.js

```
 1 var express = require('express');
 2 
 3 var indexRouter = require('./routes/index');
 4 var usersRouter = require('./routes/users');
 5 
 6 var app = express();
 7 
 8 app.use('/', indexRouter);
 9 app.use('/users', usersRouter);
10 
11 const port = process.env.PORT || 5000;
12 app.listen(port, () => console.log(`Listening on port ${port}`));
```

node 서버 포트를 5000으로 설정하는 코드를 추가한다. 11~12

이제 cmd 하나로 react와 node 서버를 동시에 구동할 수 있다. node 경로(C:\react200)에서 yarn dev 명령어를 실행하면 react와 node 서버가 구동된다. /ApiPostJson 경로를 호출해 react 페이지에서 node api를 정상적으로 호출한 것을 확인한다.

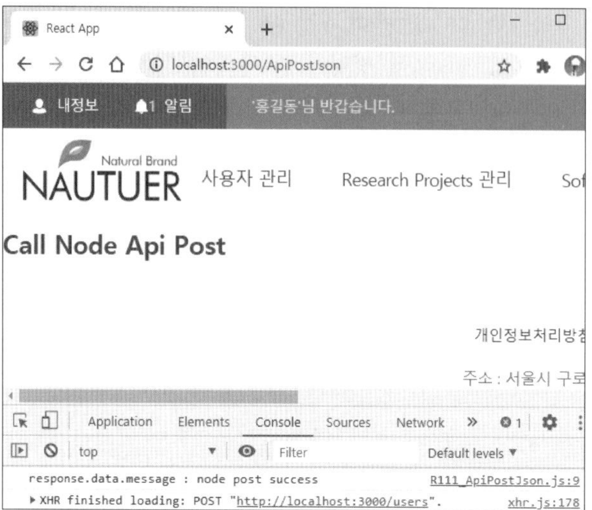
React App
localhost:3000/ApiPostJson
내정보
1 알림
'홍길동'님 반갑습니다.
Natural Brand
NAUTUER
사용자 관리
Research Projects 관리
Call Node Api Post
Application
Elements
Console
Sources
Network
top
Filter
Default levels
response.data.message : node post success
R111_ApiPostJson.js:9
XHR finished loading: POST "http://localhost:3000/users".
xhr.js:178

MYSQL 서버 구축하기 ① – AWS 가입하기

실무 **113**

- **학습 내용:** 웹 서버(EC2)와 DB 서버(RDS)를 사용하기 위해 AWS 계정을 생성한다.
- **힌트 내용:** AWS 서버를 사용하면 외부에서 접속 가능한 웹 사이트를 만들 수 있다.

예제에서 필요한 서버는 react와 node 서버가 구동될 EC2라는 ubuntu 서버와 DB(mysql) 서버로 사용될 RDS 서버다. AWS에서는 지정된 한도 내에서 AWS 서비스를 무료로 사용할 수 있도록 프리티어라는 기능을 제공한다. 계정당 EC2 서버와 RDS 서버를 각각 1개씩, 특정 사양으로 1년간 무료로 사용할 수 있다.

1. AWS 웹 사이트(https://aws.amazon.com/ko/)에 접속해 AWS 계정 생성 페이지에서 다음과 같이 이메일 주소와 암호 등을 입력하고 [동의하고 계정 만들기] 버튼을 클릭한다.

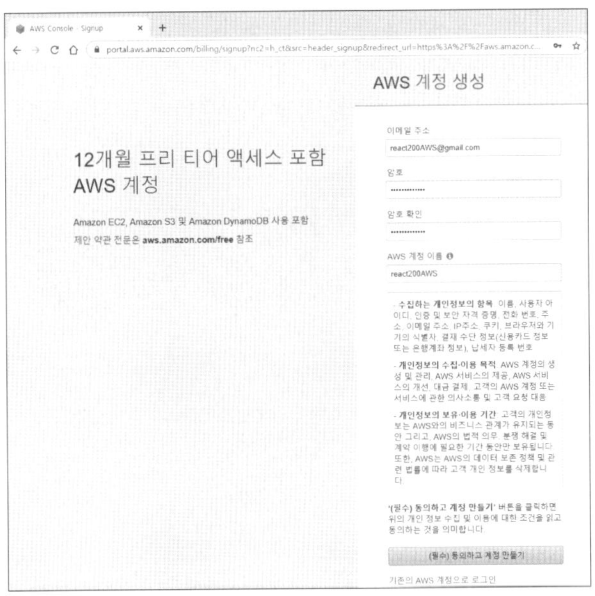

2. 다음 페이지에서 계정 유형을 [개인]으로 선택한다. 나머지 정보를 입력한 후 [계정을 만들고 계속 진행] 버튼을 클릭한다.

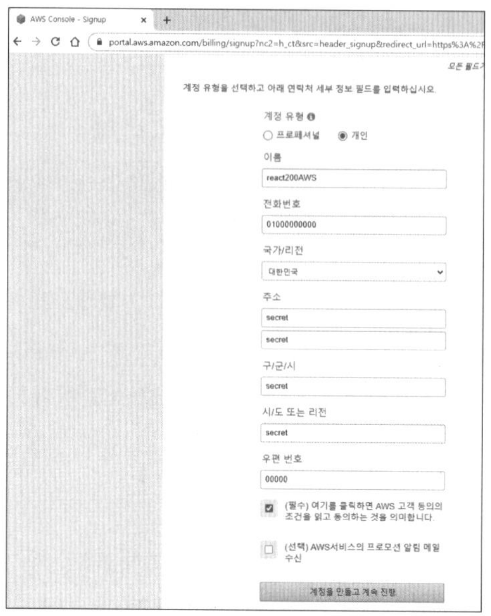

3. 마지막 단계에서 결제 정보를 입력한다. [검증 및 추가] 버튼을 클릭했을 때 유효한 카드 정보를 입력했다면 1달러가 결제되지만 3~4일 안에 승인 취소된다. 프리티어를 사용한 후 1년이 만료되기 전에 생성한 모든 인스턴스를 삭제하면 과금이 될 일은 없다. 과금이 불안하다면 등록한 카드를 분실 신고하는 등의 방법으로 결제되지 않게 할 수 있다.

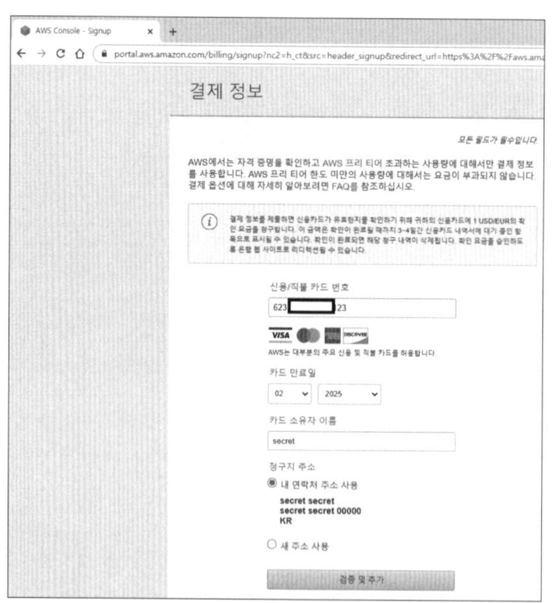

MYSQL 서버 구축하기 ② – RDS 인스턴스 생성하기

실무 114

- **학습 내용:** AWS RDS 서버 인스턴스를 생성하는 방법을 이해한다.
- **힌트 내용:** RDS 인스턴스 생성 시 설정 사항을 확인한다.

AWS에 정상적으로 가입했다면, AWS 콘솔에 접속할 수 있다. AWS 웹 사이트(https://aws.amazon.com/ko/)에서 가입한 계정으로 로그인을 하고 [내 계정] – [AWS Management Console]을 클릭한다.

1. 왼쪽 상단의 [서비스] – [데이터베이스] – [RDS]를 클릭한다. 다음과 같이 RDS Dashboard 페이지에서 [데이터베이스 생성] 버튼을 누른다.

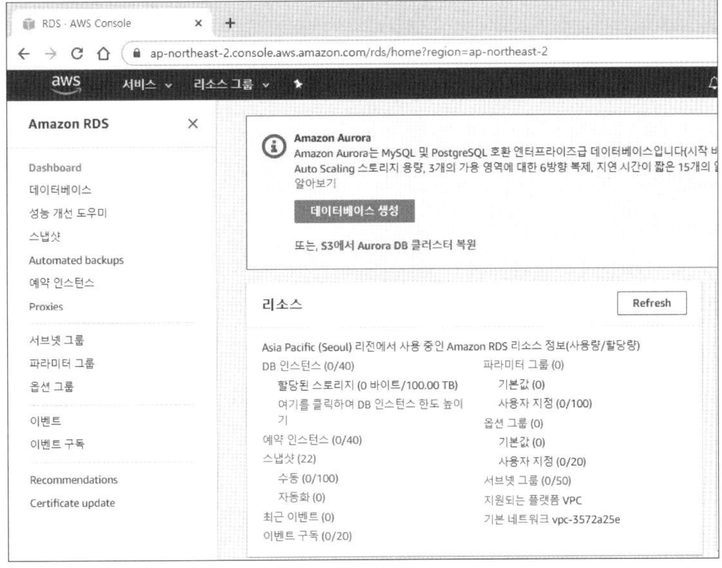

2. 엔진 유형을 [MySQL]로 선택한다. 나머지 설정은 수정하지 않는다.

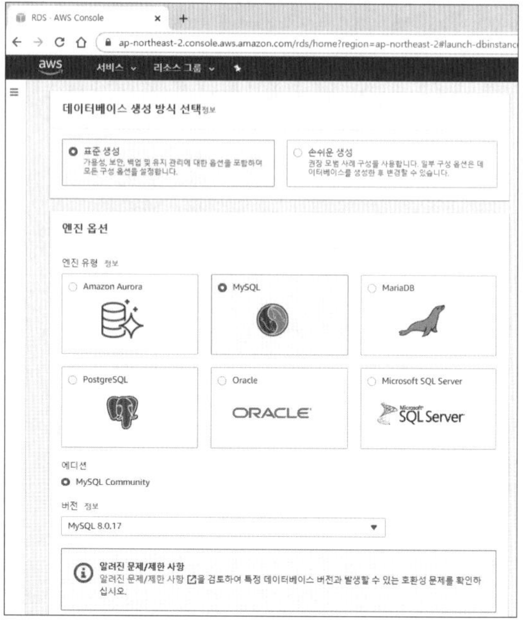

3. 템플릿을 [프리티어]로 선택한다. [DB 인스턴스 식별자]는 사용할 인스턴스의 명칭을 정해 입력한다. [마스터 암호]는 DB 툴(workbench)과 node 서버(mysql 연동 부분)에서 사용되므로 입력한 후 잊어버리지 않도록 한다. 나머지 설정은 수정하지 않는다.

4. [스토리지 자동 조정 활성화]는 사용량에 따라 과금될 수 있기 때문에 체크 표시를 해제한다. 나머지 설정은 수정하지 않는다.

5. [퍼블릭 엑세스 허용]을 [예]로 체크해 외부 DB 툴(workbench)에서도 접속할 수 있도록 한다. [데이터베이스 포트]가 3306인 것을 확인한다. 나머지 설정은 수정하지 않는다.

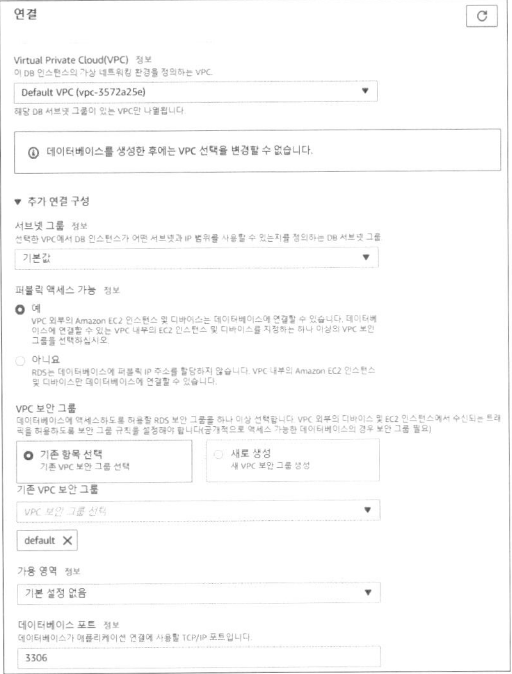

6. 마지막으로 [데이터베이스 생성] 버튼을 누르면, RDS 인스턴스가 생성된다.

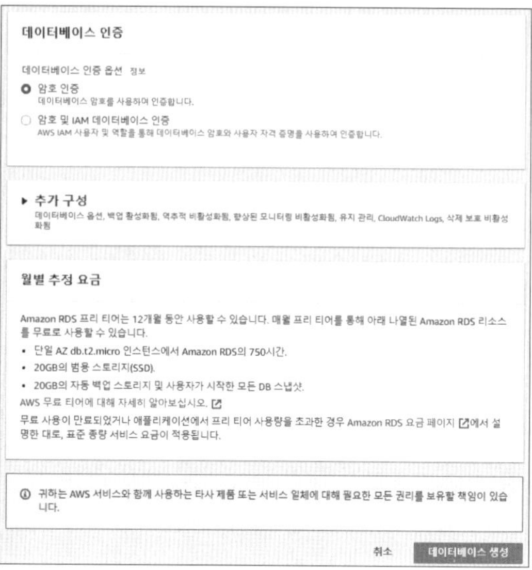

7. 인스턴스 생성이 완료되면 다음과 같이 인스턴스 상태가 [사용 가능]으로 표시된다.

MYSQL 서버 구축하기 ③ – RDS 인스턴스 포트 설정하기

실무 **115**

- **학습 내용:** AWS RDS 서버 인스턴스의 인바운드 포트 생성 방법을 이해한다.
- **힌트 내용:** 인바운드 포트 설정을 하면, AWS 외부에서 RDS 서버에 접속할 수 있다.

AWS 인바운드 규칙을 추가하면, 특정 포트 트래픽의 접속을 허용할 수 있다.

1. 왼쪽 상단의 [서비스] – [컴퓨팅] – [EC2]를 클릭한다. 페이지 왼쪽에 표시되는 [보안 그룹] 버튼을 누르면, 다음과 같이 보안 그룹 리스트가 표시된다. RDS 인스턴스에서 사용 중인 [보안 그룹 ID]를 클릭한다. 별도의 설정이 없었다면 [보안 그룹 이름]이 default인 [보안 그룹 ID]를 선택한다.

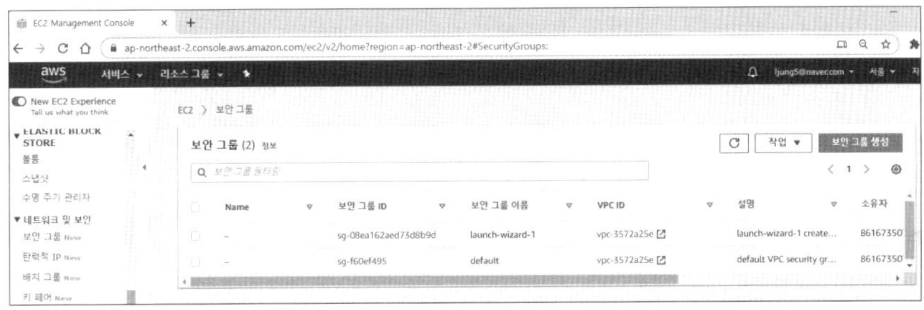

2. 인바운트 포트를 추가하기 위해 [인바운드 규칙 편집] 버튼을 클릭한다.

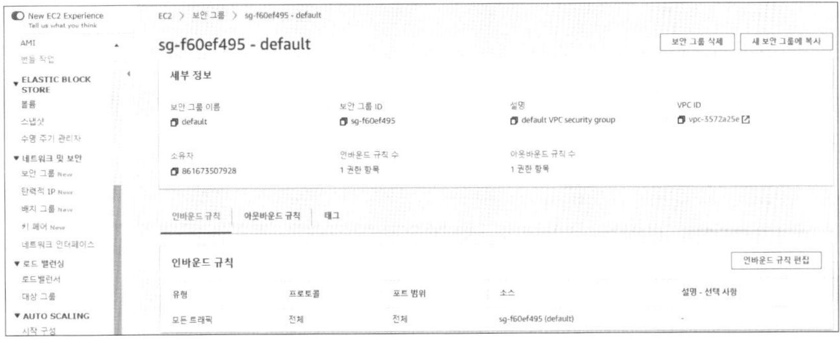

3. [규칙 추가]를 누른 후 다음과 같이 유형이 [MYSQL/Aurora]인 3306 포트의 규칙을 입력하고 [규칙 저장]을 클릭한다.

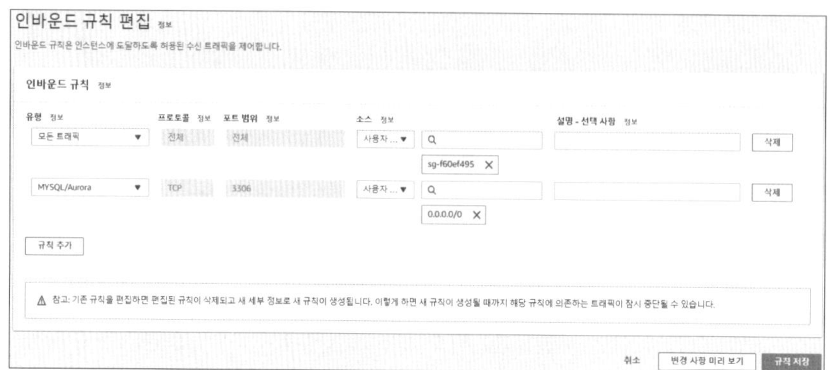

실무 116

MYSQL client 설치하기

- **학습 내용:** mysql client 설치 방법을 이해한다.
- **힌트 내용:** mysql installer를 실행하면서 workbench를 선택해 함께 설치한다.

mysql client는 로컬에 DB 서버를 설치하지 않고 rds와 같은 외부 DB 서버에 접속해서 사용할 경우에 설치하는 유형이다. client 유형은 로컬에 서버를 설치하는 server 유형보다 설치 용량이 작다. mysql installer를 실행하면서 DB 툴로 사용할 workbench를 함께 설치할 수 있다.

1. mysql 다운로드 경로(https://dev.mysql.com/downloads/installer/)에 접속해 두 번째 파일(mysql-installer-community-8.0.20.0.msi) 오른쪽의 [Download] 버튼을 누른다. 버전은 예제와 다를 수 있는데, 설치 시점에 표시되는 최신 버전으로 다운로드한다.

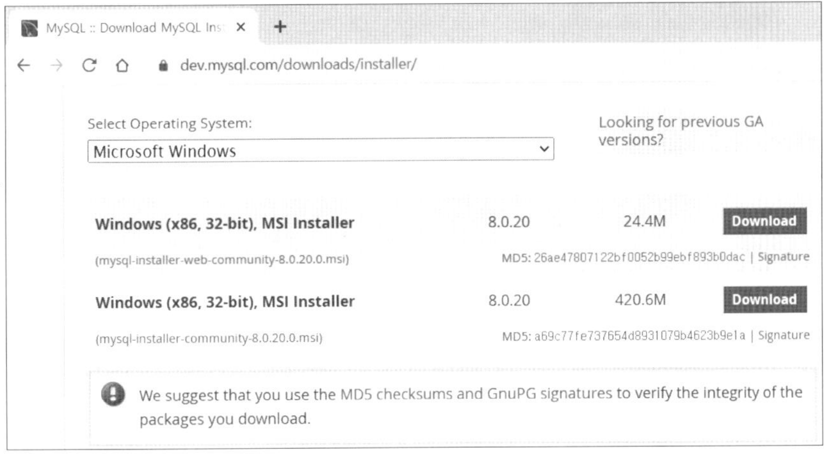

2. 다음 페이지에서 [NO thanks, just start my download.] 버튼을 누르면 설치 파일이 다운로드된다.

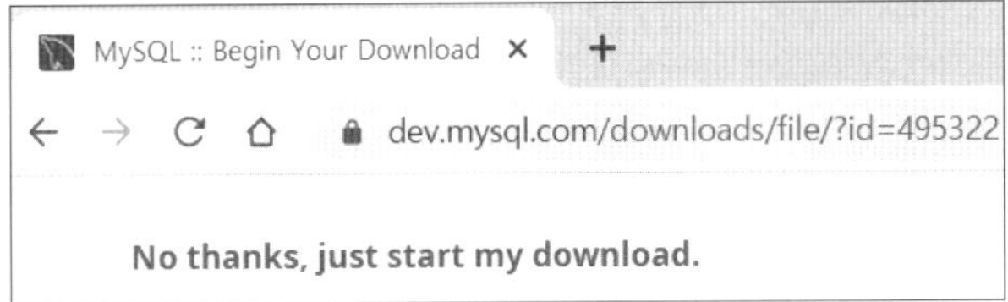

3. 다운로드가 완료되면 installer를 실행한다. 설치 유형을 [Client only]로 선택하고 [Next] 버튼을 눌러 설치를 진행한다.

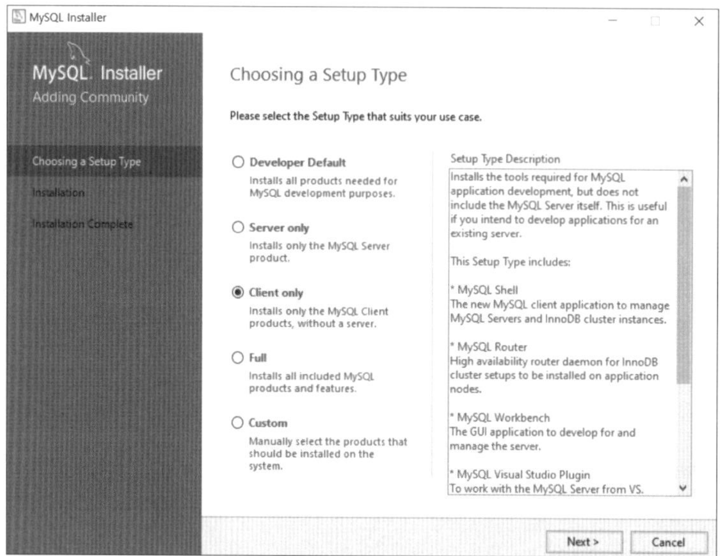

4. 설치 진행 도중 [Check Requirements] 단계에서 [MySQL Workbench 8.0.20]을 클릭한 후 [Execute]를 누르면 다음과 같이 설치가 시작된다. 마지막 단계까지 [Next]를 눌러 설치를 완료한다.

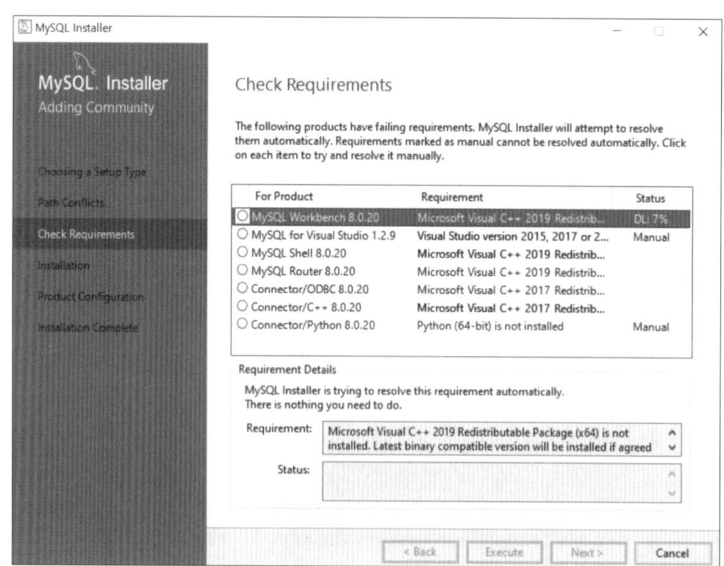

workbench로 rds 서버 접속하기

실무 117

• **학습 내용:** workbench를 실행해 RDS 인스턴스에 접속한다.
• **힌트 내용:** rds 서버 주소와 계정 정보를 입력하면 workbench에서 접속할 수 있다.

mysql workbench는 오라클에서 개발한 데이터베이스 설계 도구다. workbench를 이용하면 스키마와 테이블 생성, 데이터 조회, 수정, 삭제, 삽입 등을 할 수 있다.

1. workbench에 입력할 rds 서버 주소를 확인한다. aws 로그인 후 콘솔에 접속한다. 왼쪽 상단의 [서비스] – [데이터베이스] – [RDS]를 클릭한다. Dashboard에서 [DB 인스턴스(1/40)] 버튼을 클릭한다. [DB 식별자]를 클릭하면 다음과 같이 엔드포인트를 확인할 수 있는 페이지가 표시된다. 엔드포인트는 보안상의 이유로 생성된 rds 서버 주소다.

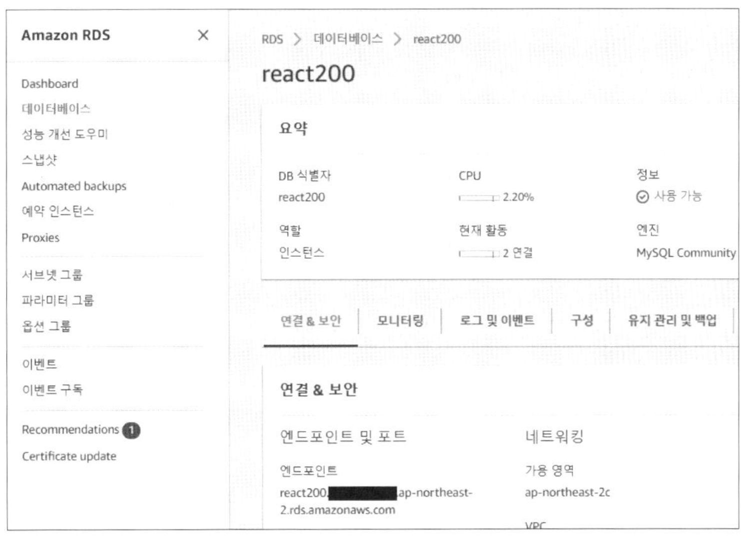

2. workbench를 실행한 후 [MySQL Connections] 문구 옆의 [+] 버튼을 누르면 [Setup New Connection] 창이 표시된다. [Connection Name]을 정해 입력한다. [Hostname]에 rds 서버 엔드포인트를 입력한다. [Username]은 rds 기본 설정인 admin으로 입력한다. [Store in Vault ...] 버튼을 누르면 패스워드를 입력할 수 있다. RDS 인스턴스 생성 시에 작성한 마스터 암호를 입력한다. [OK]를 눌러 정상적으로 접속되는지 확인한다.

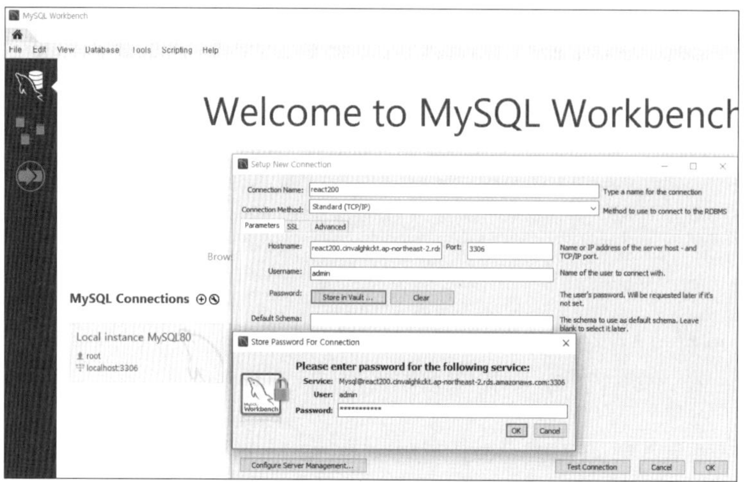

3. rds 서버에 정상적으로 접속됐다면, 다음과 같이 connection이 생성된다.

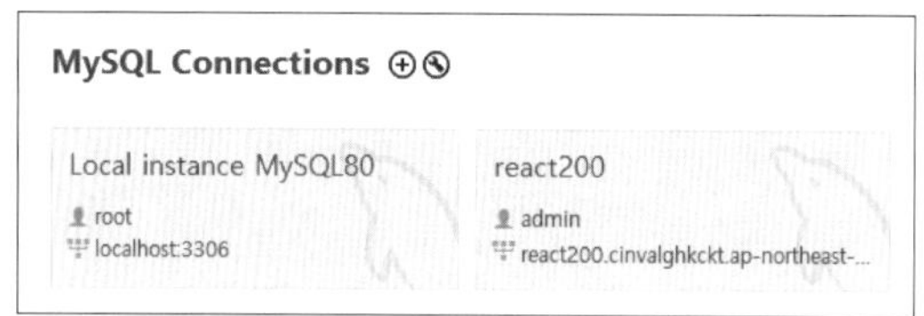

4. 생성된 connection 영역을 클릭하면, rds 서버에 접속되면서 다음과 같이 빈 스크립트가 표시된다.

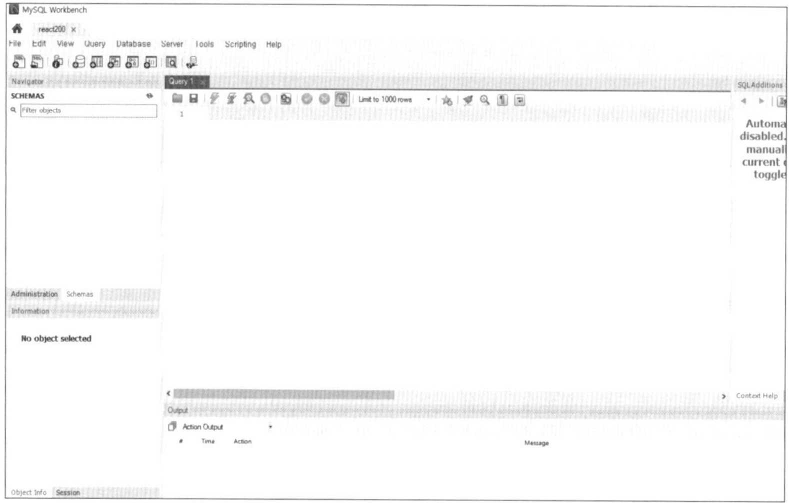

MYSQL 스키마 생성 및 table 생성하기

실무 118

• **학습 내용:** workbench를 실행해 스키마와 table을 생성한다.
• **힌트 내용:** 생성한 스키마에 table을 추가할 수 있다.

예제에서 사용하는 workbench 스키마는 데이터베이스 이론의 스키마(데이터베이스의 구조와 제약 조건을 기술한 것)와는 다른 용어다. 하나의 mysql 서버에서 여러 개의 데이터베이스 생성해 독립적으로 사용할 수 있는데, 이를 '스키마'라고 한다. 예를 들어, 스키마 A와 B를 만들고 두 스키마에 각각 동일한 테이블 C를 생성했다면, A 스키마의 C 테이블과 B 스키마의 C 테이블은 완전히 다른 테이블이다.

1. workbench에 접속한다. 왼쪽 [Navigator] 영역 하단의 [Schemas] 탭을 선택한 후 빈 공간에 마우스 오른쪽 버튼을 누르면 나타나는 단축 메뉴 중에서 [Create Schema...]를 클릭한다.

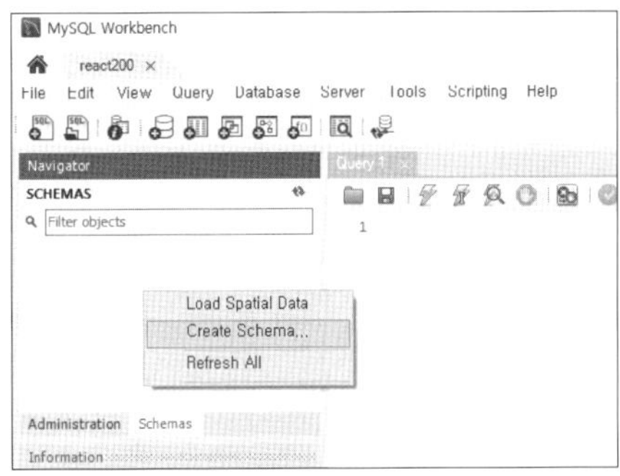

2. 다음과 같이 Schema 창이 나타나면, [Name]에 react라는 스키마명을 입력하고 [Apply] 버튼을 누른다.

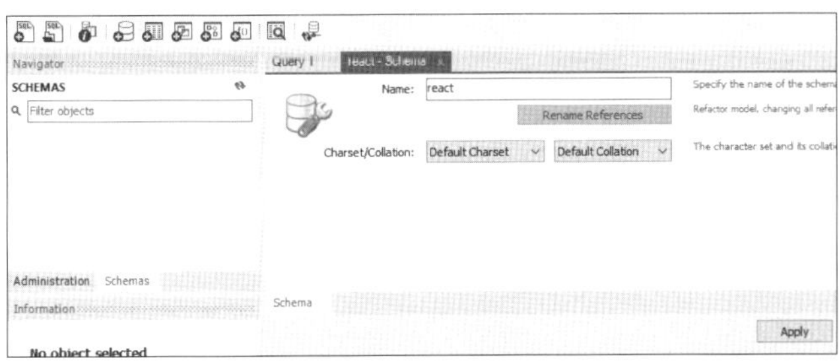

3. 다음 화면에서 [Apply] 버튼을 누르면, workbench가 [CREATE SCHEMA 'react'] 명령어를 실행해 스키마를 생성한다.

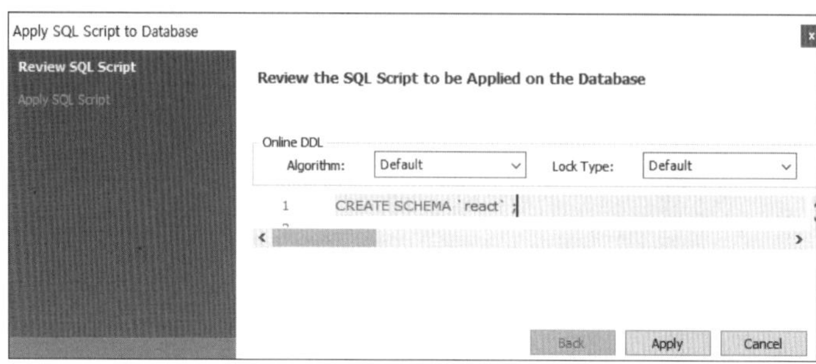

4. 스키마 생성이 완료되면, 왼쪽 SCHEMAS 영역에 react라는 스키마가 표시된다. 스크립트 창에서 [use react] 쿼리를 실행해 react라는 스키마를 사용하겠다고 선언한다. 스키마를 선택한 후 테이블을 CREACT TABLE 쿼리로 생성한다. 쿼리 실행 방법은 실행하려는 쿼리를 블록을 지정하거나 세미콜론을 기준으로 실행하려는 쿼리 영역에 마우스 커서를 올려놓고 Ctrl + Enter를 누르면 된다. 실행한 쿼리가 정상적으로 완료됐다면, Output 영역에 완료가 표시된다.

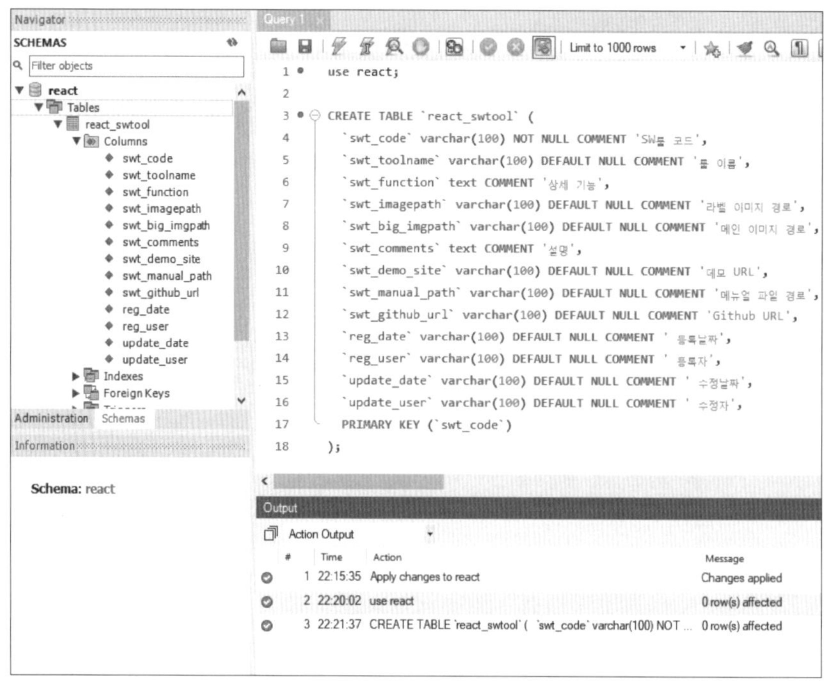

MYSQL 한국 시간 설정하기

실무 119

• **학습 내용:** rds 서버 시간을 한국 시간으로 변경한다.
• **힌트 내용:** rds 콘솔을 사용해 시간 설정을 변경한다.

AWS 지역 설정에 따라 초기 시간 값이 한국이 아닐 수 있다. DB 서버의 시간은 데이터를 insert나 update할 때 기록하기 때문에 rds 서버 시간을 한국 시간에 맞게 변경해야 한다.

1. workbench에서 `now()` 함수로 현재 시간을 조회해보면, 한국 시간과 다르다는 것을 확인할 수 있다.

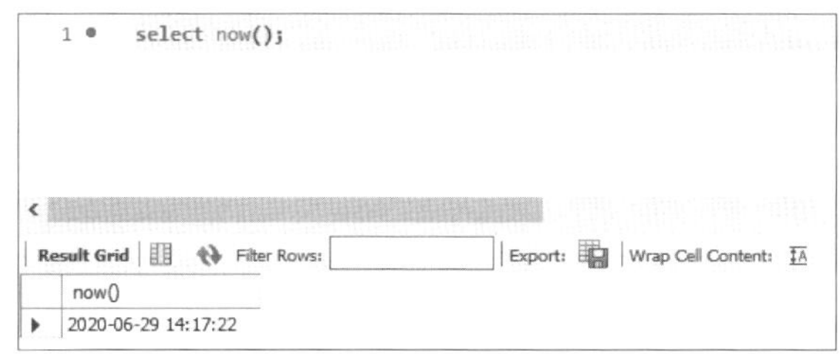

2. rds 콘솔에 접속해 [파라미터 그룹 생성]을 누른다.

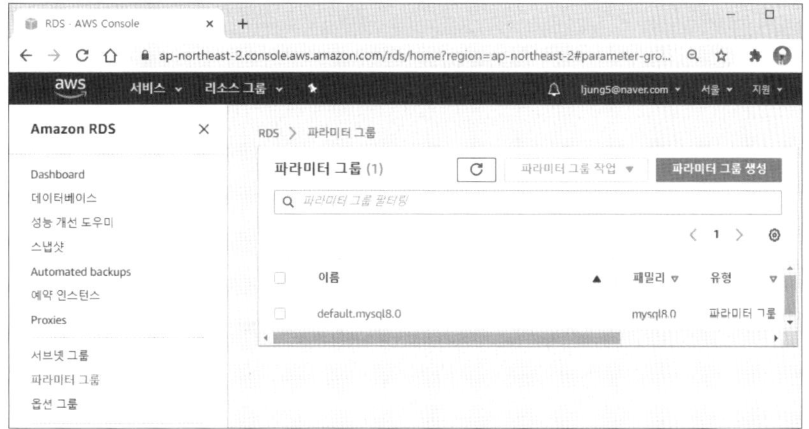

3. 그룹 이름을 입력한 후 [생성] 버튼을 누른다.

4. 생성된 파라미터명을 클릭해 수정 페이지로 진입한다.

5. 검색 창에 [time_zone]을 검색해 [Asia/Seoul]을 선택한 후 [변경 사항 저장]을 누른다.

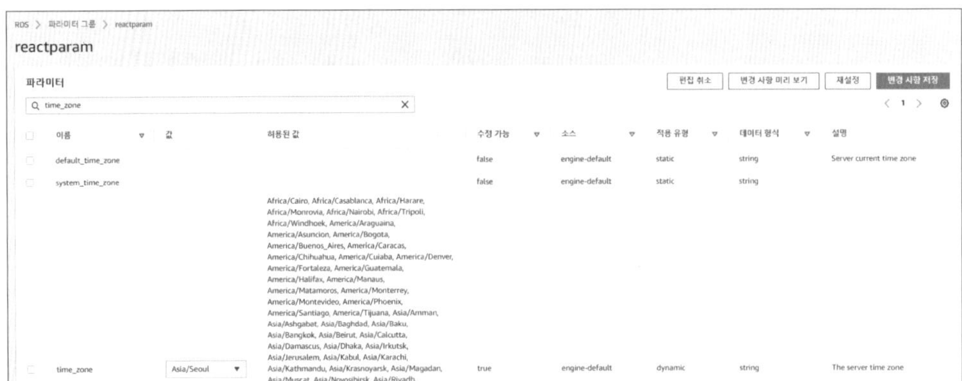

6. RDS 인스턴스에 추가한 파라미터 그룹을 등록하기 위해 [수정] 버튼을 누른다.

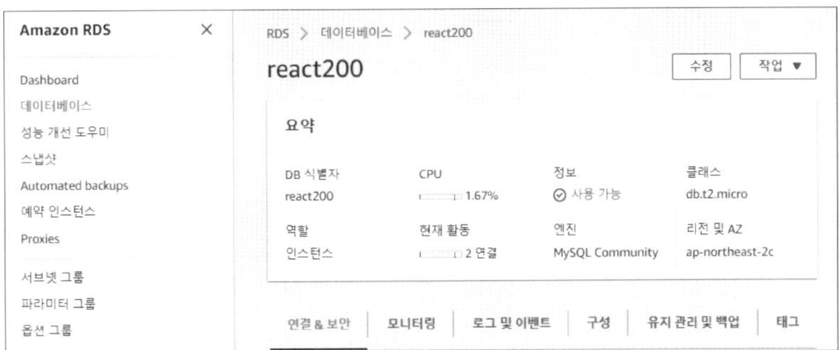

7. [DB 파라미터 그룹]에 새로 추가한 파라미터 그룹을 선택한 후 [계속] 버튼을 누른다.

데이터베이스 포트
DB 인스턴스가 애플리케이션 연결에 사용할 TCP/IP 포트를 지정합니다. DB 인스턴스에 연결하는 모든 애플리케이션
턴스의 포트 번호를 지정해야 합니다. DB 인스턴스에 적용된 보안 그룹 및 회사의 방화벽은 모두 포트에 대한 연결을
아보기

3306

DB 파라미터 그룹
이 DB 인스턴스에 연결할 데이터베이스 파라미터 그룹입니다.

reactparam ▼

옵션 그룹
이 DB 인스턴스에 연결하려는 옵션(예: Memcached, Oracle Enterprise Manager)을 포함하는 옵션 그룹의 이름입니다
옵션 그룹이 없는 경우 시작할 때 기본 옵션 그룹이 생성됩니다.

default:mysql-8-0 ▼

8. 다음 페이지에서 [즉시 적용]을 선택한 후 [DB 인스턴스 수정] 버튼을 누른다.

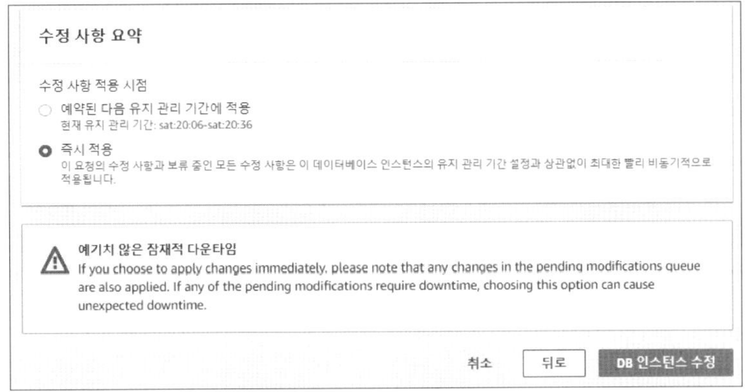

9. RDS 인스턴스를 재부팅한다.

10. 다시 workbench에서 now( ) 함수를 실행하면, 한국 시간이 조회되는 것을 확인할 수 있다.

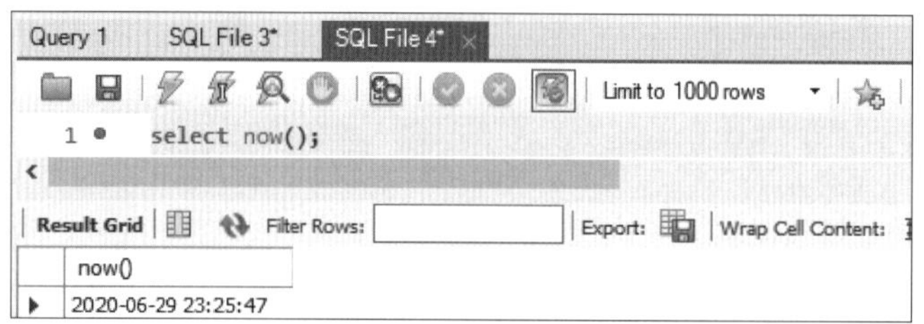

MYSQL 한글 설정 및 Safe 모드 해제하기

실무 **120**

- **학습 내용:** rds 서버에 한글 설정과 safe 모드를 해제하는 방법을 이해한다.
- **힌트 내용:** 생성한 테이블에 데이터를 삽입, 수정, 삭제하기 위한 설정을 한다.

rds 서버에 한글 설정이 돼 있지 않다면, 데이터를 삽입할 때 한글이 깨진다. 테이블별로 charset을 utf8로 변경하면 한글 깨짐 현상을 해결할 수 있다. safe 모드가 설정돼 있으면 update와 delete 쿼리를 사용할 수 없기 때문에 해제해야 한다.

1. workbench에서 SQL_SAFE_UPDATES 값을 0으로 세팅하면 safe 모드가 해제되고 delete문이 실행되는 것을 확인할 수 있다. ALTER TABLE 쿼리를 이용해 특정 테이블의 charset을 utf8로 수정하면, 한글이 깨지지 않도록 변경할 수 있다.

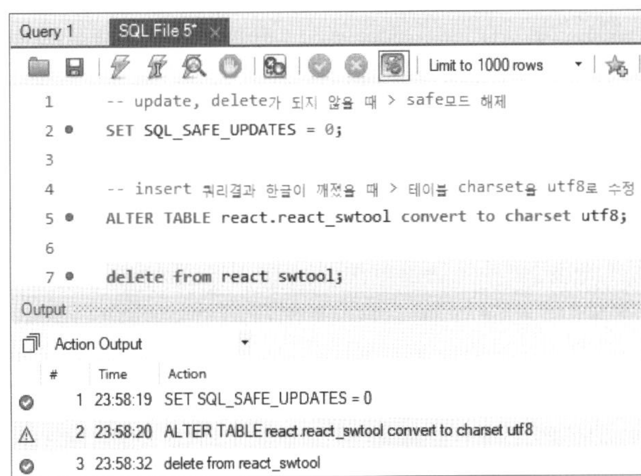

MYSQL 더미 데이터 삽입하기

- **학습 내용:** react 페이지에서 표시할 더미 데이터를 삽입한다.
- **힌트 내용:** worckbench에서 insert문을 사용해 데이터를 삽입한다.

react에서 등록 페이지를 만들기 전에 리스트 조회 페이지를 구현한다면, 화면에 표시할 데이터가 없을 것이다. 이런 상황에 테스트용으로 삽입하는 유용하지 않은 데이터를 '더미 데이터'라 한다.

1. 다음과 같이 insert문을 사용해 더미 데이터를 삽입하고 select문으로 테이블을 조회하면 삽입된 데이터를 확인할 수 있다.

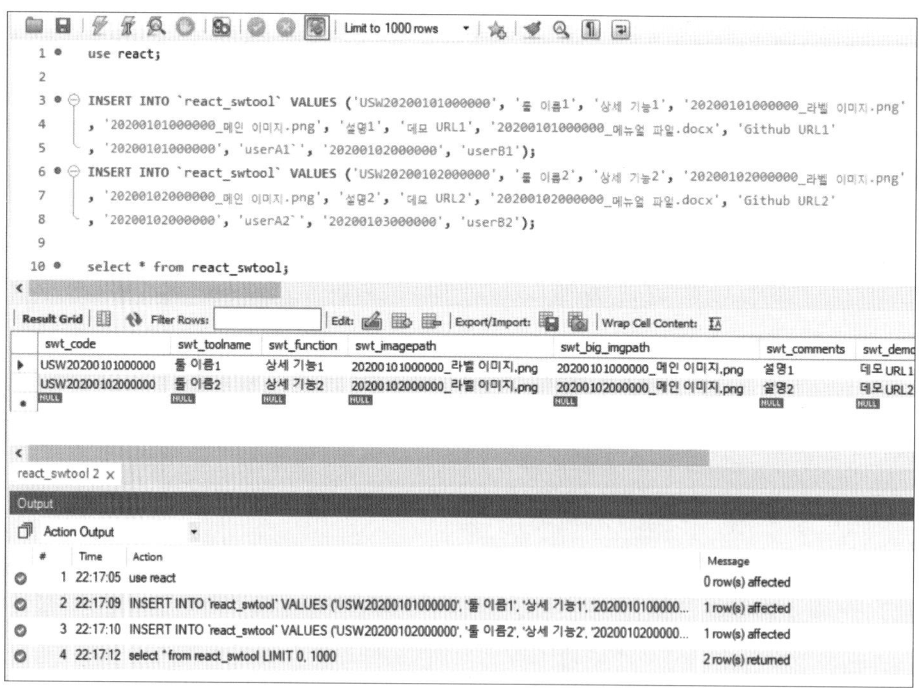

NODE 조회 api 만들기 ① – body-parser 패키지 사용하기

실무 122

- **학습 내용:** body–parser 패키지를 사용해 http request에 담긴 데이터를 불러온다.
- **힌트 내용:** api 호출 url에 붙은 파라미터나 http body에 담긴 데이터를 사용할 수 있다.

post 방식으로 api를 호출하는 경우, 전달할 데이터들을 request body에 담아 전달할 수 있다. 호출받은 node 서버에서 body–parser 패키지를 사용하면, 간편하게 body에 있는 파리미터를 추출해 사용할 수 있다.

cmd 창을 열어 node 경로(C:\react200)로 이동한다. [npm install --save body–parser]를 입력하면 다음과 같이 npm이 body–parser를 설치한다.

```
C:₩Windows₩system32₩cmd.exe
C:₩react200>npm install --save body-parser
+ body-parser@1.19.0
added 12 packages from 11 contributors, updat
```

node 경로(C:\react200)의 server.js 파일을 확인한다.

server.js

```
1 ...코드 생략...
2 var swtoolRouter = require("./routes/SwtoolRout");
3 ...코드 생략...
4 app.use("/api/Swtool", swtoolRouter);
5
6 const port = process.env.PORT || 5000;
7 app.listen(port, () => console.log(`Listening on port ${port}`));
```

/api/Swtool 경로로 api가 호출되면, line 2에서 지정한 파일 경로로 라우팅한다.

routes 폴더의 SwtoolRout.js 파일을 확인한다.

SwtoolRout.js

```
 1 var express = require('express');
 2 
 3 var router = express.Router();
 4 const bodyParser = require('body-parser');
 5 
 6 router.use(bodyParser.urlencoded({ extended: true }));
 7 router.use(bodyParser.json());
 8 
 9 router.post('/', (req, res, next) => {
10   var type = req.query.type;
11   if(type == 'list'){
12    //Swtool 리스트 조회
13    try {
14     // Mysql Api 모듈(CRUD)
15     var dbconnect_Module = require('./dbconnect_Module');
16 
17     //Mysql 쿼리 호출 정보 입력
18     req.body.mapper = 'SwToolsMapper';//mybatis xml 파일명
19     req.body.crud = 'select';//select, insert, update, delete 중에 입력
20     req.body.mapper_id = 'selectSwToolsList';
21 
22     router.use('/', dbconnect_Module);
23     next('route')
24    } catch (error) {
25     console.log("Module > dbconnect error : "+ error);
26    }
27   }
28 });
29 
30 module.exports = router;
```

4 ◆ body−parser 패키지를 사용할 수 있도록 require한다.

6 ◆ body−parser 패키지의 urlencoded 함수를 실행하면, &key1=value1&key2=value2와 같은 형태로 전달되는 데이터를 추출할 수 있다.

10~11 http://localhost:5000/api/Swtool?type=list와 같은 호출 url에서 type이라는 key의 value(list)를 추출하기 위해서는 req.query 문법으로 key 값에 접근해야 한다. type 값에 따라 호출하는 쿼리 정보를 분기 처리한다.

18~20 쿼리가 작성될 xml 파일명(mapper), 작업 종류(crud), 실행 쿼리의 id(mapper_id) 정보를 resquest body에 넣는다. json 형태의 데이터로 할당된다.

22 line 14에서 require한 dbconnect_Module 파일로 라우팅한다. dbconnect_Module 파일도 라우터 역할을 하는데, mysql 서버를 연결해 쿼리를 실행하고 결괏값을 response로 전송한다. 이때 line 17~19에서 body에 넣었던 데이터들이 함께 전송된다.

23 `next` 함수를 사용하면 현재 라우터에서 response를 보내지 않고 다음 라우터(dbconnect_Module)로 response 작업을 넘길 수 있다.

NODE 조회 api 만들기 ② – mysql 서버 연결하기

- **학습 내용:** node 서버와 mysql 서버를 연결해 데이터를 불러온다.
- **힌트 내용:** workbench에서 사용하던 rds 주소와 계정 정보로 mysql 서버를 연결할 수 있다.

mysql 패키지를 설치하면 node 서버와 mysql 서버를 연결해 select, insert, update, delete와 같은 쿼리를 호출할 수 있다.

cmd 창을 열어 node 경로(C:\react200)로 이동한다. [npm install --save mysql]을 입력하면 다음과 같이 npm이 mysql을 설치한다.

```
C:₩Windows₩system32₩cmd.exe
C:₩react200>npm install --save mysql
+ mysql@2.18.1
added 9 packages from 14 contributors and audited 176
```

routes 폴더의 dbconnect_Module.js 파일을 확인한다.

dbconnect_Module.js

```
const mysql = require("mysql");
...코드 생략...

//mysql 서버 접속 정보
const connection = mysql.createConnection({
  host: "react200.#########.ap-northeast-2.rds.amazonaws.com",
  port: "3306",
  database: 'react',
  user: "admin",
  password: "react200RDS",
});

router.post("/", (req, res) => {
...코드 생략...
  connection.query(query, function (error, results) {
```

```
16 ...코드 생략...
17     string = JSON.stringify(results);
18     var json = JSON.parse(string);
19     res.send({ json });
20     console.log("========= Node Mybatis Query Log End =========\n");
21   });
22 });
23
24 module.exports = router;
```

mysql 패키지를 require해 사용할 수 있도록 한다. 1

mysql 서버 연결 정보를 사용해 `createConnection` 함수로 mysql 서버를 연결한다. 생성된 연 5~11
결(connection)을 `connection` 변수에 할당한다. host에 rds 엔드포인트 주소를 넣는다. port는
rds 서버에서 사용하는 3306을 입력한다. database는 workbench에서 추가한 스키마명을 할당한
다. user와 password는 workbench에서 사용하던 계정과 비밀번호를 그대로 사용한다.

쿼리 정보가 담긴 `query` 변수의 데이터를 `query` 함수의 파라미터로 넣고 실행한다. `query` 변수 14~15
에 데이터를 할당하는 부분은 mybatis-mapper 패키지가 사용되기 때문에 생략됐고 다음 예제에
서 확인하도록 한다.

쿼리를 실행한 후 결괏값을 response(res)에 담아 `send` 함수로 전송한다. line 17~18은 json 데이 19
터를 string으로 바꾸고 다시 json으로 바꾸는 코드인데, react에서 사용할 수 있는 json 데이터로
변환하기 위해 실행한다.

실무 124

NODE 조회 api 만들기 ③ – mybatis 패키지 사용하기

- **학습 내용:** java 언어에서 사용하는 mybatis라는 프레임워크를 이해한다.
- **힌트 내용:** mybatis의 장점과 node에서 사용하는 방법을 확인한다.

mybatis는 java 언어에서 데이터베이스를 연결할 때 사용하는 프레임워크다. mybatis가 없어도 데이터베이스를 연결할 수 있다. mybatis를 사용하면 java 코드에서 sql 코드를 분리해 별도의 파일로 관리할 수 있어 코드 재사용성이 높아진다. node에서도 이와 같은 이유로 mybatis를 사용한다. 또 workbench와 같은 데이터베이스 툴에서 사용하던 쿼리를 그대로 복사해 사용할 수 있으므로 개발의 편의성을 높여준다.

cmd 창을 열어 node 경로(C:\react200)로 이동한다. [npm install --save mybatis-mapper]를 입력하면 다음과 같이 npm이 mybatis-mapper를 설치한다.

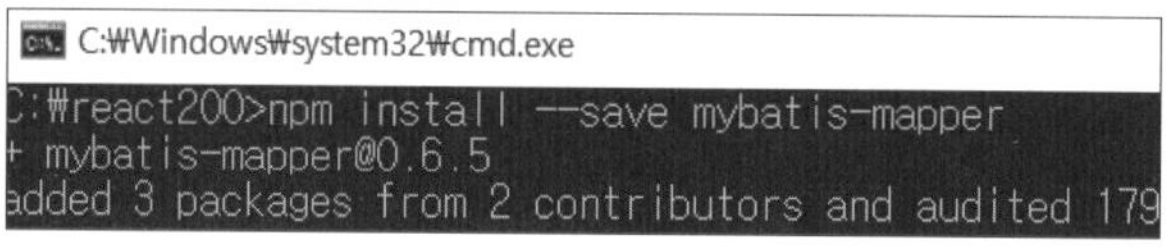

```
C:₩Windows₩system32₩cmd.exe
C:₩react200>npm install --save mybatis-mapper
+ mybatis-mapper@0.6.5
added 3 packages from 2 contributors and audited 179
```

routes 폴더의 dbconnect_Module.js 파일을 확인한다.

dbconnect_Module.js

```
var express = require("express");
var router = express.Router();
const mysql = require("mysql");
const bodyParser = require("body-parser");

router.use(bodyParser.json());

//mysql 서버 접속 정보
const connection = mysql.createConnection({
  host: "react200.#########.ap-northeast-2.rds.amazonaws.com",
  port: "3306",
  database: 'react',
```

```
  user: "admin",
  password: "react200RDS",
});

router.post("/", (req, res) => {
  const mybatisMapper = require("mybatis-mapper");
  var param = req.body;

  //mybatis mapper 경로 설정
  mybatisMapper.createMapper(['./models/'+param.mapper+'.xml']);
  var time = new Date();
  console.log('## '+time+ ' ##');
  console.log("\n Called Mapper Name  = "+param.mapper);

  var format = { language: 'sql', indent: '  ' };
  //mysql 쿼리 정보 세팅
  var query = mybatisMapper.getStatement(param.mapper, param.mapper_id,
  param, format);
  console.log("\n========= Node Mybatis Query Log Start =========");
  console.log("* mapper namespce : "+param.mapper+"."+param.mapper_id
  +" *\n");
  console.log(query+"\n");

  connection.query(query, function (error, results) {
    if (error) {
      console.log("db error************* : "+error);
    }
    var time2 = new Date();
    console.log('## '+time2+ ' ##');
    console.log('## RESULT DATA LIST ## : \n', results);
    string = JSON.stringify(results);
    var json = JSON.parse(string);
    res.send({ json });
    console.log("========= Node Mybatis Query Log End =========\n");
  });
});

module.exports = router;
```

18 mybatis-mapper 패키지를 require해 사용할 수 있도록 한다.

19 SwtoolRout.js 코드에서 req.body에 json 형태의 데이터를 할당했다. body에 있는 json 데이터를 가져오기 위해 line 6에 `bodyParser.json()` 함수를 사용한다.

22 mybatis-mapper 패키지의 `createMapper` 함수를 사용해 쿼리를 작성할 xml 파일 경로를 파라미터로 전달한다.

24~25 쿼리가 실행되는 시간과 xml 파일명을 로그로 출력한다.

27 mybatis에서 mysql을 사용하기 때문에 format의 언어를 sql로 할당한다.

29~30 mysql에서 실행할 쿼리를 getStatement가 생성해 `query`라는 변수에 할당한다. `getStatement` 함수의 파라미터로 쿼리가 작성될 xml 파일(mapper)명, xml 파일 안에서 실행될 특정 쿼리의 id(mapper_id), req.body로 전달된 파라미터(param) 그리고 `format` 변수 순서로 세팅한다. 이때 세 번째 파라미터인 req.body 데이터에는 현재 쿼리에서 사용할 데이터가 없다. 하지만 where절이 있는 select문을 사용하거나 insert문, update문에 필요한 모든 데이터를 req.body에 담아 쿼리로 전달하게 된다.

32~33 xml 파일명과 실행 쿼리의 id를 로그로 출력한다.

34 실행 쿼리를 로그로 출력한다. 로그에 출력된 쿼리를 수정할 필요 없이 그대로 복사해 workbench에서 실행해 결과를 확인할 수 있다.

36 생성된 연결(connection)에 `query` 함수를 사용해 `query` 변수에 저장된 쿼리를 불러와 실행한다. mysql 서버에서 실행 결과를 반환하면, 콜백 함수의 파라미터인 `results` 변수에 할당된다.

42 쿼리 실행 결과를 로그로 출력한다.

models 폴더의 SwToolsMapper.xml 파일을 확인한다.

SwToolsMapper.xml

```
1 <?xml version="1.0" encoding="UTF-8"?>
2 <!DOCTYPE mapper PUBLIC "-//mybatis.org//DTD Mapper 3.0//EN" "http://
3 mybatis.org/dtd/mybatis-3-mapper.dtd">
4 <mapper namespace="SwToolsMapper">
5   <select id="selectSwToolsList">
6       SELECT
7         swt_code
8         , swt_toolname
9         , swt_function
10        , swt_imagepath
11        , swt_big_imgpath
12        , swt_comments
13        , swt_demo_site
14        , swt_manual_path
15        , swt_github_url
16        , reg_date
17      FROM react.react_swtool
18      ORDER BY update_date DESC
19   </select>
20 </mapper>
```

mapper의 namespace에 xml 파일명을 입력한다. namespace는 mybatis 내에서 원하는 sql 쿼리를 찾아 실행하기 위해 사용하는 변수다. ◆ 4

실행할 쿼리의 종류(select, insert, update, delete)와 mapper의 id를 입력한다. mapper id는 하나의 xml 파일 안에서 유일한 값이어야 한다. ◆ 5

실행할 쿼리를 입력한다. 이 쿼리를 그대로 workbench에서 실행할 수 있다. ◆ 6~18

실무 125 NODE 조회 api 만들기 ④ – api 호출로 데이터 확인하기

• **학습 내용:** api 호출 툴을 사용해 post 방식으로 node api를 호출한다.
• **힌트 내용:** 실행 쿼리와 실행 결과가 출력된 로그를 확인한다.

크롬 웹 스토어에서 [Advanced REST client]라는 확장 프로그램을 설치한다.

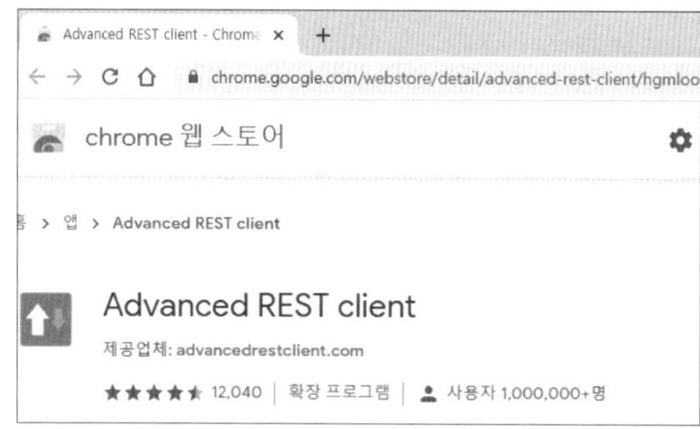

[Advanced REST client] 프로그램을 실행한다. 다음과 같이 node api 주소를 post 방식으로 호출하면 json 형태의 데이터를 확인할 수 있다.

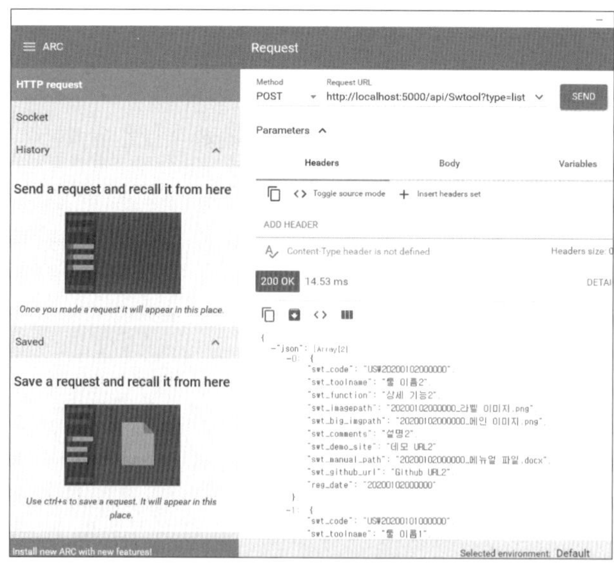

api를 호출할 때 cmd 창을 확인하면, 다음과 같이 실행 쿼리와 실행 결과가 로그로 출력된 것을 확인할 수 있다.

```
C:₩Windows₩system32₩cmd.exe - yarn  dev
Listening on port 5000
## Sat Jul 04 2020 00:35:10 GMT+0900 (대한민국 표준시) ##

 Called Mapper Name  = SwToolsMapper

========= Node Mybatis Query Log Start =========
* mapper namespce : SwToolsMapper.selectSwToolsList *

SELECT
  swt_code,
  swt_toolname,
  swt_function,
  swt_imagepath,
  swt_big_imgpath,
  swt_comments,
  swt_demo_site,
  swt_manual_path,
  swt_github_url,
  reg_date
FROM
  react.react_swtool
ORDER BY
  update_date DESC

## Sat Jul 04 2020 00:35:10 GMT+0900 (대한민국 표준시) ##
## RESULT DATA LIST ## :
 [
  RowDataPacket {
    swt_code: 'USW20200102000000',
    swt_toolname: '툴 이름2',
    swt_function: '상세 기능2',
    swt_imagepath: '20200102000000_라벨 이미지.png',
    swt_big_imgpath: '20200102000000_메인 이미지.png',
    swt_comments: '설명2',
    swt_demo_site: '데모 URL2',
    swt_manual_path: '20200102000000_메뉴얼 파일.docx',
    swt_github_url: 'Github URL2',
    reg_date: '20200102000000'
  },
  RowDataPacket {
    swt_code: 'USW20200101000000',
```

REACT 조회 페이지 만들기

- **학습 내용:** react에서 node api를 호출한 후 데이터를 가져와 리스트에 표시한다.
- **힌트 내용:** api 호출 결과 데이터를 가공하고 반복문으로 사용해 리스트를 만든다.

react 컴포넌트에서 post 방식으로 axios를 사용해 node api를 호출한다. 호출된 데이터를 가공해 html 코드로 만들고 `state` 변수에 할당한다. html 코드가 할당된 `state` 변수를 `render` 함수를 통해 화면에 표시한다.

SoftwareToolsManage 폴더의 SoftwareList.js 파일을 확인한다.

SoftwareList.js

```
...코드 생략...
    componentDidMount() {
        this.callSwToolListApi()
    }

    callSwToolListApi = async () => {
        axios.post('/api/Swtool?type=list', {
        })
        .then( response => {
            try {
                this.setState({ responseSwtoolList: response });
                this.setState({
                append_SwtoolList: this.SwToolListAppend() });
            } catch (error) {
                alert('작업 중 에러가 발생했습니다.');
            }
        })
        .catch( error => {alert('작업 중 에러가 발생했습니다.');return false;} );
    }

    SwToolListAppend = () => {
```

```
        let result = []
        var SwToolList = this.state.responseSwtoolList.data

        for(let i=0; i<SwToolList.json.length; i++){
            var data = SwToolList.json[i]

            var date = data.reg_date
            var year = date.substr(0,4)
            var month = date.substr(4,2)
            var day = date.substr(6,2)
            var reg_date = year +'.'+month+'.'+day

            result.push(
                <tr className="hidden_type">
                    <td>{data.swt_toolname}</td>
                    <td>{data.swt_function}</td>
                    <td>{reg_date}</td>
                    <td>
                        <Link to={'/AdminSoftwareView/'+data.swt_code}
                        className="bt_c1 bt_c2 w50_b">수정</Link>
                        <a href="#n" className="bt_c1 w50_b" >삭제</a>
                    </td>
                </tr>
            )
        }
        return result
    }

    render () {
        return (
            <section className="sub_wrap" >
                <article className="s_cnt mp_pro_li ct1 mp_pro_li_admin">
...코드 생략...
                    <div className="list_cont list_cont_admin">
                        <table className="table_ty1 ad_tlist">
                            <tr>
                                <th>툴 이름</th>
```

```
59                                 <th>기능</th>
60                                 <th>등록일</th>
61                                 <th>기능</th>
62                             </tr>
63                         </table>
64                         <table className="table_ty2 ad_tlist">
65                             {this.state.append_SwtoolList}
66                         </table>
67                     </div>
68                 </article>
69             </section>
70         );
71     }
72 }
73 
74 export default SoftwareList;
```

50~71 ◆ 생명주기 실행 함수 순서에 따라 `render` 함수가 line 2의 `componentDidMount` 함수보다 먼저 실행된다. line 56~63의 `<table>` 태그로 리스트의 헤더를 화면에 나타낸다. line 64~66의 `<table>` 태그로 본문의 리스트 내용을 나타낸다. `state` 변수 append_SwtoolList는 `rend` 함수가 처음 실행되는 시점에 빈 값이기 때문에 화면에 빈 리스트가 표시된다.

2~4 ◆ `render` 함수가 실행되고 `componentDidMount` 함수가 실행된다. `componentDidMount` 함수 안에서 node api를 호출하는 `callSwToolListApi` 함수를 호출한다.

6~19 ◆ axios로 node api 경로(/api/Swtool?type=list)를 호출한다. api 호출 결과(response)를 `state` 변수 responseSwtoolList에 할당한다. 배열을 반환하는 `SwToolListAppend` 함수를 실행하고 return 값을 `state` 변수 append_SwtoolList에 할당한다.

23 ◆ `SwToolListAppend` 함수가 실행되면, line 11에서 할당한 `state` 변수 `responseSwtoolList`에 .data로 접근해 지역 변수 `SwToolList` 변수에 할당한다.

 NOTE

json 데이터는 마침표(.)를 통해 하위 데이터로 접근할 수 있는데, 최종적으로 사용할 데이터는 this.state.responseSwtoolList.data.json[i]. 변수명 형태다. 코드의 사용량을 줄이기 위해 SwToolList 변수에 할당해 사용한다.

사용할 json 데이터 배열의 크기를 `length` 함수를 통해 가져오고 0부터 배열의 크기보다 하나 작은 값까지 i 변수를 증가시키면서 반복문을 실행한다. 25

json 배열의 첫 번째 데이터부터 순서대로 data라는 지역 변수에 할당한다. 26

날짜 데이터의 형태를 변경하기 위해 `substr` 함수를 사용한다. 28~32

for문으로 반복문을 한 번 실행할 때마다 `<tr>` 태그(table의 행)을 생성해 result라는 배열에 추가한다. result는 line 22에서 배열로 선언했는데, `push` 함수를 사용해 순서대로 데이터를 삽입할 수 있다. 34~45

행 안에 가로 열을 구성할 `<td>` 태그를 추가한다. 1열당 4개의 가로 열을 추가할 것이기 때문에 `<td>` 태그를 4번 작성한다. `data.`변수명으로 사용할 데이터를 가져올 수 있는데, 이때 변수명은 SwToolsMapper.xml 파일에서 select한 react_swtool 테이블의 컬럼명과 동일하다. 36~43

반복문이 완료되면 json 데이터의 크기만큼의 `<tr>` 태그가 result 배열에 할당된다. `result` 변수를 return한다. 47

return된 `result` 변숫값을 `state` 변수 append_SwtoolList에 할당한다. `setState` 함수를 사용하면 `state` 변수에 값이 할당되고 `render` 함수를 다시 실행한다. 12~13

`render` 함수가 재실행되면서 append_SwtoolList에 할당됐던 html 코드(`<tr>` 태그 리스트)가 화면에 표시된다. 65

SoftwareList 컴포넌트의 결과를 확인하기 위해 App.js에서 라우팅돼 있는 /SoftwareList 경로를 호출한다.

App.js

```
...코드 생략...
import SoftwareList from './SoftwareToolsManage/SoftwareList';

class App extends Component {
  render () {
    return (
      <div className="App">
        <HeaderAdmin/>
        <Route exact path='/' component={LoginForm} />
        <Route path='/SoftwareList' component={SoftwareList} />
...코드 생략...
```

DB 연결 풀 구현하기

실무 127

- **학습 내용:** mysql 패키지에서 지원하는 connection pool을 구현한다.
- **힌트 내용:** DB를 효율적으로 연결하기 위해 connection pool 사용 방법을 확인한다.

사용자가 웹 사이트에 접속해 DB를 사용하게 되면, node 서버에서 mysql 서버로 connection을 만든다. 그리고 DB 사용이 완료되면 connection을 종료한다. 이때 node 서버와 mysql 서버 사이에 connection을 만드는 작업은 시간적 자원이 소모된다. connection pool은 한 번 맺은 connection을 종료시키지 않고 pool에 저장한다. 그리고 새로운 connection 요청이 오면, pool에 저장된 connection을 제공한다. 이렇게 connection pool을 사용하면 새로운 connection을 만드는 데 필요한 자원 사용을 감소시킬 수 있다.

routes 폴더의 dbconnect_Module.js 파일을 확인한다.

dbconnect_Module.js

```
...코드 생략...
// Connection Pool 세팅
const pool  = mysql.createPool({
  connectionLimit: 66,
  waitForConnections: true,
  host: "react200.#########.ap-northeast-2.rds.amazonaws.com",
  port: "3306",
  database: 'react',
  user: "admin",
  password: "react200RDS",
});
...코드 생략...
  pool.getConnection(function(err,connection){
    connection.query(query, function (error, results) {
...코드 생략...
      var json = JSON.parse(string);
      res.send({ json });
```

```
18        connection.release();
19        console.log("========= Node Mybatis Query Log End =========\n");
20      });
21    })
22  });
23
24  module.exports = router;
```

3 mysql 패키지의 `createConnection` 함수 대신 `createPool` 함수를 사용해 connection pool을 생성한다.

4~5 connectionLimit 옵션 값은 connection pool에 최대로 저장할 수 있는 connection의 수다. 예제에서 사용하는 rds 서버(t2.micro)가 지원하는 최대 연결 수는 66개다. waitForConnections 옵션은 pool의 connection이 모두 사용 중일 때 새로운 connection 요청이 들어온 경우 대기 여부를 결정한다. 값이 true인 경우 여유 connection이 생길 때까지 대기시킨다.

13~14 pool에 `getConnection` 함수를 실행해 연결을 생성한다. 생성된 connection은 콜백 함수를 통해 `connection` 변수로 반환되고 반환된 connection에 `query` 함수를 사용해 쿼리를 실행한다.

실행 결과는 connection pool을 사용할 때와 사용하지 않았을 때가 동일하다.

실무 128

NODE 등록 api 만들기 ① – insert 라우터 분기하기

- **학습 내용:** 데이터를 삽입하기 위한 post 방식의 api를 구현한다.
- **힌트 내용:** node 라우터 코드에서 사용할 mapper 정보를 분기 처리한다.

조회 api를 구현할 때 데이터 연동을 위한 기본 틀이 갖춰졌다. 전달하는 데이터만 달라질 뿐 등록, 수정, 삭제 기능도 동일한 틀 안에서 분기 처리해 사용할 수 있다. react에서 호출할 등록 api는 /api/Swtool?type=save이다. ? 뒤에 파라미터 type 변숫값만 다를 뿐, 호출 url은 동일하기 때문에 server.js 파일은 수정 사항이 없다.

routes 폴더의 SwtoolRout.js 파일을 확인한다.

SwtoolRout.js

```
...코드 생략...
router.post('/', (req, res, next) => {
    var type = req.query.type;
    if(type == 'list'){
...코드 생략...
    }else if(type == 'save'){
      //Swtool 관리자 저장
      try {
        // Mysql Api 모듈(CRUD)
        var dbconnect_Module = require('./dbconnect_Module');

        //Mysql 쿼리 호출 정보 입력
        req.body.mapper = 'SwToolsMapper';//mybatis xml 파일명
        req.body.crud = 'insert';//select, insert, update, delete 중에 입력
        req.body.mapper_id = 'insertSwToolsInfo';

        router.use('/', dbconnect_Module);
        next('route')
      } catch (error) {
        console.log("Module > dbconnect error : "+ error);
```

```
21         }
22     }
23 });
24 ...코드 생략...
```

13~15 파라미터로 전달받은 type 값이 save인 경우, insert 쿼리를 실행할 mapper 정보를 body에 할당한다.

routes 폴더의 dbconnect_Module.js 파일을 확인한다.

dbconnect_Module.js

```
...코드 생략...
router.post("/", (req, res) => {
  const mybatisMapper = require("mybatis-mapper");
  var param = req.body;

  //mybatis mapper 경로 설정
  mybatisMapper.createMapper(['./models/'+param.mapper+'.xml']);
 var time = new Date();
  console.log('## '+time+ ' ##');
  console.log("\n Called Mapper Name  = "+param.mapper);

  var format = { language: 'sql', indent: '  ' };
  //mysql 쿼리 정보 세팅
  var query = mybatisMapper.getStatement(param.mapper, param.mapper_id,
  param, format);
  console.log("\n========= Node Mybatis Query Log Start =========");
  console.log("* mapper namespce : "+param.mapper+"."+param.mapper_id
  +" *\n");
  console.log(query+"\n");

  pool.getConnection(function(err,connection){
    connection.query(query, function (error, results) {
      if (error) {
        console.log("db error************* : "+error);
      }
```

```
26         var time2 = new Date();
27         console.log('## '+time2+ ' ##');
28         console.log('## RESULT DATA LIST ## : \n', results);
29 ...코드 생략...
30         connection.release();
31         console.log("========= Node Mybatis Query Log End =========\n");
32       });
33     })
34 });
35
36 module.exports = router;
```

dbconnect_Module.js 파일은 mysql 서버(rds) 접속 정보, mybatis 연동, connection pool에 대한 코드가 구현돼 있다. dbconnect_Module.js은 모듈화해 공통 코드로 사용하고 SwtoolRout.js 라우터 파일에서 전달받은 파라미터에 따라 mapper 정보를 불러와 쿼리를 실행하고 react 페이지로 response를 전달한다.

SwtoolRout.js에서 전달받은 req.body.mapper 값인 SwToolsMapper로 사용할 mapper 경로를 설정한다. 7

SwtoolRout.js에서 전달받은 req.body.mapper_id 값인 insertSwToolsInfo로 query 변수를 생성한다. 14~15

NODE 등록 api 만들기 ② – insert 쿼리 추가, response 처리하기

- **학습 내용:** mapper 파일에 insert 쿼리를 추가한 후 실행 결과에 따라 response를 보낸다.
- **힌트 내용:** select와 달리 insert는 react 페이지로 전송할 데이터가 없다.

xml 파일(mapper)에 쿼리를 추가하는 방식은 select 대신 `<insert>` 태그를 사용하는 것 외에는 select에서 사용한 것과 같다. 쿼리를 실행한 후 select는 조회된 데이터를 response로 넘기지만, insert는 성공 여부만 전달한다.

models 폴더의 SwToolsMapper.xml 파일을 확인한다.

SwToolsMapper.xml

```
<?xml version="1.0" encoding="UTF-8"?>
<!DOCTYPE mapper PUBLIC "-//mybatis.org//DTD Mapper 3.0//EN" "http://
mybatis.org/dtd/mybatis-3-mapper.dtd">
<mapper namespace="SwToolsMapper">
...코드 생략...
  <insert id="insertSwToolsInfo">
    INSERT INTO react.react_swtool
    (
        swt_code
        , swt_toolname
        , swt_function
        , swt_comments
        , swt_demo_site
        , swt_github_url
        <if test="is_LabelImg != null && is_LabelImg != ''">
          , swt_imagepath
        </if>
        <if test="is_MainImg != null && is_MainImg != ''">
          , swt_big_imgpath
        </if>
        <if test="is_MenualName != null && is_MenualName != ''">
```

```
22          , swt_manual_path
23         </if>
24         , reg_date
25         , reg_user
26         , update_date
27         , update_user
28     )
29     VALUES (
30       CONCAT('USW', DATE_FORMAT(now(), '%Y%m%d%H%i%s'))
31       , #{is_Swt_toolname}
32       , #{is_Swt_function}
33       , #{is_Comments}
34       , #{is_Swt_demo_site}
35       , #{is_Giturl}
36       <if test="is_LabelImg != null && is_LabelImg != ''">
37         , #{is_LabelImg}
38       </if>
39       <if test="is_MainImg != null && is_MainImg != ''">
40         , #{is_MainImg}
41       </if>
42       <if test="is_MenualName != null && is_MenualName != ''">
43         , #{is_MenualName}
44       </if>
45       , DATE_FORMAT(now(), '%Y%m%d%H%i%s')
46       , #{is_Email}
47       , DATE_FORMAT(now(), '%Y%m%d%H%i%s')
48       , #{is_Email}
49     )
50   </insert>
51 </mapper>
```

<insert> 테그를 사용해 mapperid를 정의한다. 6

실행할 insert 쿼리를 작성한다. 7~49

mybatis에서는 전달받은 파라미터로 if문을 사용할 수 있다. 필수 값이 아닌 컬럼 값이 null이나 공백으로 넘어올 경우에는 테이블에 삽입하지 않는다. 15~17

30 ◆ 테이블에서 유일한 값을 갖는 기본 키인 swt_code의 값은 USW라는 문자열에 현재 시간 정보를 붙여 생성한다.

routes 폴더의 dbconnect_Module.js 파일을 확인한다.

dbconnect_Module.js

```
1 ...코드 생략...
2       var time2 = new Date();
3       console.log('## '+time2+ ' ##');
4       console.log('## RESULT DATA LIST ## : \n', results);
5       if(results != undefined){
6         string = JSON.stringify(results);
7         var json = JSON.parse(string);
8         if (req.body.crud == "select") {
9           res.send({ json });
10        }else{
11          res.send("succ");
12        }
13      }else{
14        res.send("error");
15      }
16 ...코드 생략...
```

8~12 ◆ SwtoolRout.js에서 할당한 req.body.crud 값에 따라 response로 전송할 데이터를 분기 처리한다. line 9 조회(select)인 경우 DB에서 조회한 데이터를 json 형태로 response에 담아 react 페이지로 다시 보내야 한다. line 11은 등록(insert), 수정(update), 삭제(delete)인 경우에 해당하는데, 쿼리 실행이 성공했을 경우 succ라는 문자열을 전송한다.

13~15 ◆ 쿼리 실행 결과가 undefined라면 쿼리가 정상적으로 실행되지 않은 경우다. 이때는 error라는 문자열을 전송한다. react 페이지에서는 response에 전송된 문자열에 따라 사용자에게 적절한 메시지를 표시할 수 있다.

REACT 등록 페이지 만들기

실무 130

- **학습 내용:** react에서 node api를 호출해 전달한 데이터를 table에 삽입한다.
- **힌트 내용:** api 호출 결과에 따라 사용자에게 적절한 메시지를 표시한다.

react 컴포넌트에서 post 방식으로 fetch를 사용해 node api를 호출한다. insert 쿼리에 사용할 데이터를 json 형태로 변경해 전달하고 쿼리가 정상적으로 실행됐다면 완료 후 리스트 페이지로 이동한다.

SoftwareToolsManage 폴더의 SoftwareView.js 파일을 확인한다.

SoftwareView.js

```
...코드 생략...
class SoftwareView extends Component {
    submitClick = async (type, e) => {

        this.Swt_toolname_checker = $('#is_Swt_toolname').val();
...코드 생략...
        this.fnValidate = (e) => {
            if(this.Swt_toolname_checker === '') {
                $('#is_Swt_toolname').addClass('border_validate_err');
                alert('툴 이름을 다시 확인해주세요.')
                return false;
            }
...코드 생략...
            return true;
        }

        if(this.fnValidate()){
            var jsonstr = $("form[name='frm']").serialize();
            jsonstr = decodeURIComponent(jsonstr);
            var Json_form = JSON.stringify(jsonstr).replace(/\"/gi,'')
            Json_form = "{\"" +Json_form.replace(/\&/g,'\",\"')
```

```
            .replace(/=/gi,'\":"')+"\"}";

            try {
                const response = await fetch('/api/Swtool?type='+type, {
                    method: 'POST',
                    headers: {
                    'Content-Type': 'application/json',
                    },
                    body: Json_form,
                });
                const body = await response.text();
                if(body == "succ"){
                    if(type == 'save'){
                        this.sweetalertSucc('Software Tools 등록이
                        완료됐습니다.', false)
                    }
                    setTimeout(function() {
                        this.props.history.push('/SoftwareList');
                        }.bind(this),1500
                    );
                }else{
                    alert('작업 중 에러가 발생했습니다.')
                }
            } catch (error) {
                alert('작업 중 에러가 발생했습니다.')
            }
        }
    };
...코드 생략...
    render () {
        return (
            <section class="sub_wrap">
                <article class="s_cnt mp_pro_li ct1">
                    <div class="li_top">
                        <h2 class="s_tit1">Software Tools 등록/수정</h2>
                    </div>
                    <div class="bo_w re1_wrap re1_wrap_writer">
```

```
59                          <form name="frm" id="frm" action=""
60                          onsubmit="" method="post" >
61 <input id="is_Swtcode" type="hidden" name="is_Swtcode" />
62 <input id="is_Email" type="hidden" name="is_Email" value="guest" />
63 ...코드 생략...
64 <table class="table_ty1">
65     <tr>
66         <th>
67             <label for="is_Swt_toolname">툴 이름<span class="red">
68             (*)</span></label>
69         </th>
70         <td>
71             <input type="text" name="is_Swt_toolname"
72             id="is_Swt_toolname" class="" />
73         </td>
74     </tr>
75 ...코드 생략...
76 </table>
77 <div class="btn_confirm mt20" style={{"margin-bottom": "44px"}}>
78     <Link to={'/SoftwareList'} className="bt_ty bt_ty1 cancel_ty1">
79     취소</Link>
80     <a href="javascript:" className="bt_ty bt_ty2 submit_ty1 saveclass"
81     onClick={(e) => this.submitClick('save', e)}>저장</a>
82 ...코드 생략...
83                          </form>
84                      </div>
85                  </article>
86              </section>
87         );
88     }
89 }
90 
91 export default SoftwareView;
```

[저장] 버튼을 누르면 submitClick 함수를 호출하고 save 문자열을 파라미터로 보낸다. ◆ 80~81

5 ◆ `submitClick` 함수가 실행되면 입력한 값들을 id 값으로 접근하고 value 값을 가져와 지역 변수(Swt_toolname_checker)에 할당한다.

7~15 ◆ line 17에서 `fnValidate` 함수의 반환 값이 true인 경우, 등록 api를 호출한다. `fnValidate` 함수는 입력 값들이 공백일 경우, 사용자에게 메시지를 띄우고 false를 반환한다.

18~22 ◆ `<form>` 태그의 데이터를 수집해 json 형태로 가공한다. `serialize` 함수를 사용하면 `<form>` 태그로 감싸인(line 59~83)의 모든 `<input>` 태그의 name과 value를 한번에 가져올 수 있다.

25~31 ◆ `fetch` 함수를 사용해 node api(/api/Swtool?type=save)를 post 방식으로 호출한다. body에는 line 21~22에서 할당한 json 데이터를 담아 전달한다.

> **NOTE**
>
> 〈form〉 태그를 사용하지 않는다면 line 30에서 body를 할당할 때 모든 〈input〉 태그의 name과 value 값을 하나씩 가져와 json 데이터를 생성해야 한다. 등록 페이지와 같이 입력 값이 많은 경우 〈form〉 태그를 사용하면 효율적으로 데이터를 전달할 수 있다.

32 ◆ insert는 response 값으로 succ 또는 error 두 가지 종류의 문자열을 받기 때문에 `text` 함수를 사용해 값을 가져온다.

35~36 ◆ 정상적으로 insert문이 실행돼 succ가 반환됐다면 사용자에게 등록 완료 메시지를 표시한다.

39 ◆ 등록 완료 메시지를 표시한 후 리스트 페이지로 이동한다.

43 ◆ error가 반환된 경우 작업 중 에러 메시지를 표시한다.

SoftwareView 컴포넌트에서 등록 기능을 확인하기 위해 App.js에서 라우팅돼 있는 /SoftwareView 경로를 호출한다.

App.js

```
...코드 생략...
import SoftwareView from './SoftwareToolsManage/SoftwareView';

class App extends Component {
  render () {
```

```
    return (
      <div className="App">
        <HeaderAdmin/>
        <Route exact path='/' component={LoginForm} />
        <Route path='/SoftwareList' component={SoftwareList} />
        <Route path='/SoftwareView' component={SoftwareView} />
...코드 생략...
```

등록 페이지에서 다음과 같이 값들을 입력하고 [저장] 버튼을 누른다.

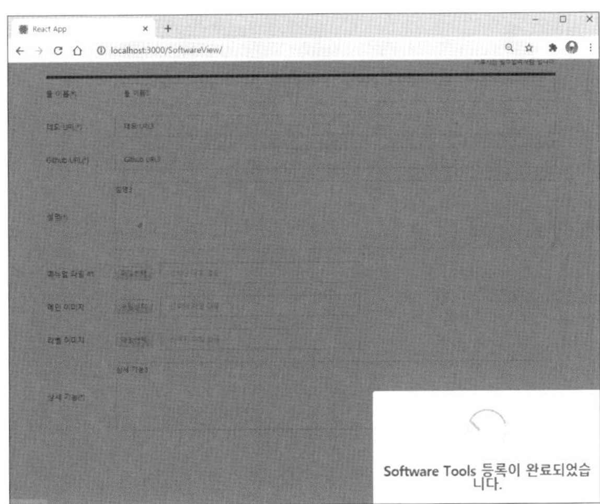

데이터가 정상적으로 삽입되면, 리스트 페이지에서 추가된 데이터를 확인할 수 있다.

131 REACT 상세 조회 페이지 만들기

• **학습 내용:** 등록된 데이터를 확인할 수 있는 상세 조회 페이지를 만든다.
• **힌트 내용:** 상세 조회 페이지에서는 리스트 페이지에서 사용한 node api를 재사용할 수 있다.

리스트 페이지(http://localhost:3000/SoftwareList)에는 전체 데이터 목록이 된다. 리스트에서 상세 데이터를 조회할 행의 [수정] 버튼을 누르면, 상세 조회 페이지로 이동하도록 구현할 수 있다.

SoftwareToolsManage 폴더의 SoftwareList.js 파일을 확인한다. 반복문을 사용해 리스트의 행(<tr> 태그)를 하나씩 생성하는 부분과 [Tools 등록] 버튼의 코드다.

SoftwareList.js

```
...코드 생략...
result.push(
    <tr class="hidden_type">
        <td>{data.swt_toolname}</td>
        <td>{data.swt_function}</td>
        <td>{reg_date}</td>
        <td>
            <Link to={'/SoftwareView/'+data.swt_code}
            className="bt_c1 bt_c2 w50_b">수정</Link>
            <a href="#n" class="bt_c1 w50_b" >삭제</a>
        </td>
    </tr>
)
...코드 생략...
<div class="li_top">
    <h2 class="s_tit1">Software Tools 목록</h2>
    <div class="li_top_sch af">
    <Link to={'/SoftwareView/register'} className="sch_bt2 wi_au">
    Tool 등록</Link>
    </div>
```

```
21 </div>
22 ...코드 생략...
```

[수정] 버튼을 <Link> 태그로 감싸고 to 속성에 이동할 컴포넌트 경로를 입력한다. 수정 페이 8~9
지의 경로(/SoftwareView) 뒤에 /를 추가한 후 data.swt_code 변숫값을 추가한다. swt_code는 react_swtool 테이블의 기본 키로 유일한 값을 가진다. swt_code 값을 쿼리의 where절에서 조회하면, 상세 페이지에서 조회할 데이터를 가져오게 된다.

등록 페이지와 수정 페이지 모두 같은 경로(/SoftwareView)를 사용한다. SoftwareView 컴포넌트 18~19
를 등록 페이지로 사용할 때는 register라는 상수를 경로에 붙여 전달한다.

components 폴더의 App.js 파일을 확인한다.

App.js

```
1 ...코드 생략...
2 <div className="App">
3   <HeaderAdmin/>
4   <Route exact path='/' component={LoginForm} />
5   <Route path='/SoftwareList' component={SoftwareList} />
6   <Route path='/SoftwareView/:swtcode' component={SoftwareView} />
7   <Footer/>
8 </div>
9 ...코드 생략...
```

<Route> 태그의 path 속성에 /: 변수명 형태로 추가하면, /SoftwareView/ 경로 뒤에 붙어오 6
는 문자열을 변수에 저장할 수 있다. 예를 들면, 리스트 페이지에서 [Tools 등록] 버튼을 눌러 /SoftwareView/register를 호출했다면 swtcode의 값이 register가 된다.

SoftwareToolsManage 폴더의 SoftwareView.js 파일을 확인한다.

SoftwareView.js

```
...코드 생략...
class SoftwareView extends Component {
    constructor(props) {
        super(props);
        this.state = {
            before_swtcode: props.match.params.swtcode
        }
    }

    componentDidMount () {
        if(this.state.before_swtcode == 'register'){
            $('.modifyclass').hide()
        }else{
            this.callSwToolInfoApi()
            $('.saveclass').hide()
        }
    }

    callSwToolInfoApi = async () => {
        axios.post('/api/Swtool?type=list', {
            is_Swtcode: this.state.before_swtcode,
        })
        .then( response => {
            try {
                var data = response.data.json[0]
                $('#is_Swt_toolname').val(data.swt_toolname)
                $('#is_Swt_demo_site').val(data.swt_demo_site)
                $('#is_Giturl').val(data.swt_github_url)
                $('#is_Comments').val(data.swt_comments)
                $('#is_Swt_function').val(data.swt_function)
            } catch (error) {
                alert('작업 중 에러가 발생했습니다.')
            }
        })
        .catch( error => {alert('작업 중 에러가 발생했습니다.');return false;} );
    }
```

```
37 ...코드 생략...
38 <a href="javascript:" className="bt_ty bt_ty2 submit_ty1 saveclass"
39 onClick={(e) => this.submitClick('save', e)}>저장</a>
40 <a href="javascript:" className="bt_ty bt_ty2 submit_ty1 modifyclass"
41 onClick={(e) => this.submitClick('modify', e)}>수정</a>
42 ...코드 생략...
```

App.js의 `<Route path='/SoftwareView/:swtcode' component={SoftwareView} />` 코드 6
에서 SoftwareView 컴포넌트를 라우팅할 때 `swtcode` 변수를 함께 전달했다. SoftwareView 컴포넌트에서 `swtcode` 변수를 사용하려면 props.match.params 객체로 접근해야 한다. 이때 App.js에서 설정한 변수명과 props.match.params 객체 뒤에 붙는 변수명이 일치해야 한다. 전달받은 파라미터를 `state` 변수 before_swtcode에 할당한다.

등록 페이지인 경우, line 40~41의 [수정] 버튼을 표시되지 않도록 한다. 12

수정 페이지인 경우 node api를 호출하는 함수 `callSwToolInfoApi`를 실행하고 line 38~39의 14~15
[저장] 버튼이 표시되지 않도록 한다.

리스트 페이지에서 호출했던 node api 경로(/api/Swtool?type=list)를 동일하게 호출한다. 1개 20~22
의 데이터만 가져와야 하기 때문에 select 쿼리 where절에서 비교할 데이터를 전달해야 한다. line 6에서 할당한 `state` 변수 `before_swtcode`를 `is_Swtcode` 변수에 할당에 전달한다.

api 호출 결과 반환된 response에서 필요한 데이터를 변수명으로 접근해 가져온다. 등록 페이지 26~30
에서 사용하던 `<input>` 태그들에 id 값으로 접근해 response 데이터들을 value로 할당한다.

NODE 상세 조회 페이지 만들기 – select 쿼리 where절 추가하기

- **학습 내용:** 1개의 데이터만 조회할 수 있도록 쿼리에 where절을 추가한다.
- **힌트 내용:** 리스트 페이지 조회 쿼리를 재사용할 수 있다.

mybatis에서는 특정 파라미터의 값에 따라 쿼리의 일부를 추가하고 제거할 수 있다. 리스트 페이지에서 수정 페이지로 전달한 react_swtool 테이블의 swt_code를 where절에 사용한다.

models 폴더의 SwToolsMapper.xml 파일을 확인한다.

SwToolsMapper.xml

```
...코드 생략...
  <select id="selectSwToolsList">
      SELECT
        swt_code
        , swt_toolname
        , swt_function
        , swt_imagepath
        , swt_big_imgpath
        , swt_comments
        , swt_demo_site
        , swt_manual_path
        , swt_github_url
        , reg_date
      FROM react.react_swtool
      <if test="is_Swtcode != null && is_Swtcode != ''">
        WHERE swt_code = #{is_Swtcode}
      </if>
      ORDER BY update_date DESC
  </select>
...코드 생략...
```

파라미터로 전달된 `is_Swtcode` 변수가 null이나 공백이 아니라면 where절을 사용한다. `is_Swtcode` 변수를 react_swtool 테이블의 기본 키인 swt_code 컬럼 값을 비교하기 때문에 쿼리 실행 결과 1개의 데이터만 조회된다. 15~17

리스트 페이지에서 [수정] 버튼을 눌러 수정 페이지로 진입하면, 다음과 같이 조회된 1개의 데이터가 표시되는 것을 확인할 수 있다. 주소 창의 url을 보면 http://localhost:3000/SoftwareView/ 뒤에 swt_code 값(USW20200101000000)이 전달된 것을 알 수 있다.

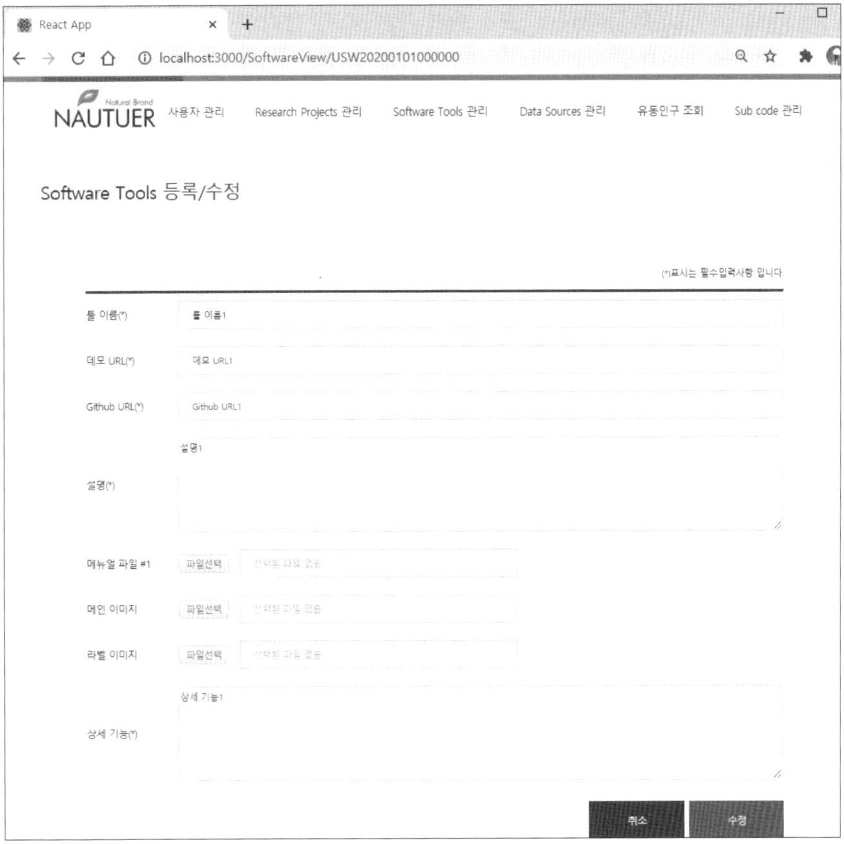

NODE 수정 api 만들기 ① – update 라우터 분기하기

- **학습 내용:** 데이터를 수정하기 위한 post 방식의 api를 구현한다.
- **힌트 내용:** node 라우터 코드에서 사용할 mapper 정보를 분기 처리한다.

조회, 등록 api를 구현할 때 데이터 연동을 위한 기본 틀이 갖춰졌다. 전달하는 데이터만 달라질 뿐 수정, 삭제 기능도 동일한 틀 안에서 분기 처리해 사용할 수 있다. react에서 호출할 수정 api는 /api/Swtool?type=modify이다. ? 뒤에 파라미터 `type` 변수의 값만 다를 뿐 호출 url은 동일하다. 그렇기 때문에 server.js 파일은 수정 사항이 없다.

routes 폴더의 SwtoolRout.js 파일을 확인한다.

SwtoolRout.js

```
...코드 생략...
}else if(type == 'modify'){
  //Swtool 수정
  try {
    // Mysql Api 모듈(CRUD)
    var dbconnect_Module = require('./dbconnect_Module');

    //Mysql 쿼리 호출 정보 입력
    req.body.mapper = 'SwToolsMapper';//mybatis xml 파일명
    req.body.crud = 'update';//select, insert, update, delete 중에 입력
    req.body.mapper_id = 'updateSwToolsInfo';

    router.use('/', dbconnect_Module);
    next('route')
  } catch (error) {
    console.log("Module > dbconnect error : "+ error);
  }
}
...코드 생략...
```

파라미터로 전달받은 type 값이 modify인 경우, update 쿼리를 실행할 mapper 정보를 body에 할 9~11
당한다.

routes 폴더의 dbconnect_Module.js 파일을 확인한다.

dbconnect_Module.js

```
1 ...코드 생략...
2 router.post("/", (req, res) => {
3   const mybatisMapper = require("mybatis-mapper");
4   var param = req.body;
5
6   //mybatis mapper 경로 설정
7   mybatisMapper.createMapper(['./models/'+param.mapper+'.xml']);
8   var time = new Date();
9   console.log('## '+time+ ' ##');
10  console.log("\n Called Mapper Name  = "+param.mapper);
11
12  var format = { language: 'sql', indent: '  ' };
13  //mysql 쿼리 정보 세팅
14  var query = mybatisMapper.getStatement(param.mapper, param.mapper_id,
15  param, format);
16  console.log("\n========= Node Mybatis Query Log Start =========");
17  console.log("* mapper namespce : "+param.mapper+"."+param.mapper_id+"
18  *\n");
19 ...코드 생략...
```

dbconnect_Module.js 파일은 mysql 서버(rds) 접속 정보, mybatis 연동, connection pool에 대한 코드가 구현돼 있다. dbconnect_Module.js은 모듈화해 공통 코드로 사용하고 SwtoolRout.js 라우터 파일에서 전달받은 파라미터에 따라 mapper 정보를 불러와 쿼리를 실행하고 react 페이지로 response를 전달한다.

SwtoolRout.js에서 전달받은 req.body.mapper 값인 SwToolsMapper로, 사용할 mapper 경로를 설 7
정한다.

SwtoolRout.js에서 전달받은 req.body.mapper_id 값인 updateSwToolsInfo로, query 변수를 생성 14~15
한다.

NODE 수정 api 만들기 ② – update 쿼리 추가, response 처리하기

- **학습 내용:** mapper 파일에 update 쿼리를 추가하고 실행 결과에 따라 response를 보낸다.
- **힌트 내용:** update는 select와 달리 react 페이지로 전송할 데이터가 없다.

xml 파일(mapper)에 update 쿼리를 추가하는 방식은 insert 대신 `<update>` 태그를 사용하는 것 외에는 insert에서 사용한 것과 동일하다. 쿼리를 실행한 후 insert와 마찬가지로 성공 여부를 response로 전달한다.

models 폴더의 SwToolsMapper.xml 파일을 확인한다.

SwToolsMapper.xml

```
...코드 생략...
  <update id="updateSwToolsInfo">
    UPDATE react.react_swtool
    SET
        swt_toolname = #{is_Swt_toolname}
        , swt_function = #{is_Swt_function}
        , swt_comments = #{is_Comments}
        , swt_demo_site = #{is_Swt_demo_site}
        , swt_github_url = #{is_Giturl}
        <if test="is_LabelImg != null && is_LabelImg != ''">
          , swt_imagepath = #{is_LabelImg}
        </if>
        <if test="is_MainImg != null && is_MainImg != ''">
          , swt_big_imgpath = #{is_MainImg}
        </if>
        <if test="is_MenualName != null && is_MenualName != ''">
          , swt_manual_path = #{is_MenualName}
        </if>
        , update_date = DATE_FORMAT(now(), '%Y%m%d%H%i%s')
        , update_user = #{is_Email}
    WHERE swt_code = #{is_beforeSwtcode}
  </update>
...코드 생략...
```

<update> 태그를 사용해 mapperid를 정의한다. 2

실행할 update 쿼리를 작성한다. 3~21

mybatis에서는 전달받은 파라미터로 if문을 사용할 수 있다. 필수 값이 아닌 컬럼 값이 null이 10~18
나 공백으로 넘어올 경우, 테이블에 삽입하지 않는다. 파라미터 is_LabelImg, is_MainImg, is_
MenualName은 공백으로 넘어오는데, 이는 파일과 이미지 업로드 기능을 구현할 때 사용한다.

테이블에서 유일한 값을 갖는 기본 키인 swt_code의 값과 is_beforeSwtcode 파라미터가 일치하는 21
데이터를 찾아 수정한다.

routes 폴더의 dbconnect_Module.js 파일을 확인한다.

dbconnect_Module.js

```
1  ...코드 생략...
2        var time2 = new Date();
3        console.log('## '+time2+ ' ##');
4        console.log('## RESULT DATA LIST ## : \n', results);
5        if(results != undefined){
6          string = JSON.stringify(results);
7          var json = JSON.parse(string);
8          if (req.body.crud == "select") {
9            res.send({ json });
10         }else{
11           res.send("succ");
12         }
13       }else{
14         res.send("error");
15       }
16 ...코드 생략...
```

insert와 동일하게 update 쿼리 실행이 성공하면, response에 succ를 담아 전달한다. 11

update 쿼리를 실행하는 도중 에러가 발생하면 results 변수가 undefined가 된다. 이때 response 14
에 에러를 담아 전달한다.

REACT 수정 페이지 만들기

- **학습 내용:** react에서 node api를 호출해 전달한 데이터로 table의 데이터를 수정한다.
- **힌트 내용:** api 호출 결과에 따라 사용자에게 적절한 메시지를 표시한다.

react 컴포넌트에서 post 방식으로 fetch를 사용해 node api를 호출한다. insert와 동일하게 update 쿼리에 사용할 데이터를 json 형태로 변경해 전달하고 쿼리가 정상적으로 실행됐다면 완료 후 리스트 페이지로 이동한다. 상세 조회 페이지에서 조회된 데이터가 화면(`<input>` 태그)에 표시되는데, 이 값들을 수정해 입력하고 update api를 호출하면 데이터가 변경된다.

SoftwareToolsManage 폴더의 SoftwareView.js 파일을 확인한다.

SoftwareView.js

```
...코드 생략...
try {
    const response = await fetch('/api/Swtool?type='+type, {
        method: 'POST',
        headers: {
        'Content-Type': 'application/json',
        },
        body: Json_form,
    });
    const body = await response.text();
    if(body == "succ"){
        if(type == 'save'){
            this.sweetalertSucc('Software Tools 등록이 완료됐습니다.', false)
        }else if(type == "modify"){
            this.sweetalertSucc('Software Tools 수정이 완료됐습니다.', false)
        }
        setTimeout(function() {
            this.props.history.push('/SoftwareList');
            }.bind(this),1500
        );
```

```
21     }else{
22         alert('작업 중 에러가 발생했습니다.')
23     }
24 } catch (error) {
25     alert('작업 중 에러가 발생했습니다.')
26 }
27 ...코드 생략...
28 <form name="frm" id="frm" action="" onsubmit="" method="post" >
29     <input id="is_Swtcode" type="hidden" name="is_Swtcode" />
30     <input id="is_Email" type="hidden" name="is_Email" value="guest" />
31     <input id="is_beforeSwtcode" type="hidden" name="is_beforeSwtcode"
32     value={this.state.before_swtcode} />
33 ...코드 생략...
34 <a href="javascript:" className="bt_ty bt_ty2 submit_ty1 modifyclass"
35 onClick={(e) => this.submitClick('modify', e)}>수정</a>
36 ...코드 생략...
```

[수정] 버튼을 누르면 `submitClick` 함수를 호출하고 modify 문자열을 파라미터로 보낸다. `submitClick` 함수가 실행됐을 때 `<input>` 태그의 값을 가져와 유효성 체크(`fnValidate` 함수를 실행)하는 것과 line 8의 Json_form를 만드는 과정은 insert 코드와 동일하다. ◆ 34~35

insert와 동일한 /api/Swtool 경로를 호출하지만, 파라미터 type의 값이 modify로 할당된다. ◆ 3

update 쿼리가 정상적으로 실행되면, 사용자에게 수정 완료 메시지를 표시한다. ◆ 14~16

리스트 페이지에서 [수정] 버튼을 누르면, 상세 조회 페이지로 이동한다. 입력 값을 변경한 후 [수정] 버튼을 누른다.

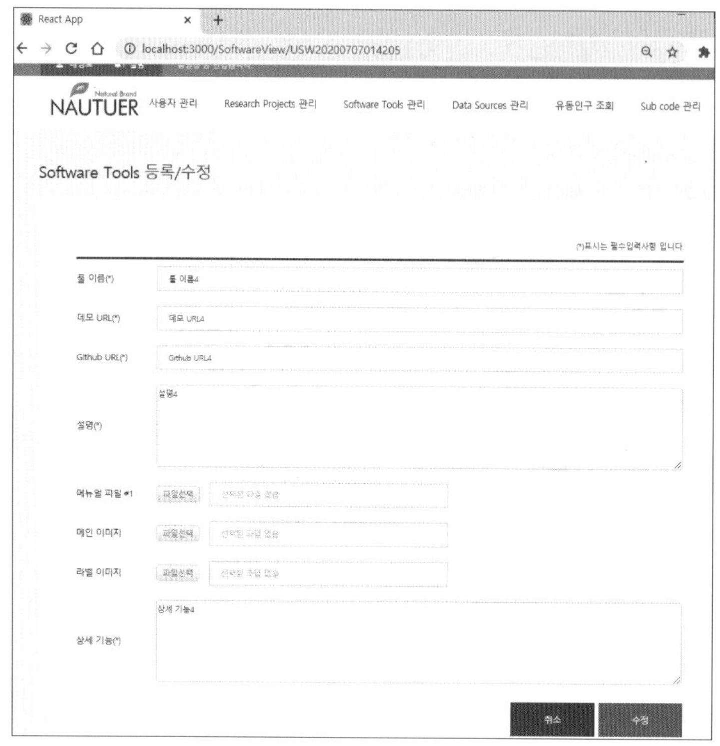

update 쿼리가 정상적으로 실행되면, 다음과 같이 리스트 페이지로 이동된다. 수정된 데이터가 리스트에 표시되는 것을 확인할 수 있다.

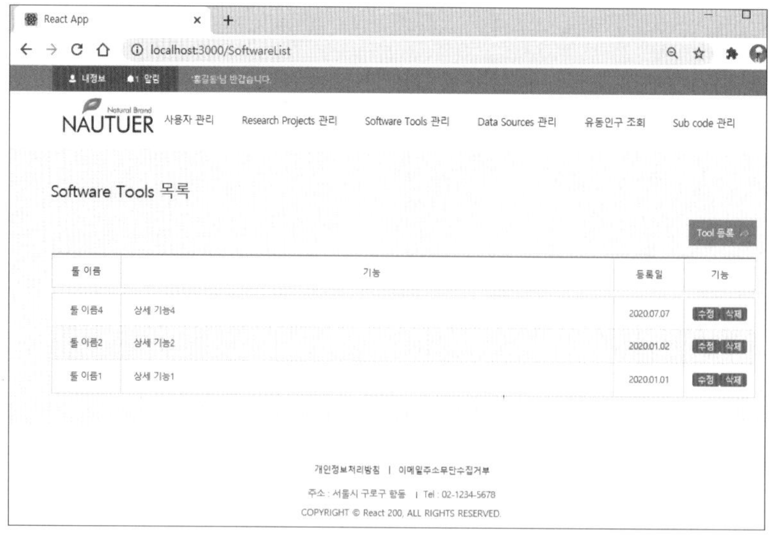

NODE 삭제 api 만들기 ① – delete 라우터 분기하기

실무 136

- **학습 내용:** mapper 파일에 delete 쿼리를 추가하고 실행 결과에 따라 response를 보낸다.
- **힌트 내용:** delete는 select와 달리, react 페이지로 전송할 데이터가 없다.

조회, 등록, 수정 api를 구현할 때 데이터 연동을 위한 기본 틀이 갖춰졌다. 전달하는 데이터만 달라질 뿐 삭제 기능도 동일한 틀 안에서 분기 처리해 사용할 수 있다. react에서 호출할 등록 api는 /api/Swtool?type=delete이다. ? 뒤에 파라미터 `type` 변수의 값만 다를 뿐, 호출 url은 동일하다. 그렇기 때문에 server.js 파일은 수정 사항이 없다.

routes 폴더의 SwtoolRout.js 파일을 확인한다.

SwtoolRout.js

```
...코드 생략...
}else if(type == 'delete'){
  //Swtool 삭제
  try {
    // Mysql Api 모듈(CRUD)
    var dbconnect_Module = require('./dbconnect_Module');

    //Mysql 쿼리 호출 정보 입력
    req.body.mapper = 'SwToolsMapper';//mybatis xml 파일명
    req.body.crud = 'delete';//select, insert, update, delete 중에 입력
    req.body.mapper_id = 'deleteSwToolsInfo';

    router.use('/', dbconnect_Module);
    next('route')
  } catch (error) {
    console.log("Module > dbconnect error : "+ error);
  }
}
...코드 생략...
```

9~11 파라미터로 전달받은 type 값이 delete인 경우, delete 쿼리를 실행할 mapper 정보를 body에 할당한다.

routes 폴더의 dbconnect_Module.js 파일을 확인한다.

dbconnect_Module.js

```
1 ...코드 생략...
2 router.post("/", (req, res) => {
3   const mybatisMapper = require("mybatis-mapper");
4   var param = req.body;
5
6   //mybatis mapper 경로 설정
7   mybatisMapper.createMapper(['./models/'+param.mapper+'.xml']);
8   var time = new Date();
9   console.log('## '+time+ ' ##');
10  console.log("\n Called Mapper Name  = "+param.mapper);
11
12  var format = { language: 'sql', indent: '  ' };
13  //mysql 쿼리 정보 세팅
14  var query = mybatisMapper.getStatement(param.mapper, param.mapper_id,
15  param, format);
16  console.log("\n========= Node Mybatis Query Log Start =========");
17  console.log("* mapper namespce : "+param.mapper+"."+param.mapper_id
18  +" *\n");
19 ...코드 생략...
```

dbconnect_Module.js 파일은 mysql 서버(rds) 접속 정보, mybatis 연동, connection pool에 대한 코드가 구현돼 있다. dbconnect_Module.js은 모듈화해 공통 코드로 사용하고 SwtoolRout.js 라우터 파일에서 전달받은 파라미터에 따라 mapper 정보를 불러와 쿼리를 실행하고 react 페이지로 response를 전달한다.

7 SwtoolRout.js에서 전달받은 req.body.mapper 값인 SwToolsMapper로 사용할 mapper 경로를 설정한다.

14~15 SwtoolRout.js에서 전달받은 req.body.mapper_id 값인 deleteSwToolsInfo로 query 변수를 생성한다.

NODE 삭제 api 만들기 ② – delete 쿼리 추가, response 처리하기

실무 137

- **학습 내용:** mapper 파일에 delete 쿼리를 추가하고 실행 결과에 따라 response를 보낸다.
- **힌트 내용:** select와 달리, delete는 react 페이지로 전송할 데이터가 없다.

xml 파일(mapper)에 delete 쿼리를 추가하는 방식은 `<insert>`나 `<update>` 대신 `<delete>` 태그를 사용하는 것 외에는 동일하다. 쿼리를 실행한 후 insert, update와 마찬가지로 성공 여부를 response로 전달한다.

models 폴더의 SwToolsMapper.xml 파일을 확인한다.

SwToolsMapper.xml

```
1 ...코드 생략...
2   <delete id="deleteSwToolsInfo">
3     DELETE FROM react.react_swtool
4     WHERE swt_code = #{is_SwtCd}
5   </delete>
6 ...코드 생략...
```

`<delete>` 태그를 사용해 mapperid를 정의한다. 2

실행할 delete 쿼리를 작성한다. 테이블에서 유일한 값을 갖는 기본 키인 swt_code의 값과 is_ 3~4
SwtCd 파라미터가 일치하는 데이터를 찾아 삭제한다.

NOTE

예제에서는 delete문을 사용해보기 위해 데이터를 삭제했다. 하지만 보통 실무에서는 데이터가 삭제되는 것을 꺼리기 때문에 삭제 플래그 컬럼을 사용한다. 삭제할 때 플래그를 N으로 바꾼다면, 조회할 때는 플래그가 Y인 데이터만 조회하면 된다.

routes 폴더의 dbconnect_Module.js 파일을 확인한다.

dbconnect_Module.js

```
1 ...코드 생략...
2       var time2 = new Date();
3       console.log('## '+time2+ ' ##');
4       console.log('## RESULT DATA LIST ## : \n', results);
5       if(results != undefined){
6         string = JSON.stringify(results);
7         var json = JSON.parse(string);
8         if (req.body.crud == "select") {
9           res.send({ json });
10        }else{
11          res.send("succ");
12        }
13      }else{
14        res.send("error");
15      }
16 ...코드 생략...
```

11 ◆ insert, update와 동일하게 delete 쿼리 실행이 성공하면, response에 succ를 담아 전달한다.

14 ◆ delete 쿼리 실행 중 에러가 발생하면 `results` 변수가 undefined가 된다. 이때 response에 에러를 담아 전달한다.

REACT 리스트 페이지 삭제 기능 구현하기

실무 138

- **학습 내용:** react에서 node api를 호출해 전달한 변숫값으로 table의 데이터를 삭제한다.
- **힌트 내용:** api 호출 결과에 따라 사용자에게 적절한 메시지를 표시한다.

react 컴포넌트에서 post 방식으로 axios를 사용해 node api를 호출한다. delete 쿼리의 조건절에 사용할 변수를 json 형태로 전달하고 쿼리가 정상적으로 실행됐다면, 리스트 페이지 데이터를 다시 불러온다.

SoftwareToolsManage 폴더의 SoftwareList.js 파일을 확인한다.

SoftwareList.js

```
...코드 생략...
result.push(
    <tr class="hidden_type">
        <td>{data.swt_toolname}</td>
        <td>{data.swt_function}</td>
        <td>{reg_date}</td>
        <td>
            <Link to={'/SoftwareView/'+data.swt_code}
            className="bt_c1 bt_c2 w50_b">수정</Link>
            <a href="#n" class="bt_c1 w50_b" id={data.swt_code}
            onClick={(e) => this.deleteSwtool(e)}>삭제</a>
        </td>
    </tr>
)
...코드 생략...
deleteSwtool = (e) => {
    var event_target = e.target
    this.sweetalertDelete('정말 삭제하시겠습니까?', function() {
        axios.post('/api/Swtool?type=delete', {
            is_SwtCd : event_target.getAttribute('id')
        })
        .then( response => {
            this.callSwToolListApi()
```

```
24          }).catch( error => {alert('작업 중 에러가 발생했습니다.');return false;} );
25      }.bind(this))
26  }
27
28  sweetalertDelete = (title, callbackFunc) => {
29      Swal.fire({
30          title: title,
31          text: "",
32          icon: 'warning',
33          showCancelButton: true,
34          confirmButtonColor: '#3085d6',
35          cancelButtonColor: '#d33',
36          confirmButtonText: 'Yes'
37          }).then((result) => {
38          if (result.value) {
39              Swal.fire(
40              'Deleted!',
41              '삭제됐습니다.',
42              'success'
43              )
44          }else{
45              return false;
46          }
47          callbackFunc()
48          })
49  }
50  ...코드 생략...
```

10~11 ◆ 리스트에서 [삭제] 버튼을 누르면, deleteSwtool 함수를 실행한다.

18 ◆ 실수로 [삭제] 버튼을 눌렀을 때 데이터가 삭제되는 것을 방지하기 위해 한 번 더 사용자에게 확인 메시지를 표시하는 sweetalertDelete 함수를 실행한다.

28~36 ◆ sweetalertDelete 함수는 sweetalert2 패키지에서 지원하는 형식을 사용해 알림 창을 표시한다. Swal.fire 함수로 '정말 삭제하시겠습니까?' 메시지를 표시하고 사용자가 [Yes] 버튼을 누르면 then 함수를 실행한다.

37~45 ◆ '정말 삭제하시겠습니까?' 알림 창에서 [Yes]를 선택하면, result.value 값이 true가 된다. 이때 '삭제됐습니다' 알림이 표시된다. [Cancel]을 선택하면 result.value 값이 false가 돼 알림 창이 닫힌다.

line 18에서 두 번째 파라미터로 전달한 `node api` 호출 함수를 콜백 함수로 실행한다. 47

데이터 삭제를 위해 node api 경로(/api/Swtool?type=delete)를 호출한다. delete 쿼리 조건절에서 사용할 swt_code를 line 10 `<a>` 태그의 id 값에 접근에 가져온다. key가 is_SwtCd인 json 데이터에 swt_code 값을 할당하고 api 호출 시 함께 전달한다. 19~21

삭제 api가 정상적으로 실행됐다면, 조회 api를 호출해 리스트를 다시 표시하는 `callSwToolListApi` 함수를 실행한다. 23

리스트 페이지에서 [삭제] 버튼을 누르면, 바로 삭제 api를 호출하지 않는다. 다음과 같이 알림창을 표시해 사용자에게 한 번 더 확인받는다.

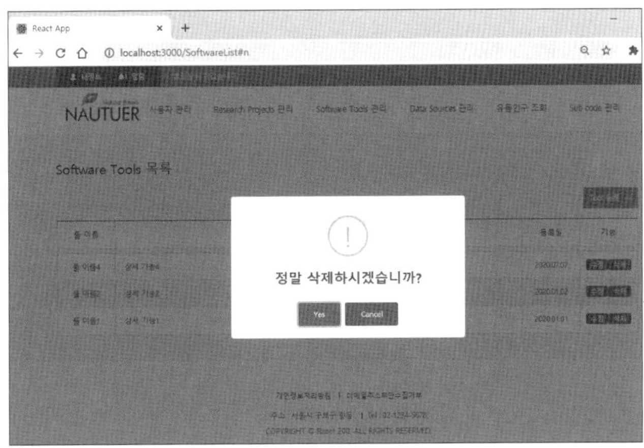

[Yes] 버튼을 누르면 삭제 api를 호출한 후 리스트 조회 api를 호출한다. 이때 리스트에서 데이터가 삭제돼 표시되는 것을 확인할 수 있다.

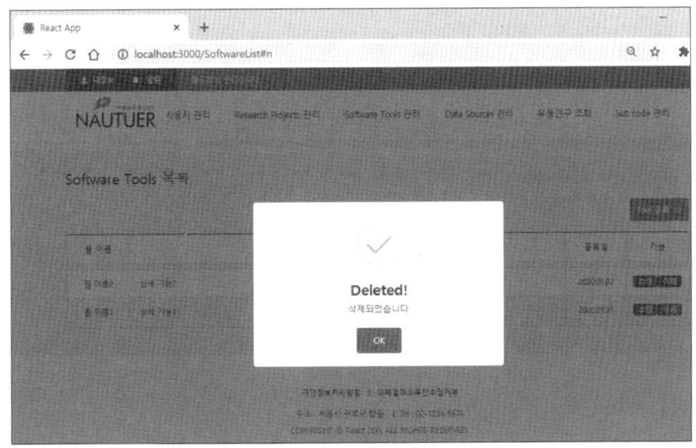

파일, 이미지 업로드 api 만들기 – multer 패키지 사용하기

- **학습 내용:** multer 패키지를 사용해 파일 업로드 api를 구현한다.
- **힌트 내용:** node 서버 경로에 파일을 업로드할 폴더를 생성한다.

문서나 아미지와 같은 파일을 서버 경로에 업로드하기 위해 multer라는 패키지를 사용한다. 등록 수정 node api를 호출할 때는 json 형태로 문자열 데이터를 전달했다.

cmd 창을 열어 node 경로(C:\react200)로 이동한다. [npm install --save multer]를 입력하면 다음과 같이 npm이 multer를 설치한다.

선택 C:₩Windows₩system32₩cmd.exe

```
C:₩react200>npm install --save multer
+ multer@1.4.2
added 16 packages from 12 contributors
```

같은 파일을 여러 번 업로드하는 경우, 파일명이 구분되지 않기 때문에 현재 시간 정보를 파일명에 추가해 저장한다. moment 패키지를 사용해 node 서버의 날짜, 시간 정보를 가져올 수 있다. node 경로(C:\react200)에 [npm install --save moment]를 입력하면, 다음과 같이 npm이 moment를 설치한다.

C:₩Windows₩system32₩cmd.exe

```
C:₩react200>npm install --save moment
+ moment@2.27.0
added 1 package from 6 contributors and
```

node 경로(C:\react200)의 server.js 파일을 확인한다.

server.js

```
...코드 생략...
var fileuploadRouter = require("./routes/UploadRout");
...코드 생략...
app.use("/api/upload", fileuploadRouter);
```

```
5 app.use(express.static("./uploads"));
6
7 const port = process.env.PORT || 5000;
8 app.listen(port, () => console.log(`Listening on port ${port}`));
```

/api/upload 경로로 api가 호출되면, line 2에서 지정한 파일 경로로 라우팅한다. UploadRout 라우터에서 업로드할 파일을 전송받아 요청된 node 서버 경로에 업로드한다. 4

express.static 함수를 사용하면 정적 파일 경로(/uploads)를 설정할 수 있다. 정적 파일 경로를 사용하면 파일 사용이 필요할 때 지정한 경로에서만 파일을 찾을 수 있다는 보안상의 이점이 있다. 또 지정 경로(/uploads)를 제외한 짧은 url로 파일 경로를 호출할 수 있다. 예를 들어, C:\react200\ uploads\image 경로에 있는 react.jpg라는 이미지를 사용하기 위해 uploads 경로를 제외한 http://localhost:5000/image/react.jpg 경로를 호출하면 된다. 5

NOTE

정적 파일이란, image, css, js 파일과 같이 내용이 고정돼 있어서 요청이 왔을 때 별도의 처리 없이 그대로 제공하면 되는 파일이다.

routes 폴더의 UploadRout.js 파일을 확인한다.

UploadRout.js

```
var express = require('express');
var router = express.Router();
var upload = require('./fileupload');
var multer = require('multer');

router.post("/", (req, res, next) => {
  upload(req, res, function(err) {
    if (err instanceof multer.MulterError) {
      return next(err);
    } else if (err) {
      return next(err);
```

```
12     }
13     console.log('원본 파일명 : ' + req.file.originalname)
14     console.log('저장 파일명 : ' + req.file.filename)
15     console.log('크기 : ' + req.file.size)
16     return res.json({filename:req.file.filename});
17   });
18 });
19
20 module.exports = router;
```

7 ◆ post 방식으로 라우터가 호출되면, line 3에서 require한 fileupload 모듈을 실행한다. 모듈에서 작성한 작업이 완료되면 콜백 함수를 실행해 에러 처리를 하고, 로그를 출력한다.

8~12 ◆ 에러가 발생할 경우 콜백 함수를 통해 `err` 변수로 에러 내용이 반환된다. 에러의 종류가 multer 관련 에러(MulterError)이거나 아닐 경우를 나눠 에러 처리를 할 수 있다.

13~15 ◆ fileupload 모듈이 실행되면, request에 파일 정보가 담긴다. 전달된 파일의 정보를 로그로 출력한다. file.originalname은 사용자가 업로드한 파일명이고 file.filename은 fileupload 모듈에서 생성한 업로드 파일명이다.

16 ◆ 실제로 업로드된 파일명을 response에 담아 전달한다.

REACT 등록 페이지 만들기 – 파일, 이미지 업로드 api 호출하기

실무 140

- **학습 내용:** react 페이지에서 파일 업로드 api 호출 방법을 확인한다.
- **힌트 내용:** FormData에 파일을 담아 api를 호출하고 파라미터로 파일 저장 경로를 전달한다.

react 페이지에서 선택한 파일을 node api를 통해 node 경로에 업로드한다. 파일이 정상적으로 업로드됐다면, 파일명과 미리보기 이미지를 표시한다.

SoftwareToolsManage 폴더의 SoftwareView.js 파일을 확인한다.

SoftwareView.js

```
...코드 생략...
class SoftwareView extends Component {
    constructor(props) {
        super(props);
        this.state = {
            before_swtcode: props.match.params.swtcode,
            selectedFile: null,
        }
    }
...코드 생략...
handleFileInput(type, e){
    if(type =='file'){
        $('#imagefile').val(e.target.files[0].name)
    }else if(type =='file2'){
        $('#imagefile2').val(e.target.files[0].name)
    }else if(type =='manual'){
        $('#manualfile').val(e.target.files[0].name)
    }
    this.setState({
        selectedFile : e.target.files[0],
    })
    setTimeout(function() {
        if(type =='manual'){
```

```
            this.handlePostMenual()
        }else{
            this.handlePostImage(type)
        }
    }.bind(this),1
    );
}

handlePostMenual(){
    const formData = new FormData();
    formData.append('file', this.state.selectedFile);
    return axios.post("/api/upload?type=uploads/swmanual/", formData)
    .then(res => {
        this.setState({menualName : res.data.filename})
        $('#is_MenualName').remove()
        $('#upload_menual').prepend('<input id="is_MenualName"
        type="hidden"'+'name="is_MenualName" value="/swmanual/'
        +this.state.menualName+'"}/>')
    }).catch(error => {
        alert('작업 중 에러가 발생했습니다.', error, 'error', '닫기')
    })
}

handlePostImage(type){
    const formData = new FormData();
    formData.append('file', this.state.selectedFile);
    return axios.post("/api/upload?type=uploads/image/", formData)
    .then(res => {
        if(type =='file'){
            this.setState({fileName : res.data.filename})
            $('#is_MainImg').remove()
            $('#uploadimg').remove()
            $('#upload_img').prepend('<img id="uploadimg" src="/image/'
            +this.state.fileName+'"/>')
            $('#upload_img').prepend('<input id="is_MainImg" type="hidden"'
            +'name="is_MainImg" value="/image/'+this.state.fileName+'"}/>')
```

```
        }else if(type =='file2'){
            this.setState({fileName2 : res.data.filename})
            $('#is_LabelImg').remove()
            $('#uploadimg2').remove()
            $('#upload_img2').prepend('<img id="uploadimg2" src="/image/'
            +this.state.fileName2+'"/>')
            $('#upload_img2').prepend('<input id="is_LabelImg"
            type="hidden"'+'name="is_LabelImg" value="/image/'
            +this.state.fileName2+'"}/>')
        }
    }).catch(error => {
        alert('작업 중 에러가 발생했습니다.')
    })
}
...코드 생략...
<tr class="div_tb_tr fileb">
    <th>
        매뉴얼 파일 #1
    </th>
    <td class="fileBox fileBox_w1">
        <label for="uploadBtn1" class="btn_file"> 파일선택</label>
        <input type="text" id="manualfile" class="fileName fileName1"
        readonly="readonly" placeholder="선택된 파일 없음"/>
        <input type="file" id="uploadBtn1" class="uploadBtn uploadBtn1"
        onChange={e => this.handleFileInput('manual',e)}/>
        <div id="upload_menual">
        </div>
    </td>
</tr>
<tr>
    <th>
        메인 이미지
    </th>
    <td className="fileBox fileBox1">
        <label htmlFor='imageSelect' className="btn_file"> 파일선택</label>
        <input type="text" id="imagefile" className="fileName fileName1"
```

```
97          readOnly="readonly" placeholder="선택된 파일 없음"/>
98          <input type="file" id="imageSelect" className="uploadBtn uploadBtn1"
99          onChange={e => this.handleFileInput('file',e)}/>
100         <div id="upload_img">
101         </div>
102     </td>
103 </tr>
104 <tr>
105     <th>
106         라벨 이미지
107     </th>
108     <td className="fileBox fileBox2">
109         <label htmlFor='imageSelect2' className="btn_file"> 파일선택</label>
110         <input type="text" id="imagefile2" className="fileName fileName1"
111         readOnly="readonly" placeholder="선택된 파일 없음"/>
112         <input type="file" id="imageSelect2"
113         className="uploadBtn uploadBtn1"
114         onChange={e => this.handleFileInput('file2',e)}/>
115         <div id="upload_img2">
116         </div>
117     </td>
118 </tr>
119 ...코드 생략...
```

85, 99, 114 ◆ [파일 선택] 버튼을 누르고 업로드할 파일 또는 이미지를 선택하면 handleFileInput 함수를 실행한다. 누르는 [파일 선택] 버튼(매뉴얼 파일, 메인 이미지 라벨 이미지)에 따라 서로 다른 파라미터(file, file2, manual)를 전달한다.

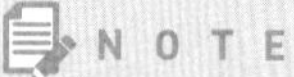

NOTE

type이 file인 <input> 태그는 클릭하면, 파일 선택 창이 표시된다. 이때 업로드할 파일을 선택하고 [열기] 버튼을 누르면 웹 브라우저에 파일이 저장되고 그 파일 정보는 <input> 태그에 남는다. handleFileInput 함수를 실행할 때 파라미터로 태그에 대한 정보(e)가 전달된다. line 20의 e.target.files[0]으로 웹 브라우저에 업로드된 파일에 접근할 수 있다.

e.target.files[0].name으로 업로드한 파일의 이름을 가져온다. 파라미터(file, file2, manual)에 따라 [파일 선택] 버튼 옆에 표시되는 `<input>` 태그에 파일명을 할당해 표시한다. 12~18

매뉴얼 파일 업로드인 경우와 이미지 파일 업로드인 경우를 나눠 실행 함수를 분기한다. 함수(`handlePostMenual`, `handlePostImage`) 실행 시 `state` 변수 selectedFile 값을 참조한다. line 20에서 실제 파일이 selectedFile에 할당하기 전에 함수(`handlePostMenual`, `handlePostImage`)가 실행되면 selectedFile 값을 참조할 수 없기 때문에 `setTimeout` 함수로 파일이 할당되기까지 지연 시간을 설정한다. 22~29

formData 객체를 생성하고 `append` 함수를 사용해 key 값으로 file, value 값으로 업로드할 파일(this.state.selectedFile)을 할당한다. 34~35

> **NOTE**
>
> formData는 자바스크립트에서 서버에 데이터를 전달해주는 api다. formData 객체를 생성하고 `append` 함수로 key, value를 할당하면, 문자열과 파일을 전송할 수 있다.

axios를 사용해 post 방식으로 node api(/api/upload?type=uploads/swmanual/)를 호출한다. 파라미터로 업로드 파일을 할당한 FormData를 넘긴다. 파일이 정상적으로 업로드되면, 반환된 업로드 파일명(res.data.filename)을 `state` 변수 menualName에 할당한다. 36~38

여러 번 매뉴얼 파일을 추가하는 경우, 기존에 있던 영역을 삭제한다. 39

id가 upload_menual인 `<div>` 태그 안에 hidden type의 `<input>` 태그를 `prepend` 함수로 추가한다. value 값으로는 파일이 업로드되는 경로가 할당된다. 이 `<input>` 태그는 `<form>` 태그 안에 추가되는데, 저장이나 수정 api를 호출할 때 name과 value 값이 함께 전달된다. 40~42

매뉴얼 파일 업로드와 같은 api를 호출하지만, 업로드 경로를 할당한 파라미터 type의 값이 uploads/image/이다. 51

type 값(메인 이미지: file, 라벨 이미지: file2)에 따라 분기 처리한다. 53~70

이미지가 정상적으로 업로드되면, filename이 response로 반환된다. res.data.filename을 state 변수 fileName에 할당한다. 54

57~58 업로드된 이미지의 미리보기 영역(`<img>` 태그)을 line 100 id가 upload_img인 `<div>` 태그 안에 추가한다.

59~60 이미지 업로드 경로가 value로 할당된 `<input>` 태그는 `<form>` 태그 안에 추가된다. 저장이나 수정 api를 호출할 때 name과 value 값이 함께 전달된다.

55~56 여러 번 이미지를 추가하는 경우, 기존에 있던 영역을 삭제한다.

62~70 라벨 이미지 분기 영역으로, 메인 이미지와 동일한 구조로 동작한다.

매뉴얼 파일, 메인 이미지 라벨 이미지를 추가하면 다음과 같이 input 영역에 업로드 파일명이 표시된다. 메인 이미지 라벨 이미지의 경우 미리보기 이미지가 표시된다.

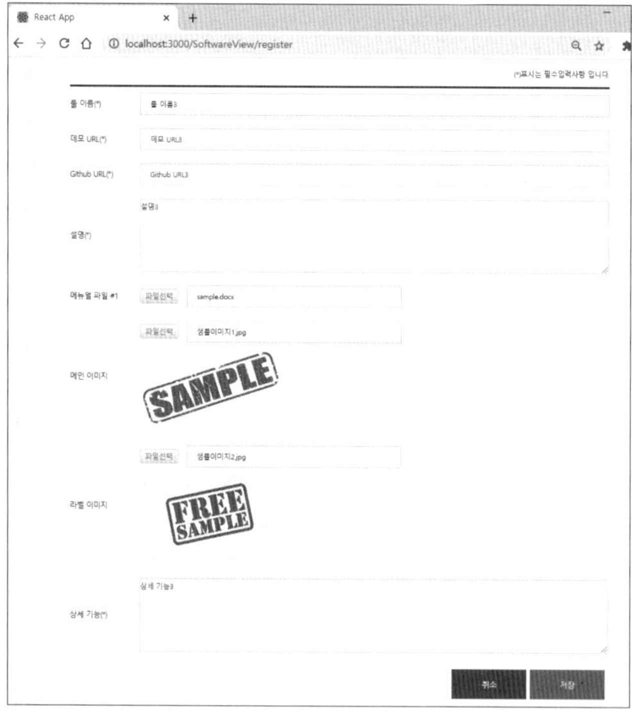

업로드 경로로 지정한 폴더를 확인해보면, 다음과 같이 실제 업로드한 파일과 이미지가 추가된 것을 확인할 수 있다.

내 PC > Windows (C:) > react200 > uploads > swmanual
이름
수정한 날짜
20200711141734_sample.docx
2020-07-11 오후 2:17

내 PC > Windows (C:) > react200 > uploads > image
SAMPLE
FREE SAMPLE
20200711141742_샘플이미지1.jpg
20200711141745_샘플이미지2.jpg

REACT 등록 페이지 만들기 – 업로드 경로를 DB에 insert하기

- **학습 내용:** node 경로에 업로드한 파일의 경로를 DB에 insert한다.
- **힌트 내용:** [저장] 버튼을 눌렀을 때 업로드 파일의 경로가 insert된다.

실제 파일을 서버 경로에 업로드하고 DB에 업로드 경로를 삽입해야 한다. 조회, 수정 페이지에서 DB에 저장된 경로를 조회하면 이미지를 확인할 수 있다.

SoftwareToolsManage 폴더의 SoftwareView.js 파일을 확인한다.

SoftwareView.js

```
...코드 생략...
handlePostMenual(){
    const formData = new FormData();
    formData.append('file', this.state.selectedFile);
    return axios.post("/api/upload?type=uploads/swmanual/", formData)
    .then(res => {
...코드 생략...
        $('#upload_menual').prepend('<input id="is_MenualName"
        type="hidden"'+'name="is_MenualName" value="/swmanual/'
        +this.state.menualName+'"}/>')
    }).catch(error => {
        alert('작업 중 에러가 발생했습니다.', error, 'error', '닫기')
    })
}

handlePostImage(type){
    const formData = new FormData();
    formData.append('file', this.state.selectedFile);
    return axios.post("/api/upload?type=uploads/image/", formData)
    .then(res => {
        if(type =='file'){
...코드 생략...
```

```
            $('#upload_img').prepend('<input id="is_MainImg" type="hidden"'
            +'name="is_MainImg" value="/image/'+this.state.fileName+'"}/>')
        }else if(type =='file2'){
...코드 생략...
            $('#upload_img2').prepend('<input id="is_LabelImg"
            type="hidden"'+'name="is_LabelImg" value="/image/'
            +this.state.fileName2+'"}/>')
        }
    }).catch(error => {
        alert('작업 중 에러가 발생했습니다.')
    })
}
...코드 생략...
<form name="frm" id="frm" action="" onsubmit="" method="post" >
...코드 생략...
<tr class="div_tb_tr fileb">
    <th>
        매뉴얼 파일 #1
    </th>
    <td class="fileBox fileBox_w1">
...코드 생략...
        <div id="upload_menual">
        </div>
    </td>
</tr>
<tr>
    <th>
        메인 이미지
    </th>
    <td className="fileBox fileBox1">
...코드 생략...
        <div id="upload_img">
        </div>
    </td>
</tr>
<tr>
    <th>
```

```
60             라벨 이미지
61         </th>
62         <td className="fileBox fileBox2">
63 ...코드 생략...
64             <div id="upload_img2">
65             </div>
66         </td>
67 </tr>
68 ...코드 생략...
69 </form>
70 ...코드 생략...
```

8~10 ◆ 매뉴얼 파일을 추가하면, line 44의 id가 upload_menual인 <div> 태그에 <input> 태그가 추가된다.

23~24 ◆ 메인 이미지를 추가하면, line 54의 id가 upload_img인 <div> 태그에 <input> 태그가 추가된다.

27~29 ◆ 라벨 이미지를 추가하면, line 64의 id가 upload_img2인 <div> 태그에 <input> 태그가 추가된다.

36~69 ◆ 추가된 <input> 태그는 <form> 태그 안에 위치하기 때문에 저장 api를 호출할 때 업로드 경로 정보가 함께 전송된다.

매뉴얼 파일, 메일 이미지 라벨 이미지를 등록하고 [저장] 버튼을 누른다. insert 쿼리를 실행할 때 파일 업로드 경로가 삽입되는 것을 확인할 수 있다.

```
[0] ========= Node Mybatis Query Log Start =========
[0] * mapper namespce : SwToolsMapper.insertSwToolsInfo *
[0]
[0] INSERT INTO
[0]   react.react_swtool (
[0]     swt_code,
[0]     swt_toolname,
[0]     swt_function,
[0]     swt_comments,
[0]     swt_demo_site,
[0]     swt_github_url,
[0]     swt_imagepath,
[0]     swt_big_imgpath,
[0]     swt_manual_path,
[0]     reg_date,
[0]     reg_user,
[0]     update_date,
[0]     update_user
[0]   )
[0] VALUES
[0]   (
[0]     CONCAT('USW', DATE_FORMAT(now(), '%Y%m%d%H%i%s')),
[0]     '툴 이름3',
[0]     '상세 기능3',
[0]     '설명3',
[0]     '데모 URL3',
[0]     'Github URL3',
[0]     '/image/20200711141745_샘플이미지2.jpg',
[0]     '/image/20200711141742_샘플이미지1.jpg',
[0]     '/swmanual/20200711141734_sample.docx',
[0]     DATE_FORMAT(now(), '%Y%m%d%H%i%s'),
[0]     'guest',
[0]     DATE_FORMAT(now(), '%Y%m%d%H%i%s'),
[0]     'guest'
[0]   )
```

실무 142

REACT 상세 조회 페이지 만들기 – 파일, 이미지명 표시하기

- **학습 내용:** DB에서 파일 경로 데이터를 조회해 상세 조회 페이지에 표시한다.
- **힌트 내용:** 조회한 파일 경로로 화면에 파일명과 미리보기 이미지를 표시할 수 있다.

리스트 페이지에서 [수정] 버튼을 눌러 상세 조회 페이지로 진입한다. Select 쿼리를 실행해 기존에 업로드했던 파일과 이미지의 경로를 불러온다.

SoftwareToolsManage 폴더의 SoftwareView.js 파일을 확인한다.

SoftwareView.js

```
...코드 생략...
callSwToolInfoApi = async () => {
    axios.post('/api/Swtool?type=list', {
        is_Swtcode: this.state.before_swtcode,
    })
    .then( response => {
        try {
            var data = response.data.json[0]
            $('#is_Swt_toolname').val(data.swt_toolname)
            $('#is_Swt_demo_site').val(data.swt_demo_site)
            $('#is_Giturl').val(data.swt_github_url)
            $('#is_Comments').val(data.swt_comments)
            $('#is_Swt_function').val(data.swt_function)
            var manualName = data.swt_manual_path.replace('/swmanual/','')
            var fileName = data.swt_big_imgpath.replace('/image/','')
            var fileName2 = data.swt_imagepath.replace('/image/','')
            $('#upload_img').prepend('<img id="uploadimg" src="'
            +data.swt_big_imgpath+'"/>')
            $('#upload_img2').prepend('<img id="uploadimg2" src="'
            +data.swt_imagepath+'"/>')

            $('#imagefile').val(fileName)
```

```
23              $('#imagefile2').val(fileName2)
24              $('#manualfile').val(manualName)
25
26              if($('#uploadimg').attr('src').indexOf("null") > -1){
27                  $('#uploadimg').hide()
28              }
29              if($('#uploadimg2').attr('src').indexOf("null") > -1){
30                  $('#uploadimg2').hide()
31              }
32          } catch (error) {
33              alert('작업 중 에러가 발생했습니다.')
34          }
35      })
36     .catch( error => {alert('작업 중 에러가 발생했습니다.');return false;} );
37 }
38 ...코드 생략...
```

DB에서 조회한 데이터는 파일 경로와 파일명이 모두 저장돼 있다. 파일명을 따로 표시하기 위 ◆ 14~16
해서 파일 경로를 공백으로 대체해 변수에 할당한다.

메인 이미지와 라벨 이미지의 미리보기 이미지를 표시하기 위해 <img> 태그 src 속성에 조회한 ◆ 17~20
파일 경로를 할당한다. 생성한 <img> 태그를 각각 id가 upload_img, upload_img2인 <div> 태그 안에 삽입한다.

매뉴얼 파일, 메인 이미지, 라벨 이미지의 [파일 선택] 버튼 옆에 있는 <input> 태그에 파일명 ◆ 22~24
을 value 값으로 할당해 표시한다.

이미지가 없는 경우, <img> 태그를 숨긴다. ◆ 26~31

리스트 페이지에서 [수정] 버튼을 눌러 상세 조회 페이지에 진입하면, 다음과 같이 이전에 등록한 파일의 파일명과 미리보기 이미지가 표시된다.

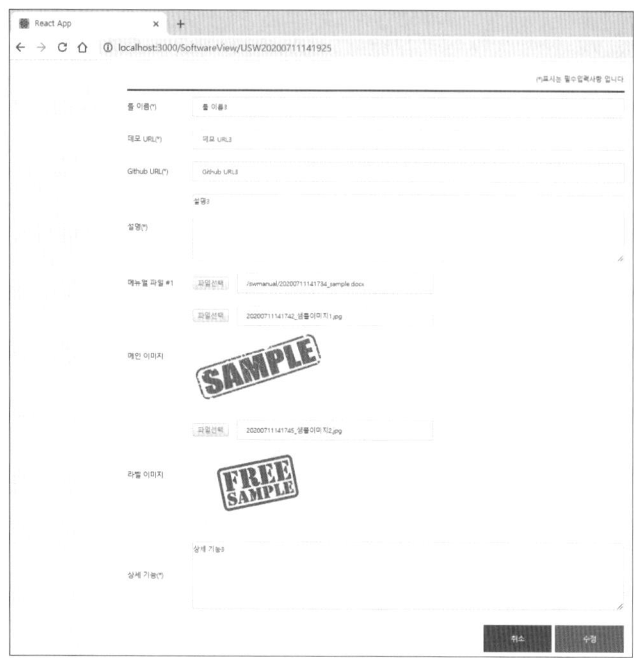

실행되는 select 쿼리를 보면, 파일이 위치한 경로를 조회하는 것을 확인할 수 있다

```
[0] ========= Node Mybatis Query Log Start =========
[0] * mapper namespce : SwToolsMapper.selectSwToolsList *
[0]
[0] SELECT
[0]   swt_code,
[0]   swt_toolname,
[0]   swt_function,
[0]   swt_imagepath,
[0]   swt_big_imgpath,
[0]   swt_comments,
[0]   swt_demo_site,
[0]   swt_manual_path,
[0]   swt_github_url,
[0]   reg_date
[0] FROM
[0]   react.react_swtool
[0] WHERE
[0]   swt_code = 'USW20200711141925'
[0] ORDER BY
[0]   update_date DESC
[0]
[0] ## Sat Jul 11 2020 23:03:02 GMT+0900 (대한민국 표준시) ##
[0] ## RESULT DATA LIST ## :
[0]  [
[0]   RowDataPacket {
[0]     swt_code: 'USW20200711141925',
[0]     swt_toolname: '툴 이름3',
[0]     swt_function: '상세 기능3',
[0]     swt_imagepath: '/image/20200711141745_샘플이미지2.jpg',
[0]     swt_big_imgpath: '/image/20200711141742_샘플이미지1.jpg',
[0]     swt_comments: '설명3',
[0]     swt_demo_site: '데모 URL3',
[0]     swt_manual_path: '/swmanual/20200711141734_sample.docx',
[0]     swt_github_url: 'Github URL3',
[0]     reg_date: '20200711141925'
[0]   }
[0] ]
[0] ========= Node Mybatis Query Log End =========
```

REACT 수정 페이지 만들기 – 파일, 이미지 업로드 api 호출하기

실무 143

- **학습 내용:** 상세 조회 페이지에서 파일, 이미지를 수정한다.
- **힌트 내용:** 새로운 파일, 이미지를 업로드하고 수정 api를 호출한다.

파일, 이미지 수정 기능은 DB를 조회해 초깃값을 화면에 표시하는 것 외에 등록과 동일하다. 수정 페이지에서 이미지를 변경하면, 기존 이미지 미리보기(`<img>` 태그) 영역을 삭제하고 새로운 미리보기 영역을 추가한다.

SoftwareToolsManage 폴더의 SoftwareView.js 파일을 확인한다.

SoftwareView.js

```
...코드 생략...
callSwToolInfoApi = async () => {
    axios.post('/api/Swtool?type=list', {
        is_Swtcode: this.state.before_swtcode,
    })
    .then( response => {
        try {
            var data = response.data.json[0]
...코드 생략...
            var manualName = data.swt_manual_path.replace('/swmanual/','')
            var fileName = data.swt_big_imgpath.replace('/image/','')
            var fileName2 = data.swt_imagepath.replace('/image/','')
            $('#upload_img').prepend('<img id="uploadimg" src="'+data
            .swt_big_imgpath+'"/>')
            $('#upload_img2').prepend('<img id="uploadimg2" src="'+data
            .swt_imagepath+'"/>')
...코드 생략...
handlePostMenual(){
    const formData = new FormData();
    formData.append('file', this.state.selectedFile);
    return axios.post("/api/upload?type=uploads/swmanual/", formData)
    .then(res => {
```

```
23         this.setState({menualName : res.data.filename})
24         $('#is_MenualName').remove()
25         $('#upload_menual').prepend('<input id="is_MenualName"
26         type="hidden"'+'name="is_MenualName" value="/swmanual/'
27         +this.state.menualName+'"}/>')
28     }).catch(error => {
29         alert('작업 중 에러가 발생했습니다.', error, 'error', '닫기')
30     })
31 }
32 
33 handlePostImage(type){
34     const formData = new FormData();
35     formData.append('file', this.state.selectedFile);
36     return axios.post("/api/upload?type=uploads/image/", formData)
37     .then(res => {
38         if(type =='file'){
39             this.setState({fileName : res.data.filename})
40             $('#is_MainImg').remove()
41             $('#uploadimg').remove()
42             $('#upload_img').prepend('<img id="uploadimg" src="/image/'
43             +this.state.fileName+'"/>')
44             $('#upload_img').prepend('<input id="is_MainImg"
45             type="hidden"'+'name="is_MainImg" value="/image/'
46             +this.state.fileName+'"}/>')
47         }else if(type =='file2'){
48 ...코드 생략...
```

13~16 line 3에서 상세 페이지에 표시할 데이터를 조회해 미리보기 이미지(<img> 태그) 영역을 추가한다.

24 여러 번 매뉴얼 파일을 업로드하는 경우, 가장 최근에 올린 파일 1개의 경로만 DB에 저장해야 한다. 매뉴얼 파일 경로가 할당된 <input> 태그가 있다면 삭제한다.

25~27 새로운 매뉴얼 파일을 추가하면, 매뉴얼 파일 경로가 할당된 <input> 태그를 추가한다. 이 태그는 <form> 태그 안에 삽입돼 파일 경로가 수정 api 호출 시 함께 전송된다.

여러 번 메인 이미지를 업로드하는 경우, 기존에 추가된 이미지 미리보기 영역과 이미지 경로가 할당된 <input> 태그를 삭제한다. 40~41

새로운 업로드한 메인 이미지를 미리보기 영역에 표시한다. 42~43

새로운 메인 이미지가 업로드되면, 이미지 파일 경로가 할당된 <input> 태그를 <form> 태그 안에 삽입한다. <input> 태그에 value로 할당된 이미지 경로가 수정 api 호출 시 함께 전송된다. 44~46

라벨 이미지의 수정 기능도 메인 이미지와 동일하게 동작한다. 48

수정 페이지에서 새로운 이미지를 추가하면, 추가된 이미지로 미리보기 이미지가 변경된다.

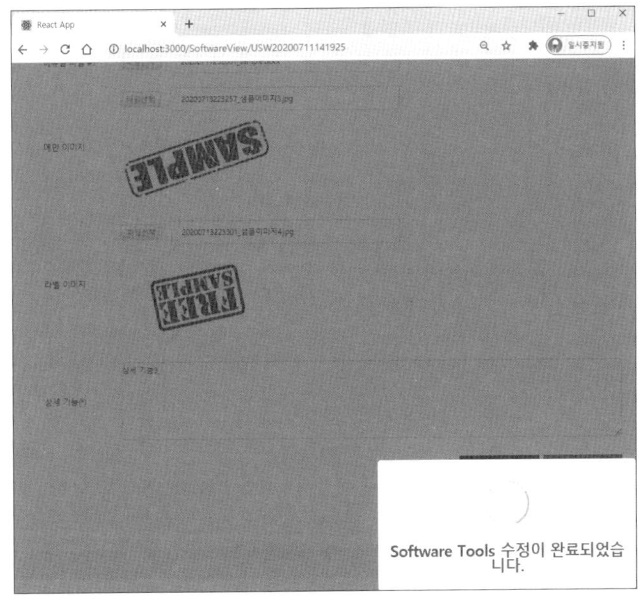

REACT 수정 페이지 만들기 – 업로드 경로 DB에 업데이트하기

- **학습 내용:** 수정한 파일, 이미지의 경로로 DB 정보를 변경한다.
- **힌트 내용:** 수정 api를 통해 파일, 이미지 경로를 전달받아 update문에 사용한다.

파일, 이미지를 업로드하고 DB에 저장된 업로드 경로를 수정하지 않는다면, 상세 페이지에서 새로 추가한 파일과 이미지가 조회되지 않는다. 수정 api 호출 시 파라미터로 전달한 업로드 경로를 update에 넣어 데이터를 변경한다.

models 폴더의 SwToolsMapper.xml 파일을 확인한다.

SwToolsMapper.xml

```
...코드 생략...
<update id="updateSwToolsInfo">
  UPDATE react.react_swtool
  SET
      swt_toolname = #{is_Swt_toolname}
      , swt_function = #{is_Swt_function}
      , swt_comments = #{is_Comments}
      , swt_demo_site = #{is_Swt_demo_site}
      , swt_github_url = #{is_Giturl}
      <if test="is_LabelImg != null && is_LabelImg != ''">
        , swt_imagepath = #{is_LabelImg}
      </if>
      <if test="is_MainImg != null && is_MainImg != ''">
        , swt_big_imgpath = #{is_MainImg}
      </if>
      <if test="is_MenualName != null && is_MenualName != ''">
        , swt_manual_path = #{is_MenualName}
      </if>
      , update_date = DATE_FORMAT(now(), '%Y%m%d%H%i%s')
      , update_user = #{is_Email}
  WHERE swt_code = #{is_beforeSwtcode}
```

```
22 </update>
23 ...코드 생략...
```

라벨 이미지(is_LabelImg), 메인 이미지(is_MainImg), 매뉴얼 파일 경로(is_MenualName) 파라미터를 각각의 컬럼에 할당한다. 이미지나 파일 변경 없이 [수정] 버튼을 눌렀다면, 파라미터가 빈 값으로 전달되기 때문에 해당 컬럼을 업데이트하지 않는다. 10~18

[수정] 버튼을 누르면 update 쿼리가 실행돼 업로드 경로가 수정된다. 다음 쿼리는 메인 이미지 경로(swt_big_imgpath)만 수정했기 때문에 라벨 이미지 경로(swt_imagepath)와 매뉴얼 파일 경로(swt_manual_path)는 업데이트되지 않았다.

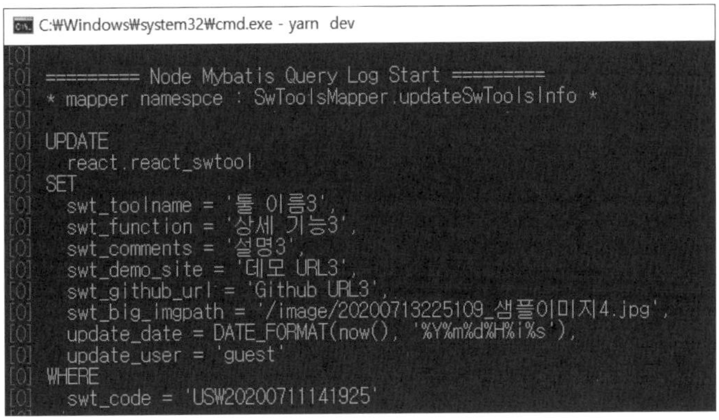

```
C:￦Windows￦system32￦cmd.exe - yarn dev
[0]
[0] ========= Node Mybatis Query Log Start =========
[0] * mapper namespce : SwToolsMapper.updateSwToolsInfo *
[0]
[0] UPDATE
[0]   react.react_swtool
[0] SET
[0]   swt_toolname = '툴 이름3',
[0]   swt_function = '상세 기능3',
[0]   swt_comments = '설명3',
[0]   swt_demo_site = '데모 URL3',
[0]   swt_github_url = 'Github URL3',
[0]   swt_big_imgpath = '/image/20200713225109_샘플이미지4.jpg',
[0]   update_date = DATE_FORMAT(now(), '%Y%m%d%H%i%s'),
[0]   update_user = 'guest'
[0] WHERE
[0]   swt_code = 'US￦20200711141925'
```

실무 145 회원 정보 table 생성하기

• **학습 내용:** 회원 가입 데이터를 insert할 DB 테이블을 생성한다.
• **힌트 내용:** workbench에서 rds 서버에 접속해 테이블을 생성한다.

회원 정보에는 각각의 회원을 구분할 수 있는 유일한 값이 필요하다. 실제 사용 중인 이메일 주소를 유일한 컬럼으로 생성하고 웹 사이트의 아이디로 사용한다.

workbench에서 다음 쿼리를 실행한다.

```
 1 use react;
 2 CREATE TABLE `react_user` (
 3   `username` varchar(100) DEFAULT NULL COMMENT ' 사용자 이름',
 4   `userorg` varchar(100) DEFAULT NULL COMMENT '소속기관',
 5   `useremail` varchar(100) COMMENT '이메일',
 6   `userpassword` varchar(100) DEFAULT NULL COMMENT '로그인 비밀번호',
 7   `usermajor` varchar(100) DEFAULT NULL COMMENT '전공',
 8   `userphone` varchar(100) DEFAULT NULL COMMENT '휴대전화번호',
 9   `userflag` varchar(100) DEFAULT NULL COMMENT '승인여부',
10   `reg_date` varchar(100) DEFAULT NULL COMMENT '등록날짜',
11   `reg_user` varchar(100) DEFAULT NULL COMMENT '등록자',
12   `update_date` varchar(100) DEFAULT NULL COMMENT '수정날짜',
13   `update_user` varchar(100) DEFAULT NULL COMMENT '수정자',
14   PRIMARY KEY (`useremail`)
15 );
16 ALTER TABLE react.react_user convert to charset utf8;
```

1 ◆ 웹 사이트에서 사용하는 스키마인 react를 사용하기 위해 use 명령어를 실행한다.

2 ◆ create table 쿼리를 실행해 회원 정보 테이블(react_user)을 생성한다.

테이블에서 유일한 값을 갖는 usermail 컬럼을 기본 키로 지정한다. usermail 컬럼의 값이 웹 사이트의 아이디가 된다. 14

테이블에 한글 데이터를 삽입할 수 있도록 charset을 utf8로 변경한다. 16

workbench에서 세미콜론(;)을 기준으로 해서 3개의 쿼리를 순서대로 실행한다.

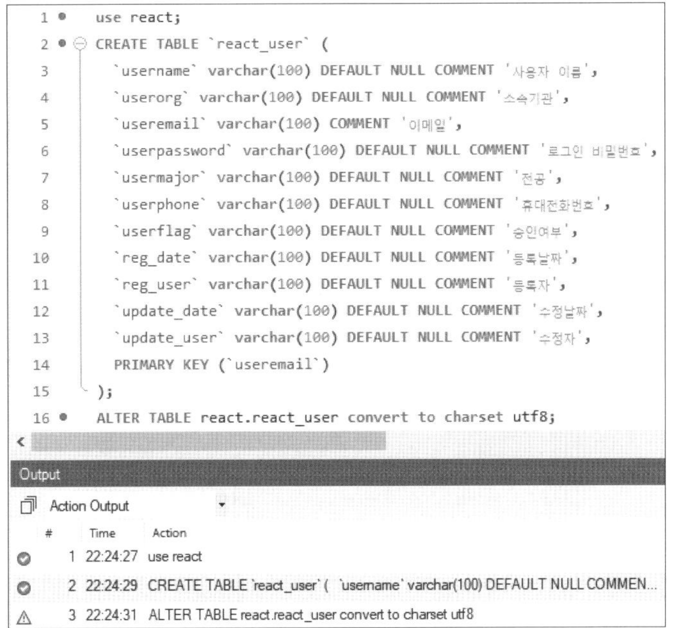

NODE 회원 가입 api 만들기 ① – bcrypt로 암호화하기

• **학습 내용:** bcrypt 패키지로 회원 비밀번호를 암호화할 수 있다.
• **힌트 내용:** bcrypt 패키지의 salt 기능을 사용하면, 좀 더 안전하게 암호화할 수 있다.

회원 가입을 하면 다양한 데이터를 입력받게 된다. 이 중 로그인 비밀번호를 그대로 DB에 넣어 보관하는 것은 매우 위험하다. 비밀번호는 복호화할 필요가 없기 때문에 해시 함수로 암호화한다. 해시 알고리즘은 암호화만 가능하고 복호화는 불가능한데, bcrypt 패키지를 사용하면 해시 암호화를 간편하게 구현할 수 있다.

cmd 창을 열어 node 경로(C:\react200)로 이동한다. [npm install --save bcrypt]를 입력하면 다음과 같이 npm이 bcrypt를 설치한다.

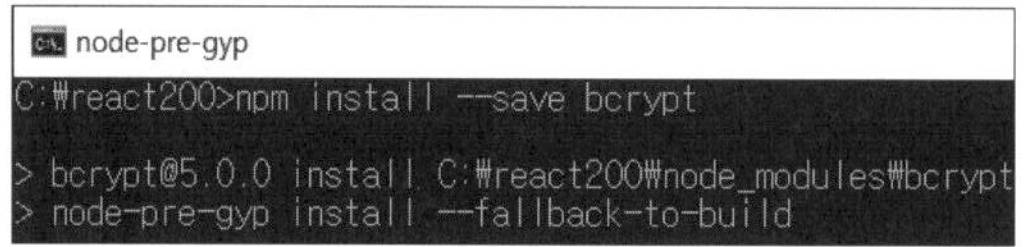

node 경로(C:\react200)의 server.js 파일을 확인한다.

server.js

```
1 ...코드 생략...
2 var usersRouter = require("./routes/UsersRout");
3
4 var app = express();
5 ...코드 생략...
6 app.use("/api/register", usersRouter);
7
8 const port = process.env.PORT || 5000;
9 app.listen(port, () => console.log(`Listening on port ${port}`));
```

6 ◆ /api/register 경로로 api가 호출되면, line 2에서 지정한 회원 정보 라우터 파일 경로로 라우팅한다.

routes 폴더의 UsersRout.js 파일을 확인한다.

UsersRout.js

```
...코드 생략...
const bcrypt = require('bcrypt');
const saltRounds = 10;
...코드 생략...
router.post('/', (req, res, next) => {
    var type = req.query.type;
    if(type == "signup"){
      //회원 가입 정보 삽입
      try {
        // Mysql Api 모듈(CRUD)
        var dbconnect_Module = require('./dbconnect_Module');

        //Mysql 쿼리 호출 정보 입력
        req.body.mapper = 'UserMapper';//mybatis xml 파일명
        req.body.crud = 'insert';//select, insert, update, delete 중에 입력
        req.body.mapper_id = 'insertUser';

        var myPlaintextPassword = req.body.is_Password;
        if(myPlaintextPassword != '' && myPlaintextPassword != undefined ){
          bcrypt.genSalt(saltRounds, function(err, salt) {
            bcrypt.hash(myPlaintextPassword, salt, function(err, hash) {
              req.body.is_Password = hash;
              router.use('/', dbconnect_Module);
              next('route')
            });
          });
        }else{
          router.use('/', dbconnect_Module);
          next('route')
        }
      } catch (error) {
        console.log("Module > dbconnect error : "+ error);
      }
...코드 생략...
```

2~3 bcrypt 패키지를 require해 사용할 수 있도록 한다. bcrypt에서 지원하는 salt의 크기를 '10'으로 설정한다.

> **NOTE**
>
> salt는 해커가 비밀번호를 유추하기 어렵도록 한 번 더 암호화하는 문자열이다. bcrypt 패키지 내부적으로 salt의 크기만큼의 임의의 문자열을 생성한다. bcript의 `hash` 함수와 salt를 사용해 암호화한 결과는 `hash` 함수만으로 암호화한 결과보다 복잡해 복호화가 어렵다.

14~16 type 파라미터의 값이 signup일 경우, 회원 정보를 insert하는 mapper 정보를 req.body에 할당한다.

18~19 req.body.is_Password는 암호화되지 않은 비밀번호다. 값이 있다면 brypt 암호화를 실행한다.

20 `genSalt` 함수로 line 3에서 지정한 크기의 salt를 생성한다.

21 `hash` 함수로 salt 값을 사용해 암호화되지 않은 비밀번호(myPlaintextPassword)를 암호화한다. 암호화된 비밀번호가 콜백 함수에서 `hash` 변수로 반환된다.

22 암호화된 비밀번호(hash)를 다시 `req.body.is_Password` 변수에 할당해 다음 라우터(dbconnect_Module)로 전달한다.

NODE 회원 가입 api 만들기 ② - insert 쿼리 추가하기

실무 147

- **학습 내용:** 회원 정보 mapper 파일에 insert 쿼리를 추가하고 회원 정보를 각 컬럼에 할당한다.
- **힌트 내용:** 전달받은 파라미터들을 데이터 형태에 맞게 삽입한다.

회원 가입 페이지에서 나눠 전달한 휴대전화 번호와 이메일 주소를 `mysql CONCAT` 함수를 사용해 가공한 후 삽입한다.

models 폴더의 UserMapper.xml 파일을 확인한다.

UserMapper.xml

```
...코드 생략...
<insert id="insertUser">
  INSERT INTO react.react_user
  (
    username
    , userorg
    , useremail
    , userpassword
    , usermajor
    , userphone
    , userflag
    , reg_date
    , reg_user
    , update_date
    , update_user
  )
  VALUES (
    #{is_Username}
   , #{is_Organization}
    , CONCAT(#{is_Useremail1}, '@', #{is_Useremail2})
    , #{is_Password}
    , #{is_Usermajor}
    , CONCAT(#{is_Userphone1}, '-', #{is_Userphone2},'-', #{is_Userphone3})
```

```
24       , 'Y'
25       , DATE_FORMAT(now(), '%Y%m%d%H%i%s')
26       , CONCAT(#{is_Useremail1}, '@', #{is_Useremail2})
27       , DATE_FORMAT(now(), '%Y%m%d%H%i%s')
28       , CONCAT(#{is_Useremail1}, '@', #{is_Useremail2})
29       )
30 </insert>
31 ...코드 생략...
```

11 ◆ userflag 컬럼은 데이터를 정의하는 것에 따라 다양하게 활용할 수 있다. 회원 탈퇴, 관리자 계정, 비활성 계정 등에 목적에 맞게 각각의 플래그 값을 정의해 사용할 수 있다.

NOTE

mysql CONCAT 함수를 사용하면 여러 개의 문자열을 연결할 수 있다.

20 ◆ 이메일 아이디, @, 이메일 도메인을 CONCAT 함수로 연결해 삽입한다.

21 ◆ bcypt로 암호화된 비밀번호가 할당된다.

23 ◆ 3개의 변수로 나눠 전달된 휴대전화 번호 변수를 – 부호로 연결해 삽입한다.

REACT 회원 가입 페이지 만들기 ① – 입력 form 만들기

실무 148

- **학습 내용:** 회원 가입 정보를 입력받는 태그들을 <form> 태그로 감싼다.
- **힌트 내용:** 입력 유형에 따라 추가되는 태그와 속성을 확인한다.

회원 정보를 저장하는 node api 호출 시 전달할 변수들을 `<form>` 태그 안에 위치시킨다. `<form>` 태그로 감싸진 `<input>` 태그와 `<select>` 태그의 데이터는 별도의 변수 선언 없이 편리하게 파라미터로 전달할 수 있다.

components 폴더의 App.js 파일을 확인한다.

App.js

```
1 ...코드 생략...
2 import Register from './Register/Register';
3
4 class App extends Component {
5   render () {
6     return (
7       <div className="App">
8         <HeaderAdmin/>
9 ...코드 생략...
10        <Route path='/register' component={Register} />
11        <Footer/>
12      </div>
13    );
14  }
15 }
16 ...코드 생략...
```

회원 가입 페이지는 /register 경로로 호출하고 line 2에 선언된 Register 폴더의 Register.js로 라우팅한다.

Register 폴더의 Register.js 파일을 확인한다.

Register.js

```
...코드 생략...
mustNumber = (id) => {
    var pattern1 = /[0-9]/;
    var str = $('#'+id).val();
    if(!pattern1.test(str.substr(str.length - 1, 1))){
        $('#'+id).val(str.substr(0, str.length-1));
    }
}
...코드 생략...
<form method="post" name="frm">
...코드 생략...
<tr className="re_email">
    <th>이메일</th>
    <td>
        <input id="email_val" type="text" name="is_Useremail1"
        placeholder="이메일을 입력해주세요." onKeyPress={this.emailKeyPress}/>
        <span className="e_goll">@</span>
        <select id="email2_val" name="is_Useremail2" className="select_ty1">
                <option value="">선택하세요</option>
                <option value='naver.com'>naver.com</option>
                <option value='hanmail.net'>hanmail.net</option>
...코드 생략...
        </select>
    </td>
</tr>
<tr>
    <th>비밀번호</th>
    <td>
        <input id="pwd_val" type="password" name="is_Password"
        placeholder="비밀번호를 입력해주세요." onKeyPress={this.pwdKeyPress}
/>

    </td>
</tr>
...코드 생략...
<tr className="tr_tel">
    <th>핸드폰</th>
```

```
37      <td>
38          <select id="phone1_val" name="is_Userphone1" className="select_ty1">
39              <option value="">선택</option>
40              <option value="010">010</option>
41              <option value="011">011</option>
42 ...코드 생략...
43          </select>
44          <span className="tel_dot">-</span>
45          <input id="phone2_val" name="is_Userphone2" max="9999"
46          maxlength="4" onChange={(e) => this.mustNumber("phone2_val")}/>
47          <span className="tel_dot">-</span>
48          <input id="phone3_val" name="is_Userphone3" max="9999"
49          maxlength="4" onChange={(e) => this.mustNumber("phone3_val")}/>
50      </td>
51 </tr>
52 ...코드 생략...
53 </form>
54...코드 생략...
```

node api 호출 시에 <input>, <select> 태그의 입력 값들을 한 번에 전달하기 위해 <form> 태그로 감싸준다. 10~53

이메일의 @ 앞부분을 <input> 태그에 입력한다. 다음 예제에 나오는 유효성 체크에서 input 값을 입력하지 않고 [회원 가입] 버튼을 누르면 <input> 태그에 빨간색 테두리가 생긴다. emailKeyPress 함수는 입력 창에 키를 입력했을 때 실행되고 빨간색 테두리를 제거한다. 15~16

이메일의 @ 뒷부분은 <select>, <option> 태그로 선택한다. 18~23

비밀번호는 type이 password인 <input> 태그에 입력해야 입력한 값이 화면에 표시되지 않는다. pwdKeyPress 함수는 유효성 검사에서 생기는 <input> 태그의 빨간색 테두리를 제거한다. 29~30

휴대폰번호 앞자리를 <select>, <option> 태그로 선택한다. 38~43

휴대폰 번호의 중간 네 자리와 마지막 네 자리를 나눠 입력받는다. <input> 태그에 max와 maxlength 속성을 추가하면, 숫자의 입력 범위를 지정할 수 있다. Max 값이 9999이면 <input> 태그에 0000부터 9999까지의 숫자를 입력할 수 있다. maxlength가 4라면 입력 값을 최대 네 자 44~49

리까지 입력할 수 있다. `<input>` 태그에 값을 입력할 때마다 line 2의 `mustNumber` 함수를 호출한다.

5~6 pattern1은 숫자를 의미한다. 입력된 글자가 숫자가 아니라면, 가장 마지막에 추가된 문자를 제외하고 `<input>` 태그에 남긴다. 예를 들어, 1a를 입력했다면 1만 남게 된다.

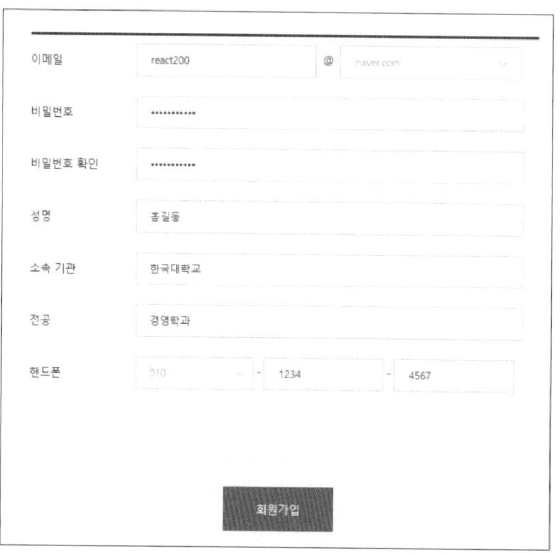

REACT 회원 가입 페이지 만들기 ② – 유효성 체크하기

실무 149

- **학습 내용:** 입력받은 회원 정보가 유효한 값인지 체크 표시를 한다.
- **힌트 내용:** 입력 값이 유효하지 않다면, 사용자에게 재입력 메시지를 표시한다.

DB에 정합성 높은 데이터를 삽입하기 위해서 node api 호출 전 입력받은 값이 유효한지 검사한다. 하나의 입력 값이라도 잘못된 데이터가 들어왔다면, node api 호출을 하지 않고 재입력 사유에 대해 메시지를 표시한다.

Register 폴더의 Register.js 파일을 확인한다.

Register.js

```
...코드 생략...
submitClick = async (type, e) => {
...코드 생략...
this.fnValidate = (e) => {
    var pattern1 = /[0-9]/;
    var pattern2 = /[a-zA-Z]/;
    var pattern3 = /[~!@#$%^&*()_+|<>?:{}]/;
...코드 생략...
    if(this.pwd_val_checker ==='') {
        $('#pwd_val').addClass('border_validate_err');
        this.sweetalert('비밀번호를 입력해주세요.', '', 'info', '닫기')
        return false;
    }
    if(this.pwd_val_checker !=='') {
        var str = this.pwd_val_checker;
        if(str.search(/\s/) !== -1) {
            $('#pwd_val').addClass('border_validate_err');
            this.sweetalert('비밀번호 공백을 제거해 주세요.', '', 'info', '닫기')
            return false;
        }
        if(!pattern1.test(str) || !pattern2.test(str) || !pattern3.test(str)
```

```
        || str.length < 8 || str.length > 16) {
            $('#pwd_val').addClass('border_validate_err');
            this.sweetalert('8~16자 영문 대 소 문자\n숫자,
            특수 문자를 사용하세요.', '', 'info', '닫기')
            return false;
        }
    }
    $('#pwd_val').removeClass('border_validate_err');

    if(this.pwd_cnf_val_checker ==='') {
        $('#pwd_cnf_val').addClass('border_validate_err');
        this.sweetalert('비밀번호 확인을 입력해주세요.', '', 'info', '닫기')
        return false;
    }
    if(this.pwd_val_checker !== this.pwd_cnf_val_checker) {
        $('#pwd_val').addClass('border_validate_err');
        $('#pwd_cnf_val').addClass('border_validate_err');
        this.sweetalert('비밀번호가 일치하지 않습니다.', '', 'info', '닫기')
        return false;
    }
    $('#pwd_cnf_val').removeClass('border_validate_err');
...코드 생략...
    if(this.phone1_val_checker ==='' || this.phone2_val_checker ===''
    || this.phone3_val_checker ==='') {
        $('#phone1_val').addClass('border_validate_err');
        $('#phone2_val').addClass('border_validate_err');
        $('#phone3_val').addClass('border_validate_err');
        this.sweetalert('휴대전화 번호를 입력해주세요.', '', 'info', '닫기')
        return false;
    }
    $('#phone1_val').removeClass('border_validate_err');
    $('#phone2_val').removeClass('border_validate_err');
    $('#phone3_val').removeClass('border_validate_err');
    return true;
}

if(this.fnValidate()){
```

```
59 ...코드 생략...
60 }
61 ...코드 생략...
```

회원 정보를 입력한 후 하단의 [회원 가입] 버튼을 누르면, `submitClick` 함수가 실행된다. ◆ 2

`fnValidate` 함수는 입력 값의 유효성을 체크하는 함수인데, 하나라도 입력 값이 유효하지 않다면 false를 반환한다. 모든 입력 값이 유효하다면 line 59의 위치에서 아이디 중복 체크 api를 호출한다. ◆ 58

정규 표현식을 사용해 숫자(pattern1), 문자(pattern2), 특수 문자(pattern3) 패턴 변수를 선언한다. ◆ 5~7

NOTE

정규 표현식은 특정 규칙의 문자열을 표현하는 언어 형식이다. 문자열의 검색, 치환하는 용도로 사용하고 패턴을 사용하기 때문에 짧은 코드로 조건문을 구현할 수 있다.

비밀번호 컬럼의 입력 값이 없다면, 재입력 메시지를 표시하고 false를 반환한다. ◆ 9~13

비밀번호 컬럼의 입력 값에 공백이 있다면, 공백 제거 메시지를 표시한다. /\s/는 공백을 나타내는 정규식이다. `search` 함수를 사용해 `str` 변수에 공백이 몇 번째 위치에 존재하는지 체크 표시를 한다. 공백이 없다면 −1을 반환한다. ◆ 16~20

비밀번호 컬럼의 입력 값에 숫자, 문자(영어), 특수 문자 중 하나라도 값이 없거나 입력 값이 8~16자 사이가 아니라면 false를 반환한다. ◆ 21~27

비밀번호와 비밀번호 확인 컬럼의 입력 값이 일치하지 않다면, false를 반환한다. ◆ 36~41

핸드폰 컬럼의 입력 값이 하나라도 빈 값이라면, false를 반환한나. ◆ 44~51

특정 컬럼이 유효하지 않다면 해당 태그에 `addClass('border_validate_err')` 함수를 실행한다. 태그에 border_validate_err 클래스가 추가되면 테두리가 생기도록 css 파일에 정의돼 있다. 이와 반대로 사용자가 정상적으로 재입력을 마쳤다면, `removeClass('border_validate_err')`를 실행해 테두리를 삭제한다.

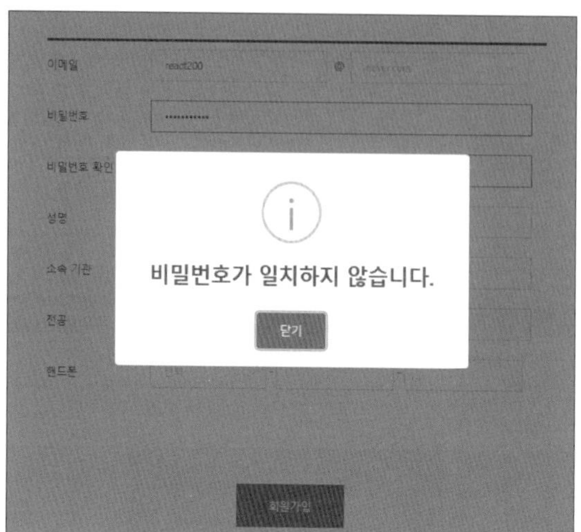
이메일
react200
@
비밀번호
비밀번호 확인
성명
소속 기관
전공
핸드폰
비밀번호가 일치하지 않습니다.
닫기
회원가입

REACT 회원 가입 페이지 만들기 ③ – 아이디 중복 체크하기

실무 150

• **학습 내용:** 입력한 이메일로 기존에 가입된 계정이 있는지 확인한다.
• **힌트 내용:** 이미 가입된 계정이라면, 사용자에게 이미 계정이 존재한다는 메시지를 표시한다.

회원 정보에서 아이디는 유일한 값이어야 한다. 회원 정보를 삽입하기 전 중복 체크를 위한 node api를 호출하고 DB에 동일한 계정이 존재하는지 확인한다.

Register 폴더의 Register.js 파일을 확인한다.

Register.js

```
...코드 생략...
if(this.fnValidate()){
    this.state.full_email = this.email_val_checker+'@'
    +this.email2_val_checker
    axios.post('/api/register?type=dplicheck', {
        is_Email: this.email_val_checker+'@'+this.email2_val_checker
    })
    .then( response => {
        try {
            const dupli_count = response.data.json[0].num;
            if(dupli_count !== 0){
                $('#email_val').addClass('border_validate_err');
                $('#email2_val').addClass('border_validate_err');
                this.sweetalert('이미 존재하는 이메일입니다.', '', 'info', '닫기')
            }else{
                $('#email_val').removeClass('border_validate_err');
                $('#email2_val').removeClass('border_validate_err');
                this.fnSignInsert('signup', e)
            }
        } catch (error) {
            this.sweetalert('작업 중 에러가 발생했습니다.', error, 'error', '닫기')
        }
```

```
23     })
24     .catch( response => { return false; } );
25 ...코드 생략...
```

2 ◆ 모든 입력 값이 유효성 검사를 통화하면, `fnValidate` 함수는 true를 반환한다.

5~7 ◆ 중복 체크 node api(/api/register?type=dplicheck)를 호출하면서 파라미터로 입력받은 이메일 컬럼의 값을 전달한다.

10~19 ◆ 중복 체크 node api는 중복된 계정의 수(response.data.json[0].num)를 반환한다. 중복된 계정이 있다면 line 14의 메시지를 표시한다. 새로운 계정이라면 회원 정보 삽입 node api를 호출하는 line 18의 `fnSignInsert` 함수를 실행한다.

routes 폴더의 UsersRout.js 파일을 확인한다.

UsersRout.js

```
...코드 생략...
else if(type == "dplicheck"){
      //이메일 중복 체크
      try {
        // Mysql Api 모듈(CRUD)
        var dbconnect_Module = require('./dbconnect_Module');

        //Mysql 쿼리 호출 정보 입력
        req.body.mapper = 'UserMapper';//mybatis xml 파일명
        req.body.crud = 'select';//select, insert, update, delete 중에 입력
        req.body.mapper_id = 'selectUserDpliCheck';
        router.use('/', dbconnect_Module);
        next('route')
      } catch (error) {
        console.log("Module > dbconnect error : "+ error);
      }
    }
...코드 생략...
```

type 파라미터의 값이 dplicheck일 경우, 중복 체크 mapper 정보를 req.body에 할당한다. 9~11

models 폴더의 UserMapper.xml 파일을 확인한다.

UserMapper.xml

```
1 ...코드 생략...
2 <select id="selectUserDpliCheck">
3     SELECT
4       count(*) as num
5     FROM
6     react.react_user
7     WHERE useremail = #{is_Email}
8 </select>
9 ...코드 생략...
```

react_user 테이블에 파라미터로 전달받은 이메일(is_Email) 데이터가 존재하는지 조회한다. 조회된 데이터의 개수를 count 함수로 계산한다. 3~7

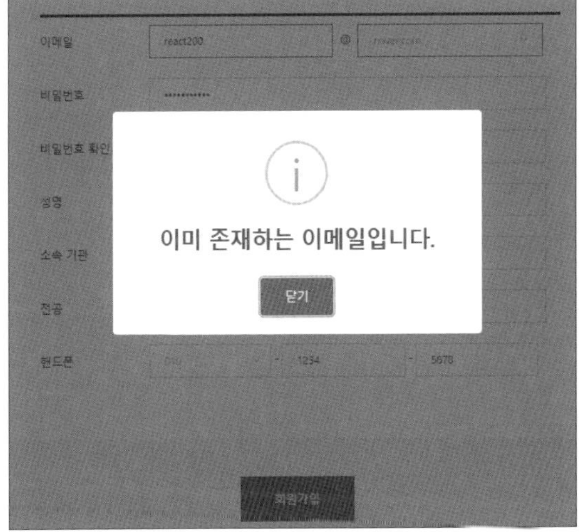

REACT 회원 가입 페이지 만들기 ④ – 회원 가입 api 호출하기

- **학습 내용:** 회원 정보를 데이터에 삽입하기 위해 node api를 호출한다.
- **힌트 내용:** form 태그를 사용해 회원 정보를 api로 전달한다.

중복 체크가 완료된 회원 정보를 회원 가입 api 호출을 통해 파라미터로 전달한다.

Register 폴더의 Register.js 파일을 확인한다.

Register.js

```
...코드 생략...
this.fnSignInsert = async (type, e) => {
    var jsonstr = $("form[name='frm']").serialize();
    jsonstr = decodeURIComponent(jsonstr);
    var Json_form = JSON.stringify(jsonstr).replace(/\"/gi,'')
    Json_form = "{\"" +Json_form.replace(/\&/g,'\",\"')
    .replace(/=/gi,'\":"')+"\"}";

    try {
        const response = await fetch('/api/register?type='+type, {
            method: 'POST',
            headers: {
            'Content-Type': 'application/json',
            },
            body: Json_form,
        });
        const body = await response.text();
        if(body === "succ"){
            this.sweetalert('회원 가입이 완료됐습니다.', '', 'info', '닫기')
            this.props.history.push('/');
        }else{
            this.sweetalert('작업 중 에러가 발생했습니다.', body, 'error', '닫기');
```

```
23          }
24      } catch (error) {
25          this.sweetalert('작업 중 에러가 발생했습니다.', error, 'error', '닫기');
26      }
27  }
28  ...코드 생략...
```

유효성 검사와 계정 중복 체크가 완료되면, `fnSignInsert` 함수를 실행한다. 2

`<form>` 태그에 있는 데이터를 한꺼번에 전송하기 위해 `<form>` 태그의 데이터들을 `serialize` 함수로 인코딩해 문자열을 만든다. 이때 한글이 인코딩돼 알아볼 수 없게 되는데, `decodeURIComponent` 함수를 사용해 디코딩하면 다시 한글로 변환된다. 3~4

form 데이터를 json 형태의 문자열로 가공한다. 5~7

회원 정보 삽입 node api(/api/register?type= signup)를 post 방식으로 호출하고 body에 form 데이터를 가공한 Json_form 변숫값을 할당해 전달한다. 10~16

정상적으로 회원 정보를 삽입해 response로 succ를 반환받았다면, 회원 가입 완료 메시지를 표시한다. 그리고 line 20의 `history.push` 함수를 사용해 로그인 화면(/ 경로)으로 이동한다. 17~23

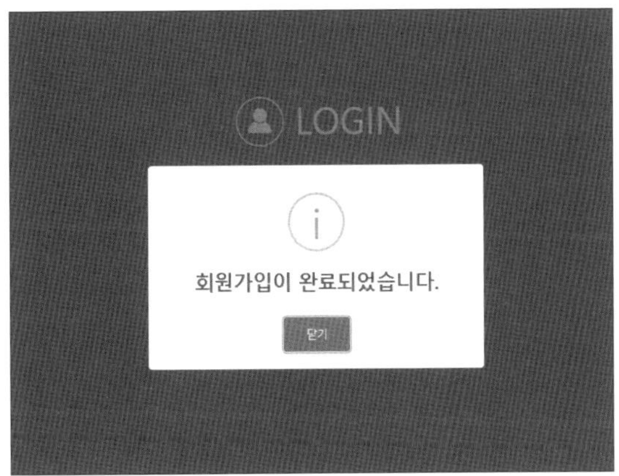

NODE 로그인 api 만들기 ① – 라우터 분기, 쿼리 추가하기

- **학습 내용:** 로그인 정보를 파라미터로 전달받아 조회 쿼리를 실행한다.
- **힌트 내용:** 회원 아이디로 select 쿼리를 실행해 암호화된 비밀번호를 조회할 수 있다.

로그인 api를 호출할 때 필수적으로 아이디와 비밀번호를 파라미터로 전달한다. 전달받은 비밀번호는 암호화되지 않았기 때문에 DB에 저장된 회원 비밀번호와 비교할 수 없다. 비교를 위해 아이디만으로 쿼리를 조회한다. 그리고 파라미터로 전달된 비밀번호를 암호화해서 DB에서 조회된 비밀번호와 비교해야 한다.

node 경로(C:\react200)의 server.js 파일을 확인한다.

server.js

```
1 ...코드 생략...
2 var usersRouter = require("./routes/UsersRout");
3
4 var app = express();
5 ...코드 생략...
6 app.use("/api/register", usersRouter);
7 app.use("/api/LoginForm", usersRouter);
8
9 const port = process.env.PORT || 5000;
10 app.listen(port, () => console.log(`Listening on port ${port}`));
```

7 ◆ 7: /api/LoginForm 경로로 api가 호출되면, line 2에서 지정한 회원 정보 라우터 파일 경로로 라우팅한다. line 6에서 사용한 회원 가입 api와 동일한 라우터 파일을 사용한다.

routes 폴더의 UsersRout.js 파일을 확인한다.

UsersRout.js

```
1 ...코드 생략...
2 }else if(type == "signin"){
3   //로그인 조회
4   try {
5     // Mysql Api 모듈(CRUD)
6     var dbconnect_Module = require('./dbconnect_Module');
7
8     //Mysql 쿼리 호출 정보 입력
9     req.body.mapper = 'UserMapper';//mybatis xml 파일명
10    req.body.crud = 'select';//select, insert, update, delete 중에 입력
11    req.body.mapper_id = 'selectLoginCheck';
12
13    router.use('/', dbconnect_Module);
14    next('route')
15
16  } catch (error) {
17    console.log("Module > dbconnect error : "+ error);
18  }
19 }
20 ...코드 생략...
```

type 파라미터의 값이 signin일 경우, 로그인 정보를 select하는 mapper 정보를 req.body에 할당한다. 9~11

models 폴더의 UserMapper.xml 파일을 확인한다.

UserMapper.xml

```
...코드 생략...
<select id="selectLoginCheck">
    SELECT
    username
    , userorg
    , useremail
    , userpassword
    , usermajor
```

```
9       , userphone
10      , userflag
11      FROM
12      react.react_user
13      WHERE useremail = #{is_Email}
14 </select>
15 ...코드 생략...
```

13 ◆ 파라미터로 전달된 아이디인 `is_Email` 변수를 useremail 컬럼과 비교해 일치하는 데이터를 조회한다. useremail 컬럼은 react_user 테이블의 기본 키이기 때문에 1개의 데이터가 조회된다.

7 ◆ 회원 가입을 할 때 bcrypt로 암호화해 저장했던 userpassword(비밀번호) 컬럼이 조회된다.

NODE 로그인 api 만들기 ② – bcrypt로 비밀번호 비교하기

실무 153

- **학습 내용:** bcrypt를 사용해 파라미터로 받은 비밀번호와 DB에서 조회한 비밀번호를 비교한다.
- **힌트 내용:** 파라미터로 전달받은 비밀번호를 bcrypt로 암호화해 비교한다.

회원 가입 api에서는 bcrypt의 `hash` 함수를 사용해 비밀번호를 암호화해서 DB에 저장했다. bcrypt의 `compare` 함수를 사용하면, 회원 가입에 사용한 암호화 방식과 동일한 방법을 사용한다. 파라미터로 전달받은 비밀번호를 같은 방식으로 암호화해 DB에서 조회한 비밀번호와 비교한다.

routes 폴더의 dbconnect_Module.js 파일을 확인한다.

dbconnect_Module.js

```
...코드 생략...
connection.query(query, function (error, results) {
  if (error) {
    console.log("db error************* : "+error);
  }
  var time2 = new Date();
  console.log('## '+time2+ ' ##');
  console.log('## RESULT DATA LIST ## : \n', results);
  if(results != undefined){
    string = JSON.stringify(results);
    var json = JSON.parse(string);
    if (req.body.crud == "select") {
      if (param.mapper_id == "selectLoginCheck") {
        if (json[0] == undefined) {
          res.send(null);
        } else {
          bcrypt.compare(req.body.is_Password, json[0].userpassword,
          function(
            err,
            login_flag
```

```
21          ) {
22            if (login_flag == true) {
23              res.send({ json });
24            } else {
25              res.send(null);
26            }
27          });
28        }
29      } else {
30        res.send({ json });
31      }
32    }else{
33      res.send("succ");
34    }
35  }else{
36    res.send("error");
37  }
38
39  connection.release();
40  console.log("========= Node Mybatis Query Log End =========\n");
41 });
42 ...코드 생략...
```

13~29 ◆ select 쿼리 중 mapper_id가 selectLoginCheck인 경우 비밀번호를 비교해 response를 전달한다.

14~15 ◆ selectLoginCheck 쿼리의 실행 결과 파라미터로 전달받은 아이디와 일치하는 계정이 DB에 없을 경우, null을 response로 전달한다.

17~21 ◆ bcrypt의 compare 함수로 파라미터로 전달받은 비밀번호(req.body.is_Password)와 DB에서 조회한 암호화된 비밀번호(json[0].userpassword)를 비교한다. 두 비밀번호가 일치한다면 line 20의 login_flag 변숫값이 true로, 일치하지 않는다면 false가 반환된다.

22~26 ◆ 비밀번호가 일치했다면 조회된 데이터(json)를 line 23에서 response로 전달한다. 일치하지 않는다면 line 25에서 null을 response로 전달한다.

REACT 로그인 페이지 만들기 – 로그인 api 호출하기

실무 **154**

- **학습 내용:** 로그인 정보를 입력받고 로그인 api를 호출한다.
- **힌트 내용:** api 호출 시 request에 아이디와 비밀번호를 전달한다.

로그인 node api 호출 시 쿼리에 필요한 변수들을 axios의 post 함수 파라미터로 전달한다. 로그인 아이디와 비밀번호를 입력받아 json 형태로 할당해 request로 전달한다.

components 폴더의 LoginForm.js 파일을 확인한다.

LoginForm.js

```
...코드 생략...
submitClick = (e) => {
    this.email_val = $('#email_val').val();
    this.pwd_val = $('#pwd_val').val();
    if(this.email_val === '' || this.pwd_val === ''){
        this.sweetalert('이메일과 비밀번호를 확인해주세요.', '', 'info', '닫기')
    }else{
        axios.post('/api/LoginForm?type=signin', {
            is_Email: this.email_val,
            is_Password: this.pwd_val
        })
        .then( response => {
            var userid = response.data.json[0].useremail
            var username = response.data.json[0].username
            var upw = response.data.json[0].userpassword

            if(userid != null && userid != ''){
                this.sweetalert('로그인됐습니다.', '', 'info', '닫기')
...코드 생략...
                setTimeout(function() {
                    window.location.href = '/SoftwareList';
                }.bind(this),1000);
```

```
23             }else{
24                 this.sweetalert('이메일과 비밀번호를 확인해주세요.', '', 'info',
25                 '닫기')
26             }
27         })
28         .catch( error => {this.sweetalert('이메일과 비밀번호를 확인해주세요.',
29         '', 'info', '닫기')} );
30     }
31 }
32 ...코드 생략...
33 <section className="main">
34     <div className="m_login">
35     <h3><span><img src={require("../img/main/log_img.png")} alt="" />
36     </span>LOGIN</h3>
37     <div className="log_box">
38         <div className="in_ty1">
39             <span><img src={require("../img/main/m_log_i3.png")}
40             alt="" /></span>
41             <input type="text" id="email_val" placeholder="이메일" />
42         </div>
43         <div  className="in_ty1">
44             <span className="ic_2">
45                 <img src={require("../img/main/m_log_i2.png")} alt="" />
46             </span>
47             <input type="password" id="pwd_val" placeholder="비밀번호" />
48         </div>
49         <ul className="af">
50             <li><Link to={'/register'}>회원 가입</Link></li>
51             <li className="pwr_b"><a href="#n">비밀번호 재설정</a></li>
52         </ul>
53         <div className="s_bt" type=""
54         onClick={(e) => this.submitClick(e)}>로그인</div>
55     </div>
56     </div>
57 </section>
```

41 ◆ id가 email_val인 text 유형의 <input> 태그로, 로그인 아이디를 입력받는다.

id가 pwd_val인 password 유형의 `<input>` 태그로, 비밀번호를 입력받는다. 47

아이디와 비밀번호를 입력하면 로그인 버튼을 클릭해 `submitClick` 함수를 실행한다. 53~54

아이디나 비밀번호가 입력되지 않았다면, 재입력 메시지를 표시한다. 5~7

로그인 api(/api/LoginForm?type=signin)를 호출하고 파라미터로 로그인 아이디(is_Email)와 비밀번호(is_Password)를 전달한다. 8~11

로그인 api 호출 결과 반환된 response에서 아이디(useremail), 회원명(username), 암호화된 비밀번호(userpassword)를 각각 변수에 할당한다. 13~15

일치하는 회원 정보가 DB에 존재해 회원 정보가 정상적으로 반환됐다면, 로그인 성공 메시지를 표시한다. 17~18

로그인이 정상적으로 완료되면, Software Tools 목록(/SoftwareList)으로 페이지를 이동한다. line 18의 로그인 성공 메시지를 1초 표시하고 페이지 이동을 하기 위해 `setTimeout` 함수를 사용한다. 20~22

정상적으로 로그인에 성공하면, 다음과 같은 메시지가 표시된다.

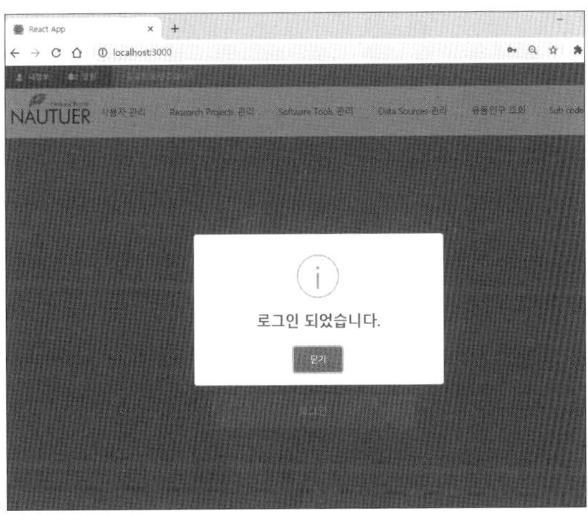

회원 정보 암호화 api 만들기 – jwt로 회원 정보 암호화하기

• **학습 내용:** jsonwebtoken 패키지로 회원 정보를 암호화한다.
• **힌트 내용:** 쿠키에 저장할 회원 정보를 암호화하기 위해 비밀 키를 사용한다.

로그인 정보가 정상적으로 확인됐다면, 쿠키에 회원 정보를 저장해 로그인을 유지해야 한다. 이때 회원 정보가 그대로 쿠키에 저장되면 위험하기 때문에 jsonwebtoken 패키지를 사용해 암호화한다.

cmd 창을 열어 node 경로(C:\react200)로 이동한다. [npm install --save jsonwebtoken]를 입력하면 다음과 같이 npm이 jsonwebtoken를 설치한다.

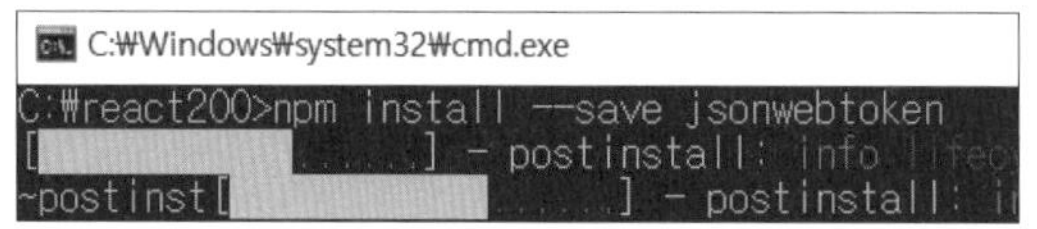

node 경로(C:\react200) 안에 있는 ignorefile 폴더의 jwt.js 파일을 확인한다.

jwt.js

```
1 let jwtObj = {};
2 jwtObj.secret = "react200"
3 module.exports = jwtObj
```

1~2 ◆ json 객체(jwtObj)를 생성해 key(secret)와 value(react200)를 할당한다. value 값은 비밀 키가 되는데 텍스트로, 임의의 값으로 정하고 외부에 표시되지 않도록 관리한다.

routes 폴더의 UsersRout.js 파일을 확인한다.

UsersRout.js

```
...코드 생략...
let jwt = require("jsonwebtoken");
let secretObj = require("../ignorefile/jwt");
```

```
4 ...코드 생략...
5 }else if(type == "SessionState"){
6   var userid = req.body.is_Email
7   var name = req.body.is_UserName
8   try {
9     let token1 = jwt.sign(
10     { email: userid },
11     secretObj.secret,
12     { expiresIn: '60m' })
13
14     let token2 = jwt.sign(
15     { username: name },
16     secretObj.secret,
17     { expiresIn: '60m' })
18     res.send({"token1":token1, "token2":token2});
19   } catch (error) {
20     res.send(error)
21   }
22 }
23 ...코드 생략...
```

2~3 jsonwebtoken 패키지를 require해 사용할 수 있도록 한다. 비밀 키가 저장된 파일(/ignorefile/jwt.js)의 json 객체를 `secretObj` 변수에 할당한다.

5~7 type 파라미터의 값이 SessionState일 경우, 파라미터로 전달받은 아이디와 회원명을 각각 변수에 할당한다.

9~12 jsonwebtoken 패키지의 `sign` 함수를 사용해 아이디의 암호화된 토큰을 생성한다. email 토큰 변수에 파라미터로 전달받은 아이디(userid)를 할당한다. 비밀 키(secretObj.secret)를 `sign` 함수의 두 번째 파라미터로 호출한다. expiresIn 속성으로 토큰이 유효한 시간을 60분으로 할당한다.

Jsonwebtoken은 헤더(header), 내용(payload), 서명(signature)이 마침표(.)로 연결돼 있는 구조다. 헤더에는 토큰 유형(jwt)과 서명에 사용하는 암호화 알고리즘 정보가 있다. 내용에는 실제로 저장되는 회원 아이디와 같은 정보가 저장된다. 서명에는 비밀 키로 암호화된 값이 할당되는데, 내용에 저장된 데이터가 필요한 시점에 다시 서명을 비밀 키로 복호화해 인증한다. 인증이 정상적으로 완료되면, 내용에 저장된 데이터를 사용할 수 있다.

14~17 ◆ 회원명도 아이디와 동일한 방식으로 토큰을 만든다.

18 ◆ 가공된 토큰을 json 형태의 데이터로 response에 반환한다.

REACT 쿠키로 로그인 유지하기 - 쿠키에 회원 정보 저장하기

실무 156

- **학습 내용:** react-cookies 패키지를 사용해 암호화된 회원 정보를 쿠키에 저장한다.
- **힌트 내용:** jwt로 암호화된 회원 정보를 react-cookies의 **save** 함수로 쿠키에 저장한다.

로그인 api를 호출해 쿠키에 저장할 데이터(아이디, 회원명, 암호화된 비밀번호)가 반환됐다. 아이디와 회원명은 jwt로 암호화했다. bcypt로 암호화된 비밀번호는 유출돼도 로그인에 사용할 수 없기 때문에 그대로 사용해도 된다. 세 가지 데이터를 react-cookies의 save 함수로 쿠키에 저장한다.

cmd 창을 열어 client 폴더 경로로 이동한다. [npm install react-cookies --save]를 입력하면 다음과 같이 npm이 react-cookies를 설치한다.

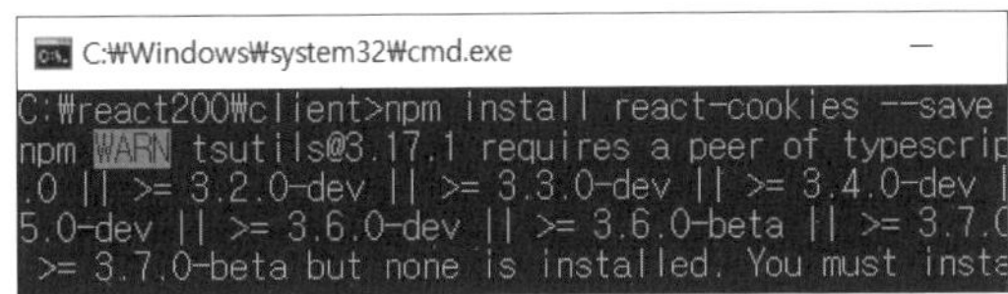

components 폴더의 LoginForm.js 파일을 확인한다.

LoginForm.js

```
...코드 생략...
axios.post('/api/LoginForm?type=signin', {
    is_Email: this.email_val,
    is_Password: this.pwd_val
})
.then( response => {
    var userid = response.data.json[0].useremail
    var username = response.data.json[0].username
    var upw = response.data.json[0].userpassword

    if(userid != null && userid != ''){
        this.sweetalert('로그인됐습니다.', '', 'info', '닫기')
```

```
13         const expires = new Date()
14         expires.setMinutes(expires.getMinutes() + 60)
15 
16         axios.post('/api/LoginForm?type=SessionState', {
17             is_Email: userid,
18             is_UserName: username,
19         })
20         .then( response => {
21             cookie.save('userid', response.data.token1
22             , { path: '/', expires })
23             cookie.save('username', response.data.token2
24             , { path: '/', expires })
25             cookie.save('userpassword', upw
26             , { path: '/', expires })
27         })
28         .catch( error => {
29             this.sweetalert('작업 중 에러가 발생했습니다.', error, 'error',
30             '닫기');
31         });
32 
33         setTimeout(function() {
34             window.location.href = '/SoftwareList';
35         }.bind(this),1000);
36     }else{
37         this.sweetalert('이메일과 비밀번호를 확인해주세요.', '', 'info', '닫기')
38     }
39 })
40 ...코드 생략...
```

13~14 현재 시간 정보에 60분을 더한 값을 expires 변수에 할당한다.

21 jwt로 암호화된 아이디(response.data.token1) 값을 react-cookies 패키지의 save 함수로 쿠키에 저장한다.

22 쿠키 유지 시간을 line 14에서 지정한 expires 변수(60분)로 할당한다.

23~24 회원명도 아이디와 동일한 방식으로 쿠키에 저장된다.

암호화된 비밀번호는 그대로 쿠키에 저장된다. 25~26

로그인 정보가 정상적으로 조회되고 쿠키에 회원 정보가 저장되면 다음과 같이 Software Tools 목록 페이지로 이동한다. [개발자 도구] – [Application] 탭 – [Storage] – [Cookies]를 선택한 후에 http://localhost:3000을 클릭하면 쿠키의 name과 value 값을 확인할 수 있다.

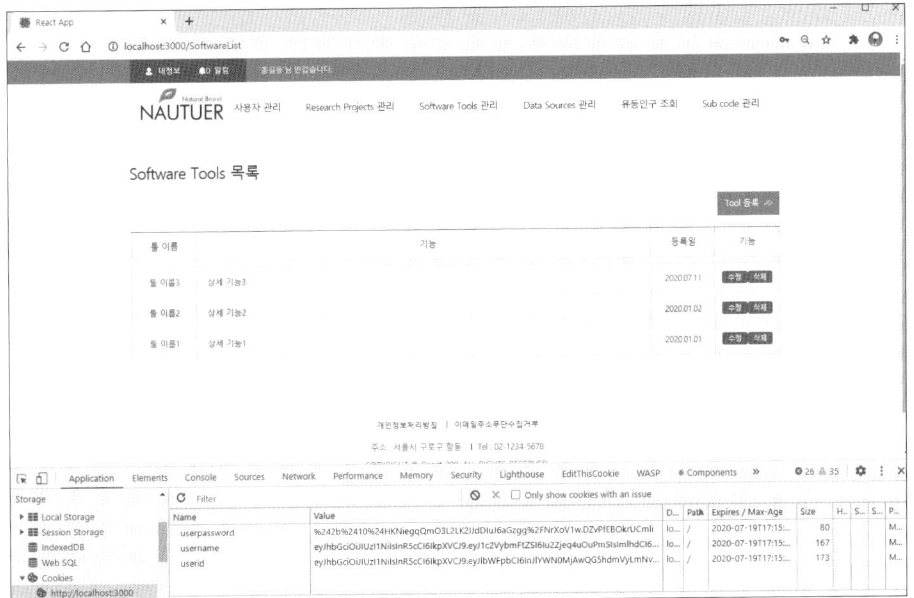

회원 정보 복호화 api 만들기 - jwt로 회원 정보 복호화하기

- **학습 내용:** jsonwebtoken 패키지로 회원 정보를 복호화한다.
- **힌트 내용:** 쿠키에서 불러온 회원 정보를 복호화하기 위해 비밀 키를 사용한다.

보안상의 이유로 암호화해 쿠키에 저장했던, 회원 정보를 사용해야 할 때가 있다. 화면에 회원 정보를 표시해야 하거나 로그인 인증이 다시 필요한 시점이다. 회원 정보의 복호화에는 암호화를 할 때 사용했던 비밀 키가 사용된다.

node 경로(C:\react200) 안에 있는 ignorefile 폴더의 jwt.js 파일을 확인한다.

jwt.js

```
1 let jwtObj = {};
2 jwtObj.secret = "react200"
3 module.exports = jwtObj
```

2 ◆ 암호화할 때 사용한 비밀 키를 그대로 사용한다.

routes 폴더의 UsersRout.js 파일을 확인한다.

UsersRout.js

```
...코드 생략...
let jwt = require("jsonwebtoken");
let secretObj = require("../ignorefile/jwt");
...코드 생략...
}else if(type == "SessionConfirm"){
  try {
    let token1 = req.body.token1;
    let token2 = req.body.token2;

    if(token1 != undefined && token1 != '' && token2 != undefined
    && token2 != ''){
```

```
12        let decoded1 = jwt.verify(token1, secretObj.secret);
13        let decoded2 = jwt.verify(token2, secretObj.secret);
14        res.send({"token1":decoded1.email, "token2":decoded2.username});
15      }else{
16        res.send({"token1":"", "token2":""});
17      }
18    } catch (error) {
19      res.send(error)
20    }
21  }
22  ...코드 생략...
```

jsonwebtoken 패키지를 require해 사용할 수 있도록 한다. 비밀 키가 저장된 파일(/ignorefile/jwt.js)의 json 객체를 `secretObj` 변수에 할당한다. ◆ 2~3

type 파라미터의 값이 SessionConfirm일 경우, 파라미터로 전달받은 아이디와 회원명을 각각 변수에 할당한다. 이때 두 변수는 암호화된 상태다. ◆ 5~8

회원 정보가 존재할 경우, jsonwebtoken 패키지의 `verify` 함수를 사용해 회원 정보를 복호화한다. 암호화된 회원 정보(token1, token2)를 비밀 키(secretObj.secret)를 사용해 복호화하고 각각 변수(`decoded1, decoded2`)에 할당한다. ◆ 10~13

복호화된 이메일(decoded1.email)과 회원명(decoded2.username)을 json 형태로 response에 담아 전달한다. ◆ 14

복호화 과정에서 에러가 발생했다면, 빈 값을 전달한다. ◆ 16

로그인 회원에게 권한 허용하기 – 쿠키에서 회원 정보 불러오기

- **학습 내용:** react-cookies 패키지를 사용해 암호화된 회원 정보를 불러온다.
- **힌트 내용:** 불러온 회원 정보로 재인증하고 인증된 경우 페이지 접근 권한을 허용한다.

쿠키에 저장됐던 데이터(아이디, 회원명, 암호화된 비밀번호)를 react-cookies의 `load` 함수로 불러온다. 불러온 아이디와 암호화된 비밀번호로 사용자 인증을 하고 인증이 완료된 경우에만 특정 페이지에 접근 권한을 허용한다.

components 폴더의 App.js 파일을 확인한다.

App.js

```
...코드 생략...
componentDidMount() {
  axios.post('/api/LoginForm?type=SessionConfirm', {
    token1 : cookie.load('userid')
    , token2 : cookie.load('username')
  })
  .then( response => {
      this.state.userid = response.data.token1
      let password = cookie.load('userpassword')
      if(password !== undefined){
        axios.post('/api/LoginForm?type=SessionSignin', {
          is_Email: this.state.userid,
          is_Token : password
        })
        .then( response => {
          if(response.data.json[0].useremail === undefined){
            this.noPermission()
          }
        })
        .catch( error => {
          this.noPermission()
```

```
22         });
23       }else{
24         this.noPermission()
25       }
26   })
27   .catch( response => this.noPermission());
28 }
29
30 noPermission = (e) => {
31   if(window.location.hash != 'nocookie'){
32     this.remove_cookie();
33     window.location.href = '/login/#nocookie';
34   }
35 };
36
37 remove_cookie = (e) => {
38   cookie.remove('userid', { path: '/'});
39   cookie.remove('username', { path: '/'});
40   cookie.remove('userpassword', { path: '/'});
41 }
42 ...코드 생략...
43 <Route exact path='/' component={LoginForm} />
44 <Route path='/login' component={LoginForm} />
45 ...코드 생략...
```

App.js는 react 페이지 라우터다. 그래서 페이지를 이동으로 새로 고침이 발생할 때마다 코드가 실행된다.

생명주기 함수 실행 순서대로 `render` 함수가 실행되고 `componentDidMount` 함수가 실행된다. 2

회원 정보 복호화 api(/api/LoginForm?type=SessionConfirm)를 호출한다. 이때 쿠키에 있는 아이디와 회원명을 `load` 함수로 불러와 파라미터로 전달한다. 3~6

복호화된 아이디와 쿠키에 저장돼 있던 암호화된 비밀번호를 각각 변수에 할당한다. 8~9

회원 정보 재인증을 위해 node api(/api/LoginForm?type=SessionSignin)를 호출한다. 파라미터로 아이디와 암호화된 비밀번호를 전달한다. 11~14

17,21,24,27 쿠키에 비밀번호가 없거나 회원 정보가 일치하지 않거나 에러가 발생한 경우 noPermission 함수를 실행한다.

37~41 cookie.remove 함수를 사용해 쿠키에서 회원 정보를 삭제하는 remove_cookie 함수를 정의한다.

32~33 회원 정보가 유효하지 않은 경우, remove_cookie 함수를 실행해 모든 쿠키를 지운다. 그리고/login/#nocookie 경로로 페이지 이동을 한다.

31 line 33에서 호출한 페이지 경로에 hash(/#nocookie)가 있다. 회원 정보가 유효하지 않는 경우 계속 window.location.href 함수가 실행되고 무한 새로 고침 현상이 발생한다. url에 hash(/#nocookie) 값이 있는 경우, 페이지 이동을 하지 않도록 하면 무한 로딩을 막을 수 있다.

44 line 33에서 호출한 /login 경로는 로그인 페이지(LoginForm)이다.

models 폴더의 UserMapper.xml 파일을 확인한다.

UserMapper.xml

```
...코드 생략...
<select id="selectSessionLoginCheck">
    SELECT
    username
    , userorg
    , useremail
    , userpassword
    , usermajor
    , userphone
    , userflag
    FROM
    react.react_user
    WHERE useremail = #{is_Email}
    AND userpassword = #{is_Token}
</select>
...코드 생략...
```

/api/LoginForm?type=SessionSignin 경로로 node api를 호출하면, selectSessionLoginCheck 쿼리가 실행된다. line 14에서 암호화된 비밀번호를 비교한다. 2~15

로그인이 되지 않은 상태에서 http://localhost:3000/SoftwareList 경로를 호출하면, 강제로 로그인 페이지(/login)로 이동시킨다.

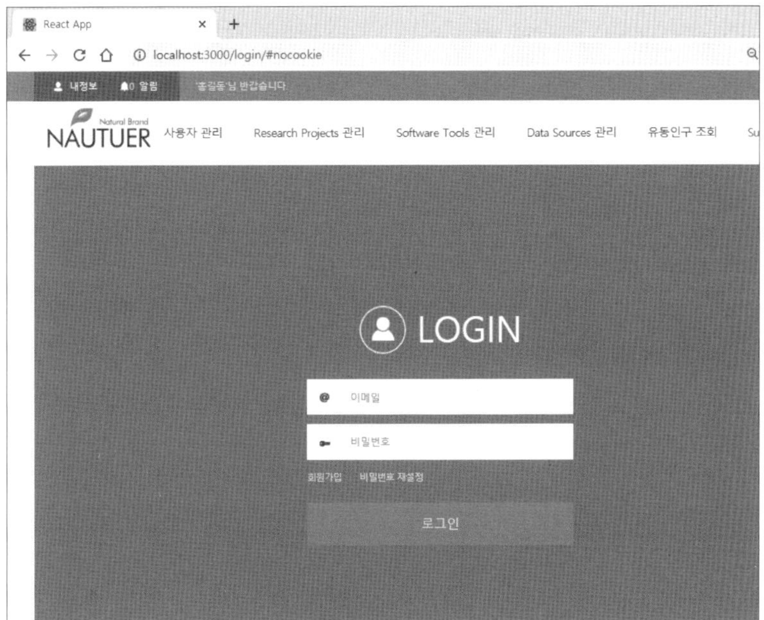

로그인 세션 시간 관리하기 – 쿠키 유효 시간 연장하기

- **학습 내용:** 페이지 새로 고침을 할 때마다 쿠키 유효 시간을 연장한다.
- **힌트 내용:** load 함수로 쿠키 정보를 불러와 save 함수로 다시 쿠키를 저장한다.

로그인이 성공하면 쿠키 시간이 60분 할당된다. 로그인 이후 사용자가 페이지 새로 고침을 하게 되면, 그 시점부터 쿠키 시간을 새로 60분 할당한다. 쿠키 시간 재할당 코드는 모든 페이지에서 표시되는 header에 구현한다.

Header 폴더의 Header admin.js 파일을 확인한다.

Header admin.js

```
...코드 생략...
componentDidMount() {
    var cookie_userid = cookie.load('userid')
    var cookie_usernm = cookie.load('username')
    var cookie_password = cookie.load('userpassword')

    if(cookie_userid != undefined){
        const expires = new Date()
        expires.setMinutes(expires.getMinutes() + 60)

        cookie.save('userid', cookie_userid
        , { path: '/', expires })
        cookie.save('username', cookie_usernm
        , { path: '/', expires })
        cookie.save('userpassword', cookie_password
        , { path: '/', expires })

        $('.menulist').show()
        $('.hd_top').show()
    }else{
        $('.menulist').hide()
```

```
22          $('.hd_top').hide()
23      }
24      this.callSessionInfoApi()
25  }
26  ...코드 생략...
```

Header admin.js는 모든 페이지에서 새로 고침이 발생할 때마다 코드가 실행된다.

쿠키에 저장된 회원 정보를 불러와 각각 변수에 할당한다. 3~5

쿠키에 아이디 정보가 존재한다면, 현재 시간에 60분을 더해 쿠키 유효 시간을 할당한다. 쿠키 7~16
값은 변화 없이 유효 시간만 60분이 더해져 저장된다.

로그인 상태에서만 header 표시하기, 로그아웃 구현하기

- **학습 내용:** 로그인 상태에서만 header 정보를 표시한다.
- **힌트 내용:** header는 회원명, [로그아웃] 버튼, 페이지 내비게이션으로 구성된다.

로그인이 되지 않은 상태에서는 회원 정보와 [로그아웃] 버튼이 표시되면 안 된다. 내비게이션의 페이지 링크는 react-router-dom 패키지의 `<Link>` 태그로 돼 있다. `<Link>` 태그를 통해 페이지 이동을 할 경우, 페이지 새로 고침이 발생하지 않는다. 이 경우, App.js에 구현한 페이지 권한 제한 로직이 실행되지 않는다. 이런 이유에서 비로그인 상태에서는 페이지 내비게이션 영역을 표시하지 않는다.

Header 폴더의 Header admin.js 파일을 확인한다.

Header admin.js

```
...코드 생략...
componentDidMount() {
...코드 생략...

    if(cookie_userid != undefined){
...코드 생략...
        $('.menulist').show()
        $('.hd_top').show()
    }else{
        $('.menulist').hide()
        $('.hd_top').hide()
    }
    this.callSessionInfoApi()
}

callSessionInfoApi = (type) => {
    axios.post('/api/LoginForm?type=SessionConfirm', {
        token1 : cookie.load('userid')
        , token2 : cookie.load('username')
```

```
    })
    .then( response => {
        this.setState({usernm : response.data.token2})
    })
    .catch( error => {
        this.sweetalert('작업 중 에러가 발생했습니다.', error, 'error', '닫기');
    });
}

myInfoHover () {
    $(".hd_left > li > .box1").stop().fadeIn(400);
}

myInfoLeave () {
    $(".hd_left > li > .box1").stop().fadeOut(400);
}

logout = async e => {
    cookie.remove('userid', { path: '/'});
    cookie.remove('username', { path: '/'});
    cookie.remove('userpassword', { path: '/'});
    window.location.href = '/login';
}
...코드 생략...
<div className="hd_top">
    <div className="top_wrap ct1 af">
    <ul className="hd_left af">
            <li className="my1" onMouseEnter={this.myInfoHover}
            onMouseLeave={this.myInfoLeave}><b>내정보</b>
            <div className="box0 box1">
                <ul>
                <li><a>내 정보 수정</a></li>
                <li><a href="javascript:" onClick={this.logout}>
                로그아웃</a></li>
                </ul>
            </div>
            </li>
```

```
57          <li className="my2"><b><span>0</span> 알림</b>
58          </li>
59      </ul>
60      <div className="hd_right">
61          <p><span>'{this.state.usernm}'</span>님 반갑습니다.</p>
62      </div>
63      </div>
64 </div>
65 ...코드 생략...
66 <ul className="af">
67      <li className="menulist">
68          <Link to={'/UserApproval'}> 사용자 관리</Link>
69      </li>
70      <li className="menulist">
71          <Link to={'/AdminResearchProject'}>Research Projects 관리</Link>
72      </li>
73 ...코드 생략...
```

5~12 쿠키에 회원 정보가 있을 경우, line 44의 `<div>` 태그 영역과 line 67, 70의 페이지 내비게이션 영역을 표시한다. 반대로 회원 정보가 없을 경우 표시하지 않는다.

13~27 페이지에 표시할 회원명을 복호화하기 위해 `callSessionInfoApi` 함수를 실행한다. 복호화 api(/api/LoginForm?type=SessionConfirm) 호출 결과 반환된 회원명(response.data.token2)을 state 변수(usernm)에 할당한다.

61 `state` 변수 usernm에 할당된 회원명이 표시된다.

47~48 내 정보 영역에 마우스 커서를 올려놓으면 `myInfoHover` 함수가 실행되고 line 30에서 [로그아웃] 버튼을 표시한다. 이와 반대로 마우스 커서가 영역에서 벗어나면 `myInfoLeave` 함수가 실행되고 line 34에서 [로그아웃] 버튼이 사라진다.

37~42 line 52~53에서 [로그아웃] 버튼을 클릭하면, 쿠키에 저장된 회원 정보를 삭제하고 로그인 페이지(/login)로 이동한다.

로그인이 되지 않은 상태에서는 다음과 같이 header 영역이 표시되지 않는다.

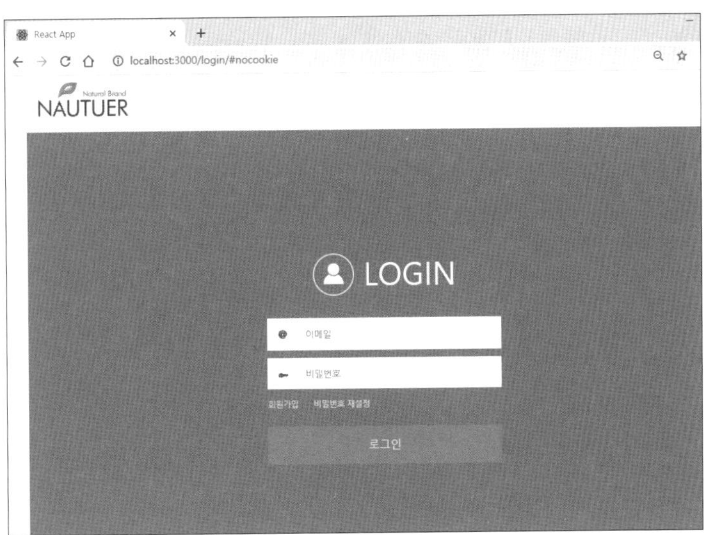

로그인 이후 header가 표시되고 내 정보 영역을 클릭하면, [로그아웃] 버튼이 표시된다.

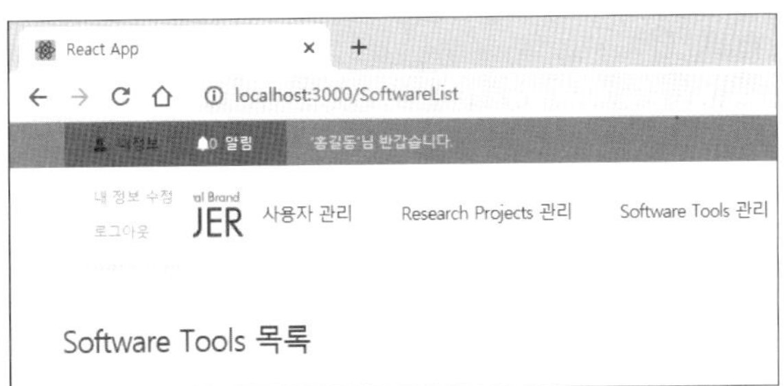

실무 161

비밀번호 재설정 메일 템플릿 만들기

- **학습 내용:** 비밀번호 재설정 메일에 사용할 html 템플릿을 만든다.
- **힌트 내용:** 템플릿에는 인증 후 웹 사이트로 다시 돌아올 수 있는 링크가 있어야 한다.

로그인 비밀번호를 잊어버린 경우, 웹 사이트의 아이디로 사용되는 이메일 인증을 통해 비밀번호를 재설정할 수 있다. 이메일 템플릿은 사용자가 이메일로 받게 되는 내용인데, html을 사용하면 웹 사이트 링크를 걸 수 있는 태그를 사용할 수 있다.

[Routes] – [template] 폴더의 mail_template_pw.html 파일을 확인한다.

mail_template_pw.html

```
1 ...코드 생략...
2 <div align="center">
3     <a href="{replacetext}" target="_blank" style="display: inline-block;
4 ...코드 생략...
5       <span style="line-height:150%;">
6         <strong>
7           <span style="font-size: 30px; line-height: 45px;">
8           비밀번호 변경하기</span>
9         </strong>
10      </span>
11    </a>
12 </div>
13 ...코드 생략...
```

3 ◆ 메일 발송 api에서 mail_template_pw.html 파일을 읽고 {replacetext} 문자열을 찾아 웹 사이트 링크(http://localhost:3000/PwChangeForm/이메일/토큰)로 치환한다.

5 ◆ 이메일로 전송하는 html 파일의 경우, 스타일을 적용하려는 태그 안에 style 속성을 직접 사용해야 한다. 페이지 상단에 <style> 태그를 추가하거나 css 파일을 생성하면 스타일이 적용되지 않는다.

[비밀번호 변경하기] 버튼을 생성한다. 버튼을 누르면 line 3에서 href 속성 값으로 치환된 웹 사 7~8
이트 링크로 이동한다.

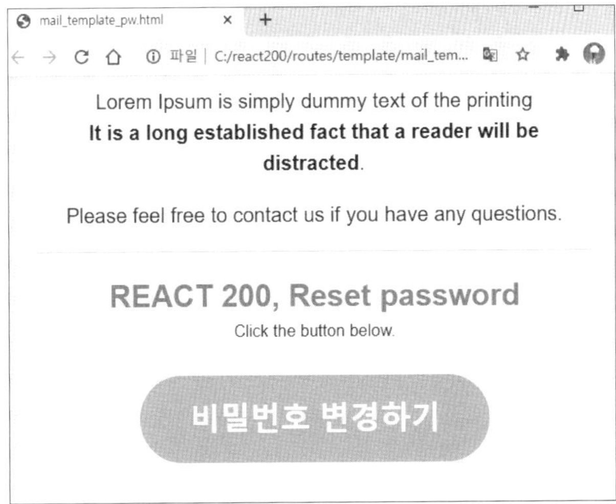

메일 발송 api 만들기 – nodemailer 패키지 사용하기

- **학습 내용:** nodemailer 패키지를 사용해 비밀번호 재설정 메일을 전송한다.
- **힌트 내용:** gmail 계정을 연동하면, 하루 500개의 메일을 무료로 발송할 수 있다.

메일 발송 api를 호출할 때 파라미터로 메일 제목, 이메일(아이디), 비밀번호를 전달한다. 메일 템플릿의 [비밀번호 변경하기] 버튼 링크를 웹 사이트 주소에 이메일(아이디)과 비밀번호 토큰을 넣은 값으로 치환한다. 연동한 gmail 계정으로 메일을 발송하면, 송신자는 gmail 계정이 된다. 메일 템플릿 파일을 불러오기 위해 fs 패키지와 메일 발송을 위해 nodemailer 패키지를 설치한다.

cmd 창을 열어 node 경로(C:\react200)로 이동한다. [npm install --save nodemailer]를 입력하면 다음과 같이 npm이 nodemailer를 설치한다.

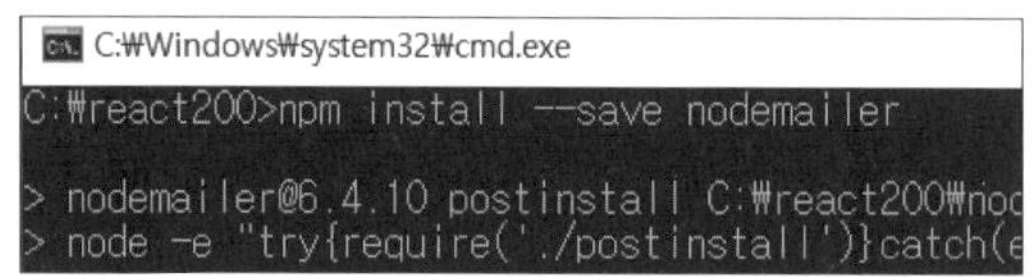

cmd 창을 열어 node 경로(C:\react200)로 이동한다. [npm install -- save fs]를 입력하면 다음과 같이 npm이 fs를 설치한다.

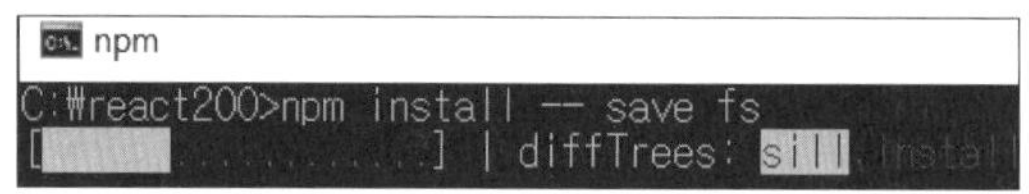

node 경로(C:\react200)의 server.js 파일을 확인한다.

server.js

```
...코드 생략...
var MailRout = require("./routes/MailRout");

var app = express();
```

```
5 ...코드 생략...
6 app.use("/api/mail", MailRout);
7
8 const port = process.env.PORT || 5000;
9 app.listen(port, () => console.log(`Listening on port ${port}`));
```

/api/mail 경로로 api가 호출되면, line 2에서 지정한 메일 발송 라우터 파일 경로로 라우팅한다.

routes 폴더의 MailRout.js 파일을 확인한다.

MailRout.js

```
...코드 생략...
const nodemailer = require('nodemailer');
var fs = require('fs')
...코드 생략...
router.post('/', (req, res, next) => {
  let email = req.body.is_Email;
  let subject = req.body.is_Subject;
  var password = req.body.is_Password;
  password = password.substr(0, 20)

  let transporter = nodemailer.createTransport({
    service: 'gmail',
    host: 'smtp.gmail.com',
    port: 465,
    secure: true,
    auth: {
      user: '010********a@gmail.com',
      pass: '**********'
    }
  });

  home_url = 'http://localhost:3000'
  var toHtml = ''
  fs.readFile(__dirname+'/template/mail_template_pw.html',
  function (err, html) {
```

```
26      toHtml = html.toString()
27      toHtml = toHtml.replace('{replacetext}', home_url+'/PwChangeForm/'
28      + email +'/'+password)
29    })
30
31    setTimeout(function() {
32      let mailOptions = {
33        from: '010********a@gmail.com',
34        to: email,
35        subject: subject,
36        html : toHtml
37      };
38      transporter.sendMail(mailOptions, function(error, info){
39        if (error) {
40          console.log(error);
41        }
42        else {
43          console.log('Email sent: ' + info.response);
44        }
45      });
46      res.send("succ");
47    }.bind(this),1000
48    );
49  });
50
51  module.exports = router;
```

2~3 nodemailer와 fs 패키지를 require해 사용할 수 있도록 한다.

6~8 이메일, 메일 제목, 암호화된 비밀번호를 파라미터로 전달받아 각각 변수에 할당한다.

9 암호화된 비밀번호를 앞에서 20자만 잘라 password 변수에 할당한다. 20자의 password 변수는 이메일 인증을 위한 토큰으로 사용된다.

11~20 nodemailer 패키지의 createTransport 함수로 메일 서버의 정보를 세팅한다.

gmail 자원을 사용하기 위해 파라미터 변수를 할당한다. 이메일을 보내기 위해 smtp 프로토콜을 12~14
사용한다. smtp 프로토콜은 465 포트를 사용한다.

secure가 true이면 smtp로 메일을 발송할 때 ssl을 사용해 암호화된 통신을 한다. 15

gmail 계정의 메일 주소를 `user` 변수, 비밀번호를 `pass` 변수에 할당한다. 16~19

fs 패키지의 `readFile` 함수를 사용해 메일 템플릿 html 파일을 불러온다. 콜백 함수에서 불러온 24~25
파일을 `html` 변수로 반환한다.

html 파일을 문자열로 변환한다. 메일 템플릿에서 <a> 태그의 href 속성에 할당된 26~27
{replacetext} 문자열을 웹 사이트 경로로 치환한다. 로컬 서버의 경우 http://localhost:3000/
PwChangeForm/****@naver.com/$2b$10$hF58DTwP가 2kX5와 같은 형태로 생성된다. 외부
서버에서 서버를 구동하는 경우, line 22의 home_url 값을 외부 서버 ip로 변경해야 한다.

html 파일을 불러와 문자열을 치환하는 데 일정 시간이 소요된다. 전송할 메일 템플릿 html 파일 31~48
이 완전히 가공된 이후에 메일 발송을 해야 하기 때문에 1초의 지연 시간을 설정한다.

메일 송신 주소(from), 메일 수신 주소(to), 메일 제목(subject), 메일 내용(html)을 `mailOptions` 32~37
변수에 할당한다.

line 11에서 생성한 transporter 객체를 사용해 이메일 발송 함수 `sendMail`을 실행한다. 이때 line 38~45
32에서 할당한 `mailOptions` 변수가 파라미터로 전달된다. 메일 발송의 결과를 로그로 출력
한다.

메일이 정상적으로 발송되면, succ 문자열을 response로 전달한다. 46

비밀번호 조회 api 만들기 – 라우터 분기, 쿼리 추가하기

- **학습 내용:** 아이디와 회원명으로 암호화된 비밀번호를 조회한다.
- **힌트 내용:** 암호화된 비밀번호는 유출돼도 로그인에 사용될 수 없다.

비밀번호를 잊은 상태이기 때문에 아이디와 비밀번호로 사용자 정보를 조회할 수 없다. 아이디와 회원명으로, 비밀번호 재설정에 필요한 암호화된 비밀번호를 조회한다.

routes 폴더의 UsersRout.js 파일을 확인한다.

UsersRout.js

```
...코드 생략...
}else if(type == "pwreset"){
  //비밀번호 재설정 시 이메일과 이름으로 회원 정보 조회
  try {
    // Mysql Api 모듈(CRUD)
    var dbconnect_Module = require('./dbconnect_Module');

    //Mysql 쿼리 호출 정보 입력
    req.body.mapper = 'UserMapper';//mybatis xml 파일명
    req.body.crud = 'select';//select, insert, update, delete 중에 입력
    req.body.mapper_id = 'selectLoginResetCheck';

    router.use('/', dbconnect_Module);
    next('route')

  } catch (error) {
    console.log("Module > dbconnect error : "+ error);
  }
}
...코드 생략...
```

type 파라미터의 값이 pwreset일 경우, 암호화된 비밀번호를 select하는 mapper 정보를 req.body 에 할당한다. 9~11

models 폴더의 UserMapper.xml 파일을 확인한다.

UserMapper.xml

```
1 ...코드 생략...
2 <select id="selectLoginResetCheck">
3     SELECT
4     userpassword
5     FROM
6     react.react_user
7     WHERE useremail = #{is_Email}
8     AND username = #{is_Name}
9 </select>
10 ...코드 생략...
```

아이디(is_Email)와 회원명(is_Name)으로 회원 정보 테이블(react_user)을 조회해 암호화된 비밀번호(userpassword)를 조회한다. 3~8

아이디와 회원명으로 비밀번호 조회 api 호출하기

- **학습 내용:** 비밀번호를 잊어버린 경우, 아이디와 회원명으로 비밀번호를 조회한다.
- **힌트 내용:** 조회한 회원 정보 중 암호화된 비밀번호가 이메일 인증의 토큰으로 사용된다.

비밀번호 재설정 메일을 발송하기 위해 비밀번호가 아닌 값으로 회원 정보를 조회해야 한다. 아이디(메일 주소)와 회원명을 조건으로, 암호화된 비밀번호를 조회한다. 메일 발송 함수를 호출하면서 파라미터로 아이디(메일 주소)와 암호화된 비밀번호를 전달한다.

node 경로(C:\react200)의 server.js 파일을 확인한다.

server.js

```
1 ...코드 생략...
2 var MailRout = require("./routes/MailRout");
3
4 var app = express();
5 ...코드 생략...
6 app.use("/api/mail", MailRout);
7
8 const port = process.env.PORT || 5000;
9 app.listen(port, () => console.log(`Listening on port ${port}`));
```

6 ◆ /api/mail 경로로 api가 호출되면, line 2에서 지정한 메일 발송 라우터 파일 경로로 라우팅한다.

components 폴더의 LoginForm.js 파일을 확인한다.

LoginForm.js

```
...코드 생략...
pwdResetClick = () => {
    $('.signin').hide();
    $('.chgpw').fadeIn();
    $('.chgpw').css('display','table-cell');
```

```
}

pwdResetCancleClick = () => {
    $('.chgpw').hide();
    $('.signin').fadeIn();
    $('.signin').css('display','table-cell');
}

pwdResetConfim = (e) => {
    this.reset_email = $('#reset_email_val').val();
    this.reset_name = $('#reset_name_val').val();
    if(this.reset_email === '' || this.reset_name === ''){
        this.sweetalert('이메일과 성명을 확인해주세요.', '', 'info', '닫기')
    }else{
        axios.post('/api/LoginForm?type=pwreset', {
            is_Email: this.reset_email,
            is_Name: this.reset_name,
        })
        .then( response => {
            var userpassword = response.data.json[0].userpassword
            userpassword = userpassword.replace(/\//gi,"가")

            if(userpassword != null && userpassword != ''){
                this.sendEmail(this.reset_email,
                'react200 비밀번호 재설정 메일', userpassword)
            }else{
                this.sweetalert('이메일과 성명을 확인해주세요.', '', 'info',
                '닫기')
            }
        })
        .catch( error => {
            this.sweetalert('이메일과 성명을 확인해주세요.', '', 'info', '닫기')
        });
    }
}
...코드 생략...
</span>LOGIN</h3>
```

```
...코드 생략...
    </div>
    <ul className="af">
        <li><Link to={'/register'}>회원 가입</Link></li>
        <li className="pwr_b" onClick={this.pwdResetClick}>
        <a href="#n">비밀번호 재설정</a></li>
    </ul>
    <div className="s_bt" type=""
    onClick={(e) => this.submitClick(e)}>로그인</div>
</div>
</div>
<div className="m_login m_pw chgpw">
<h3 className="pw_ls">비밀번호 재설정 <span className="compl1">
완료</span></h3>
<div className="log_box">
    <div className="pw_one">
        <div className="in_ty1">
        <span><img src={require("../img/main/m_log_i3.png")} alt="" />
        </span>
        <input type="text" id="reset_email_val" name=""
        placeholder="이메일"/>
        </div>
        <div  className="in_ty1">
        <span className=""><img src={require("../img/main/m_log_
        i1.png")} alt="" /></span>
        <input type="text" id="reset_name_val" name="" placeholder="성명"/>
        </div>
        <div className="btn_confirm btn_confirm_m">
        <div className="bt_ty bt_ty_m bt_ty1 cancel_ty1"
        onClick={this.pwdResetCancleClick}>취소</div>
        <a href="#n" className="bt_ty bt_ty_m bt_ty2 submit_ty1"
        onClick={this.pwdResetConfim}>확인</a>
        </div>
    </div>
</div>
...코드 생략...
```

로그인 화면에서 [비밀번호 재설정] 버튼을 누르면, line 2의 pwdResetClick 함수가 실행된다. 이때 로그인 폼이 사라지고 비밀번호 재설정 폼이 표시된다. 47~48

비밀번호 재설정 폼이 표시된 상태에서 [취소] 버튼을 누르면 line 8의 pwdResetCancleClick 함수가 실행된다. 이때 pwdResetClick 함수와 반대로 비밀번호 재설정 폼이 사라지고 로그인 폼이 표시된다. 71~72

line 62~63, 68에서 이메일(아이디)와 성명(회원명)을 입력하고 [확인] 버튼을 누르면 pwdResetConfim 함수가 실행된다. 73~74

pwdResetConfim 함수가 실행되면 line 62~63, 68의 <input> 태그에 id로 접근하고 입력 값을 가져온다. 이메일과 성명이 입력되지 않았다면 알림 메시지를 표시한다. 15~19

비밀번호 조회 node api(/api/LoginForm?type=pwreset)를 호출하면서 파라미터로 아이디(is_Email)와 회원명(is_Name)을 전달한다. 20~23

조회된 비밀번호를 userpassword 변수에 할당한다. 비밀번호에 슬래시(/)가 있다면 한글 가로 치환한다. 25~26

비밀번호 재설정 메일에서 버튼을 누르면, 다음과 같은 형태의 웹 사이트 경로가 호출된다.

http://localhost:3000/PwChangeForm/이메일/토큰

토큰은 암호화된 비밀번호로 만든다. 만약 비밀번호 문자열에 슬래시(/)가 있을 경우, 웹 사이트 경로를 구분하는 슬래시(/)로 인식돼 인증되지 않는다. 그래서 암호화 결과 나올 수 없는 텍스트인 한글 가로 치환하고 이후에 토큰을 비교할 때 다시 슬래시(/)로 치환해 사용한다.

비밀번호가 정상적으로 조회됐다면, 이메일 발송 함수 sendEmail을 호출한다. 파라미터로 메일 주소, 메일 제목, 암호화된 비밀번호를 전달한다. 29~30

비밀번호 재설정하기 – 이메일 발송 api 호출하기

• **학습 내용:** 이메일 발송에 필요한 파라미터를 세팅해 api를 호출한다.
• **힌트 내용:** 수신자 이메일 주소, 메일 제목, 암호화된 비밀번호를 파라미터로 전달한다.

아이디(이메일)와 회원명으로 조회된, 암호화된 비밀번호와 수신자 이메일 주소, 메일 제목을 파라미터에 담아 api를 호출한다.

components 폴더의 LoginForm.js 파일을 확인한다.

LoginForm.js

```
1 ...코드 생략...
2 sendEmail = (email, subject, password, e) => {
3     axios.post('/api/mail', {
4         is_Email : email,
5         is_Subject : subject,
6         is_Password: password
7     })
8     .then( response => {
9         if(response.data == "succ"){
10            this.sweetalert('입력하신 이메일로 비밀번호 \n'
11            + '재설정 메일 보내드렸습니다.', '', 'info', '닫기')
12        }
13    })
14    .catch( error => {
15        this.sweetalert('작업 중 에러가 발생했습니다.', error, 'error', '닫기');
16    });
17 }
18 ...코드 생략...
```

3~7 ◆ 이메일 발송 함수(sendEmail)가 실행되면, 이메일 발송 api(/api/mail)를 호출한다. 이때 수신자 이메일 주소(is_Email), 메일 제목(is_Subject), 암호화된 비밀번호(is_Password)를 파라미터로 전달한다.

이메일 발송이 정상적으로 완료되면, 발송이 완료됐다는 알림 메시지를 표시한다.

비밀번호 재설정 페이지에서 정상적으로 아이디(이메일)와 회원명을 입력했는데도 다음과 같이 에러 메시지가 표시될 수 있다.

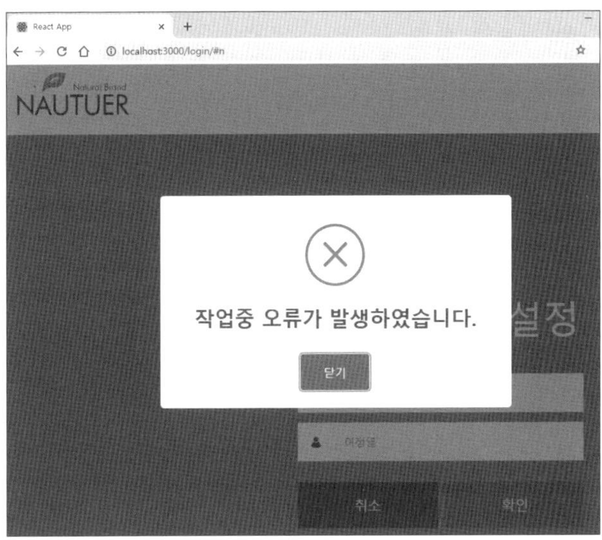

이때 cmd 창에 출력된 node 서버의 로그를 보면, 다음과 같이 google 계정 관련 에러를 확인할 수 있다.

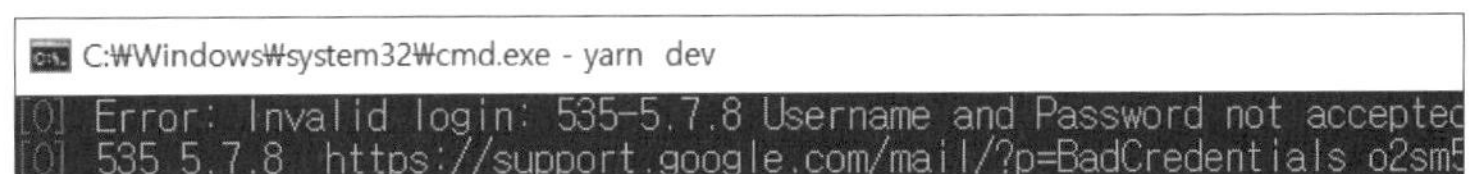

GMAIL 계정 접근 권한 허용하기

- **학습 내용:** 구글 계정에 대한 액세스 권한을 허용한다.
- **힌트 내용:** 웹 사이트에서 구글 계정에 접근할 수 있도록 권한을 허용한다.

웹 사이트에서 구글 계정의 자원을 사용해 이메일을 발송한다. 구글에서는 기본 설정으로, 보안이 증명되지 않은 웹 사이트에서 구글 자원에 접근하는 것을 제한한다. 접근을 허용하기 위해 사용할 계정으로 로그인을 하고 다음 화면에서 권한을 허용한다.

보안 수준이 낮은 앱의 액세스(https://myaccount.google.com/lesssecureapps?pli=1) 링크로 접속해 다음과 같이 보안 수준이 낮은 앱 허용을 사용으로 변경한다.

내 Google 계정에 대한 액세스 허용(https://accounts.google.com/b/0/DisplayUnlockCaptcha) 링크로 접속한 후 [계속] 버튼을 눌러 권한을 허용한다.

다시 비밀번호 재설정 페이지에서 아이디(이메일)와 회원명을 작성한다. [확인] 버튼을 누르면, 다음과 같이 메일 발송이 완료됐다는 메시지가 표시된다.

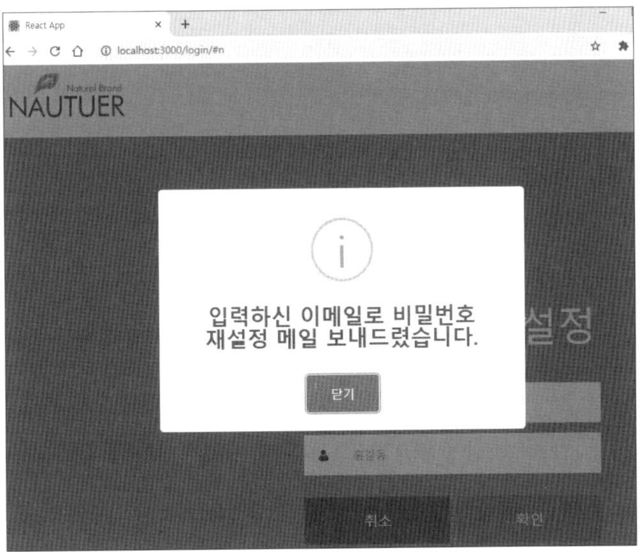

수신된 이메일과 버튼 링크 확인하기

- **학습 내용:** 이메일 템플릿과 동일한 화면의 메일이 수신된 것을 확인한다.
- **힌트 내용:** 수신된 메일에서 버튼 링크가 정상적으로 할당됐는지 확인한다.

전송한 html 이메일 템플릿과 동일한 화면을 수신된 메일에서 확인할 수 있다. 페이지에 포함된 버튼에는 웹 사이트로 다시 돌아올 수 있는 링크가 할당돼 있다.

수신된 메일을 확인하면, 다음과 같이 메일 제목, 보낸 사람, 받는 사람, 이메일 템플릿, 버튼이 정상적으로 표시되는 것을 확인할 수 있다.

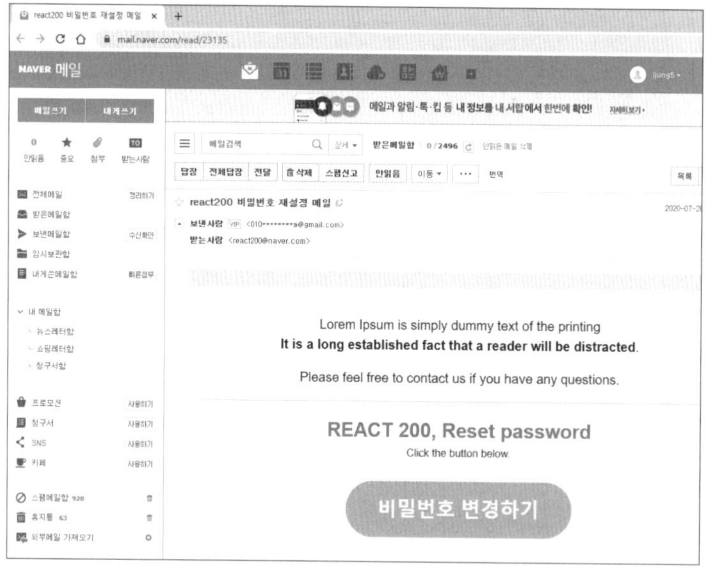

개발자 도구에서 [비밀번호 변경하기] 버튼의 링크를 확인해보면, 다음과 같이 아이디(이메일)와 토큰이 정상적으로 할당돼 있는 것을 확인할 수 있다.

http://localhost:3000/PwChangeForm/react200@naver.com/$2b$10$hF58DTwPRK2kX5

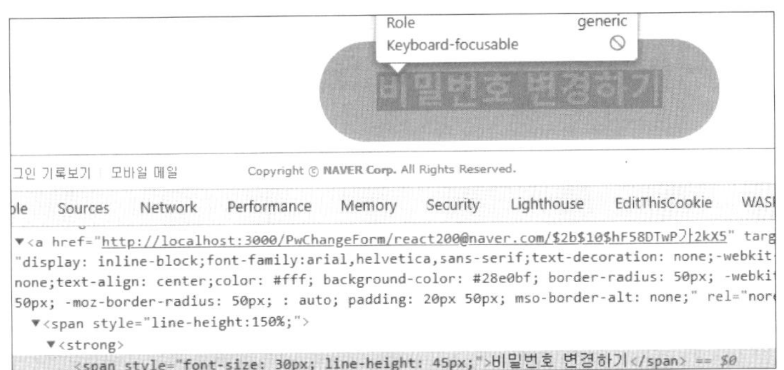
Role generic
Keyboard-focusable
비밀번호 변경하기
그인 기록보기 | 모바일 메일
Copyright © NAVER Corp. All Rights Reserved.
le Sources Network Performance Memory Security Lighthouse EditThisCookie WAS
▼<a href="http://localhost:3000/PwChangeForm/react200@naver.com/$2b$10$hF58DTwP가2kX5" targ
"display: inline-block;font-family:arial,helvetica,sans-serif;text-decoration: none;-webkit
none;text-align: center;color: #fff; background-color: #28e0bf; border-radius: 50px; -webki
50px; -moz-border-radius: 50px; : auto; padding: 20px 50px; mso-border-alt: none;" rel="nor
▼<span style="line-height:150%;">
▼<strong>
<span style="font-size: 30px; line-height: 45px;">비밀번호 변경하기</span> == $0

이메일 토큰으로 사용자 인증하기

- **학습 내용:** 회원 인증 node api를 호출해 이메일 토큰으로 사용자 인증을 한다.
- **힌트 내용:** 인증이 된 경우, 비밀번호 변경 페이지 접근 권한을 허용한다.

새로운 비밀번호로 변경할 수 있는 페이지를 만들고 인증된 사용자만 접근을 허용한다.

components 폴더의 App.js 파일을 확인한다.

App.js

```
1  ...코드 생략...
2  import PwChangeForm from './PwChangeForm';
3
4  class App extends Component {
5    render () {
6      return (
7        <div className="App">
8          <HeaderAdmin/>
9  ...코드 생략...
10         <Route path='/PwChangeForm/:email/:token' component={PwChangeForm} />
11         <Footer/>
12       </div>
13     );
14   }
15 }
16 ...코드 생략...
```

10 ◆ 비밀번호 수정 페이지는 /PwChangeForm 경로로 호출하고 line 2에 선언된 PwChangeForm.js로 라우팅한다. 경로의 :email과 :token에는 각각 수신된 이메일의 버튼 링크에 있던 이메일과 토큰이 전달된다.

components 폴더의 PwChangeForm.js 파일을 확인한다.

PwChangeForm.js

```
1 ...코드 생략...
2 class PwChangeForm extends Component {
3     constructor (props) {
4     super(props);
5         this.state = {
6             email: props.match.params.email,
7             token: props.match.params.token,
8         }
9     }
10
11     componentDidMount() {
12         let token = this.state.token.replace(/가/gi, "/");
13         axios.post('/api/LoginForm?type=emailtoken', {
14             is_Email : this.state.email,
15             is_Token : token,
16         })
17         .then( response => {
18             if(response.data.json[0].username == undefined){
19                 window.location.replace('about:blank')
20             }
21         })
22         .catch( error => {
23             this.sweetalert('유효한 접속이 아닙니다.', error, 'error', '닫기')
24             setTimeout(function() {
25                 window.location.replace('about:blank')
26                 }.bind(this),1000
27             );
28         });
29     }
30 ...코드 생략...
```

App.js에서 PwChangeForm 컴포넌트로 라우팅된, 경로(/PwChangeForm/:email/:token)에서 email과 token 변수를 전달받는다. 라우팅 경로에 포함된 변수는 props.match.param으로 접근해 값을 가져올 수 있다. email과 token 변수를 같은 이름의 state 변수에 할당한다. 6~7

12 이메일 템플릿에 삽입해 발송했던 token 값은 암호화된 비밀번호를 앞에서 20자 자른 값이다. 20자 안에 슬래시(/)가 있을 경우, 새로운 경로의 시작으로 인식되기 대문에 한글 가로 치환했다. 이때 치환했던 한글 가를 다시 슬래시(/)로 치환한다.

13~16 이메일(is_Email)과 토큰(is_Token)으로 회원 인증을 하는 node api(/api/LoginForm?type=emailtoken)를 호출한다.

18~20 api 호출 결과 회원 정보가 조회되지 않으면, username 값이 undefined가 된다. 이때 비밀번호 수정하기 페이지에 접근을 막아야 하기 때문에 빈 화면(about:blank)으로 강제 이동시킨다.

22~28 api 호출 중 에러가 발생해도 동일하게 빈 화면(about:blank)으로 강제 이동시킨다.

routes 폴더의 UsersRout.js 파일을 확인한다.

UsersRout.js

```
...코드 생략...
}else if(type == "emailtoken"){
  // 이메일 인증 후 token으로 사용자 인증
  try {
    // Mysql Api 모듈(CRUD)
    var dbconnect_Module = require('./dbconnect_Module');

    //Mysql 쿼리 호출 정보 입력
    req.body.mapper = 'UserMapper';//mybatis xml 파일명
    req.body.crud = 'select';//select, insert, update, delete 중에 입력
    req.body.mapper_id = 'selectEmailTokenCheck';

    router.use('/', dbconnect_Module);
    next('route')

  } catch (error) {
    console.log("Module > dbconnect error : "+ error);
  }
}
...코드 생략...
```

type 파라미터의 값이 emailtoken일 경우, 토큰 사용자 인증 mapper 정보를 req.body에 할당한다. 9~11

models 폴더의 UserMapper.xml 파일을 확인한다.

UserMapper.xml

```
1 ...코드 생략...
2 <select id="selectEmailTokenCheck">
3     SELECT
4     username
5     , userorg
6     , useremail
7     , userpassword
8     , usermajor
9     , userphone
10    , userflag
11    FROM
12    react.react_user
13    WHERE useremail = #{is_Email}
14    AND userpassword like CONCAT('%', #{is_Token}, '%')
15 </select>
16 ...코드 생략...
```

react_user 테이블에 파라미터로 전달받은 `is_Email` 변수와 useremail 컬럼이 일치하는 데이터를 조회한다. 13

토큰은 userpassword 컬럼의 값을 앞에서 20자를 추출해 만든 변수다. Like 구문을 사용해 userpassword 컬럼 값에 is_Token 값이 포함되는지 확인한다. Like 구문은 비교할 문자열에 %를 붙여 사용하는데, `CONCAT` 함수를 사용해 %와 비교할 문자열 변수를 연결한다. 14

NOTE

CONCAT 함수는 여러 문자열을 하나로 합쳐주는 역할을 한다. 예를 들어, SELECT CONCAT('react', '2', '00') FROM DUAL 쿼리를 실행하면, react200이 조회된다.

비밀번호 수정 api 만들기 – 라우터 분기, 쿼리 추가하기

- **학습 내용:** 인증된 회원이 비밀번호를 수정할 수 있는 api를 생성한다.
- **힌트 내용:** 회원 가입과 동일하게 bcrypt를 사용해 비밀번호를 암호화한다.

비밀번호를 잊은 사용자가 이메일 인증을 완료하면, 새로운 비밀번호를 설정할 수 있다. 아이디(이메일)로 사용자 데이터를 조회해 비밀번호 컬럼을 변경한다.

routes 폴더의 UsersRout.js 파일을 확인한다.

UsersRout.js

```
...코드 생략...
const bcrypt = require('bcrypt');
const saltRounds = 10;
...코드 생략...
}else if(type == "pwdmodify"){
  //비밀번호 재설정
  try {
    // Mysql Api 모듈(CRUD)
    var dbconnect_Module = require('./dbconnect_Module');

    //Mysql 쿼리 호출 정보 입력
    req.body.mapper = 'UserMapper';//mybatis xml 파일명
    req.body.crud = 'update';//select, insert, update, delete 중에 입력
    req.body.mapper_id = 'updatePwdUser';

    var myPlaintextPassword = req.body.is_Password;
    if(myPlaintextPassword != '' && myPlaintextPassword != undefined ){
      bcrypt.genSalt(saltRounds, function(err, salt) {
        bcrypt.hash(myPlaintextPassword, salt, function(err, hash) {
          req.body.is_Password = hash;
          router.use('/', dbconnect_Module);
          next('route')
```

```
23          });
24        });
25      }else{
26        router.use('/', dbconnect_Module);
27        next('route')
28      }
29
30    } catch (error) {
31      console.log("Module > dbconnect error : "+ error);
32    }
33  }
34  ...코드 생략...
```

회원 가입 api와 동일하게 bcrypt 패키지를 require해 사용할 수 있도록 한다. bcrypt에서 지원하 2~3
는 salt의 크기를 '10'으로 설정한다.

type 파라미터의 값이 pwdmodify일 경우, 비밀번호를 업데이트하는 mapper 정보를 req.body에 12~14
할당한다.

req.body.is_Password는 암호화되지 않은 비밀번호이다. 값이 있다면 brypt 암호화를 실행한다. 16~17

`genSalt` 함수로 line 3에서 지정한 크기의 salt를 생성한다. 18

`hash` 함수로 salt 값을 사용해 암호화되지 않은 비밀번호(myPlaintextPassword)를 암호화한다. 암 19
호화된 비밀번호가 콜백 함수에서 `hash` 변수로 반환된다.

암호화된 비밀번호(hash)를 다시 `req.body.is_Password` 변수에 할당해 다음 라우터 20~21
(dbconnect_Module)로 전달한다.

models 폴더의 UserMapper.xml 파일을 확인한다.

UserMapper.xml

```
1 ...코드 생략...
2 <update id="updatePwdUser">
3     UPDATE react.react_user
4     SET
5     userpassword = #{is_Password}
6   WHERE useremail = #{is_Useremail}
7 </update>
8 ...코드 생략...
```

3~6 파라미터로 전달받은 아이디(is_Useremail)로 회원 정보 테이블(react_user)을 조회해 userpassword 컬럼을 새로 생성한 암호화된 비밀번호로 수정한다.

실무 170

비밀번호 수정 api 호출하기

- **학습 내용:** 새로운 비밀번호를 입력받아 비밀번호 수정 api를 호출한다.
- **힌트 내용:** 회원 가입과 동일하게 입력받은 비밀번호의 유효성을 검사한다.

비밀번호 수정 api를 호출하는 방식은 전달하는 파라미터 수만 줄었을 뿐, 회원 가입 api를 호출하는 방식과 동일하다. update 쿼리에 필요한 아이디(이메일)와 새로운 비밀번호를 파라미터로 전달한다.

components 폴더의 PwChangeForm.js 파일을 확인한다.

PwChangeForm.js

```
...코드 생략...
submitClick = async (e) => {
    this.pwd_val_checker = $('#pwd_val').val();
    this.pwd_cnf_val_checker = $('#pwd_cnf_val').val();

    this.fnValidate = (e) => {
...코드 생략...
    }

    if(this.fnValidate()){
        var jsonstr = $("form[name='frm']").serialize();
        jsonstr = decodeURIComponent(jsonstr);
        var Json_form = JSON.stringify(jsonstr).replace(/\"/gi,'')
        Json_form = "{\"" +Json_form.replace(/\&/g,'\",\"')
        .replace(/=/gi,'\":"')+"\"}";

        try {
            const response = await fetch('/api/register?type=pwdmodify', {
                method: 'POST',
                headers: {
                'Content-Type': 'application/json',
```

```
                },
                body: Json_form,
            });
            const body = await response.text();
            if(body == "succ"){
                this.sweetalertSucc('비밀번호 수정이 완료됐습니다.', false)
                setTimeout(function() {
                    this.props.history.push('/');
                    }.bind(this),1500
                );
            }else{
                this.sweetalert('작업 중 에러가 발생했습니다.', '',
                'error', '닫기')
            }
        } catch (error) {
            this.sweetalert('작업 중 에러가 발생했습니다.', error, 'error', '닫기')
        }
    }
};
...코드 생략...
<form method="post" name="frm" action="">
    <input type="hidden" id="is_Useremail" name="is_Useremail"
    value={this.state.email}/>
    <div className="log_box">
        <div className="in_ty1">
            <span className="ic_2">
                <img src={require("../img/main/m_log_i2.png")} alt="" />
            </span>
            <input type="password" id="pwd_val"
            name="is_Password" placeholder="새 비밀번호" />
            </div>
            <div className="in_ty1">
            <span className="ic_2">
                <img src={require("../img/main/m_log_i2.png")} alt="" />
            </span>
            <input type="password" id="pwd_cnf_val"
            name="is_Password" placeholder="새 비밀번호 확인" />
```

```
59              </div>
60              <div className="btn_confirm btn_confirm_m">
61              <Link to={'/'}>
62                  <div className="bt_ty bt_ty_m bt_ty1 cancel_ty1">취소</div>
63              </Link>
64              <a href="#n" className="bt_ty bt_ty_m bt_ty2 submit_ty1"
65              onClick={(e) => this.submitClick(e)}>재설정</a>
66          </div>
67      </div>
68 </form>
69 ...코드 생략...
```

새로운 비밀번호를 입력한 후 [재설정] 버튼을 누르면 line 2의 submitClick 함수를 실행한다. 64~65

비밀번호와 비밀번호 확인 입력 값을 각각 변수에 할당한다. 3~4

회원 가입과 동일하게 비밀번호 유효성 검사를 한다. 입력한 비밀번호가 8~16자이면서 영문, 6~8
숫자, 특수 문자를 모두 포함했는지 검사한다.

유효성 검사를 통과했다면 <form> 태그 안에 위치한 <input> 태그의 데이터를 json 형태로 11~15
변환한다. 51, 58에서 두 <input> 태그의 name 값이 password으로 동일한데, 동일한 값이 입력되기 때문에 문제되지 않는다.

비밀번호 수정 api(/api/register?type=pwdmodify)를 호출한다. 파라미터로 <form> 태그 안에 18~24
위치한 아이디(is_Useremail)와 입력한 비밀번호(is_Password)가 전달된다.

비밀번호 수정 api가 정상 동작했다면, response로 succ 문자열이 반환된다. 이때 비밀번호 수정 25~32
완료 메시지를 표시하고 로그인 페이지(/)로 이동한다.

이메일에서 [비밀번호 변경하기] 버튼을 누르면, 비밀번호 수정 페이지(/PwChangeForm)로 이동한다. 새로운 비밀번호 입력 후 [재설정] 버튼을 누르면, 다음과 같이 비밀번호 수정 완료 메시지가 표시된다. 로그인 페이지로 이동해 변경된 비밀번호로 로그인되는 것을 확인한다.

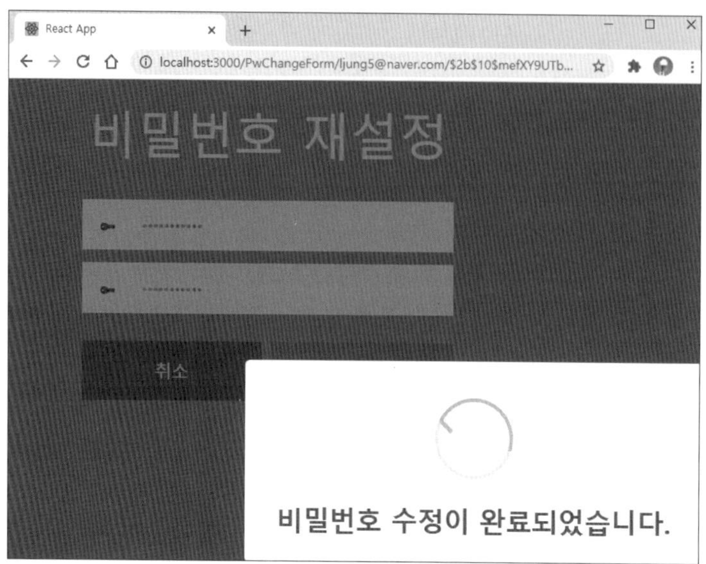
React App
localhost:3000/PwChangeForm/ljung5@naver.com/$2b$10$mefXY9UTb...
비밀번호 재설정
취소
비밀번호 수정이 완료되었습니다.

스케줄러 만들기 ①
– 배치 테이블 생성하기

실무 171

- **학습 내용:** 스케줄러를 사용해 데이터를 insert할 DB 테이블을 생성한다.
- **힌트 내용:** 스케줄러가 설정한 시간 단위에 쿼리가 실행된다.

스케줄러란, 정해진 시간에 어떤 작업을 수행하는 시스템이다. 배치 테이블은 예제에서 데이터를 조회하지 않고 단순히 스케줄러 테스트를 목적으로 사용한다.

NOTE

배치(batch)란, 일괄적으로 작업을 처리하는 방식을 의미한다. 요청이 있을 때마다 작업하는 것과 반대로 정해진 시간에 일괄적으로 많은 작업을 처리한다.

workbench에서 다음 쿼리를 실행한다.

PwChangeForm.js

```
1 use react;
2 CREATE TABLE `react_batch_log` (
3   `batch_cd` varchar(100) COMMENT '배치 코드',
4   `batch_nm` varchar(100) DEFAULT NULL COMMENT '배치명',
5   `batch_log` varchar(100) DEFAULT NULL COMMENT '배치내용',
6   `reg_date` varchar(100) DEFAULT NULL COMMENT '등록날짜',
7   PRIMARY KEY (`batch_cd`)
8 );
9 ALTER TABLE react.react_batch_log convert to charset utf8;
```

웹 사이트에서 사용하는 스키마인 react를 사용하기 위해 use 명령어를 실행한다. 1

create table 쿼리를 실행해 배치 테이블(react_batch_log)을 생성한다. 2~8

테이블에서 유일한 값을 갖는 batch_cd 컬럼을 기본 키로 지정한다. batch_cd 컬럼에는 현재 날짜 정보가 들어가 중복이 발생할 수 없다. 7

9 ◆ 테이블에 한글 데이터를 삽입할 수 있도록 charset을 utf8로 변경한다.

workbench에서 세미콜론(;)을 기준으로 해서 3개의 쿼리를 순서대로 실행한다.

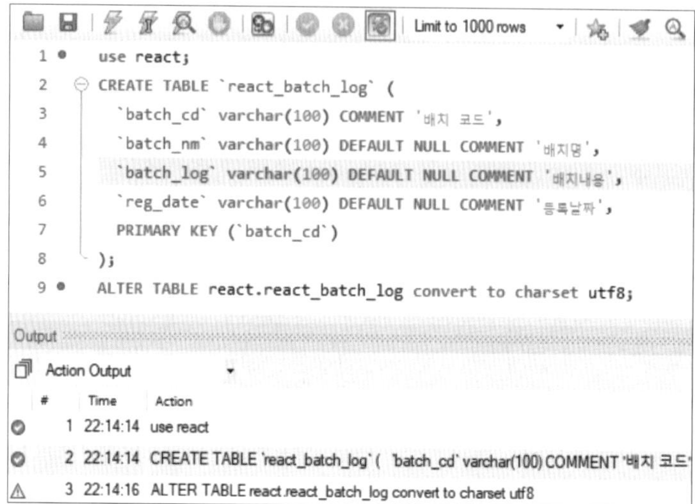

스케줄러 만들기 ② – node-cron 패키지 사용하기

실무 **172**

- **학습 내용:** node-cron 패키지로 스케줄러를 구현할 수 있다.
- **힌트 내용:** cron 표현식으로 쿼리 실행 시간을 설정할 수 있다.

cron은 고정된 날짜, 시간 주기로 작업을 실행할 수 있는 스케줄러다. Cron 표현식은 왼쪽부터 분, 시 일, 달, 요일을 나타낸다.

NOTE

Cron 표현식의 예시는 다음과 같다. *은 모든 값을 ?은 특정 값이 없음을 뜻한다.

* * * * * : 1분마다 실행
5 * * * * : 매시간 5분마다 실행(1시 5분, 2시 5분…)
10,44 14 ? 3 WED : 3월 동안 매주 수요일 오후 2:10분과 2:44분에 실행

cmd 창을 열어 node 경로(C:\react200)로 이동한다. [npm install --save node-cron]을 입력하면 다음과 같이 npm이 node-cron을 설치한다.

```
C:\Windows\system32\cmd.exe
C:\react200>npm install --save node-cron

> node-cron@2.0.3 postinstall C:\react200\nc
```

node 경로(C:\react200)의 server.js 파일을 확인한다.

server.js

```
var express = require('express');

...코드 생략...
var MailRout = require("./routes/MailRout");
require("./routes/BatchRout");

var app = express();
```

```
...코드 생략...

const port = process.env.PORT || 5000;
app.listen(port, () => console.log(`Listening on port ${port}`));
```

5 스케줄러는 url을 호출받아 실행되는 것이 아니기 때문에 스케줄러를 정의할 파일 경로(/routes/BatchRout)만 require한다.

routes 폴더의 BatchRout.js 파일을 확인한다.

BatchRout.js

```
var express = require('express');
var router = express.Router();
var cron = require('node-cron');

// cron.schedule('5 * * * *', () => {
// cron.schedule('5 0 * * *', () => {
cron.schedule('* * * * *', () => {
  var mapper = 'BatchMapper';//mybatis xml 파일명
  var crud = 'insert';//select, insert, update, delete 중에 입력
  var mapper_id = 'insertBatchlog';

  var param = { is_Batchnm: '테스트 배치',
  is_Batchlog: '테스트 배치가 정상적으로 실행됐습니다.' };
  console.log('#######  배치 실행 / 테스트 배치 #######');

  const mysql = require('mysql');
  const mybatisMapper = require('mybatis-mapper');

  const connection = mysql.createConnection({
    host: "react200.#########.ap-northeast-2.rds.amazonaws.com",
    port: "3306",
    database: 'react',
    user: "admin",
    password: "react200RDS"
  });

  mybatisMapper.createMapper(['./models/'+mapper+'.xml']);
```

```
28   var time1 = new Date();
29   console.log('## '+time1+ ' ##');
30   console.log("\n Called Mapper Name  = "+mapper);
31 
32   var format = { language: 'sql', indent: '  ' };
33   var query = mybatisMapper.getStatement(mapper, mapper_id, param, format);
34   console.log("\n========= Node Mybatis Query Log Start =========");
35   console.log("* mapper namespce : "+mapper+"."+mapper_id+" *\n");
36   console.log(query+"\n");
37 
38   connection.connect();
39   connection.query(query, function (error, results, fields) {
40     if (error) {
41       console.log("db error************* : "+error);
42     }
43     var time2 = new Date();
44     console.log('## '+time2+ ' ##');
45     console.log('## RESULT DATA LIST ## : \n', results);
46     console.log("========= Node Mybatis Query Log End =========\n");
47   });
48   connection.end();
49 });
50 
51 module.exports = router;
```

node−cron 패키지를 require해 사용할 수 있도록 한다. 3

매시 5분마다 실행하는 cron 표현식이다. 예를 들면, 1시 5분, 2시 5분, 3시 5분에 실행된다. 5

매일, 0시 5분마다 실행하는 cron 표현식이다. 예를 들면, 오늘 0시 5분, 내일 0시 5분, 모레 0시 5분에 실행된다. 6

배치 테이블에 insert 쿼리를 실행하기 위해 쿼리가 정의된 mapper 정보를 각각 변수에 할당한다. 8~10

배치 insert 쿼리에서 사용할 파라미터에 값을 할당한다. 12~13

배치에서는 connection pool을 사용하지 않고 기본 mysql 모듈만 사용해 db connection을 만든다. 19~25

insert 쿼리가 정상적으로 실행됐다면, 배치 테이블에 데이터가 삽입된다. 그래서 쿼리를 실행하고 결과에 대해서 response를 보내지 않아도 된다. 39~47

스케줄러 만들기 ③ – 특정 시간에 insert 쿼리 실행하기

- **학습 내용:** 배치 mapper 파일에 insert 쿼리를 추가한다.
- **힌트 내용:** 전달받은 파라미터들을 데이터 형태에 맞게 삽입한다.

BatchRout.js에서 전달받은 파라미터를 `mysql CONCAT` 함수로 가공해 삽입한다.

models 폴더의 BatchMapper.xml 파일을 확인한다.

BatchMapper.xml

```
1 ...코드 생략...
2 <insert id="insertBatchlog">
3   INSERT INTO react.react_batch_log
4   (
5       batch_cd
6       , batch_nm
7       , batch_log
8       , reg_date
9   )
10  VALUES (
11      CONCAT("BL",DATE_FORMAT(now(), '%Y%m%d%H%i%s'))
12      , #{is_Batchnm}
13      , #{is_Batchlog}
14      , DATE_FORMAT(now(), '%Y%m%d%H%i%s')
15  )
16 </insert>
17 ...코드 생략...
```

11 ◆ 기본 키 batch_cd 컬럼의 값으로, BL 문자열에 현재 시간을 붙여 삽입한다.

12 ◆ BatchRout.js에서 전달한 배치명을 삽입한다.

13 ◆ BatchRout.js에서 전달한 배치 내용을 삽입한다.

1분마다 다음과 같이 insert 쿼리가 실행되는 것을 확인할 수 있다.

```
C:\Windows\system32\cmd.exe - yarn dev
[0]
[0] INSERT INTO
[0]   react.react_batch_log (
[0]     batch_cd,
[0]     batch_nm,
[0]     batch_log,
[0]     reg_date
[0]   )
[0] VALUES
[0]   (
[0]     CONCAT("BL", DATE_FORMAT(now(), '%Y%m%d%H%i%s')),
[0]     '테스트 배치',
[0]     '테스트 배치가 정상 실행되었습니다.',
[0]     DATE_FORMAT(now(), '%Y%m%d%H%i%s')
[0]   )
[0]
[0] ## Wed Jul 29 2020 22:54:00 GMT+0900 (대한민국 표준시) ##
[0] ## RESULT DATA LIST ## :
[0]  OkPacket {
[0]   fieldCount: 0,
[0]   affectedRows: 1,
[0]   insertId: 0,
[0]   serverStatus: 2,
[0]   warningCount: 0,
[0]   message: '',
[0]   protocol41: true,
[0]   changedRows: 0
[0] }
```

workbench에서 적재된 데이터를 확인해보면, 1분 간격으로 데이터가 삽입된 것을 확인할 수 있다.

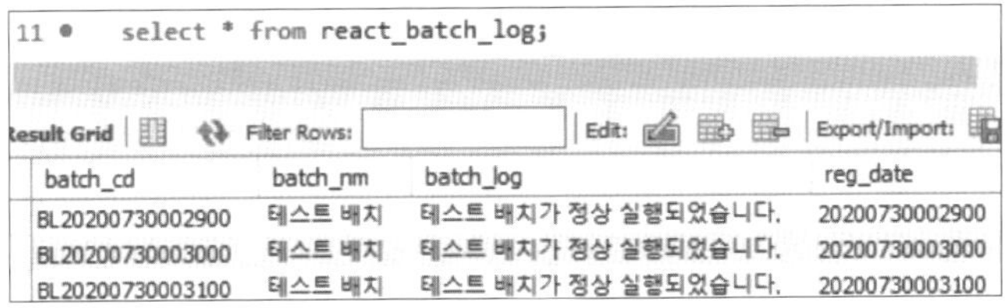

```
11 ●    select * from react_batch_log;
```

batch_cd	batch_nm	batch_log	reg_date
BL20200730002900	테스트 배치	테스트 배치가 정상 실행되었습니다.	20200730002900
BL20200730003000	테스트 배치	테스트 배치가 정상 실행되었습니다.	20200730003000
BL20200730003100	테스트 배치	테스트 배치가 정상 실행되었습니다.	20200730003100

웹 서버 구축하기 ① – AWS EC2 인스턴스 생성하기

- **학습 내용:** AWS의 EC2 인스턴스를 프리티어(t2.micro) 무료 버전으로 생성한다.
- **힌트 내용:** EC2 인스턴스는 react, node 코드를 배포해 웹 서버로 사용한다.

AWS 가입 후 EC2 인스턴스를 생성한다. 기존 RDS 인스턴스를 추가해 사용 중인 계정에서 EC2 인스턴스를 생성하는 것이 관리하기 편리하다. AWS 웹 사이트(https://aws.amazon.com/ko/)에서 가입한 계정으로 로그인을 하고 [내 계정] – [AWS Management Console]을 클릭한다.

1. 왼쪽 상단의 [서비스] – [컴퓨팅] – [EC2]를 클릭한다. 다음과 같이 EC2 Dashboard 페이지에서 [인스턴스 시작] 버튼을 누른다.

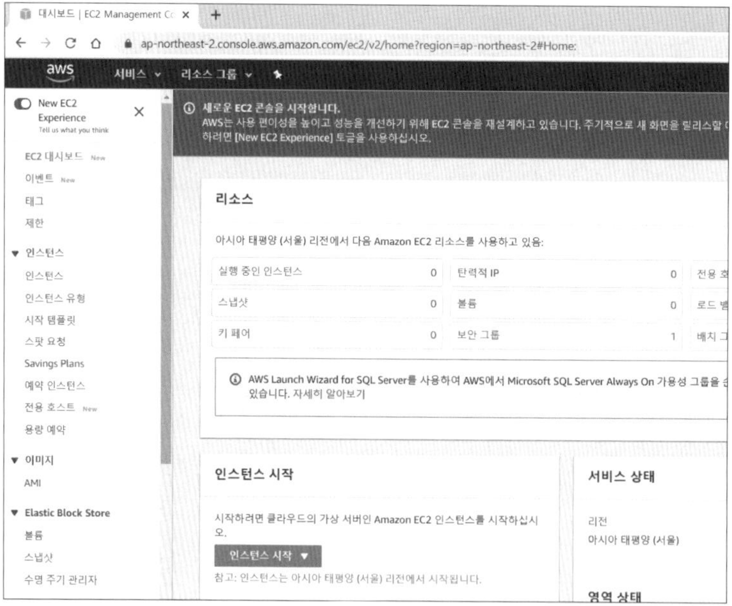

2. 1단계 [AMI 선택]에서 Ubuntu Server 18.04 LTS (HVM)를 선택한다. 로컬에서는 윈도우 운영체제에서 react와 node 서버를 구동했다. AWS에서는 운영체제가 ubuntu로 바뀌었을 뿐, 로컬과 동일한 방식으로 서버를 구동할 수 있다.

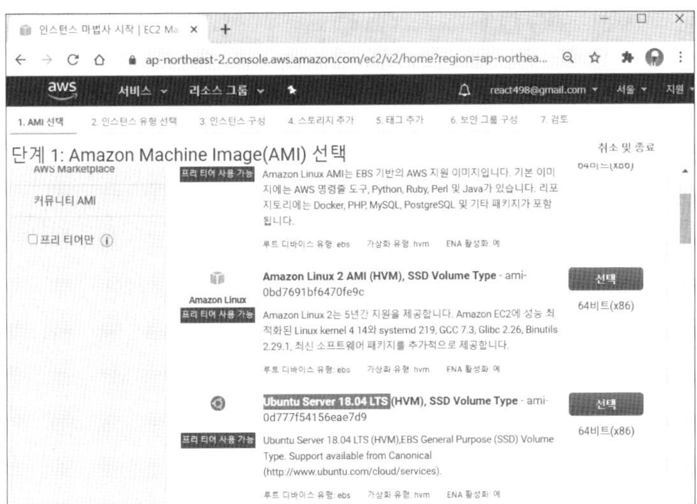

3. 2단계 [인스턴스 유형 선택]에서 프리티어 무료 버전인(t2.micro)를 선택한 후 [다음:인스턴스 세부 정보 구성] 버튼을 누른다. 같은 계정에 RDS와 EC2 서버를 동시에 프리티어(t2.micro)로 사용하더라도 1년간 무료로 사용할 수 있다.

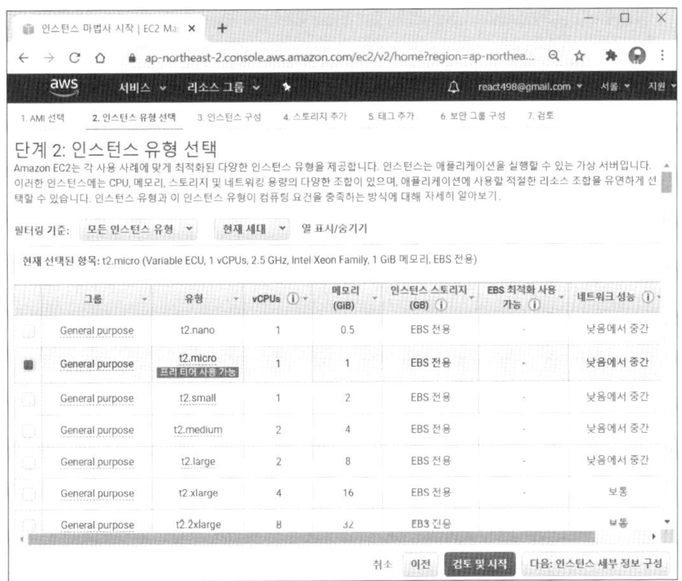

4. 3단계 [인스턴스 구성], 4단계 [스토리지 추가], 5단계 [태그 추가]에서는 변경 사항 없이 [다음:인스턴스 세부 정보 구성] 버튼을 누른다.

웹 서버 구축하기 ② – 포트 설정, 키 페어 다운로드하기

- **학습 내용:** AWS의 EC2 인스턴스에 접속할 수 있는 포트를 설정하고 키 페어를 다운로드한다.
- **힌트 내용:** SFTP와 SSH를 통해 EC2 인스턴스에 접속하기 위해 키 페어를 사용한다.

보안 그룹은 인스턴스에 접근하는 트래픽을 관리하는 규칙이다. 설정한 포트를 통해서만 EC2 서버에 접속할 수 있도록 한다. 생성된 EC2 서버에 파일을 전송하려면 SFTP를 사용하는데, 로컬에서 폴더 구조와 같다. 로컬에서는 cmd 창을 열어 npm 명령어를 실행했는데, EC2 서버에서는 SSH를 cmd 창과 같이 사용한다. SFTP와 SSH로 EC2 서버에 접근할 수 있도록 키 페어를 통해 인증한다.

1. 6단계 [보안 그룹 구성]에서 [규칙 추가] 버튼을 눌러 다음과 같이 3000포트를 추가한다.

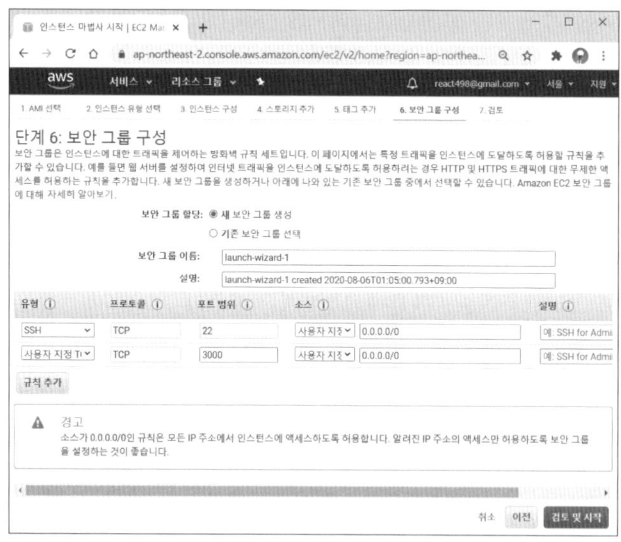

2. 7단계 [인스턴스 시작 검토]에서 오른쪽 하단의 [시작하기] 버튼을 누르면, 다음과 같이 키 페어 생성 창이 표시된다. 이때 [새 키 페어 생성]을 선택하고 키 페어 이름을 정해 다운로드한다. 키 페어는 서버 자원에 직접 접근할 수 있도록 인증하는 중요한 키다. 외부에 유출되거나 잃어버리지 않도록 관리한다. 키 페어 다운로드를 완료하고 [인스턴스 시작] 버튼을 누른다.

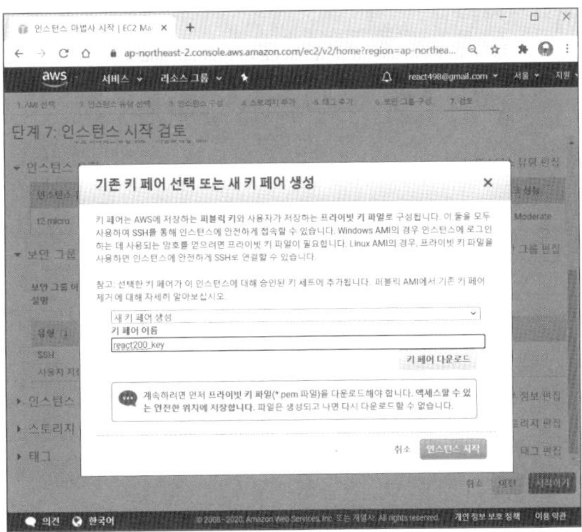

3. 생성된 인스턴스를 확인하기 위해 EC2 대시보드에서 [실행 중인 인스턴스]를 클릭한다.

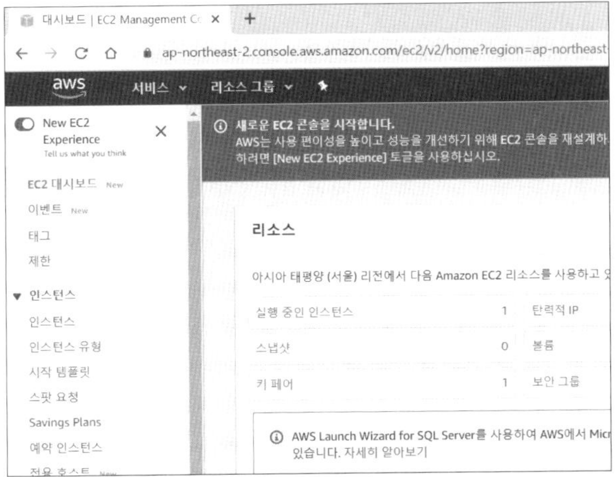

4. 이동한 페이지에서 다음과 같이 인스턴스가 생성된 것을 확인할 수 있다. 인스턴스 상태가 running이 되면 사용할 수 있다.

웹 서버 구축하기 ③ – 탄력적 IP 설정하기

- **학습 내용:** AWS의 EC2 서버의 IP를 고정적으로 사용하기 위해 탄력적 IP를 설정한다.
- **힌트 내용:** 탄력적 IP를 설정하지 않고 EC2 서버를 재부팅하면 IP가 바뀐다.

EC2 인스턴스를 생성하면, 외부에 접근할 수 있는 퍼블릭 IP가 할당된다. 인스턴스를 종료한 후 시작하거나 재부팅하면 서버에 할당됐던 퍼블릭 IP가 변한다. 서버 IP가 계속 바뀌면 여러 가지 번거로운 상황이 발생한다. 서버 자원에 접근하기 위해 SFTP, SSH를 사용할 경우와 도메인이 연결된 경우 매번 IP주소를 바꿔줘야 한다. 탄력적 IP를 사용하면 인스턴스가 재시작되더라도 고정된 IP 주소를 사용할 수 있다.

1. EC2 인스턴스를 생성하면 다음과 같이 [IPv4 퍼블릭 IP] 컬럼에 외부에서 접속할 수 있는 IP가 할당된다. [탄력적 IP] 컬럼의 값은 비어 있다는 것을 확인할 수 있다.

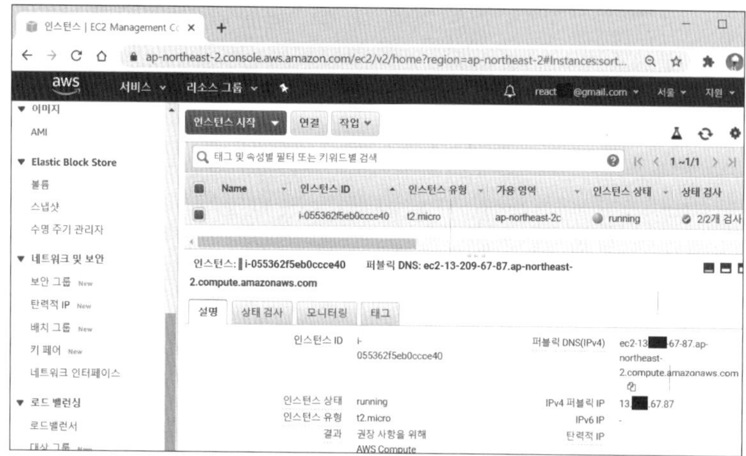

2. EC2 대시보드 왼쪽 메뉴에서 [탄력적 IP]를 클릭하면, 다음과 같이 등록된 탄력적 IP 주소가 없는 것을 확인할 수 있다. [탄력적 IP 주소 할당] 버튼을 눌러 상세 페이지로 이동한다.

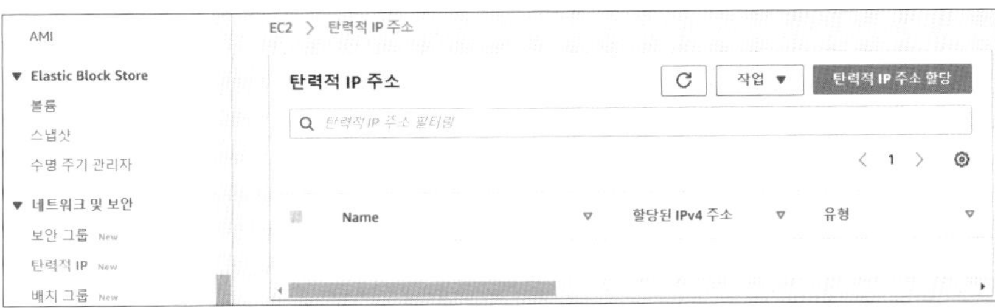

3. 탄력적 IP 주소 할당 상세 페이지로 이동하면, 다음과 같이 [Amazon의 IPv4 주소 풀]에 기본으로 선택돼 있다. 이 상태에서 [할당] 버튼을 누른다.

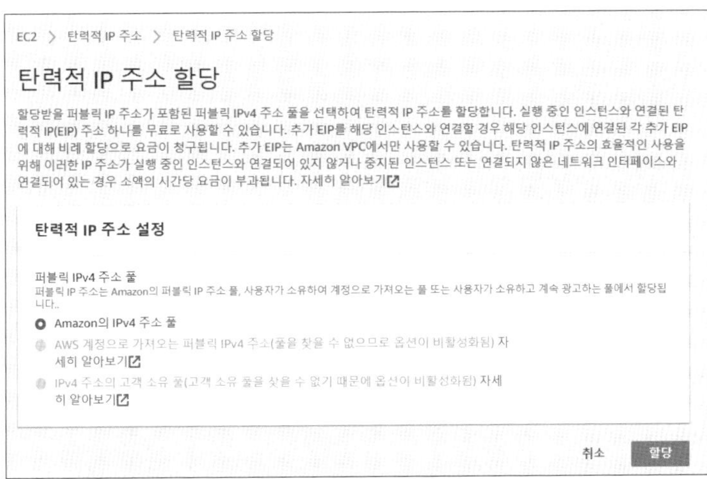

4. 다음과 같이 추가된 탄력적 IP의 체크 박스를 선택하고 [작업] – [탄력적 IP 주소 연결] 버튼을 누른다.

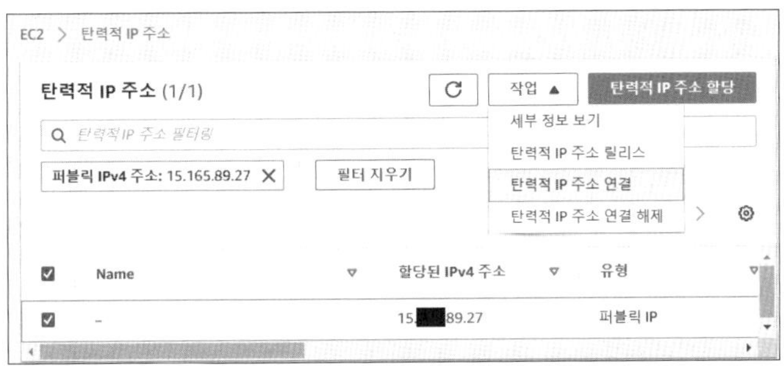

5. [탄력적 IP 주소 연결] 페이지로 이동하면, 다음과 같이 [인스턴스]와 [프라이빗 IP 주소] 영역을 클릭한다. 탄력적 IP를 연결할 인스턴스의 ID와 프라이빗 IP를 선택한 후 [연결] 버튼을 누른다.

6. 정상적으로 탄력적 IP가 연결됐다면, 다음과 같이 [탄력적 IP] 컬럼의 값이 할당된 것을 확인할 수 있다.

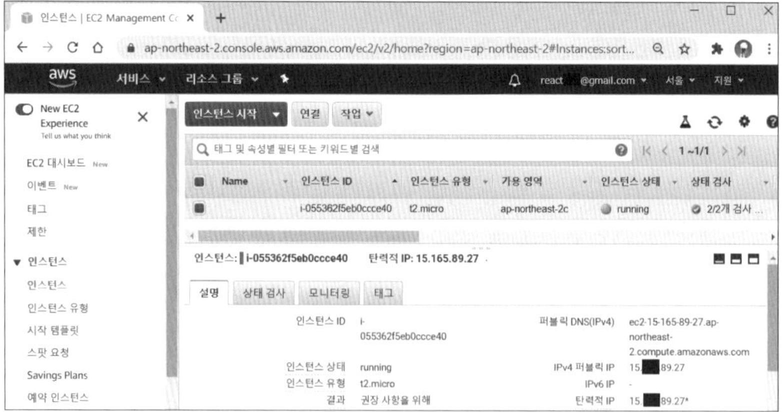

MobaXterm
– SFTP로 EC2 서버 접속하기

실무 177

• **학습 내용:** SFTP로 EC2 서버에 접속해 폴더와 파일 구조를 확인한다.
• **힌트 내용:** SFTP 사용을 위해 MobaXterm 프로그램을 설치한다.

FTP(파일 전송 프로토콜)은 서버와 클라이언트 사이에서 파일 직접 전송을 가능하게 하는 프로토콜이다. SFTP에서 S는 secure로 FTP보다 보안이 강화된 전송 방식을 의미한다. SFTP를 사용하면, 로컬에서 개발한 코드를 간편하게 EC2 서버로 전송할 수 있다. SFTP를 사용하기 위한 툴로 MobaXterm을 사용한다.

다음 링크에서 MobaXterm을 다운로드하고 설치한다.

https://mobaxterm.mobatek.net/download.html

1. MobaXterm을 실행하고 왼쪽 상단의 [Session] 버튼을 누르면, 다음과 같은 팝업 창이 표시된다. 팝업 창 상단의 기능들 중 [SFTP]를 선택한다. [Remote host]에는 탄력적 IP를 입력하고 [Username]은 EC2 서버의 기본값인 ubuntu를 입력한다. 하단의 [Advanced Sftp settings] 탭을 선택하고 [Use private key] 체크 박스를 클릭한다. 이때 [Use private key] 버튼 오른쪽 영역의 파일 선택 기능을 사용해 EC2 서버의 키 페어 파일을 업로드한다. [OK] 버튼을 눌러 SFTP로 EC2 서버에 접속한다.

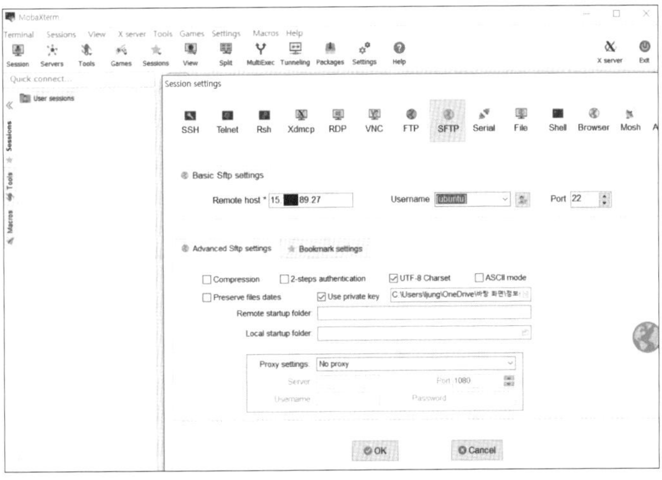

2. SFTP 연결이 정상적으로 완료되면, 하단에 SSH 인증에 성공해 SFTP 연결을 시작한다는 메시지가 표시된다. 다음과 같이 EC2 서버의 기본 경로(/home/ubuntu)에 접근할 수 있다. MobaXterm 왼쪽 Sessions 영역을 보면 추가된 SFTP 세션을 확인할 수 있는데, 한 번만 추가해 놓으면 클릭만으로 간편하게 SFTP 세션을 다시 연결할 수 있다. 또 여러 개의 세션을 추가해 사용할 수 있다.

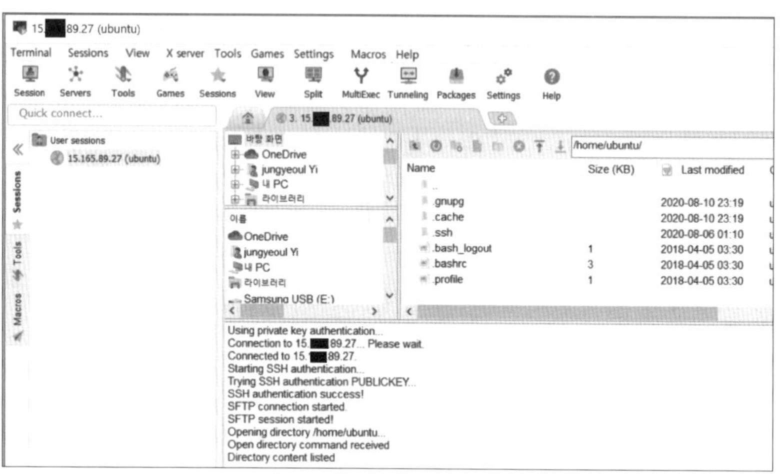

MobaXterm – SSH로 EC2 서버 접속하기

실무 178

- **학습 내용:** SSH로 EC2 서버에 접속해 ubuntu 터미널을 사용한다.
- **힌트 내용:** SSH 사용을 위해 MobaXterm 프로그램을 사용한다.

SSH(Secure Shell)는 서로 다른 컴퓨터에 네트워크를 통해 접근하고 명령어를 실행할 수 있게 해주는 프로토콜이다. 암호화 기법을 사용하기 때문에 보안적으로 안전하게 사용할 수 있다. 로컬에서 cmd 창을 사용해 실행하던 `npm` 명령어를 EC2 서버에서는 SSH를 통해 실행할 수 있다. SSH를 사용하기 위한 툴로 MobaXterm을 사용한다.

1. MobaXterm을 실행한 후 왼쪽 상단의 [Session] 버튼을 누르면, 다음과 같은 팝업 창이 표시된다. 팝업 창 상단의 기능들 중 [SSH]를 선택한다. [Remote host]에는 탄력적 IP를 입력하고 [Username]은 EC2 서버의 기본값인 ubuntu를 입력한다. 하단의 [Advanced Sftp settings] 탭을 선택하고 [Use private key] 체크 박스를 클릭한다. 이때 [Use private key] 버튼 오른쪽 영역의 파일 선택 기능을 사용해 EC2 서버의 키 페어 파일을 업로드한다. [OK] 버튼을 눌러 SSH로 EC2 서버에 접속한다.

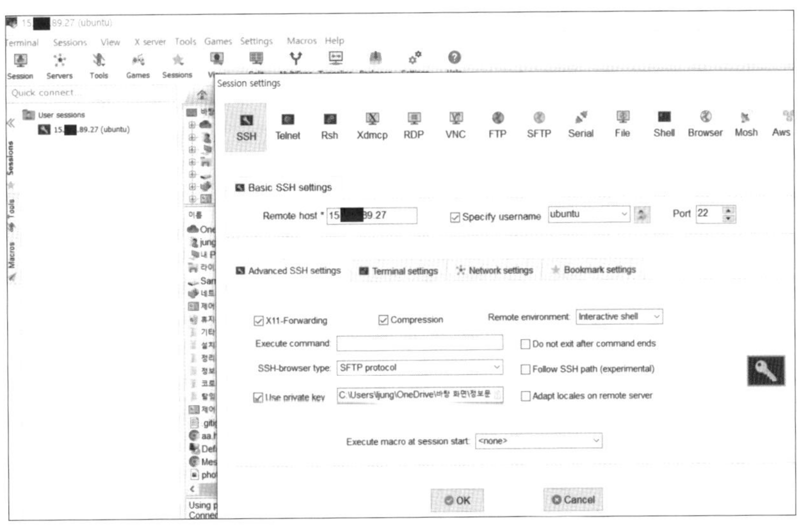

2. SSH 연결이 정상적으로 완료되면, 다음과 같이 ubuntu 터미널을 사용할 수 있다. MobaXterm 왼쪽 Sessions 영역을 보면 추가된 SSH 세션을 확인할 수 있다. SFTP와 마찬가지로 한 번만 추가해 놓으면, 클릭만으로 간편하게 SSH 세션을 다시 연결할 수 있다.

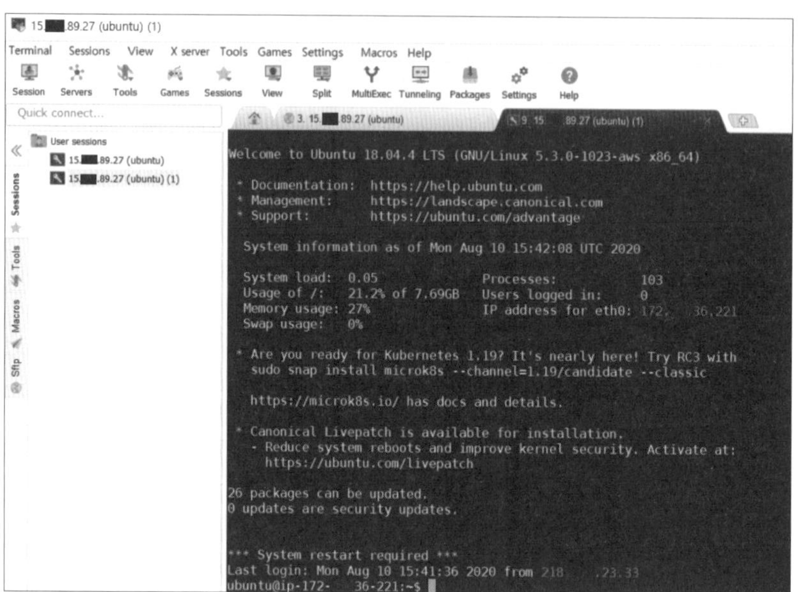

SFTP로 EC2 서버에 로컬 소스 옮기기

실무 179

- **학습 내용:** 배포할 로컬 소스를 SFTP를 사용해 EC2 서버 디렉터리로 옮긴다.
- **힌트 내용:** MobaXterm 프로그램을 사용하면, 드래그로 간편하게 업로드할 수 있다.

로컬에서 개발한 소스를 EC2 서버에 배포하기 위해서는 먼저 로컬 소스를 EC2 서버 디렉터리로 옮겨야 한다. 로컬 소스를 tar 확장자로 압축하고 SFTP 창으로 드래그하면 파일을 간편하게 EC2 서버 경로로 업로드할 수 있다. 윈도우 운영체제에서는 파일을 압축할 때 zip 파일을 많이 사용하지만, ubuntu와 같은 리눅스 운영체제에서는 tar 파일을 사용한다.

1. 기존 개발 소스의 node 경로에서 node_modules 폴더와 client 폴더를 제외하고 새로운 폴더로 복사한다. client 폴더를 새로 생성한다. node_modules 폴더와 client/node_modules 폴더에는 각각 node와 react에서 사용하는 패키지들이 설치돼 있기 때문에 파일을 옮기는 데 오랜 시간이 걸린다. 그래서 두 경로의 파일들은 제외하고 EC2 서버에 업로드한다. 필요한 패키지들은 package.json 파일에 작성돼 있기 때문에 `npm install` 명령어로 한 번에 설치할 수 있다.

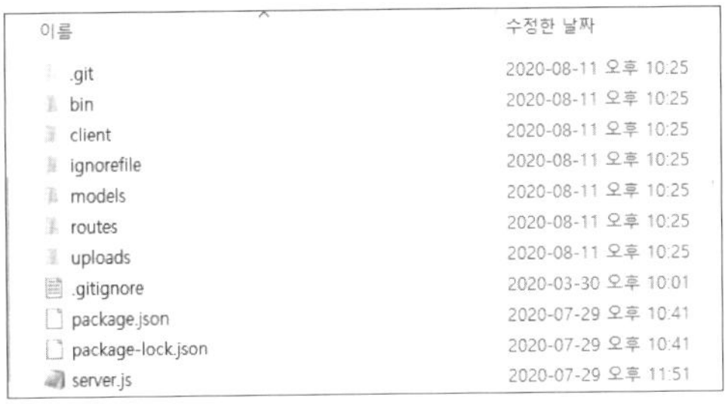

이름	수정한 날짜
.git	2020-08-11 오후 10:25
bin	2020-08-11 오후 10:25
client	2020-08-11 오후 10:25
ignorefile	2020-08-11 오후 10:25
models	2020-08-11 오후 10:25
routes	2020-08-11 오후 10:25
uploads	2020-08-11 오후 10:25
.gitignore	2020-03-30 오후 10:01
package.json	2020-07-29 오후 10:41
package-lock.json	2020-07-29 오후 10:41
server.js	2020-07-29 오후 11:51

2. 새로 생성한 client 폴더에 기존 개발 react 경로 소스에서 node_modules 폴더를 제외하고 복사한다.

이름	수정한 날짜
public	2020-08-11 오후 10:25
src	2020-08-11 오후 10:25
.gitignore	2020-03-26 오후 2:34
package.json	2020-06-25 오후 9:57
package-lock.json	2020-06-21 오후 7:21
README.md	2020-03-26 오후 2:35
yarn.lock	2020-06-07 오후 3:47

3. 복사한 폴더의 node 경로에서 모든 폴더와 파일을 선택하고 tar 파일로 압축한다.

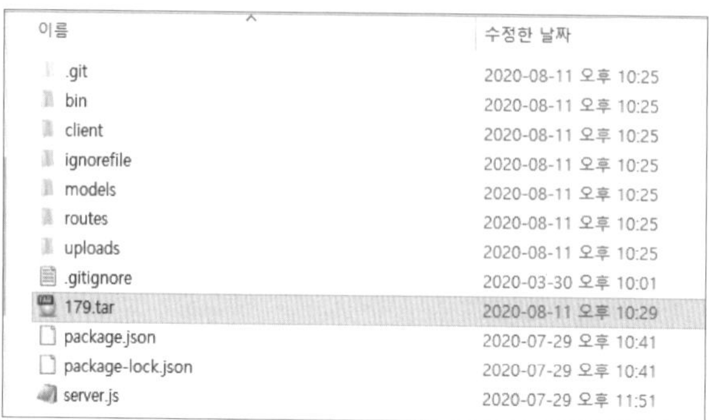

4. MobaXterm 프로그램에서 SFTP로 EC2 서버에 접속한다. 다음과 같이 /home/ubuntu 경로에 tar 파일을 업로드할 폴더(react200)를 생성한다.

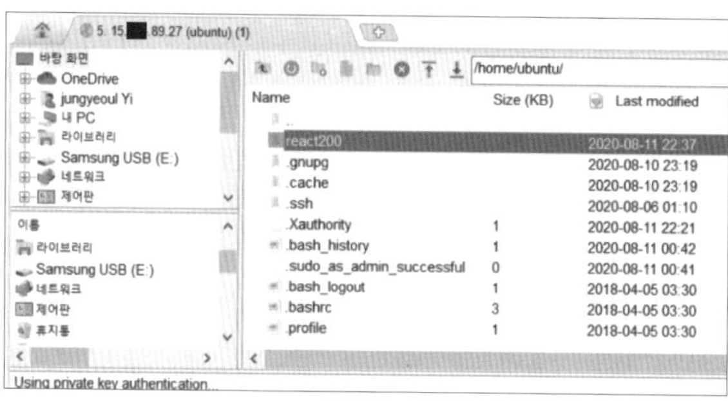

5. SFTP 창에서 생성한 폴더(react200)를 열고 로컬 소스를 압축한 tar 파일을 SFTP 폴더 영역으로 드래그해 놓는다. 다음과 같이 tar 파일이 SFTP 폴더 경로에 업로드된 것을 확인할 수 있다.

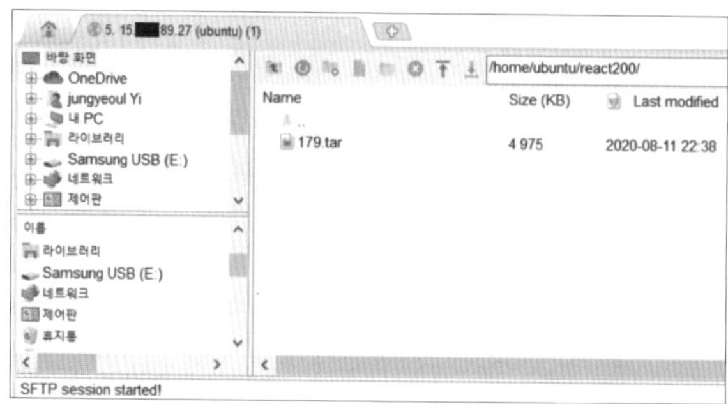

SSH로 EC2 서버에 소스 압축 풀기, nodejs 설치하기

180

- **학습 내용:** 업로드한 tar 파일의 압축을 풀고 EC2 서버 ubuntu 운영체제에 nodejs를 설치한다.
- **힌트 내용:** ubuntu 운영체제의 패키지 관리 도구인 apt를 사용해 nodejs와 npm을 설치한다.

tar 파일의 압축을 풀면, 로컬과 동일한 디렉터리 구조가 생성된다. EC2 인스턴스를 생성하면 아무것도 설치돼 있지 않기 때문에 nodejs와 npm을 설치해야 한다.

1. SSH로 EC2 서버 터미널에 접속한다. root 계정으로 전환[sudo su –] 후 tar 파일이 있는 경로로 이동한다[cd /home/ubuntu/react200]. 그리고 업로드한 tar 파일의 압축을 해제한다[tar –xvf 179.tar].

NOTE

root 계정은 관리자 계정이다. 관리자 권한으로만 실행할 수 있는 명령어가 있기 때문에 터미널을 사용할 때는 root 계정으로 전환한 후에 사용하는 것이 좋다.

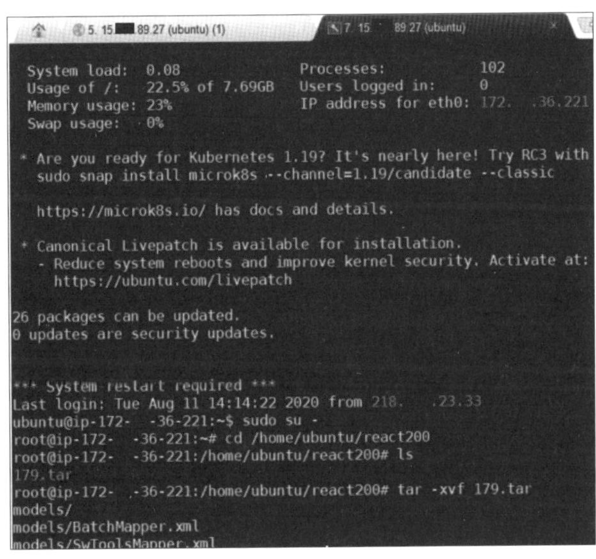

2. 압축을 해제하고 SFTP로 tar 파일이 있던 폴더에 접속하면, 다음과 같이 로컬과 동일한 디렉터리 구조가 생성된 것을 확인할 수 있다.

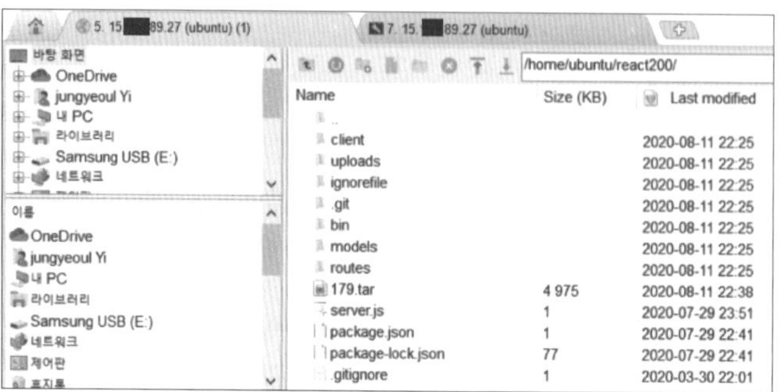

3. ubuntu 운영체제에서는 어떤 프로그램을 설치할 때 apt라는 패키지 관리 도구를 사용한다. [sudo apt-get update] 명령어로 설치된 패키지들을 최신 버전으로 업데이트한다. [sudo apt-get install -y nodejs] 명령어로 nodejs를 설치한다.

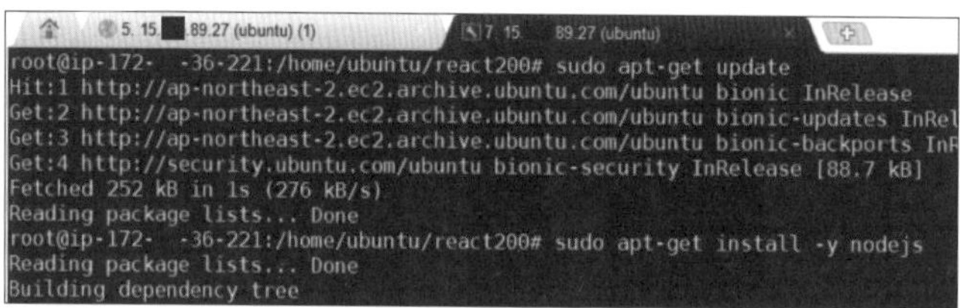

4. [apt install npm] 명령어로 npm을 설치한다.

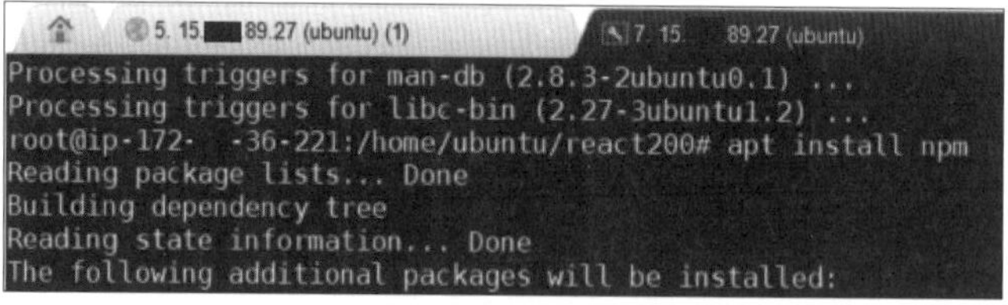

5. [node -v], [npm -v] 명령어로 설치된 nodejs와 npm의 버전을 확인한다.

```
root@ip-172-  -36-221:/home/ubuntu/react200# node -v
v8.10.0
root@ip-172-  -36-221:/home/ubuntu/react200# npm -v
3.5.2
root@ip-172-  -36-221:/home/ubuntu/react200#
```

react, node 서버에 필요한 패키지 설치하기

실무 **181**

- **학습 내용:** react, node 서버 경로에서 각각, package.json 파일에 작성된 패키지들을 설치한다.
- **힌트 내용:** 패키지들이 설치되면, 로컬 경로와 동일하게 node_modules 폴더가 생성된다.

로컬에 있는 파일을 EC2 경로에 옮길 때 실제 패키지들이 설치된 node_modules 폴더를 제외했다. 패키지 파일들을 옮기는 것보다 다시 설치하는 것이 빠르기 때문에 react, node 경로에서 각각 필요한 패키지를 새로 설치한다.

1. SSH로 EC2 서버 터미널에 접속한다. root 계정으로 전환[sudo su –]한 후 node 경로로 이동한다[cd /home/ubuntu/react200]. 그리고 package.json에 기록돼 있는 패키지(node)들을 `[npm install]` 명령어로 설치한다. 설치 중 bcrypt에 관련된 설치 에러가 발생한다.

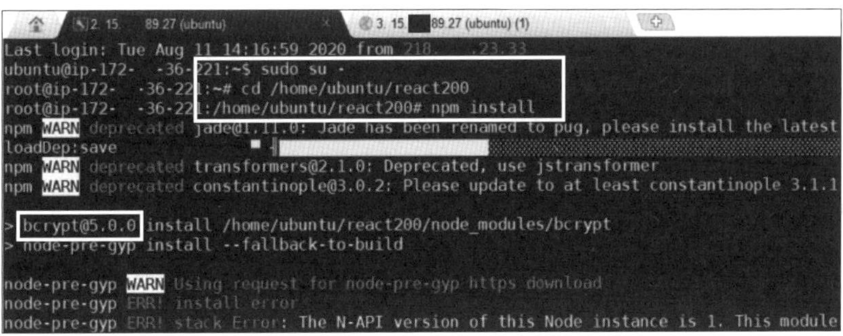

2. 다음과 같이 npm 웹 사이트의 bcrypt 페이지에는 호환되는 bcrypt 버전과 node 버전이 정리돼 있다. 예제에서 설치한 node 버전은 8.10.0인데, bcrypt 버전은 5.0.0으로 호환되지 않는다.

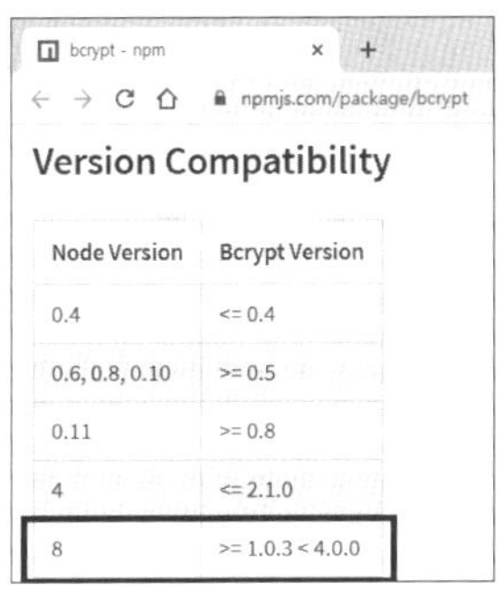

Version Compatibility

Node Version	Bcrypt Version
0.4	<= 0.4
0.6, 0.8, 0.10	>= 0.5
0.11	>= 0.8
4	<= 2.1.0
8	>= 1.0.3 < 4.0.0

3. [`npm install bcrypt@3.0.6`] 명령어로 1.0.3보다 크고 4.0.0보다 작은 버전의 bcrypt를 설치한다.

```
root@ip-172-   -36-221:/home/ubuntu/react200# npm install bcrypt@3.0.6
npm WARN deprecated bcrypt@3.0.6: versions < v5.0.0 do not handle NUL

> bcrypt@3.0.6 install /home/ubuntu/react200/node_modules/bcrypt
> node-pre-gyp install --fallback-to-build

node-pre-gyp WARN Using request for node-pre-gyp https download
[bcrypt] Success: "/home/ubuntu/react200/node_modules/bcrypt/lib/bindir
nodefolder@0.0.0 /home/ubuntu/react200
└─┬ bcrypt@3.0.6  invalid
  ├── nan@2.13.2
```

4. [`npm install nodemon`] 명령어를 실행해 node 서버 구동에 필요한 nodemon 패키지를 설치한다.

5. [cd client]로 react 경로로 이동한다. [curl –sS https://dl.yarnpkg.com/debian/pubkey.gpg | sudo apt–key add –], [echo "deb https://dl.yarnpkg.com/debian/ stable main" | sudo tee /etc/apt/sources.list.d/yarn.list]를 실행해 yarn 공식 repository를 추가한다. [apt–get update]로 apt 버전을 최신화하고 [`apt-get install yarn`] 명령어로 yarn을 설치한다. [`yarn install`] 명령어로 package.json에 기록돼 있는 패키지(react)들을 설치한다.

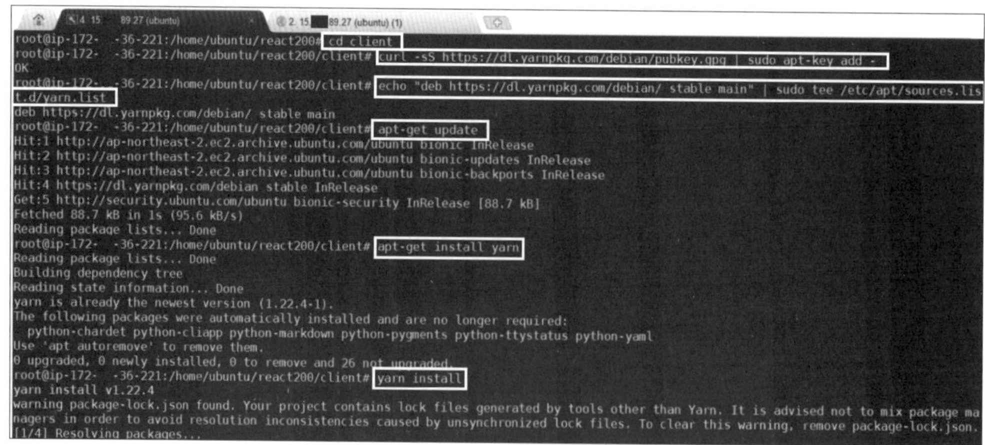

react, node 서버 구동해 외부에서 접속하기

실무 **182**

- **학습 내용:** yarn dev 명령어로 react, node 서버를 구동하고 웹 브라우저에서 확인한다.
- **힌트 내용:** EC2 서버의 탄력적 IP에 포트 3000을 붙여, 웹 사이트의 홈 경로(/)를 호출한다.

react와 node 경로에 필요한 패키지들이 설치됐다면, 로컬에서 사용하던 것과 동일하게 디렉터리 구조가 생성된다. SFPT와 SSH를 연결할 때 사용하던 탄력적 IP를 그대로 웹 사이트에 접속할 때도 사용한다.

1. [cd..]으로 상위 경로인 node 경로로 이동한다. 로컬에서 서버를 구동하던 명령어 [yarn dev]를 그대로 사용해 EC2 서버에서 react와 node 서버를 구동한다.

```
success Saved lockfile.
Done in 24.04s.
root@ip-172-  -36-221:/home/ubuntu/react200/client# cd ..
root@ip-172-  -36-221:/home/ubuntu/react200# yarn dev
yarn run v1.22.4
$ concurrently --kill-others-on-fail "yarn server" "yarn client"
$ nodemon server.js
$ cd client && yarn start
  [nodemon] 2.0.4
  [nodemon] to restart at any time, enter `rs`
  [nodemon] watching path(s): *.*
  [nodemon] watching extensions: js,mjs,json
  [nodemon] starting `node server.js`
$ react-scripts start
  Listening on port 5000
          : Project is running at http://172.  .36.221/
          : webpack output is served from
          : Content not from webpack is served from /home/ubuntu/react200/client/public
          : 404s will fallback to /
  Starting the development server...
```

예제 파일에는 DB 서버 정보가 없어 그대로 업로드했을 경우, DB 서버 연결 에러가 발생한다. dbconnect_Module.js와 BatchRout.js 소스에서 mysql 연결 정보(host, user, password)를 각자의 RDS 정보로 입력해야 한다.

2. 웹 브라우저에서 EC2 서버의 탄력적 IP에 react 기본 포트인 3000을 붙여 호출한다. 그러면 다음과 같이 웹 사이트에 접속할 수 있다. 로컬(127.0.0.1:3000)에서 서버를 구동했을 때와 동일한 화면이 표시되는 것을 확인할 수 있다.

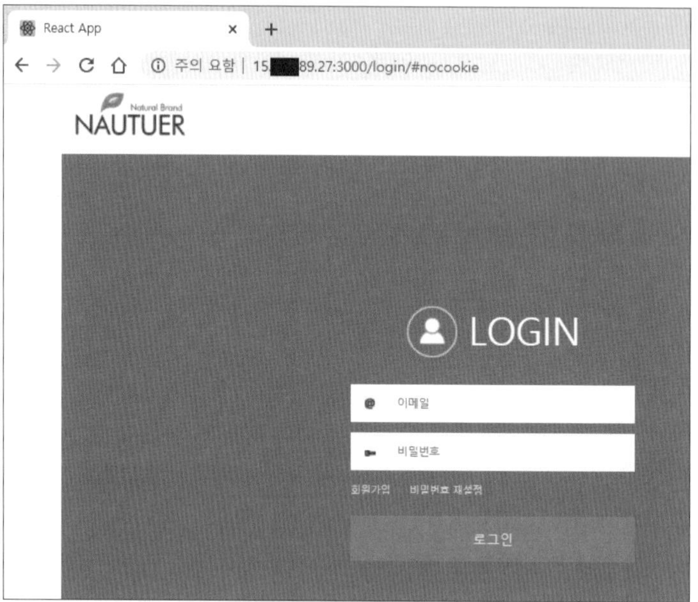

EC2 서버 시간 한국으로 변경하기

실무 183

• **학습 내용:** date 명령어로 EC2 서버 시간을 확인하고 한국 시간으로 변경한다.
• **힌트 내용:** 서버 시간은 SSH에서 쿼리 실행 시간 등을 로그로 출력할 때 표시된다.

EC2 서버를 생성하면, 서버 시간이 UTC(협정 세계 표준시)로 설정돼 있다. 웹 사이트에서 쿼리 실행 시간 등의 로그를 출력하거나 서버 시간 정보가 개발 로직에 필요할 수 있다. 기존의 UTC로 설정된 localtime 정보를 삭제하고 서울 시간으로 변경한다.

1. SSH로 접속해 [`date`] 명령어를 실행하면, 다음과 같이 UTC 시간 정보가 출력된다. [`sudo rm /etc/localtime`] 명령어로 기존 localtime 정보를 삭제하고 [`sudo ln -s /usr/share/zoneinfo/Asia/Seoul /etc/localtime`] 명령어로 localtime 정보를 서울로 변경한다.

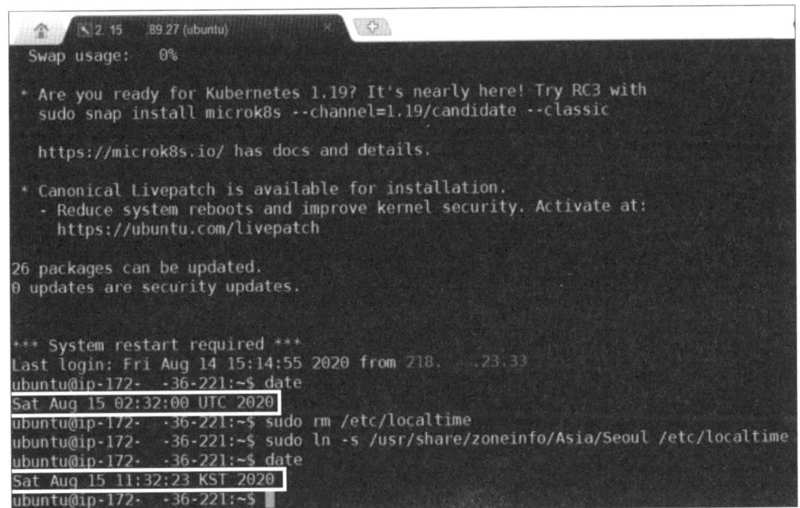

2. node 경로에서 [yarn dev] 명령어로 서버를 구동하면, 다음과 같이 한국 시간으로 로그가 출력되는 것을 확인할 수 있다.

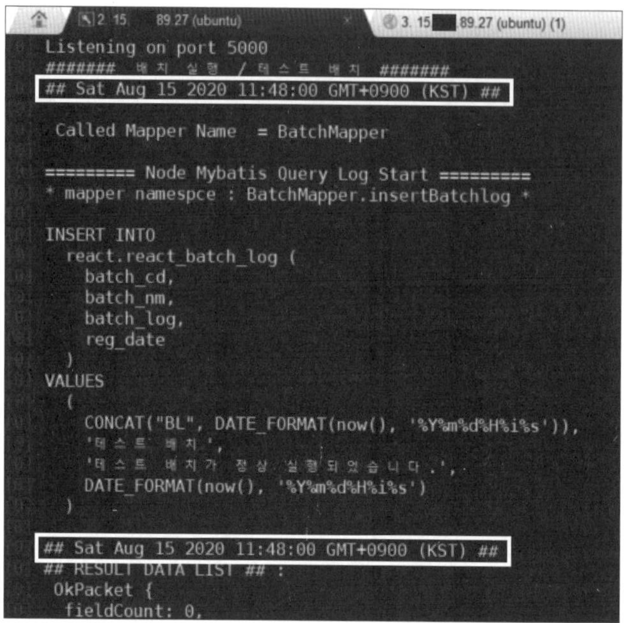

vi 에디터로 EC2 서버 소스 직접 수정하기

실무 184

- **학습 내용:** SSH 접속 후 vi 에디터를 사용해 서버 파일을 직접 수정한다.
- **힌트 내용:** 매분마다 실행되는 스케줄러의 실행 시간 정보를 매일 1번만 실행하도록 수정한다.

운영되고 있는 서버의 소스를 직접 수정하는 것은 위험할 수 있다. 실무에서는 로컬에서 개발한 소스를 git, svn 등을 사용해 버전 관리를 하고 서버에 배포한다. 이렇게 하면 로컬 소스와 서버 소스가 일치하기 때문에 서버에 문제가 발생했을 때 로컬에도 원인을 파악할 수 있을 확률이 크다. 또 서버에 배포할 코드는 로컬에서 충분히 테스트를 해보고 올리는 것이 안전하다. 하지만 불가피하게 서버의 소스를 직접 변경해야 할 경우가 발생하기도 한다. 이때 vi 에디터를 사용해 코드를 변경할 수 있다.

1. root 계정으로 전환[sudo su -]한 후 node 경로의 routes 폴더로 이동한다[cd /home/ubuntu/react200/routes]. routes 폴더에 있는 BatchRout.js 파일을 vi 에디터로 열기 위해 [`vi BatchRout.js`] 명령어를 실행한다.

```
*** System restart required ***
Last login: Sat Aug 15 11:31:58 2020 from 218.   .23.33
ubuntu@ip-172-   -36-221:~$ sudo su -
root@ip-172-   -36-221:~# cd /home/ubuntu/react200/routes
root@ip-172-   -36-221:/home/ubuntu/react200/routes# vi BatchRout.js
```

2. 다음과 같이 BatchRout.js 파일이 열린다. 이때 코드 수정을 위해 키보드에서 [I]를 누르면, 왼쪽 아래에 [-- INSERT --] 문구가 표시된다. 이 상태에서는 키보드 방향키로 마우스 커서를 움직여 코드를 수정할 수 있다. 매분마다 실행되도록 돼 있는 cron 패턴(* * * * *) 코드로 커서를 이동한다. 키보드 [Back Space]로 기존 코드를 삭제한 후 매일 00시 5분에 실행되는 패턴(5 0 * * *)으로 코드를 수정한다.

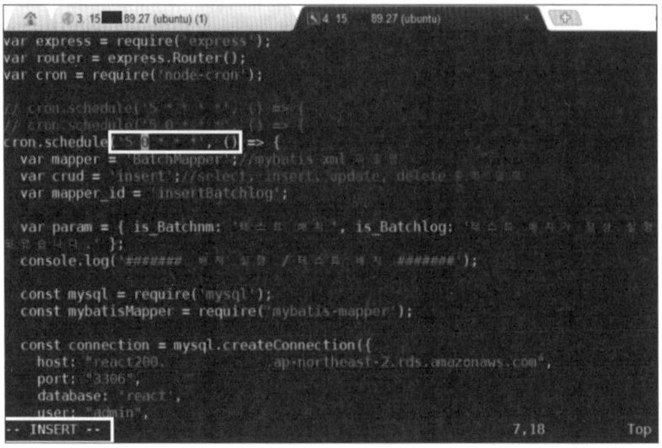

3. 수정을 완료한 후 Esc 를 누르면, 수정 모드가 해제돼 [-- INSERT --] 문구가 사라진다. 이때 [:wq]를 입력하고 Enter 를 누르면, 수정된 코드가 저장되고 터미널 화면으로 이동한다.

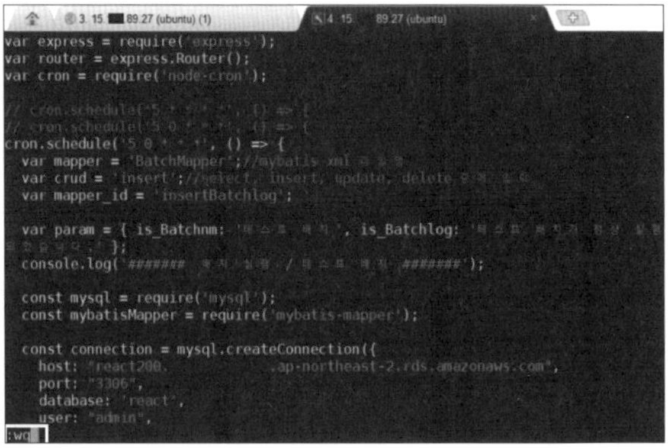

4. 다시 [vi BatchRout.js] 명령어로 파일을 열면, 수정된 코드가 적용된 것을 확인할 수 있다. Vi 에디터에 저장하지 않고 터미널로 나가려면, [:q]를 입력한 후 Enter 를 누른다.

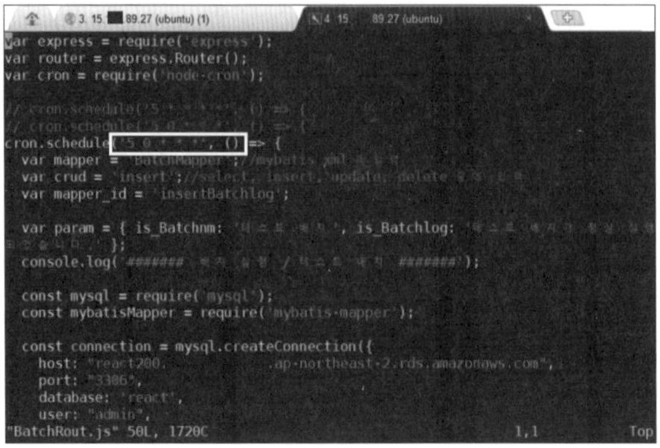

chown, chmod 명령어로 서버 접근 권한 허용하기

실무 **185**

- **학습 내용:** chown, chmod 명령어로 특정 계정에 원하는 권한을 허용할 수 있다.
- **힌트 내용:** owner, group 권한별로 소유자를 정하고 읽기, 쓰기, 실행 권한을 허용한다.

ubuntu 운영체제에서는 폴더와 파일마다 소유자와 권한이 정해져 있다. 소유자의 종류는 owner와 group이 있는데, [chown owner 소유자:group 소유자 폴더/ 파일명] 문법으로 지정할 수 있다. 폴더/ 파일의 권한은 [chmod 권한 숫자 폴더/ 파일명] 형태의 문법으로 부여할 수 있다. 이때 권한 숫자는 8진수 세 자리로 나타낸다. 권한은 [drwxrwx---]와 같이 표현되는데, 맨 앞의 d는 디렉터리(폴더)인 경우만 붙는다. 그다음 rwx가 3쌍이 나오는데 첫 번째 rwx는 own에 대한 것이고 두 번째는 group에 대한 권한이다. 세 번째(---)는 기타 사용자로 사용하지 않는다. rwx는 각각 읽기(read), 쓰기(write), 실행(execute)을 의미한다. rwx를 한 쌍으로 권한 숫자를 만드는데 r = 4, w = 2, x = 1, '-' = 0을 의미한다.

NOTE

권한 숫자 예시는 다음과 같다.

-rwxrwxrwx : 777(파일)
-rwxrw---- : 760(파일)
drwxr-x--- : 750(폴더)
d--xrwxr-- : 174(폴더)

1. 지난 예제에서 node 경로(/home/ubuntu/react200)에 tar 파일의 압축을 풀었다. SSH로 접속해 root 권한으로 압축을 풀었기 때문에 모든 폴더와 파일의 소유자(owner, group 모두)는 root이다. 그런데 SFTP는 ubuntu 권한으로 접속하기 때문에 node 경로에 있는 폴더와 파일을 수정할 수 없다. 이 상태에서 로컬에 있는 server.js 파일을 SFTP 창의 node 경로로 드래그하면, 다음과 같이 [Permession denied] 에러 메시지가 표시된다.

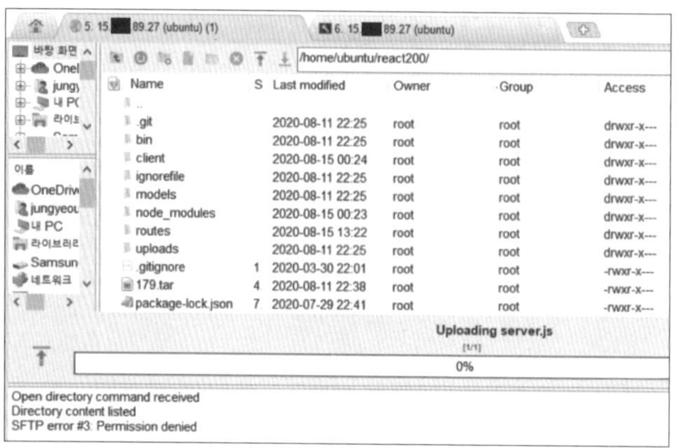

2. SSH 창에서 root 계정으로 전환[sudo su -]한 후 node 경로보다 한 단계 상위 경로로 이동한다[cd /home/ubuntu]. [chown -R root:ubuntu react200] 명령어로 react200 폴더의 owner 권한 소유자를 root 계정, group 권한 소유자를 ubuntu 계정에 부여한다. [-R] 문법을 추가하면 지정한 폴더 하위에 존재하는 모든 폴더와 파일에 적용된다. [chmod -R 770 react200] 명령어를 실행해 react200 폴더와 하위 모든 폴더 및 파일의 권한을 rwxrwx---(770)으로 부여한다.

```
*** System restart required ***
Last login: Sat Aug 15 15:24:59 2020 from 218.   .23.33
ubuntu@ip-172-   -36-221:~$ sudo su -
root@ip-172-   -36-221:~# cd /home/ubuntu/
root@ip-172-   -36-221:/home/ubuntu# chown -R root:ubuntu react200
root@ip-172-   -36-221:/home/ubuntu# chmod -R 770 react200
root@ip-172-   -36-221:/home/ubuntu#
```

3. 권한 수정이 완료되고 SFTP에서 node 경로(/home/ubuntu/react200)를 확인해보면, 다음과 같이 권한과 소유자가 변경된 것을 확인할 수 있다.

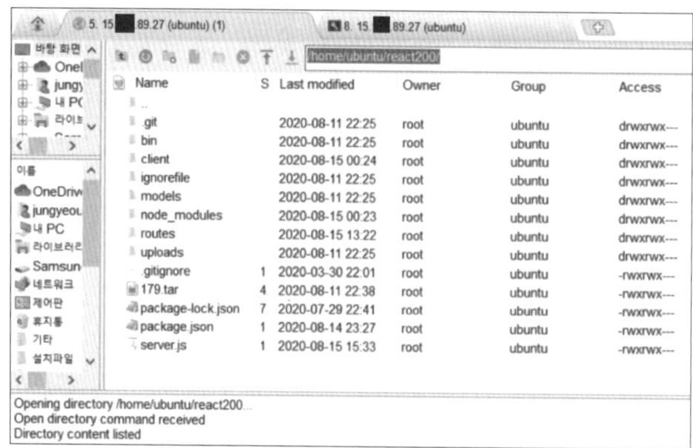

nohup으로 서버 상시 구동하기, 포트로 서버 종료하기

실무 186

- **학습 내용:** nohup 명령어로 서버를 구동하면, SSH 창을 닫아도 서버가 꺼지지 않는다.
- **힌트 내용:** 로컬에서 cmd 창을 닫으면 서버가 종료되는 것처럼 SSH 창도 동일하게 동작한다.

SSH 터미널에서 yarn dev 명령어로 react, node 서버를 구동하고 SSH 창을 닫으면 서버가 종료된다. ubuntu 운영체제에서는 nohup이라는 명령어를 사용해 터미널이 종료돼도 서버를 유지할 수 있다.

1. SSH 창에서 root 계정으로 전환[sudo su -]한 후 node 경로로 이동한다[cd /home/ubuntu/react200]. [nohup yarn dev &] 명령어로 서버를 실행한다.

```
** System restart required ***
.ast login: Sat Aug 15 15:32:45 2020 from 218.   .23.33
ıbuntu@ip-172-  -36-221:~$ sudo su -
'oot@ip-172-  -36-221:~# cd /home/ubuntu/react200
'oot@ip-172-  -36-221:/home/ubuntu/react200# nohup yarn dev &
[1] 27911
'oot@ip-172-  -36-221:/home/ubuntu/react200# nohup: ignoring input and appending output to 'nohup.out'
```

2. MobaXterm 툴에서 SSH 창을 닫아도 다음과 같이 서버가 살아 있는 것을 확인할 수 있다.

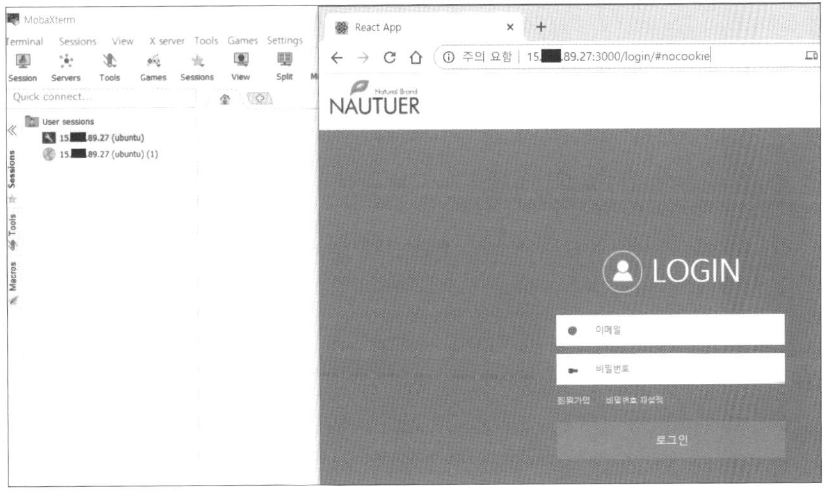

3. nohup으로 구동한 서버를 종료할 때는 다음과 같이 포트 번호를 사용할 수 있다. root 계정으로 전환[sudo su -]한 후 [`fuser -k 3000/tcp`] 명령어를 실행하면 3000번 포트를 사용하는 서버(react 서버)를 종료할 수 있다. react 서버 종료 후 [`yarn dev`] 명령어로 서버를 재시작했을 때 5000번 포트가 이미 사용 중이라는 에러 메시지가 발생할 수 있다. 이런 경우 node 서버가 종료되지 않은 경우인데, [`fuser -k 5000/tcp`] 명령어로 5000번 포트를 사용하는 서버(node 서버)를 종료한다.

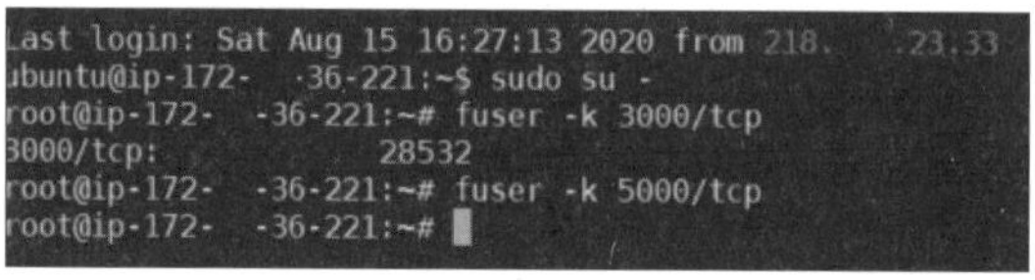

```
Last login: Sat Aug 15 16:27:13 2020 from 218.   .23.33
ubuntu@ip-172-   -36-221:~$ sudo su -
root@ip-172-   -36-221:~# fuser -k 3000/tcp
3000/tcp:            28532
root@ip-172-   -36-221:~# fuser -k 5000/tcp
root@ip-172-   -36-221:~#
```

kakao 지도 aPI appkey 발급하기, 웹 사이트 도메인 등록하기

실무 187

- **학습 내용:** react에서 카카오 지도 api를 사용하기 위해서는 사전 작업이 필요하다.
- **힌트 내용:** kakao map api 웹 사이트에서 appkey를 발급받고 사용할 웹 사이트의 도메인을 등록한다.

개발할 웹 사이트에서 지도 관련 기능을 추가할 때, 지도 api를 호출해 사용하면 간편하게 구현할 수 있다. kakao 지도 api를 사용하기 위해서는 api 호출 시 발급받은 appkey를 파라미터로 전달해야 한다. 또 api를 호출할 웹 사이트의 도메인을 등록해야 한다. 로컬 서버의 경우 localhost를 등록하면 된다. kakao 지도에서 제공해주는 공식 가이드(https://apis.map.kakao.com/web/guide/)를 참고한다.

1. 카카오 개발자 웹 사이트(https://developers.kakao.com)에 접속해 카카오 계정으로 로그인한다.

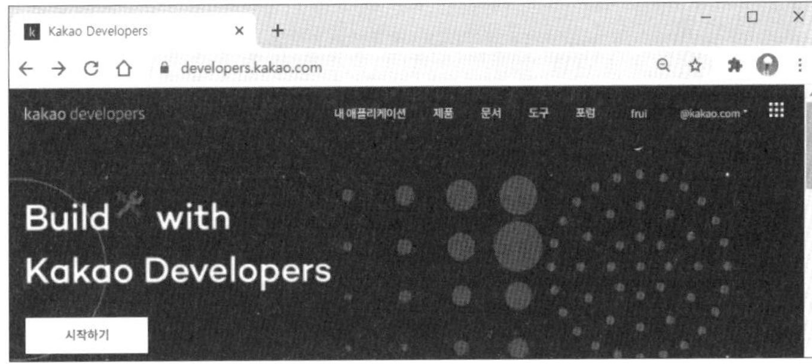

2. 상단의 [내 애플리케이션]을 클릭하면, 다음과 같은 화면으로 이동한다. [애플리케이션 추가하기] 버튼을 누른다.

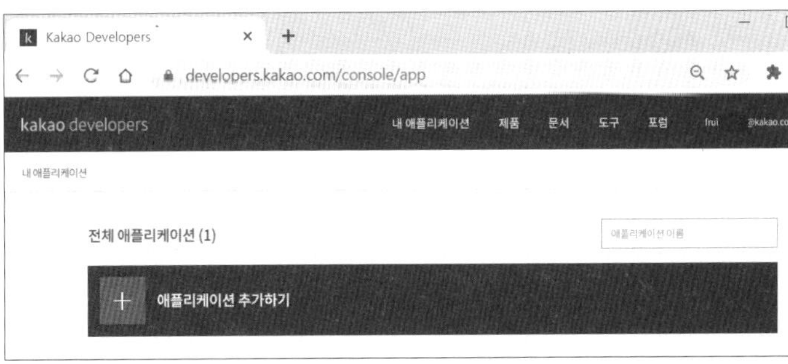

3. 앱명과 회사명을 입력하고 저장한다.

4. 추가된 애플리케이션이 표시되면, 애플리케이션명을 클릭한다.

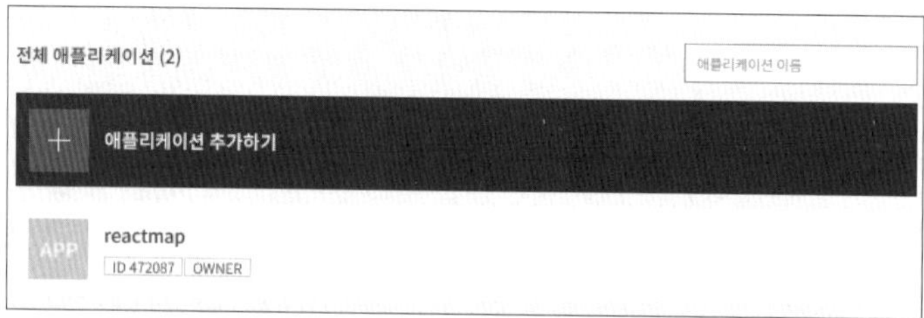

5. 이동한 페이지에서 [앱 키] – [JavaScript 키]를 복사해둔다. react 서버에서 kakao map api를 호출할 때 [JavaScript 키]를 사용한다. 하단의 [플랫폼] 버튼을 누른다.

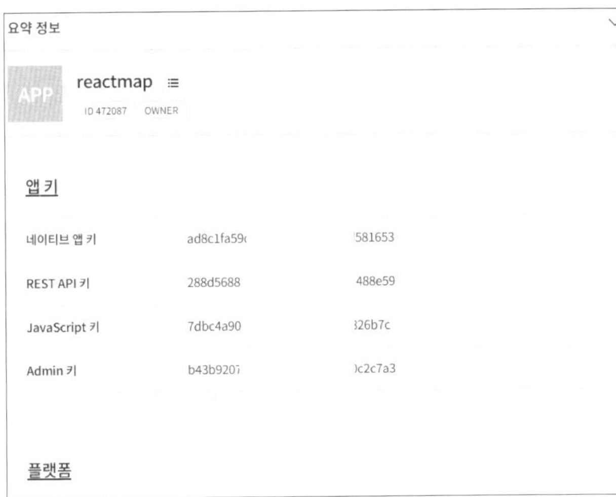

6. 다음과 같이 플랫폼 등록 페이지로 이동했다면 로컬에서 사용할 도메인(http://localhost)을 [Web] 플랫폼으로 등록한다. 등록된 도메인을 갖는 서버에서만 kakao map api를 호출할 수 있다.

react 서버 포트 80으로 설정하기

• **학습 내용:** react 서버의 기본 포트 번호인 3000을 80으로 변경한다.
• **힌트 내용:** 서버 포트를 80으로 설정하면, 포트 번호 없이 웹 사이트 주소를 호출할 수 있다.

create-react-app으로 프로젝트를 생성하면, 서버 기본 포트가 3000번이다. 포트 번호를 80번으로 변경하면, 웹 사이트 주소를 포트 번호를 제외하고 호출할 수 있다. 기존에 로컬에서 서버를 구동할 때 localhost:3000으로 호출했다면, 80포트를 사용할 땐 localhost만 호출하면 된다.

1. 새로운 프로젝트 폴더를 생성하고 예제 파일을 옮겨 넣거나 create-react-app으로 프로젝트를 생성하고 예제 파일을 덮어쓰기한다.

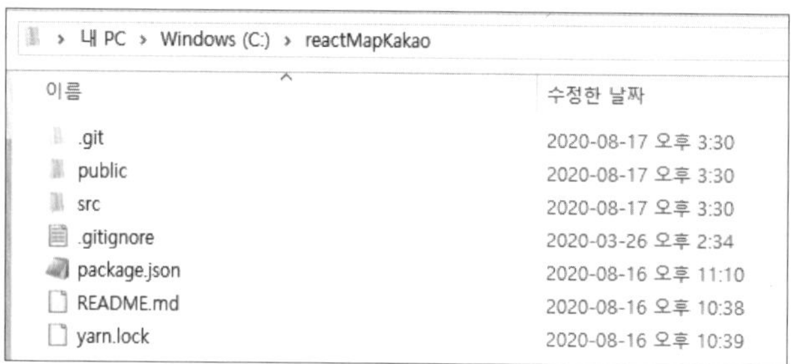

2. react 경로(C:\react_kakaomap)의 package.json 파일을 확인한다.

package.json

```
{
  "name": "react_kakaomap",
...코드 생략...
  },
  "scripts": {
    "start": "set PORT=80 && react-scripts start",
    "build": "react-scripts build",
    "test": "react-scripts test",
    "eject": "react-scripts eject"
```

```
  },
...코드 생략...
```

cmd 창에 `npm start` 명령어를 실행하면, react–scripts가 시작되면서 react 서버가 켜진다. 이때 set PORT구분을 추가하면, 원하는 포트 번호로 react 서버를 구동할 수 있다.

react에서 kakao 지도 생성하기

- **학습 내용:** kakao map api를 호출하고 react 페이지에 지도를 표시한다.
- **힌트 내용:** 표시되는 지도의 좌표, 확대 레벨, 크기를 조절할 수 있다.

kakao map api 웹 사이트에서 appkey를 발급받고 웹 사이트 도메인을 등록했다면, 등록된 도메인에서 api를 호출할 수 있다.

public 폴더의 index.html 파일을 확인한다.

index.html

```
1 <!DOCTYPE html>
2 <html lang="en">
3   <head>
4 ...코드 생략...
5     <title>React App</title>
6     <script type="text/javascript"
7     src="//dapi.kakao.com/v2/maps/sdk.js?appkey=[키입력]">
8     </script>
9   </head>
10   <body>
11 ...코드 생략...
12   </body>
13 </html>
```

6~7 ◆ `<script>` 태그의 src 속성에 kakao map api url을 할당한다. 파라미터 appkey에는 kakao map api 웹 사이트에서 발급받은 [JavaScript 키] 값을 입력한다.

src 폴더의 App.js 파일을 확인한다.

App.js

```
/*global kakao*/
import React, { Component } from 'react';
```

```
 3 class App extends Component {
 4   componentDidMount() {
 5       var mapContainer = document.getElementById('map'),
 6       mapOption = {
 7           center: new kakao.maps.LatLng(36.2683, 127.6358),
 8           level: 13
 9       };
10     var map = new kakao.maps.Map(mapContainer, mapOption);
11   }
12
13   render() {
14     return (
15       <div id="map" style={{"width":"100%","height":"700px"}}></div>
16     )
17   }
18 }
19 export default App;
```

지도가 표시될 id가 map인 `<div>` 태그를 추가한다. style 속성으로 지도의 높이와 너비를 지정한다. 15

line 13의 `render` 함수로 `<div>` 태그를 화면이 표시하고 `componentDidMount` 함수가 실행된다. 4

id가 map인 line 15의 `<div>` 태그를 `mapContainer` 변수에 할당한다. 5

표시될 지도의 중심 좌표와 확대 레벨을 할당한다. 중심 좌표는 위도, 경도 순으로 입력한다. 확대 레벨을 숫자가 클수록 넓은 지역을 간단히 보여준다. 6~9

kakao map api의 `Map` 함수를 실행하면서 파라미터로 mapContainer와 mapOption를 전달한다. 10

컴포넌트 안에 kakao 객체가 선언되지 않으므로 line 10에서 kakao가 정의되지 않았다는 에러가 발생한다. 이때 /*global kakao*/을 상단에 추가하면 에러를 해결할 수 있다. 1

cmd 창에서 react 경로(C:\react_kakaomap)로 이동하고 `npm install` 명령어를 실행한다.

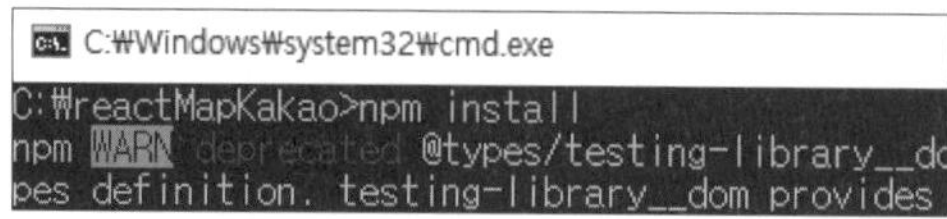

npm start 명령어로 react 서버를 실행한다.

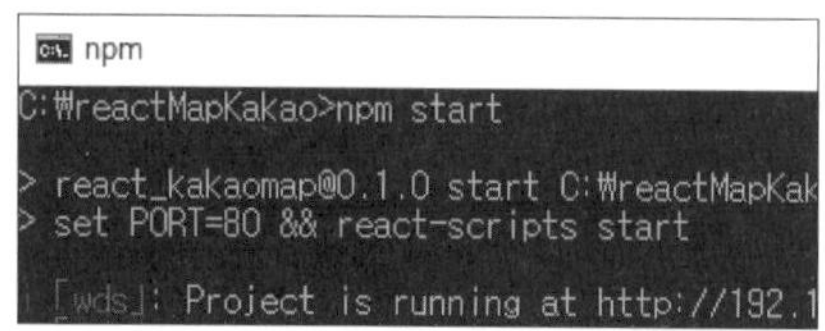

react 서버가 구동되면 다음과 같이 포트 번호가 없는 로컬 서버 도메인(localhost)으로 react 페이지를 호출할 수 있다.

실무 190

코로나 확진자 정보 excel 파일을 json 파일로 변환하기

- **학습 내용:** 코로나 확진자 정보가 작성된 excel 파일을 json 형태의 데이터로 변환한다.
- **힌트 내용:** json 파일을 react 서버 경로에 위치시키고 좌표 정보를 조회해 지도에 표시한다.

웹 사이트에서 수정 빈도가 적은 데이터를 조회하는 용도로만 사용할 것이라면, DB 서버를 연결하지 않고 json 파일만 사용할 수 있다. json 파일에 데이터를 작성하고 필요할 때 조회한다. 데이터 수정은 json 파일보다 excel로 하는 것이 편리하기 때문에 excel로 작성한 데이터를 json 형태의 데이터로 변환해 사용한다.

1. 다음과 같이 excel 파일을 열어 코로나 확진자 정보를 확인한다. lat(위도), lng(경도) 좌표는 확진자가 있는 병원의 좌표를 의미한다.

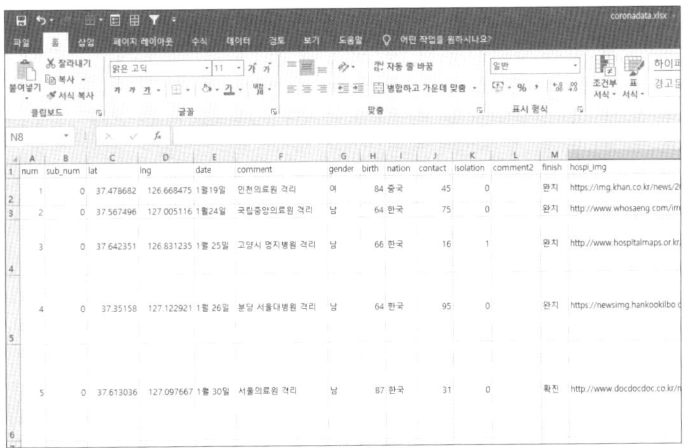

num	sub_num	lat	lng	date	comment	gender	birth	nation	contact	isolation	comment2	finish	hospi_img
1	0	37.478682	126.668475	1월19일	인천의료원 격리	여	84	중국	45	0		완치	https://img.khan.co.kr/news/2
2	0	37.567496	127.005116	1월24일	국립중앙의료원 격리	남	64	한국	75	0		완치	http://www.whosaeng.com/im
3	0	37.642351	126.831235	1월 25일	고양시 명지병원 격리	남	66	한국	16	1		완치	http://www.hospitalmaps.or.kr
4	0	37.35158	127.122921	1월 26일	분당 서울대병원 격리	남	64	한국	95	0		완치	https://newsimg.hankookilbo.c
5	0	37.613036	127.097667	1월 30일	서울의료원 격리	남	87	한국	31	0		확진	http://www.docdocdoc.co.kr/n

2. Excel To Json Converter(http://beautifytools.com/excel-to-json-converter.php) 웹 사이트를 이용해 간편하게 excel 파일을 json 파일로 변환할 수 있다. 화면 왼쪽 상단의 [Browse] 버튼을 누르면, 다음과 같이 변환할 excel 파일을 선택할 수 있다.

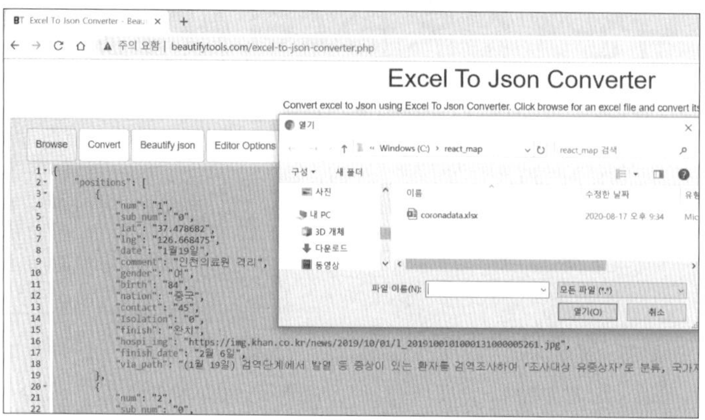

3. json으로 변환된 텍스트를 그대로 복사해 src 폴더의 map_info.json 파일에 붙여 넣는다.

map_info.json

```
{
    "positions": [
        {
            "num": "1",
            "sub_num": "0",
            "lat": "37.478682",
            "lng": "126.668475",
            "date": "1월19일",
            "comment": "인천의료원 격리",
            "gender": "여",
            "birth": "84",
            "nation": "중국",
            "contact": "45",
            "Isolation": "0",
            "finish": "완치",
            "hospi_img": "https://img.khan.co.kr/ ...jpg",
            "finish_date": "2월 6일",
            "via_path": "(1월 19일) 검역 단계에서 발열 등 증상이 있는 환자를 ..."
        },
        {
            "num": "2",
            "sub_num": "0",
...코드 생략...
```

확진자 위치에 마커 추가하기

실무 191

• **학습 내용:** json 파일의 확진자 격리 병원 좌표를 사용해 지도에 마커를 추가한다.
• **힌트 내용:** react 컴포넌트에서 json 파일을 임포트해 데이터를 조회한다.

react 컴포넌트에서 json 파일 경로를 임포트하면, json 파일에 작성된 데이터를 조회할 수 있다. 확진자 수가 여러 명이기 때문에 반복문을 사용해 확진자 수 만큼 마커를 생성한다.

src 폴더의 map_info.json 파일을 확인한다.

map_info.json

```
1 {
2     "positions": [
3         {
4             "num": "1",
5             "sub_num": "0",
6             "lat": "37.478682",
7             "lng": "126.668475",
8             "date": "1월19일",
9             "comment": "인천의료원 격리",
10 ...코드 생략...
11        },
12        {
13            "num": "2",
14            "sub_num": "0",
15            "lat": "37.567496",
16            "lng": "127.005116",
17 ...코드 생략...
```

지도에서 마커가 생성될 확진자 격리 병원의 위도 좌표다. ◆ 6, 15

지도에서 마커가 생성될 확진자 격리 병원의 경도 좌표다. ◆ 7, 16

src 폴더의 App.js 파일을 확인한다.

App.js

```
1 /*global kakao*/
2 import React, { Component } from 'react';
3 import jsonData from "./map_info.json";
4
5 class App extends Component {
6   componentDidMount() {
7       var mapContainer = document.getElementById('map'),
8       mapOption = {
9           center: new kakao.maps.LatLng(37.505496, 127.005116),
10          level: 9
11      };
12    var map = new kakao.maps.Map(mapContainer, mapOption);
13
14    for(var i=0 ; i<jsonData.positions.length ; i++){
15      var position = jsonData.positions[i]
16      var marker = new kakao.maps.Marker({
17          map: map,
18          position : new kakao.maps.LatLng(position.lat, position.lng),
19      });
20    }
21  }
22
23  render() {
24    return (
25      <div id="map" style={{"width":"100%","height":"700px"}}></div>
26    )
27  }
28 }
29 export default App;
```

3 ◆ App.js와 같은 폴더에 위치한 map_info.json 파일을 임포트해 사용할 수 있도록 한다.

9~10 ◆ 지도의 중심 좌표와 확대 레벨을 마커가 표시될 서울 중심으로 변경한다.

14~20 ◆ json 파일을 positions 배열에 접근해 배열의 크기(length)만큼 for문을 반복 실행한다.

코드 중복을 최소화하기 위해 반복문이 실행될 때마다 position 변수에 배열 인자를 할당한다. 15

kakao map api의 Marker 함수로 마커를 생성한다. map과 position 변수를 파라미터로 전달한다. 16~18

파라미터 map에는 마커가 표시되는 지도인 line 12의 map 변수를 할당한다. 17

파라미터 position에는 kakao map api의 LatLng 함수를 사용해 마커가 표시될 좌표를 할당한다. 18

json 파일에 작성된 5명의 확진자가 격리된 병원의 좌표에 마커가 추가된 것을 확인할 수 있다.

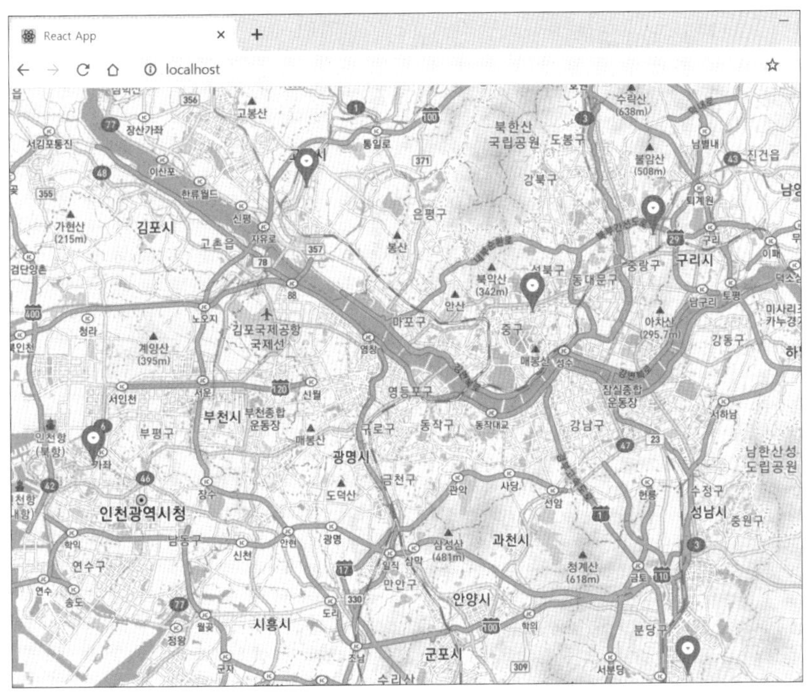

확진자 위치에 이미지 마커 추가하기

- **학습 내용:** 필요한 이미지를 서버 경로에 업로드한 후 마커마다 각각 다른 이미지를 표시한다.
- **힌트 내용:** 확진자 번호와 완치 여부에 따라 다른 이미지를 표시한다.

마커가 모두 동일한 이미지로 표시된다면, 어떤 확진자의 위치인지 지도에서 확인할 수 없다. Kakao map api의 `Marker` 함수를 호출할 때 이미지 경로를 파라미터로 전달하면 원하는 이미지가 마커로 표시된다.

1. 다음과 같이 [src] – [img] 폴더에 마커로 사용할 이미지를 추가한다. 완치자의 이미지명은 clearp + 확진자 번호.png, 확진자의 이미지명은 hop + 확진자 번호.png 형태로 사용한다.

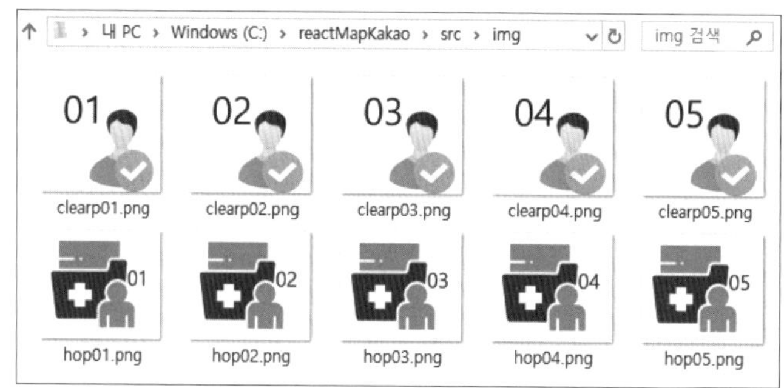

src 폴더의 App.js 파일을 확인한다.

App.js

```
/*global kakao*/
import React, { Component } from 'react';
import jsonData from "./map_info.json";

class App extends Component {
  componentDidMount() {
    var mapContainer = document.getElementById('map'),
    mapOption = {
```

```
        center: new kakao.maps.LatLng(37.505496, 127.005116),
        level: 9
    }
    var map = new kakao.maps.Map(mapContainer, mapOption)

    for(var i=0 ; i<jsonData.positions.length ; i++){
      var position = jsonData.positions[i]

      var imageSrc = require("./img/hop0"+(i+1)+".png")
      if(position.finish == '완치'){
          imageSrc = require("./img/clearp0"+(i+1)+".png")
      }

      var imageSize = new kakao.maps.Size(60, 70)
      var imageOption = {offset: new kakao.maps.Point(27, 69)}

      var markerImage = new kakao.maps.MarkerImage(imageSrc, imageSize,
      imageOption)
      var marker = new kakao.maps.Marker({
          map: map,
          position : new kakao.maps.LatLng(position.lat, position.lng),
          image: markerImage
      });
    }
  }

  render() {
    return (
      <div id="map" style={{"width":"100%","height":"700px"}}></div>
    )
  }
}
export default App;
```

map_info.json의 데이터는 확진자 번호 순서로 작성돼 있다. for문의 `i` 변수에 1을 더한 값과 확진자 번호가 일치한다. 사용할 확진자 이미지 경로를 require해 `imageSrc` 변수에 할당한다.

19 배열 인자 중 finish 변수가 완치인 경우, 완치자 이미지 경로를 `imageSrc` 변수에 할당한다.

22 `Size` 함수로 마커 이미지의 크기를 지정할 수 있다. 너비(60)와 높이(70) 순서로 파라미터를 전달한다. 함수 실행 결과를 `imageSize` 변수에 할당한다.

23 `Point` 함수를 사용하면 마커 좌표를 기준으로, 이미지를 표시할 위치를 설정할 수 있다. 가로(27)와 세로(69) 순서로 파라미터를 전달한다. 가로 값이 커지면 왼쪽으로, 세로 값이 커지면 위쪽으로 이미지가 이동한다. 함수 실행 결과를 `imageOption` 변수에 할당한다.

25~26 `MarkerImage` 함수로 설정한 마커 이미지 정보를 파라미터로 전달한다. 함수 실행 결과를 `markerImage` 변수에 할당한다.

30 마커를 생성하는 `Marker` 함수를 호출할 때 `image` 변수에 markerImage 변숫값을 할당해 전달한다.

이미지를 추가하고 코드를 실행해보면, 다음과 같이 확진자 번호와 완치 여부가 이미지로 표시된다.

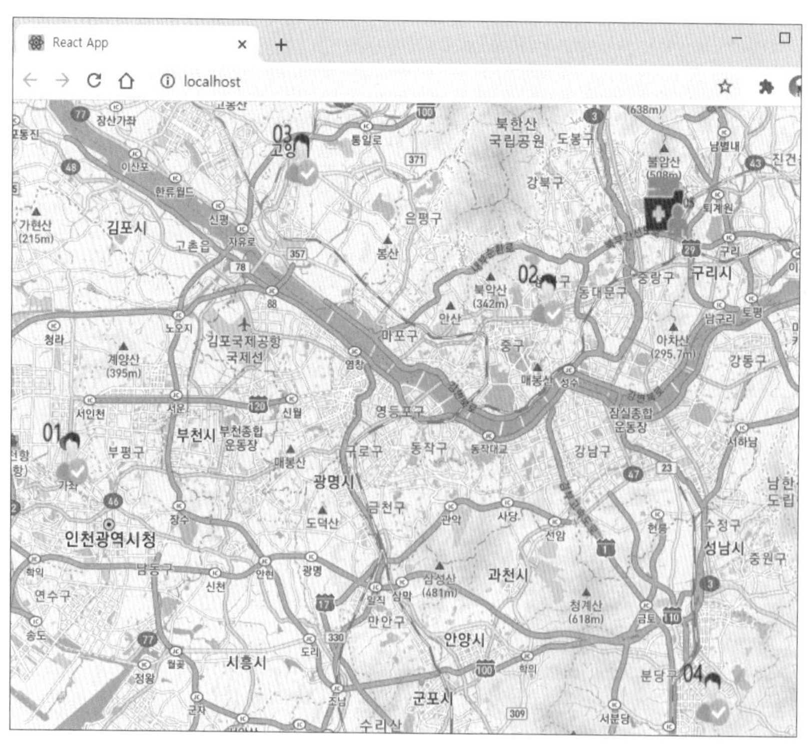

마커에 클러스터러 사용하기

실무 193

- **학습 내용:** 클러스터러를 적용해 지도 축소 시 단위 면적당 확진자 수를 확인한다.
- **힌트 내용:** 클러스터러를 사용하면, 지역별 확진자 수를 한눈에 확인할 수 있다.

지도를 축소할수록 많은 마커가 화면에 표시된다. 한 화면에 너무 많은 마커가 표시되면, 가독성이 떨어진다. 클러스터러를 사용하면 지역별 마커 수를 표시하기 때문에 넓은 면적이 데이터를 확인할 때 유용하다.

jquery의 map 함수를 사용하려면 jquery 패키지를 설치해야 한다. cmd 창을 열어 react 경로(C:\reactMapKakao)로 이동한다. [npm install --save jquery]를 입력하면, 다음과 같이 npm이 jquery를 설치한다.

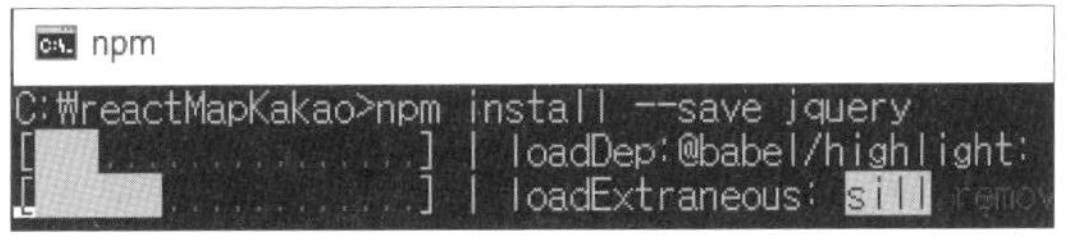

public 폴더의 index.html 파일을 확인한다.

index.html

```
<!DOCTYPE html>
<html lang="en">
  <head>
...코드 생략...
    <title>React App</title>
    <script type="text/javascript" src="...코드 생략...?appkey=[키입력]
    &libraries=clusterer">
    </script>
  </head>
  <body>
...코드 생략...
  </body>
</html>
```

7 클러스터러를 사용하기 위해 &libraries=clusterer를 url에 추가한다.

src 폴더의 App.js 파일을 확인한다.

App.js

```
...코드 생략...
import $ from 'jquery';

class App extends Component {
  componentDidMount() {
...코드 생략...
    var clusterer = new kakao.maps.MarkerClusterer({
      map: map,
      averageCenter: true,
      minLevel: 5
    });

    var markers = $(jsonData.positions).map(function(i, position) {
      var imageSrc = require("./img/hop0"+(i+1)+".png")
      if(position.finish == '완치'){
          imageSrc = require("./img/clearp0"+(i+1)+".png")
      }

      var imageSize = new kakao.maps.Size(60, 70)
      var imageOption = {offset: new kakao.maps.Point(27, 69)}

      var markerImage = new kakao.maps.MarkerImage(imageSrc, imageSize,
      imageOption)
      var marker = new kakao.maps.Marker({
          map: map,
          position : new kakao.maps.LatLng(position.lat, position.lng),
          image: markerImage
      });
      return marker;
    })
    clusterer.addMarkers(markers);
  }
...코드 생략...
```

line 13의 `map` 함수를 사용하기 위해 jquery를 임포트한다. 2

클러스터러를 사용하기 위해 `MarkerClusterer` 함수에 클러스터링 설정 변수들을 파라미터로 전달한다. 함수 실행 결과를 `clusterer` 변수에 할당한다. 파라미터 map에는 클러스터러를 적용한 지도 변수를 할당한다. averageCenter가 true이면 클러스터링되는 마커들의 중간 좌표에 클러스터링 마커가 표시된다. minLevel은 값이 클수록 지도를 더 많이 축소해야 클러스터링 기능이 적용된다. 7~10

for문 대신 `jquery map` 함수를 사용해 반복문을 실행한다. line 29에서 반환된 `marker` 변수들을 `markers` 변수에 할당한다. 13~30

마커들의 정보가 할당돼 있는 `markers` 변수를 `clusterer.addMarkers` 함수의 파라미터로 전달하면 지도에 클러스터러가 적용된다. 31

지도를 축소할수록 클러스터링되는 마커들이 많아지는 것을 확인할 수 있다.

확진자 정보 커스텀 오버레이로 표시하기

- **학습 내용:** 지도에서 마커를 클릭하면, 커스텀 오버레이를 표시해 확진자 정보를 표시한다.
- **힌트 내용:** 커스텀 오버레이를 사용하면, 원하는 디자인의 팝업을 표시할 수 있다.

커스텀 오버레이를 사용하면, 원하는 형태의 팝업을 html과 css로 구현할 수 있다. 클릭한 마커에 관련된 정보를 제공할 때 사용하고 마커 좌표를 기준으로 상대 좌표를 적용해 팝업을 표시할 수 있다.

src 폴더의 App.css 파일에 커스텀 오버레이 관련 코드를 추가한다.

App.css

```
...코드 생략...
.overlaybox li .up {background-position:0 -40px;}
.overlaybox li .down {background-position:0 -60px;}
.overlaybox li .count {position:absolute;margin-top:5px;right:15px;
font-size:10px;}
.overlaybox li:hover {color:#fff;background:#d24545;}
.overlaybox li:hover .up {background-position:0 0px;}
.overlaybox li:hover .down {background-position:0 -20px;}
```

src 폴더의 App.js 파일을 확인한다.

App.js

```
...코드 생략...
import './App.css';

class App extends Component {
  componentDidMount() {
...코드 생략...
var content = '<div class="overlaybox">' +
'<div class="boxtitle">'+position.num+'번째 확진자</div>' +
```

```
'<div class="boxtitle2" style="margin-left: 150px;">'+
'<font color="white"">[닫기] 버튼 [X]</font></div>'+
'<div class="first first_'+position.num+'">' +
'    <div class="triangle text">'+position.num+'</div>' +
'    <div class="movietitle text">'+position.comment+'</div>' +
'</div>' +
'<ul style = "overflow:scroll">' +
' <li class="up">' +
'     <span class="number">격리:</span>' +
'     <span class="title" style="font-weight:bold;color:white">'
      +position.date+'</span>' +
'     <span class="number">완치:</span>' +
'     <span class="title" style="font-weight:bold;color:white">'
      +position.finish_date+'</span>' +
' </li>' +
' <li class="up">' +
'     <span class="number">성별:</span>' +
'     <span class="title" style="font-weight:bold;color:white">'
      +position.gender+'</span>' +
'     <span class="number">생년:</span>' +
'     <span class="title" style="font-weight:bold;color:white">'
      +position.birth+'</span>' +
'     <span class="number">국적:</span>' +
'     <span class="title" style="font-weight:bold;color:white">'
      +position.nation+'</span>' +
' </li>' +
' <li class="up">' +
'     <span class="number">접속자수:</span>' +
'     <span class="title" style="font-weight:bold;color:white">'
      +position.contact+'</span>' +
'     <span class="number">격리조치중:</span>' +
'     <span class="title" style="font-weight:bold;color:white">'
      +position.Isolation+'</span>' +
' </li>' +
'</ul>' +
'</div>';
```

```
46        var lat = Number(position.lat)
47        var lng = Number(position.lng)
48        var lat_string = lat.toString()
49        var lng_string = lng.toString()
50
51        var customOverlay = new kakao.maps.CustomOverlay({
52            position: new kakao.maps.LatLng(lat_string, lng_string),
53            content: content,
54            xAnchor: 0.25,
55            yAnchor: 0.95
56        });
57
58        var clickHandler1 = function(event) {
59            customOverlay.setMap(map);
60
61            $(".boxtitle2").click(function(){
62              customOverlay.setMap(null);
63            });
64
65            $(".first_"+position.num).css({
66            "background":"url("+position.hospi_img+")",
67            "background-size" :"247px 247px"});
68        };
69
70        kakao.maps.event.addListener(marker, 'click', clickHandler1)
71 ...코드 생략...
```

2 ◆ App.css를 임포트해 커스텀 오버레이에 스타일이 적용되도록 한다.

7~44 ◆ 커스텀 오버레이 팝업에 표시될 html 코드를 생성한다. json 데이터가 할당된 position 변수를 사용해 표시할 데이터를 <html> 태그 사이에 삽입한다. 완성된 html 코드를 content 변수에 할당한다.

46~49 ◆ 마커의 좌표를 기준으로 커스텀 오버레이 팝업을 표시해야 하기 때문에 마커 좌표를 문자열로 변환한다.

`CustomOverlay` 함수로 커스텀 오버레이를 생성하고 관련 옵션을 파라미터로 전달한다. 파라미터 position에는 커스텀 오버레가 표시될 좌표가 할당된다. content는 line 7에서 생성한 html 코드이다. xAnchor와 yAnchor는 각각 팝업의, X, Y축 위치를 의미한다. 0에서 1 사이의 값을 갖고 기본값은 0.5이다. 51~56

마커에 클릭 이벤트가 발생하면, `clickHandler1` 함수를 실행한다. 70

클릭한 마커의 커스텀 오버레이 팝업 창을 지도에 표시한다. 59

팝업 창에서 [닫기] 버튼을 누르면, 커스텀 오버레이를 지도에서 표시하지 않는다. 61~63

json 데이터에 있는 확진자별 격리 병원 이미지 경로를 background 속성으로 적용한다. 이미지를 클릭한 마커의 확진자 번호에 맞게 팝업 창에 표시한다. 65~67

마커를 클릭하면 커스텀 오버레이 팝업 창을 띄우고 확진자 번호에 맞는 데이터가 표시된다.

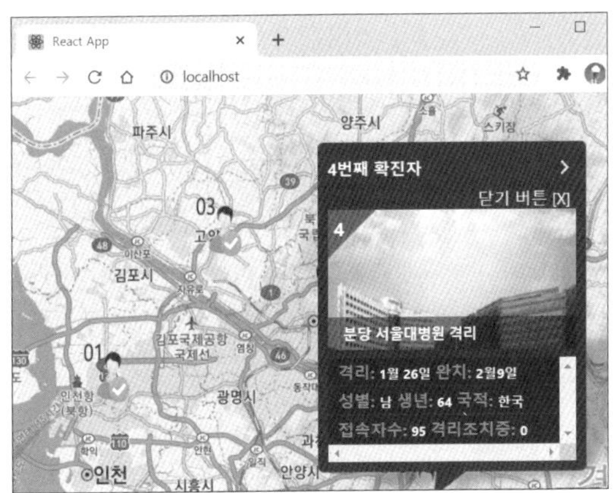

EC2 서버에 로컬 react 소스 옮기기

- **학습 내용:** 로컬에서 개발한 kakao map 소스를 EC2 서버로 옮긴다.
- **힌트 내용:** 소스를 tar 파일로 압축하고 SFTP로 EC2 서버에 전송한다.

백엔드 서버를 사용하지 않고 react 서버만 구동하기 때문에 react 경로의 소스만 업로드한다. 패키지 파일들이 설치된 node_modules 폴더를 제외하고 tar 파일로 압축해 SFTP로 전송한다. 압축된 파일은 SSH에서 명령어를 실행해 압축을 푼다.

EC2 서버는 기존에 react, node 서버를 구동했던 인스턴스를 사용한다. 기존 서버는 3000번(react), 5000번(node)포트를 사용했다. kakao map을 구현한 react 서버는 80포트를 사용할 것이기 때문에 포트가 겹치지 않아 기존 인스턴스에서 서버 구동이 가능하다. 물론 node와 npm도 기존에 설치했기 때문에 추가로 설치하지 않는다.

1. 로컬 react 경로(C:\reactMapKakao)에서 node_modules 폴더를 제외하고 tar 파일로 압축한다.

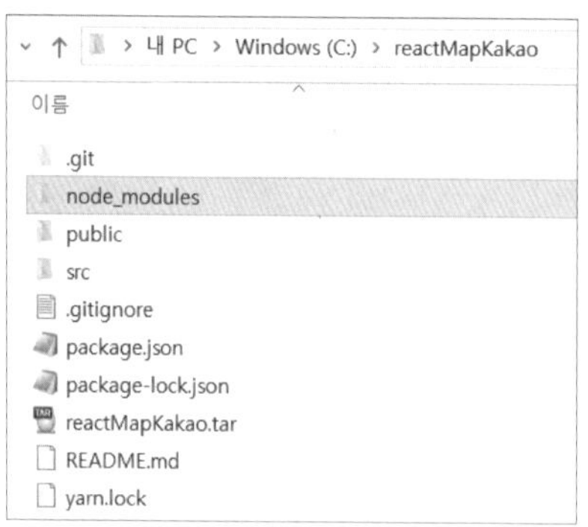

2. SFTP로 EC2 서버에 접속한 후 압축을 풀 폴더(/home/ubuntu/reactMapKakao/)를 생성한다. 압축한 tar 파일을 생성한 폴더에 업로드한다.

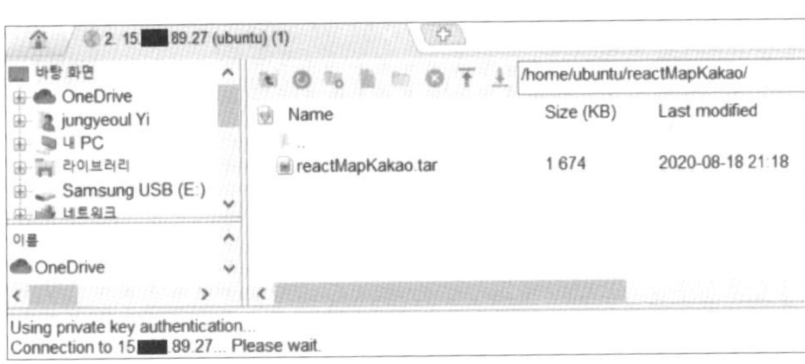

3. SSH로 EC2 서버에 접속한다. root 계정으로 전환[sudo su -]한 후 압축을 푼 경로로 이동한다[(/home/ubuntu/reactMapKakao/]. 그리고 업로드한 tar 파일의 압축을 해제한다[tar -xvf reactMapKakao.tar].

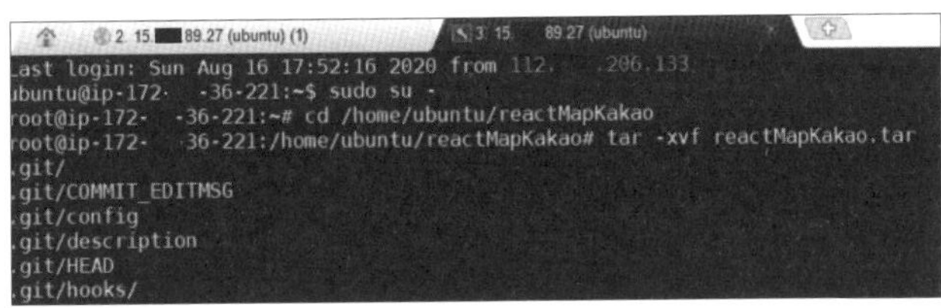

4. EC2 서버에 연결된 SFTP 창에서 폴더를 새로 고침하면, 다음과 같이 tar 파일의 압축이 풀려 있는 것을 확인할 수 있다.

EC2 서버에 react 패키지 설치하기

- **학습 내용:** react 서버 구동에 필요한 패키지들을 압축을 푼 EC2 서버 경로에 설치한다.
- **힌트 내용:** npm 명령어로 package.json 파일에 작성돼 있는 react 패키지들을 설치한다.

이전 예제에서 react, node 서버를 EC2 서버에 배포했다. 이때는 react 경로와 node 경로에서 각각 패키지를 설치했다. kakao map 프로젝트는 react 서버만 존재하기 때문에 react 경로에서만 패키지를 설치하면 된다.

1. SSH로 EC2 서버 터미널에 접속한다. root 계정으로 전환[sudo su –]한 후 react 경로로 이동한다[cd /home/ubuntu/reactMapKakao/]. 그리고 package.json에 기록돼 있는 react 패키지들을 [npm install] 명령어로 설치한다.

[npm install] 명령어를 실행하는데 특정 패키지에서 node 버전이 너무 낮아 설치할 수 없다는 에러가 발생할 수 있다. 이런 경우 다음과 같은 명령어로 node를 재설치한다.

1. [apt-get --purge remove nodejs] 명령어로 nodejs를 삭제한다.
2. [curl -sL https://deb.nodesource.com/setup_14.x | sudo -E bash -] 명령어로 설치를 원하는 버전의 node 버전(setup_14.x)을 입력한다. setup_14.x는 앞자리가 14인 nodejs 버전을 의미한다.
3. [apt-get install -y nodejs] 명령어로 nodejs를 다시 설치한다.

2. SFTP로 EC2 서버에 접속한 후 react 경로로 이동한다[cd /home/ubuntu/reactMapKakao/]. 다음과 같이 node_modules 폴더가 생성된 것을 확인할 수 있다.

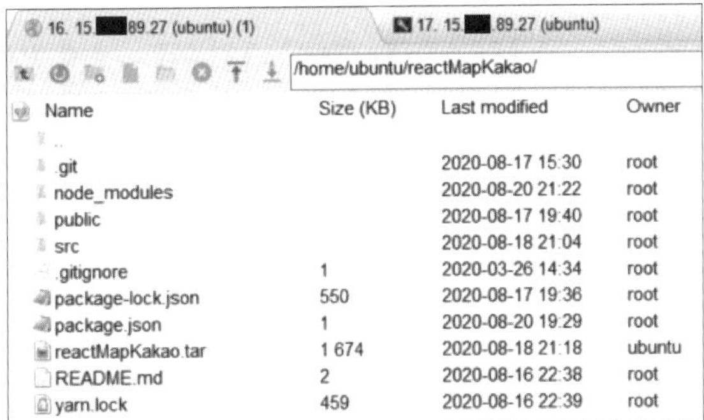
16. 15.■■89.27 (ubuntu) (1)
17. 15.■■.89.27 (ubuntu)
/home/ubuntu/reactMapKakao/
Name
Size (KB)
Last modified
Owner
..
.git 2020-08-17 15:30 root
node_modules 2020-08-20 21:22 root
public 2020-08-17 19:40 root
src 2020-08-18 21:04 root
.gitignore 1 2020-03-26 14:34 root
package-lock.json 550 2020-08-17 19:36 root
package.json 1 2020-08-20 19:29 root
reactMapKakao.tar 1 674 2020-08-18 21:18 ubuntu
README.md 2 2020-08-16 22:38 root
yarn.lock 459 2020-08-16 22:39 root

EC2 서버에 80포트 설정하기

- **학습 내용:** EC2 react 서버를 포트 없이 사용하기 위해 80포트 설정을 한다.
- **힌트 내용:** 로컬에서 이미 80포트 설정을 해줬지만, ubuntu에서는 다른 명령어가 사용된다.

로컬(윈도우 운영체제)에서 react 서버를 포트 없이 구동하기 위해 package.json 파일에 80포트 설정 코드를 추가했다. ubuntu에서는 포트 설정 명령어가 다르기 때문에 코드를 수정해 EC2 서버에 업로드해야 한다. 또 EC2 서버의 인바운드 포트 80번을 추가해 외부에서 접근할 수 있도록 한다.

1. 로컬 react 경로(C:\reactMapKakao)의 package.json 파일을 다음과 같이 수정한다.

package.json

```
1 ...코드 생략...
2   "scripts": {
3     "start": "export PORT=80 && react-scripts start",
4     "build": "react-scripts build",
5     "test": "react-scripts test",
6     "eject": "react-scripts eject"
7   },
8 ...코드 생략...
```

3 ◆ 윈도우에서 사용하던 `[set PORT=80]` 명령어를 ubuntu에서 사용하는 `[export PORT=80]`로 수정한다.

2. SSH로 EC2 서버 터미널에 접속한다. root 계정으로 전환[sudo su –]한 후 react 경로의 상위 폴더로 이동한다[cd /home/ubuntu/]. 그리고 SFTP에서 ubuntu 계정으로 파일을 업로드할 수 있도록 group 권한을 ubuntu 계정에 허용한다. `[chown -R root:ubuntu reactMapKakao]` 명령어로 group 권한 소유자를 ubuntu로 지정한다. `[chmod -R 770 reactMapKakao]` 명령어로 group 권한 소유자에 읽기, 쓰기, 실행 권한을 허용한다.

```
ubuntu@ip-172-   -36-221:~$ sudo su -
root@ip-172-   -36-221:~# cd /home/ubuntu/
root@ip-172-   -36-221:/home/ubuntu# chown -R root:ubuntu reactMapKakao
root@ip-172-   -36-221:/home/ubuntu# chmod -R 770 reactMapKakao
root@ip-172-   -36-221:/home/ubuntu#
```

3. SFTP로 EC2 서버에 접속한 후 react 경로로 이동한다[cd /home/ubuntu/reactMapKakao/]. 다음과 같이 group 권한이 ubuntu 계정에 부여된 것을 확인할 수 있다. 로컬에서 수정한 package.json 파일을 SFTP 경로로 드래그해 업로드한다.

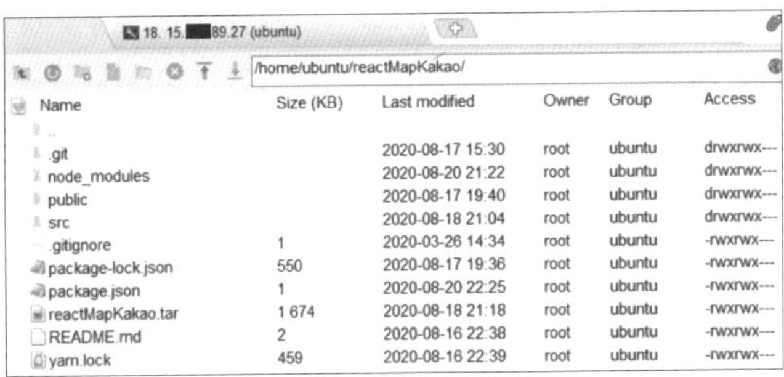

18. 15.▇▇89.27 (ubuntu)

/home/ubuntu/reactMapKakao/

Name	Size (KB)	Last modified	Owner	Group	Access
..					
.git		2020-08-17 15:30	root	ubuntu	drwxrwx---
node_modules		2020-08-20 21:22	root	ubuntu	drwxrwx---
public		2020-08-17 19:40	root	ubuntu	drwxrwx---
src		2020-08-18 21:04	root	ubuntu	drwxrwx---
.gitignore	1	2020-03-26 14:34	root	ubuntu	-rwxrwx---
package-lock.json	550	2020-08-17 19:36	root	ubuntu	-rwxrwx---
package.json	1	2020-08-20 22:25	root	ubuntu	-rwxrwx---
reactMapKakao.tar	1 674	2020-08-18 21:18	root	ubuntu	-rwxrwx---
README.md	2	2020-08-16 22:38	root	ubuntu	-rwxrwx---
yarn.lock	459	2020-08-16 22:39	root	ubuntu	-rwxrwx---

4. EC2 서버로 들어오는 포트 번호를 허용하기 위해 AWS 웹 사이트(https://aws.amazon.com/ko/)에 접속한다. 가입한 계정으로 로그인을 하고 [내 계정] – [AWS Management Console]을 클릭한다. 왼쪽 상단의 [서비스] – [컴퓨팅] – [EC2]를 클릭한다. 다음과 같이 왼쪽 메뉴 중 [보안 그룹] 버튼을 누른다. 보안 그룹 이름이 [launch-wizard]로 시작하는 보안 그룹 ID를 클릭한다. 하단에 인바운드 규칙 영역이 표시되면 [인바운드 규칙 편집] 버튼을 누른다.

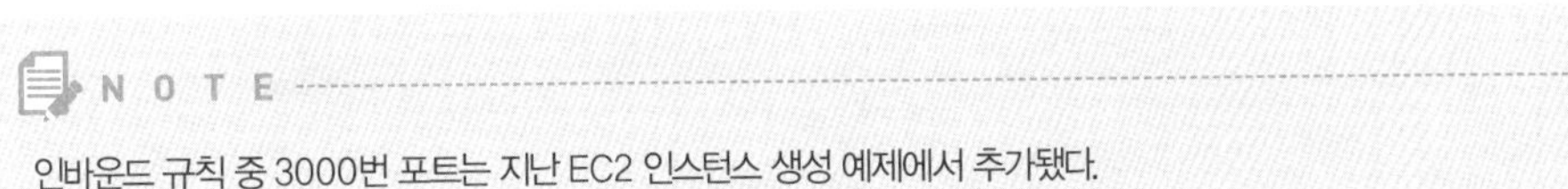

NOTE

인바운드 규칙 중 3000번 포트는 지난 EC2 인스턴스 생성 예제에서 추가됐다.

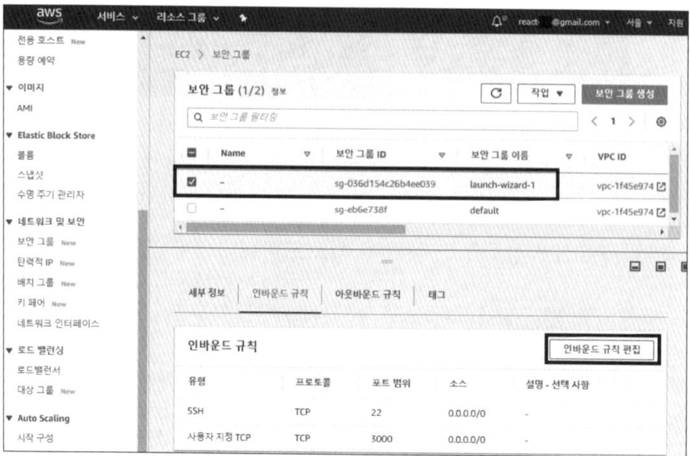

5. 다음과 같이 80번 포트를 등록하고 [규칙 저장] 버튼을 누른다.

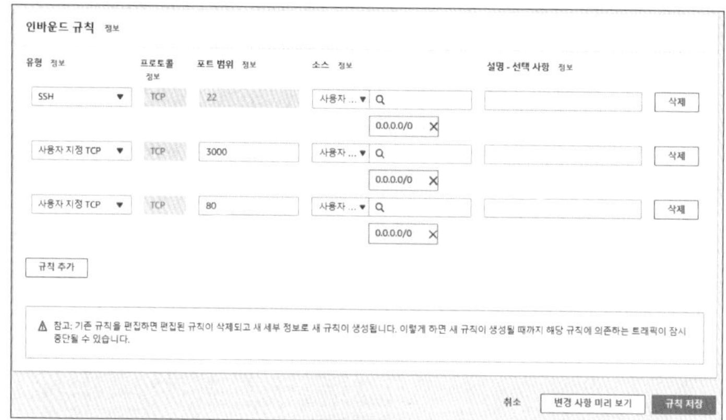

카카오 웹 사이트 도메인에 EC2 IP 추가하기

실무 198

- **학습 내용:** EC2 react 서버에서 kakao map api를 사용하기 위해 웹 사이트 도메인을 추가한다.
- **힌트 내용:** 카카오 개발자 웹 사이트에 접속해 웹 사이트 도메인에 EC2 ip를 추가한다.

지난 예제에서 로컬 서버의 접속을 kakao map api가 허용하게 하는 작업으로, 웹 사이트 도메인에 localhost를 추가했다. 마찬가지로 EC2 서버에서 kakao map api를 사용하려면 EC2 서버 ip를 웹 사이트 도메인에 등록해야 한다.

1. 카카오 개발자 웹 사이트(https://developers.kakao.com)에 접속해 카카오 계정으로 로그인한다. 상단의 [내 애플리케이션]을 클릭하고 기존에 추가한 애플리케이션을 선택한다. 그리고 왼쪽 메뉴 중 [플랫폼] 버튼을 누른다. 플랫폼 상세 페이지를 보면, 이전 예제에서 사용한 [localhost]가 [Web] 영역에 등록돼 있다는 것을 알 수 있다. [수정] 버튼을 눌러 다음과 같이 수정 팝업 창이 표시되면, EC2 서버 ip를 입력하고 [저장] 버튼을 누른다.

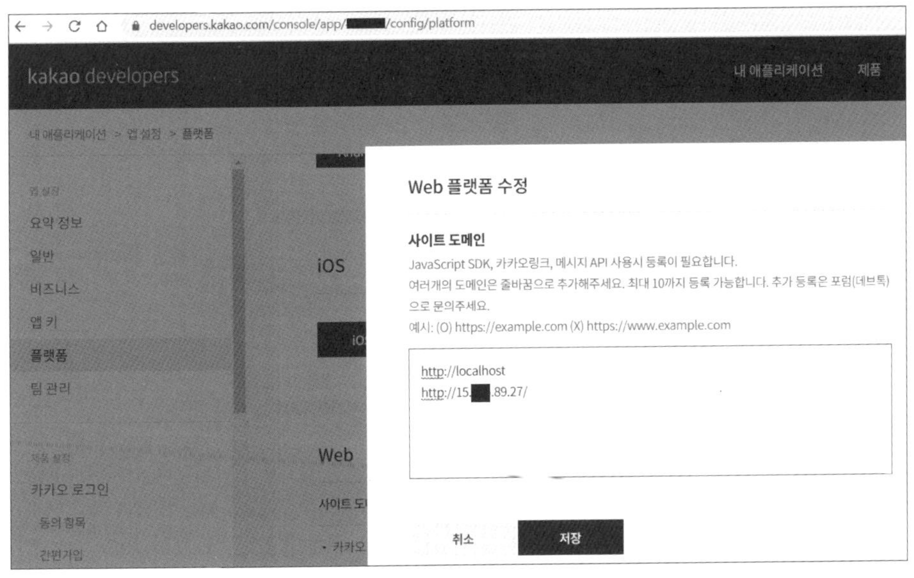

실무 199 screen으로 서버 상시 구동하기, 포트로 서버 종료하기

- **학습 내용:** screen 명령어로 서버를 구동하면, SSH 창을 닫아도 서버가 꺼지지 않는다.
- **힌트 내용:** screen으로 실행된 서버는 실행 포트를 사용해 종료한다.

지난 react, node 서버를 상시 구동하는 예제에서 nohup이라는 명령어를 사용했다. 간혹 nohup이 제대로 동작하지 않는 경우, 동일한 기능을 하는 screen이라는 명령어를 사용할 수 있다.

1. SSH로 EC2 서미널에 접속한다. root 계정으로 전환[sudo su –]한 후, react 경로로 이동한다[cd /home/ubuntu/reactMapKakao/]. [screen -L npm start] 명령어로 서버를 실행한다.

> **NOTE**
>
> screen은 nohup과 달리, 서버 로그가 SSH 터미널에 출력된다. screen으로 서버를 구동하고 SSH 터미널을 닫지 않은 상태에서는 Ctrl+C를 눌러 서버를 종료시킬 수 있다. nohup의 경우 터미널을 끄지 않은 상태라도 포트 번호를 사용하는 등의 방법으로 서버를 종료해야 한다.

```
ubuntu@ip-172-   -36-221:~$ sudo su -
root@ip-172-   -36-221:~# cd /home/ubuntu/reactMapKakao
root@ip-172-   -36-221:/home/ubuntu/reactMapKakao# screen -L npm start
Compiled with warnings.

./src/App.js
  Line 25:26:  Expected '===' and instead saw '=='  eqeqeq

Search for the keywords to learn more about each warning.
To ignore, add // eslint-disable-next-line to the line before.
```

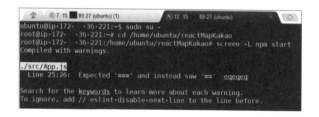

2. screen으로 서버를 상시 구동한 후 SSH 터미널을 닫고 다시 접속하면 [fuser –k 포트 번호/tcp] 명령어로 서버를 종료할 수 있다.

```
ubuntu@ip-172-   -36-221:~$ sudo su -
root@ip-172-   -36-221:~# fuser -k 80/tcp
80/tcp:              13226
root@ip-172-   -36-221:~#
```

도메인 구매 후 ip 연결하기

- **학습 내용:** 가비아 웹 사이트에서 도메인을 구매한 후 EC2 서버 ip를 연결한다.
- **힌트 내용:** ip에 비해 도메인을 사용하는 것이 가독성이 좋고 외우기도 쉽다.

EC2 서버는 AWS의 서비스이기 때문에 Amazon Route 53이라는 DNS(도메인 네임 시스템)을 많이 사용한다. Route 53을 사용하면 모니터링, 로드밸런싱 등의 기능을 제공해준다. 그럼에도 불구하고 가비아 웹 사이트를 이용하는 이유는 일단 한국 웹 사이트이기 때문에 결제하기 쉽고 UI가 친숙해 눈에 잘 들어오기 때문이다. 특히 문제가 발생했을 때 고객센터에 전화하면 한국인 상담사가 빠르게 문제를 해결해준다. AWS의 경우 문제가 생기면 영문 이메일을 여러 번 주고받아야 한다.

> **NOTE**
>
> 도메인이란 웹 브라우저 주소 창에 ip 주소(숫자)대신, 읽고 외우기 쉬운 도메인 주소(문자)로 웹 사이트에 접속할 수 있도록 하는 서비스다.

1. 가비아 도메인 웹 사이트(https://domain.gabia.com)에 접속한다. 생성을 원하는 도메인을 검색 창에 입력한 후 [검색] 버튼을 누른다. 검색 결과 중 원하는 도메인을 선택한 후 [신청하기] 버튼을 누른다.

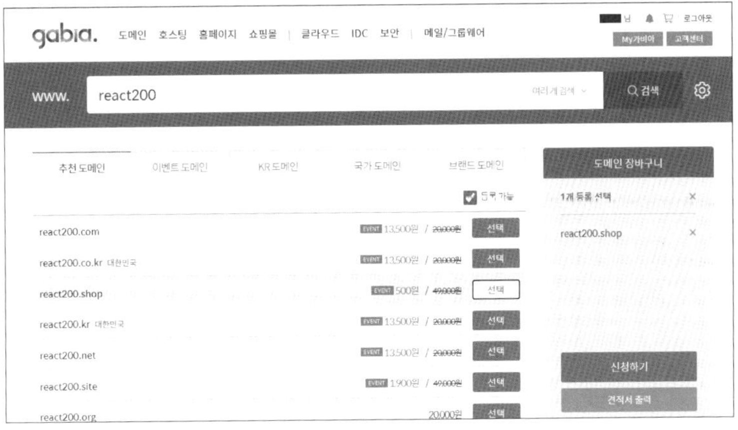

2. 서비스 신청 페이지에서 신청 정보와 소유자 정보 등 필요한 정보를 입력한 후 [다음 단계] 버튼을 누른다. 이후 단계를 진행해 결제를 완료한다.

3. 결제 완료 후 가비아 도메인 페이지로 돌아와 [도메인 정보 변경] 버튼을 누른다.

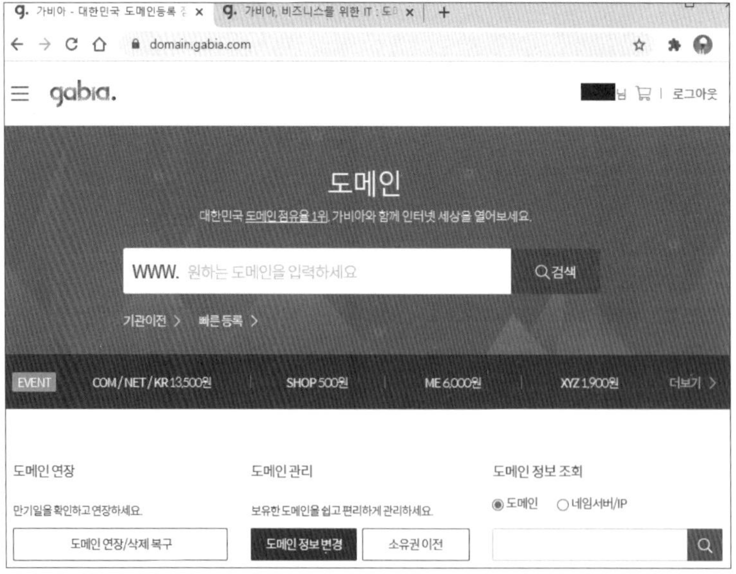

4. 도메인 관리 페이지에서 왼쪽 메뉴의 [DNS 정보]를 클릭한다. 추가된 도메인명을 확인한 후 [DNS 관리] 버튼을 눌러 DNS 관리 툴로 이동한다.

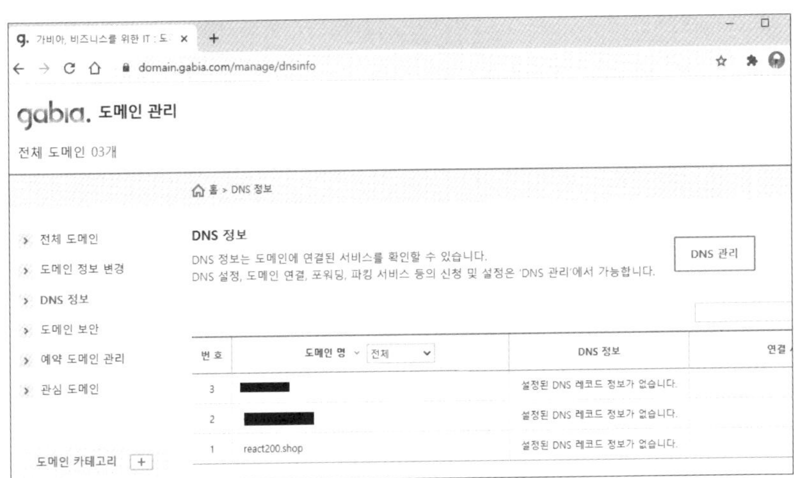

5. DNS 관리 페이지(dns.gabia.com)에서 수정할 도메인을 확인한 후 [설정] 버튼을 누른다.

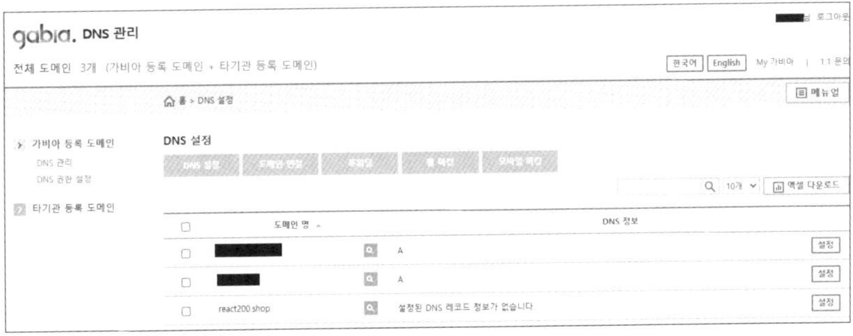

6. 도메인 상세 페이지에서 [레코드 수정] 버튼을 누르면, 다음과 같이 레코드를 추가할 수 있는 팝업이 표시된다. 유형을 A로 선택한 후 생성한 도메인에 ip를 연결해 사용한다. 호스트는 도메인 앞에 붙는 문자열인데, 사용하지 않을 경우 @를 입력한다. 값/위치에는 도메인에 연결할 ip(ec2 서버의 탄력적 ip)를 입력한다. TTL값은 ip에 연결한 도메인이 적용될 때까지 걸리는 시간(초)이다. A 레코드의 경우 기본으로 600(10분)을 설정한다. 입력이 완료되면 [확인], [저장] 버튼을 순서대로 누른다.

레코드: A 레코드란, 도메인이 ip 주소를 참고해 웹 서버에 연결되도록 하는 것이다. ip가 아닌 도메인을 연결하는 경우 CNAME 레코드를 설정한다. CNAME이란, 실제 도메인 이름과 연결되는 가상의 도메인 이름을 의미한다.

호스트: 도메인이 react200.shop이고 호스트가 www인 경우, www.react200.shop으로 호출해야 웹 사이트에 접속할 수 있다.

TTL: TTL 값은 작게 할수록 도메인 전파 속도를 높일 수 있지만, 도메인 서버의 처리 시간을 느리게 할 수 있으므로 권장하는 값으로 설정한다.

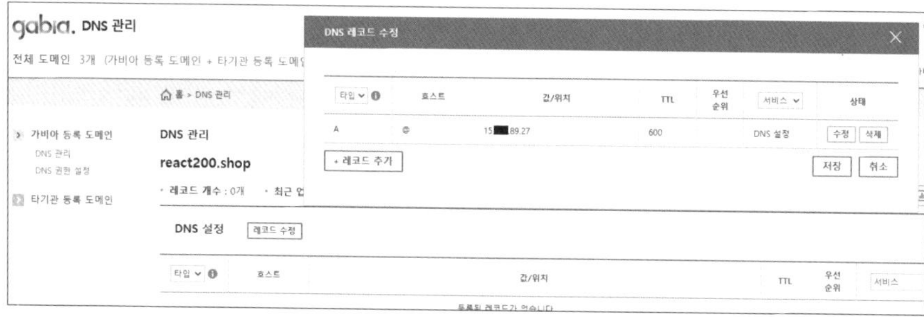

7. 카카오 개발자 웹 사이트(https://developers.kakao.com)에 접속해 카카오 계정으로 로그인한다. 상단의 [내 애플리케이션]을 클릭한 후 기존에 추가한 애플리케이션을 선택한다. 그리고 왼쪽 메뉴 중 [플랫폼] 버튼을 누른다. 플랫폼 상세 페이지를 보면, 이전 예제에서 사용한 [localhost]와 [ec2 서버 ip]가 [Web] 영역에 등록돼 있다. [수정] 버튼을 눌러 다음과 같이 수정 팝업 창이 표시되면, 생성한 도메인을 입력하고 [저장] 버튼을 누른다.

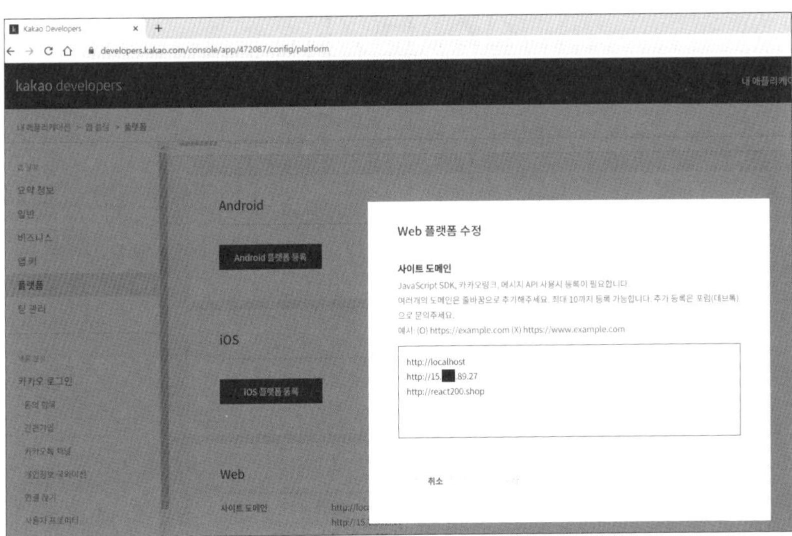

8. 도메인 전파 시간(TTL)으로 설정한 10분이 지나고 생성한 도메인을 웹 브라우저에서 호출한다. 다음과 같이 도메인으로 ec2 서버 ip가 연결된 웹 서버에 접속할 수 있다.

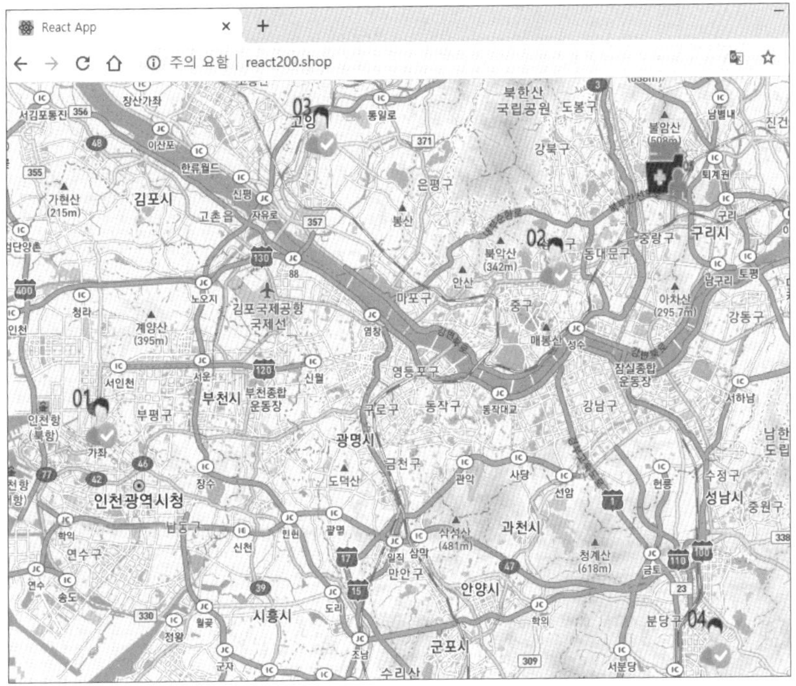

찾아보기